D0839822

LE
PRINCE

© McClelland and Stewart, 1980.
   paru en anglais sous le titre: *The Northern Magus*

© Éditions France-Amérique, 1981.
   pour l'édition en français

édité et distribué par
France-Amérique
170 Benjamin-Hudon
Montréal, H4N 1H8
tél.: (514) 331 8507

ISBN: 2-89001-111-9

La publication de cet ouvrage a bénéficié pour la traduction
française d'une subvention du Conseil des arts du Canada.

Richard Gwyn

LE
PRINCE

Traduit de l'anglais par
Claire Dupond

FRANCE~AMÉRIQUE

À mon père,
Philip Jermy-Gwyn,
1899-1976

Table des matières

[1974-1979]

[1979-1980]

Note de l'auteur

J'ai entrepris la rédaction de cet ouvrage à la fin de novembre 1979, peu après la démission de Pierre Trudeau de la direction du parti libéral, mais je dus m'interrompre un moment à cause de circonstances auxquelles je ne pouvais rien — pas plus, d'ailleurs, que le Premier ministre de l'époque. Vers la mi-mars, j'ai pu me remettre à écrire et reprendre mes interviews, et c'est au milieu de juillet que j'ai finalement terminé ce livre.

Mais je m'étais mis à l'œuvre — inconsciemment, tout au moins — beaucoup plus tôt en accumulant données et opinions depuis trois postes d'observation : de 1968 à 1970, à titre d'adjoint de l'Honorable Eric Kierans ; de 1970 à 1973, comme fonctionnaire, doté d'un titre qui n'en finissait plus ; et depuis 1973, en qualité de chroniqueur au *Toronto Star*.

Ce livre n'est ni une biographie exhaustive ni un ouvrage à prétention historique. D'autant plus que Trudeau n'a pas encore quitté la scène, ce qui fait de lui une cible mouvante. J'aurais pu attendre qu'il prenne finalement sa retraite, et ce, de façon irrévocable, mais j'en suis arrivé à la conclusion suivante : outre le risque de me voir imposer une attente d'un an dans le meilleur des cas et, au maximum, de dix, la différence entre le fait d'écrire sur un politicien au pouvoir et sur un autre qui ne l'est plus est aussi grande qu'entre une émission télévisée en direct ou en différé ; lors d'une émission en direct, le trac provoque une décharge d'adrénaline ; par contre, lorsqu'elle est enregistrée, on sait que si on profère des inepties, personne ne s'en souciera, exception faite des comptables.

Ce livre poursuit un double but : montrer le genre d'individu qu'est Trudeau et décrire le Premier ministre qu'il a été.

Le premier but est le plus ambitieux, car Trudeau s'est fait un point d'honneur, sa vie durant, d'échapper aux définitions. Néanmoins, l'un de ses amis à qui j'exposais ma façon de le voir me répondit pour m'encourager : «Je pense que vous l'avez partiellement compris.» Le second point est plus conventionnel. Mon opinion sur le bien-fondé des décisions politiques prises par Trudeau vaut celle de n'importe qui. Cependant, puisque la nature des rapports entre Trudeau et les Canadiens est un thème qui revient constamment tout au long de cet ouvrage, j'ai essayé de présenter mon point de vue selon un angle stéréoscopique : avant d'examiner les événements à la lumière blafarde de la rétrospection, j'ai délibérément tenté de les replacer dans leur contexte en tenant compte de l'ambiance qui régnait au moment où ils avaient lieu.

Ce livre contient bon nombre d'informations inédites, depuis les noms des personnes qui convainquirent Trudeau de se porter candidat à la direction du parti libéral, en 1968, jusqu'aux circonstances qui le poussèrent à revenir au pouvoir, en 1979. En prévision d'éventuelles critiques, je suis prêt, d'emblée, à me reconnaître coupable d'avoir cédé à la tentation typiquement journalistique d'accorder à de tels faits une plus grande importance que ne le feront probablement les historiens. Si les événements qui suivirent l'élection de février 1980 sont simplement résumés, c'est en partie parce qu'il faudra attendre davantage pour pouvoir les replacer dans leur perspective, mais aussi parce qu'à ce moment-là, les yeux rivés sur ma machine à écrire, je ne voyais pas plus loin qu'une taupe.

Au cours de mes recherches, j'ai interviewé une centaine de personnes : des ministres du Cabinet, des membres du Parlement, des adjoints ministériels et des conseillers du Premier ministre, des cadres des partis politiques, des fonctionnaires et des amis personnels de Trudeau. Tous se sont montrés extrêmement coopératifs. Une seule personne a refusé d'être interviewée : Pierre Trudeau.

Dans mes deux premiers ouvrages, on pouvait lire, dans la Note de l'auteur : «N'eût été de mon épouse Sandra, ce livre n'aurait pu être écrit.» Il en va de même pour celui-ci. À cette différence près que, cette fois-ci, la page titre rend justice à sa contribution, ce qui, je crois, est assez inhabituel. Sauf pour ce qui est de ce paragraphe, chacun des mots que vous allez lire est passé de ma machine à écrire à la sienne ; certains passages en sont ressortis complètement remaniés, d'autres ont été améliorés, d'autres encore ont rejoint, dans notre sous-sol, une pile sans cesse plus haute de brouillons. Nous avons travaillé ensemble, et avec amour.

Je tiens à remercier tous ceux qui m'ont aidé et dont la carrière sera sûrement plus fructueuse si je tais leur nom, et, plus particulièrement, quatre personnes. Alrick Huebener, mon recherchiste, qui a compilé les faits avec diligence et les a scrupuleusement vérifiés, tout en se révélant un as de la Xerox. Denis Harvey, rédacteur en chef du *Toronto Star*, qui m'a encouragé à me lancer dans cette entreprise et m'a facilité les choses en m'obtenant un congé sabbatique avec solde. Erik Spicer, le bibliothécaire du parlement, qui a mis à ma disposition les exceptionnelles ressources de son service; l'efficacité et l'enthousiasme de son équipe de recherchistes m'ont constamment impressionné. Enfin, je voudrais exprimer ma gratitude envers Jack McClelland qui m'a poussé dans le dos jusqu'à ce que j'arrête d'inventer des excuses et que je m'attaque enfin à un projet sans cesse remis.

Une dernière remarque. En plus des entrevues, les matériaux rassemblés pour cet ouvrage proviennent des sources habituelles: livres, articles de journaux et de revues, discours, transcriptions d'interviews et de conférences de presse, rapports gouvernementaux et études entreprises par divers organismes privés et publics. Afin de ne pas surcharger le texte par des appels de note, je n'ai indiqué mes sources que pour les citations les plus importantes. C'est également pour m'en tenir au style « reportage » que je n'ai pas établi de bibliographie. Néanmoins, on pourra trouver toute la matière première dans mon sous-sol.

R.G.

Ottawa, juillet 1980

Prologue

«Qu'appelez-vous un grand magicien?
— Un homme qui peut rester nu comme un ver au
milieu d'une foule qui le regarde bouche bée mani-
puler des cartes, des pièces de monnaie ou des boules
de billard. Ça, moi, je peux le faire, et je le fais mieux
que n'importe lequel de mes confrères ou de mes pré-
décesseurs. »

Robertson Davies
World of Wonders

Bien souvent, Pierre Elliott Trudeau ressemble davantage au héros d'un roman basé sur l'occultisme qu'à un Premier ministre canadien. Il a cet air distant, païen, éternellement jeune qu'on retrouve sur les photos de Nijinsky: un nez aquilin, les hautes pommettes des Slaves, des traits burinés et sculpturaux, une grâce ambiguë. Son expression glaciale et cérébrale, ses larges narines qui lui donnent un air hautain traduisent l'ascendant naturel, aristocratique, qu'il exerce sur les autres. Mais, surtout, il y a ces yeux pâles, semblables à ceux d'une bête de proie, où se lisent tout à la fois scepticisme, interrogation et férocité. «Des yeux très bleus, très brillants, avait dit, un jour, un petit Soudanais à propos du général Gordon, de Khartoum, et j'ai peur quand je vois ces yeux.» Et que dire de la voix: langoureuse et traînante comme celle d'un moine chantant les réponses d'une messe en latin, et qui, pourtant, rappelle par ses intonations les mégaphones des places publiques. Un homme plus petit qu'on ne s'y attendrait, plus mince aussi, mais avec la prestance et l'allure d'un proconsul.

Trudeau captive davantage l'imagination canadienne qu'aucun des Premiers ministres qui l'ont précédé. En fait, de tous les chefs d'État démocratiquement élus depuis la Seconde Guerre mondiale, à l'exception de cinq*, c'est lui qui aura

---

* *Voici les cinq qui arrivent en tête de liste: Tage Erlander, de Suède (vingt-trois ans); Einar Gerhenrdsen, de Norvège (vingt ans); Jawarharlal Nehru, de l'Inde (dix-huit ans); Robert Menzies, d'Australie (dix-sept ans); Konrad Adenauer, de l'Allemagne fédérale (quatorze ans); depuis 1981, Trudeau a dépassé Charles de Gaulle (France) et B. J. Vorster (Afrique du Sud) qui étaient restés au pouvoir pendant douze ans.*

monopolisé le plus longtemps l'attention des masses. Depuis une douzaine d'années qu'il est en fonction, des images indélébiles de Trudeau font désormais partie de notre mémoire collective. Il glisse le long des rampes d'escalier à Lancaster House et joue au yo-yo devant les caméras suédoises. Lors du défilé de la Saint-Jean-Baptiste, à Montréal, en 1968, il reste seul, impassible, à la tribune d'honneur, tandis que les bouteilles de Coca-Cola volent en éclats autour de lui. Au plus fort de la Crise d'Octobre, en 1970, il grogne : « Regardez-moi faire », devant les caméras de la télévision. Il se laisse séduire par une enfant-fleur qui donnera naissance à deux de leurs trois fils le jour même de Noël.

Qui d'autre aurait pu supporter, sans perdre une parcelle de dignité, l'humiliation publique de l'étalage de ses problèmes matrimoniaux dans les pages de *People* et de *Playgirl*? Qui d'autre aurait pu, sans détruire sa crédibilité, annoncer sa démission et, un mois plus tard, revenir sur sa décision pour remporter la victoire la plus facile de toute sa carrière? D'ailleurs, un incident survenu au cours de cette campagne de 1980 résume à lui seul l'essence même de la mystique de Trudeau. Après que celui-ci, vêtu d'une simple serviette, l'eut persuadée de l'accompagner au sauna d'un motel, Carole Treiser, une journaliste de vingt-quatre ans attachée au *Sherbrooke Record*, écrivit: « Je me sentais attirée malgré moi. C'était un bouffon insaisissable qui nous défiait de l'attraper et se riait de nos efforts. »

Quatre ans plus tôt, en 1976, rédigeant un article pour un magazine, je tentais de percer à jour la mystique de Trudeau à un moment où, selon les sondages, il était tombé plus bas qu'aucun Premier ministre avant lui à tel point qu'il semblait impossible qu'il fût réélu à la tête du pays; j'avais alors tenté de m'en sortir en écrivant dans le dernier paragraphe: « Il y a, chez cet homme, une qualité qui persiste. » À l'époque, je ne pouvais définir celle-ci. Maintenant, je sais: c'est un grand magicien.

*
*   *

De par la nature même de leur profession, les magiciens travaillent essentiellement dans l'éphémère. C'est aussi souvent le cas des gouvernants. Entre l'estime qu'on leur témoigne et leurs véritables réalisations, il n'existe pas de relation absolue. Les Américains ont aimé John F. Kennedy plus que tout autre président, à l'exception peut-être de Lincoln ; or, si on l'étudie avec un peu de recul, son œuvre se résume à trois fois rien. Les Anglais idolâtraient Richard Cœur de Lion ; en revanche, celui-ci les détestait, eux et leur petite île humide, et il dissipa sa fortune en de vaines croisades. Au Moyen Âge, aucun monarque n'était autant révéré que Jean le Prêtre ; pour son plus grand bien, celui-ci n'a jamais existé, aussi n'a-t-on pu opposer de démenti au récit de ses vertus et de ses hauts faits.

Jusqu'en 1980, alors qu'il eut miraculeusement droit à une seconde chance, les réalisations de Trudeau étaient plutôt maigres. Le bilinguisme. Pétro-Canada. Quelques initiatives en matière de politique extérieure. Une politique énergétique audacieuse, en 1973-1974, qu'il émascula lui-même par la suite. Certains remaniements, depuis longtemps nécessaires, de la structure gouvernementale qui, en fin de compte, ne firent qu'amorcer ce que le Vérificateur général qualifia de « perte du contrôle financier ». Même un biographe partisan, George Radwanski, ne put le décrire autrement, en 1978, que comme un Premier ministre « à l'œuvre inachevée » pour ne pas dire « avortée ». Lester Pearson avait accompli beaucoup plus en moitié moins de temps, John Diefenbaker en avait fait presque autant.

Les énigmes se multiplient. Trudeau dénonce inlassablement le nationalisme du Québec qu'il qualifie de « tribalisme » ; pourtant, c'est uniquement ce même tribalisme qui le maintient au pouvoir. Il a d'abord été élu, puis réélu, pour « sauver le Canada » ; néanmoins, le pays a été plus proche de l'éclatement durant son mandat que jamais auparavant. Le *Livre des records* fera de Trudeau le politicien canadien le plus populaire de ce siècle ; malgré cela, durant la majeure partie de son mandat, il l'aura été passablement moins que son héritier présomptif, John Turner, qui doit aux circonstances — et à Trudeau — de n'avoir même pas pu s'approcher du trône. La réputation internationale de Trudeau date d'octobre 1970, alors que, dans un geste de défi applaudi et envié par les autres dirigeants, il devint le premier chef d'État occidental, à l'exception de David Ben-Gourion, à refuser de céder au chantage des terroristes ; en dépit de cela, le souvenir de ce même geste demeure pour de nombreux Canadiens une blessure infamante et inguérissable.

Ce livre veut tenter de mettre en lumière certaines de ces énigmes et suggérer des moyens susceptibles d'en élucider quelques-unes. Beaucoup, cependant, ne pourront être résolues, si ce n'est par les processus opaques et tâtonnants de la psychanalyse et de la psychologie des masses. Par exemple, lorsqu'on essaye de comprendre l'attitude de Trudeau durant la Crise d'Octobre, on ne peut négliger deux faits d'égale importance: d'une part (et on pourra se demander pourquoi il en est ainsi), une fois qu'il s'est engagé dans un combat, *quel qu'il soit*, Trudeau refuse de céder un seul centimètre de terrain tant il est déterminé à l'emporter; d'autre part, on se doit de connaître et d'apprécier l'ampleur des difficultés administratives on ne peut plus réelles auxquelles il se heurtait à l'époque, telle, bien souvent, l'ignorance des forces policières à propos de ce qui se passait véritablement dans les rues. Par ailleurs, à force d'employer de façon presque obsessionnelle une rhétorique outrancière, Trudeau s'est souvent mis lui-même, et gratuitement, des bâtons dans les roues. Citons la position ridicule qu'il a adoptée, lors des élections de 1974, sur le contrôle des prix et des salaires, du genre « Allez, ouste, vous êtes gelés ! »; ou encore sa promesse de 1980 pour du pétrole à bon marché. Une fois qu'il s'est engagé, Trudeau ne se rétracte jamais. L'incapacité de reconnaître une erreur est généralement la marque d'un chef qui n'a pas, pour lui-même, un respect démesuré — un Richard Nixon, par exemple; ce n'est pas du tout le genre de comportement qu'un psychologue pourrait attendre d'un homme aussi circonspect et doté d'une aussi grande motivation personnelle que Trudeau.

Qu'on puisse le résoudre ou non, le mystère Trudeau est indissociable de la trame de son époque qui est aussi la nôtre. Le Canada qui l'a élu en 1968 semble aussi lointain, une douzaine d'années plus tard, que la Première Guerre mondiale, par exemple, pouvait l'être en 1968. Rien ne s'est passé comme lui et nous l'avions espéré. Au début, Trudeau s'est trouvé aux prises avec ce qui apparaissait alors comme une série de transformations sociales — dont chacune interagissait avec toutes les autres: la révolte de la jeunesse qui, pendant un moment, rendit attrayantes toutes les autres formes de rébellion, y compris le terrorisme urbain; le nationalisme à la fois défensif et agressif de toutes les minorités culturelles, depuis le Québec jusqu'aux Inuit et aux Indiens; la recherche confuse, angoissée, d'un contrepoids au matérialisme technocratique — une recherche qui a incité certains à tout abandonner tandis que d'autres adhéraient au cultisme, et qui, dans une ultime trahison, a engendré la génération du Moi. Depuis le milieu de son mandat jusqu'à maintenant, les problèmes que connaît Trudeau sont d'une tout autre nature : le narcissisme social et son corollaire politique, les politiques à sens unique et, surmontant le tout, une « économie d'état de siège » où, à l'instar des autres nations occidentales, le Canada s'est trouvé coincé dans le quadruple étau de l'inflation, d'une productivité au ralenti, de la « désindustrialisation » et d'une dette nationale née de la prémisse révolue que notre revenu augmenterait dorénavant de façon exponentielle. Lorsqu'on tente de saisir par quel prodige Trudeau a pu se maintenir au pouvoir en dépit du poids des événements, on s'aperçoit que toutes les voies nous ramènent à la fascination exercée par le magicien, au lien mythique qui l'unit aux Canadiens.

*
*   *

C'est le sociologue allemand Max Weber qui a lancé l'expression « charisme ». Comme, selon la définition qu'en donne le dictionnaire *Oxford*, il s'agit d'un « don particulier conféré par grâce divine », cela revient à utiliser l'inexplicable pour expliquer l'inexplicable. L'expression de Tom Wolfe, le *Right Stuff*, qui est le titre de son ouvrage sur les astronautes américains, est plus claire, plus simple et plus proche de la réalité. Le *Right Stuff*, au sens où l'entend Wolfe, c'est le sang-froid macho, le calme olympien, l'impassibilité dans une situation de crise. Wolfe explique avec brio pourquoi, au faîte de leur gloire, les astronautes étaient considérés comme des demi-dieux par le public américain. Dans leur lutte pour l'emporter sur les cosmonautes soviétiques durant la guerre froide, ces pilotes laconiques « ont ressuscité l'une des anciennes superstitions guerrières : le Combat singulier ».

En combat singulier, le héros affronte seul, au nom de son armée ou de sa tribu, le champion du camp adverse. Achille contre Hector. David contre Goliath. Richard Cœur de Lion contre Saladin. Arthur contre Mordred.

Trudeau est *notre* champion en combat singulier. Il a passé la plus grande partie de son enfance et le début de sa vie adulte à s'entraîner pour ce genre de duel, d'abord avec ses poings, plus tard avec sa langue et son cerveau. Comme tous les champions solitaires, Trudeau assume, en sa qualité de Premier ministre, un rôle qui mène soit à une victoire pour son peuple, soit à l'échec absolu pour lui-même. Et nous, à l'instar de tous les vassaux, nous nous sommes déchargés sur lui de notre fardeau collectif ; à bien y penser, il est fort possible que si Joe Clark a été renversé aussi vite, c'est parce que nous ne l'estimions pas capable de servir de bouc émissaire à nos conflits. Comme des voyeurs, nous avons observé Trudeau, chaque fois qu'il a fait une sortie pour notre compte. Contre René Lévesque. Contre Claude Ryan durant sa période du « statut particulier ». Contre les terroristes du F.L.Q. Contre John Turner, son présumé dauphin. Contre l'Alberta. Contre des adversaires abstraits, comme l'inflation qu'il personnalisa en promettant de « l'envoyer au tapis ». Contre Margaret, la plus douloureuse de toutes ses batailles et celle, néanmoins, à laquelle les Canadiens se sont identifiés le plus aisément.

Depuis l'époque où, petit garçon, il se bagarrait dans les rues d'Outremont, Trudeau n'a jamais perdu une seule bataille, pas plus que personne ne se souvient de l'avoir vu céder durant une discussion. Gagner a toujours été pour lui la seule issue possible, chaque victoire se révélant une démonstration triomphante de sa virilité. Un seul adversaire lui a imposé, devant le pays sidéré, un match nul : Margaret.

Outre la séduction qui émane du héros solitaire, Trudeau fascine par cette espèce de pouvoir étrange propre aux sorciers — et dont la manifestation la plus spectaculaire est la naissance de ses deux fils le jour de Noël.

James Fraser a écrit dans *Le Rameau d'or* que, chez les anciens, l'avènement du sorcier « confia l'administration des affaires à l'homme le plus compétent ; de ce fait, l'équilibre des forces bascula, passant du collectif à l'unique, et une monarchie se substitua à une démocratie ».

La télévision nous a ramenés au tribalisme. Au milieu de l'anomie, du déracinement propre à la vie urbaine et de la libération tous azimuts, seul l'écran s'adresse aujourd'hui à notre inconscient collectif. Depuis le jour où nous l'avons vu vaincre pour la première fois en combat singulier — c'était contre le Premier ministre du Québec, Daniel Johnson, dans le cadre de la conférence fédérale-provinciale de 1968 —, puis s'emparer sans coup férir de la direction du parti libéral, Trudeau s'est servi de la télévision pour s'assurer notre allégeance. Et c'est parmi ceux sur qui l'emprise de la télévision est la plus forte, c'est-à-dire les jeunes, qu'il recrute les plus fervents de ses partisans, alors qu'il vient pourtant de franchir le cap de la soixantaine.

Le masque adopté par Trudeau n'aurait pu mieux convenir pour ses apparitions à la télévision. La voix, les gestes, les regards, tout est parfait. Marshall McLuhan, qui a fait de la phrase « le médium est le message » une expression consacrée, a dit de Trudeau qu'il est « le premier homme de la Post-Renaissance » ; il projette exactement le *Right Stuff*.

« *Échapper à leur volonté de vous définir.* » Dans *Maggie et Pierre*, son spectacle solo qui est un « tour de force », la comédienne Linda Griffiths se fait l'interprète de Trudeau pour nous expliquer comment, au cours de toutes ces années, il a réussi à déjouer les manœuvres d'absolument tous les journalistes qui ont tenté de le cataloguer. Certains ne voient en lui que de l'arrogance ; d'autres affirment qu'il est timide. Quelques-uns parlent de sa froideur et de sa rudesse, alors que d'autres encore le trouvent courtois et prévenant. La plupart de ceux qui le rencontrent sont impressionnés par son esprit ; néanmoins, il en est qui le tiennent pour un intellectuel dilettante flirtant avec les concepts à la mode, qu'il s'agisse de la Démocratie de participation ou des théories économiques de Galbraith.

Pourtant, de toutes ces contradictions, un dénominateur commun commence à émerger. Trudeau est *conscient* des contradictions ; elles lui *plaisent* ; il les *perpétue*. Elles lui permettent d'attirer l'attention tout comme lorsque, à l'époque où il vivait à Montréal en intellectuel-célibataire, il s'éloignait des groupes en train de bavarder et que lentement, si lentement que tout le monde s'en rendait compte, il faisait le poirier dans un coin. Elles lui permettent également, en passant pour un amuseur, de détourner l'attention de son moi véritable.

L'artiste qui veut continuer de captiver la foule d'année en année doit posséder quelque chose de plus. Il doit donc être capable de lui procurer ce qu'il, tout comme la foule, perçoit comme un manque. Thomas Carlyle affirmait (les majuscules sont de lui) que : « La Société est fondée sur le Culte du Héros. » De prime abord, les Canadiens semblent peu enclins à aduler les héros. Nous sommes, ainsi que nous nous le répétons constamment, un peuple conservateur, prudent, élevé dans la crainte de Dieu, payant ses impôts, couvert de polices d'assurance.

Pourtant, il ressort de notre Histoire que nous avons un penchant instinctif pour le culte du Héros. Depuis la Confédération, nous avons élu, la moitié du temps, des dirigeants dotés d'un certain charisme, du *Right Stuff* ou d'un côté magique : John A. Macdonald, Wilfrid Laurier, John Diefenbaker, Trudeau.

Il est possible que nous nous servions des héros pour combler notre scène politique qui, autrement, manquerait d'intérêt. Bon nombre des questions qui nous touchent le plus — l'économie, la défense, la culture de masse — sont élaborées à l'extérieur de nos frontières. Parce que nous avons ramené la lutte des classes à de simples rivalités régionales qui permettent de se retourner contre un ennemi sans qu'il y ait compétition entre les groupes socio-économiques de chacune des régions, notre drame politique national manque singulièrement de résonance. Exception faite des relations entre francophones et anglophones, c'est-à-dire de la seule et unique question qui ait bien ses racines chez nous et qui soit susceptible de modifier de façon décisive notre manière de vivre, lorsque notre politique ne repose pas sur un personnage, elle ne repose sur à peu près rien du tout.

Trudeau est un personnage, un artiste, un comédien qui a besoin, pour donner toute sa mesure, d'un public à qui, en échange, il fournit ce qui lui manque. Martin Goldfarb, le sondeur attitré des libéraux, estime que les Canadiens sont attirés par Trudeau parce que nous voyons en lui « un homme qui a vécu son rêve et les nôtres ».

On peut encore suggérer un dernier lien qui unirait Trudeau aux Canadiens. Comme la plupart des peuples conservateurs, nous admirons ceux qui, à l'exemple de Trudeau, sont prêts à jouer le tout pour le tout. Nous aimons également penser que, si nous nous en donnions la peine, nous en ferions autant. La dernière fois, l'unique fois peut-être, où nous avons osé frapper ensemble un grand coup, ça a été au moment de l'Expo 67. Pour une fois, un peuple dont les deux tiers aspirent à la « survie », d'après l'expression de Margaret Atwood, et dont le dernier tiers aspire, selon ses propres termes, à sa « *survivance* » a entrepris, devant le monde entier, de s'élancer vers le soleil.

Trudeau est une icône de cet été de perfection. À part le bilinguisme, l'ampleur de ce qu'il a pu accomplir d'excellent en tant que Premier ministre est, ici, hors de propos. En le maintenant en fonction, nous conservons toute sa vigueur à notre souvenir collectif de l'époque où, poussés par des rêves impossibles, nous dépassions nos propres limites; et nous continuons d'espérer qu'un jour, d'une façon ou d'une autre, le magicien nous emportera de nouveau vers le soleil.

Chapitre I

Un caractère insaisissable

*« L'homme s'invente lui-même en exerçant sa liberté
de choix. »*
Jean-Paul Sartre

Dès l'instant où Pierre Trudeau pénètre dans une pièce, l'ambiance se transforme. Il entre tranquillement, presque avec déférence, pourtant tout le monde est aussitôt conscient de sa présence et, subtilement, de bon gré, chacun modifie son comportement. « Il accapare tout l'oxygène », dit de lui l'un de ses plus vieux amis. Trudeau a toujours pu agir ainsi. Son professeur préféré au collège Jean-de-Brébeuf, le père Robert Bernier, avait remarqué son habileté « même à cet âge, à capter toute l'attention sans avoir besoin d'élever la voix ».

Trudeau n'avait pas prévu qu'il deviendrait Premier ministre. Néanmoins, dès son plus jeune âge, il s'exerça à dominer les autres autant que lui-même. Il y parvint en se forgeant une personnalité, un personnage public, un masque qu'il pouvait présenter au monde pour, ainsi, le tenir en échec. Grâce à cette façade, il tenait les autres à distance et les dominait, tandis que son moi intérieur s'esquivait, de telle sorte qu'il avait alors le champ libre pour faire ce qu'il avait décidé. « Sa créativité se trouve tout entière dans sa personnalité, affirme un ami de longue date. Il préserve jalousement son ambiguïté. Et c'est délibérément que son caractère est insaisissable. »

*

* *

Trudeau est né au sein de deux cultures et il est né riche. Il a grandi entre deux guerres comme un *haut-bourgeois* victorien d'Outremont, en retard de plusieurs décennies sur son époque. À qui, par son caractère et sa structure mentale, Trudeau ressemble-t-il le plus? Qu'on se pose la question et les analogies qui nous viennent à l'esprit ne portent ni sur des Canadiens ni même sur des Nord-Américains, mais sur ces extraordinaires philosophes activistes de la fin du XIXᵉ siècle: George Curzon, ce fin lettré qui fut vice-roi des Indes, ou Richard Burton, ce poète voyageur, ou encore, un peu plus tard, Teilhard de Chardin, soldat et mystique.

Le premier Trudeau à s'installer au Canada était un charpentier, Étienne Truteau, qui arriva de la Rochelle en 1659. Il s'établit comme fermier et eut quatorze enfants. Ses descendants cultivèrent la terre pendant près de trois siècles, jusqu'au moment où Charles-Émile Trudeau, le père du futur Premier ministre, profita du boom qui suivit la Première Guerre mondiale et, au plus fort de la Dépression, vendit son réseau de stations-service à l'Imperial Oil pour $1,4 million; après quoi, sans s'en faire, il multiplia audacieusement ses avoirs qui, à sa mort en 1935, dépassaient largement les deux millions de dollars. Il avait investi dans les mines, l'immobilier et les parcs d'attractions, et était devenu actionnaire d'un club de baseball. Chacun de ses trois enfants (un premier fils mourut à sa naissance, en 1916), soit Suzette, Pierre et Charles, est multimillionnaire.

« Mon père m'a appris, raconte Trudeau, à me créer ma propre discipline. Et ma mère m'a inculqué le sens de la liberté et de la fantaisie. »

Charlie, comme tout le monde l'appelait, était mince, assez petit, avec une moustache en brosse; vif d'esprit et facilement grossier, c'était un homme hardi et insolent, aimant le jeu et les athlètes, entreprenant, énergique et autoritaire. (Quand il joue au poker, ce qui lui arrive de temps à autre, Trudeau ne se laisse pas démonter et, si on fait exception d'un éventuel *merde* sans gravité, il évite de dire des grossièretés.) En bon père victorien, Charles se consacrait entièrement à ses enfants une heure par jour, à partir de dix-sept heures, puis il disparaissait pendant les vingt-trois autres heures. Trudeau agit à peu près de la même façon avec ses propres fils.

Quand il parle de son père, Trudeau le fait avec enthousiasme et sans inhibition. « Il m'enseignait la boxe, à tirer à la carabine, il m'a donné le goût de parler, de dire, de lire. » Et c'est Charles qui l'a initié à la nature au cours de séjours dans les Laurentides, séjours qui ont laissé à Trudeau le souvenir de « moments idylliques passés à découvrir la nature et ses merveilles ». Grâce au propre père de Charles, Joseph, un fermier qui avait été juste assez longtemps à l'école pour apprendre à écrire son nom, Trudeau découvrit le Québec. À la ferme familiale, sise dans la vallée du Richelieu, il retrouvait ses cousins qui l'initièrent au joual et lui firent rencontrer les personnalités locales: l'idiot et l'ivrogne du village.

L'unique leçon que Charles laissa son fils apprendre tout seul était la plus cruciale: comment devenir un homme. Quand il mourut subitement en Floride, des suites d'une grippe qui avait dégénéré en pneumonie, Trudeau avait quinze ans. Encore aujourd'hui, il pleure aux enterrements qui, tous, éveillent en lui le souvenir de son père.

Cette éternelle ambivalence qu'on constate chez Trudeau à propos de l'autorité — il ignore celle des autres et impose la sienne — n'a d'autre origine que la rivalité père-fils qu'il n'a jamais eu la chance de résoudre. Il l'a d'ailleurs reconnu implicitement: « Il possédait une certaine autorité, ce pourquoi je le respectais en même temps que, durant les dernières années de sa vie, j'étais parfois porté à la défier, comme le font tous les adolescents. Mais il est mort avant que j'aie jamais pu le heurter de front », confiait-il à Radwanski.

Le fils que Charles a laissé derrière lui a conservé quelque chose du petit garçon qu'il était. Derrière le masque de l'homme d'État, si souvent sérieux et imbu de son importance, se cache un *farouche* Peter Pan qui, de temps en temps, montre le bout de son nez et qui, frondeur, fait une pirouette derrière la Reine ou se permet un geste obscène devant la presse mondiale réunie pour le Sommet économique de Bonn, en 1968. Peter Pan se manifeste aussi d'une autre façon: pendant des années, Trudeau a laissé croire qu'il avait deux ans de moins qu'en réalité; c'est seulement en 1968 qu'un recherchiste futé de *Time Canada* a découvert, dans les registres baptistaires de Saint-Viateur d'Outremont, qu'il est né en 1919 et non en 1921. En le voyant se déhancher sur un rythme endiablé, malgré ses soixante ans, dans des soirées où le plus vieux des invités a tout juste la trentaine, certains trouvent le spectacle assez bizarre. Trudeau n'a pas le sens de l'incongruité. « Vieillir lui fait horreur, dit l'un de ses amis. Margaret était son élixir de jouvence. »

*
* *

23

« Formidable » est le terme qu'emploie parfois Trudeau en parlant de son père, alors que tout le monde l'applique plutôt à sa mère, Grace Elliott. Elle et Charles étaient à l'opposé l'un de l'autre et même si les convenances étaient évidemment respectées, on peut difficilement affirmer que leur mariage était très uni. Physiquement, Trudeau ressemble davantage à sa mère qu'à son père. C'est d'elle qu'il tient ses yeux en amande. Mais, comme pour son fils, ce que l'on sait du tempérament de Grace Trudeau — elle est morte en 1973, à l'âge de quatre-vingt-deux ans — est truffé de points d'interrogation.

Grace Elliott était le produit de cet autre élément dominant de la mosaïque canadienne : l'esprit des Loyalistes mâtiné d'un peu de sang écossais. Elle était la fille d'un homme d'affaires prospère ; sa mère, elle, était canadienne-française. Comme le voulait la coutume pour de telles unions, les frères de Grace furent élevés dans la religion protestante, mais elle, étant une fille et, à ce titre, considérée comme quantité négligeable, était catholique. Si l'on en juge par ses photographies, elle était plus belle que jolie, assez grande, avec des yeux d'un bleu vif et des dents proéminentes ; elle parlait d'une voix douce, avait du tact, était distinguée et, surtout, réservée. Néanmoins, Grace débordait d'énergie. Les danses folkloriques écossaises n'avaient pas de secret pour elle et elle était une adepte enthousiaste du ski de randonnée. À soixante et un an, elle traversa Paris en moto, assise derrière Pierre. Elle avait soixante-six ans quand, en compagnie de la Québécoise Thérèse Casgrain, socialiste et féministe acharnée, elle parcourut l'Asie. Vers la fin des années 1940, lorsque Montréal devint le lieu de prédilection d'un dynamique noyau de peintres et de sculpteurs avant-gardistes, elle se fit leur protectrice ; et, grâce à l'un de ses frères qui vivait en France, elle se lia d'amitié avec Georges Braque.

Malgré les Braque qui ornaient les murs de la lourde et rébarbative maison de brique dont elle et Charles firent l'acquisition en 1930 et où elle vécut jusqu'à sa mort, Grace faisait régner au 84 de l'avenue McCullouch, à Outremont, une atmosphère qui, au dire de tous, était morne, oppressante, intimidante. « Il y avait du brun et des dentelles partout, un grand piano en acajou et des chaises recouvertes de tapisserie au petit point », raconte Margaret. « On y parlait à voix basse, se souvient un ami montréalais. Personne n'y riait beaucoup. Madame Trudeau était la parfaite grande dame, droite comme un I derrière la table à thé, très anglaise. Je ne sais trop pour-

24

quoi, mais nous nous sentions toujours soulagés quand venait le moment de prendre congé.» Peut-être, pour mieux comprendre et la mère et le fils, vaut-il la peine de savoir que Grace Trudeau avait connu une enfance traumatisante : elle avait neuf ans quand elle perdit sa mère.

Selon ses amis, Trudeau était très proche de sa mère. «Je ne pouvais m'empêcher de penser, confie l'un d'eux, qu'elle était un lourd fardeau pour lui.» Pourtant, dans ses souvenirs, Trudeau se montre étonnamment laconique. «Elle était une bonne mère et passait beaucoup de temps avec nous.» La seule fois où il parla d'elle abondamment, ce fut avec Edith Iglauer, du *New Yorker* : «Elle ne m'a jamais donné l'impression d'être une mère surprotectrice. (...) Si je partais pour la baie James, par exemple, elle me disait : «À bientôt. Fais bon voyage et tâche de ne pas te noyer.» Jamais elle ne me disait : «Tu ne pourrais pas plutôt étudier ou travailler, non?» (...) Elle laissait ses enfants libres.»

Il est logique, lorsque Trudeau parle de sa mère, qu'il dise tenir d'elle sa passion pour la liberté. Mais les liens qui ne se sont jamais affirmés sont souvent les plus forts. Et n'exigeant rien, une mère peut aussi tout exiger. Trudeau a vécu avec la sienne jusqu'à l'âge de quarante ans. Devenu Premier ministre, il lui téléphonait presque quotidiennement, même pendant les campagnes électorales. Peu après la mort de son père, il ajouta Elliott à son prénom (il a été baptisé Joseph Philippe Pierre Yves Elliott Trudeau).

Ce que Grace a légué de plus tangible à son fils est son bagage culturel ou, du moins, la conviction qu'il *se doit* d'apprécier la culture. Pourtant, il se soucie fort peu, comme Premier ministre, de politique culturelle ; selon l'un de ses adjoints : «Pour lui, la culture est quelque chose dont sa mère tenait compte et qui n'a pas grand-chose à voir avec la politique extérieure ou l'expansion économique régionale.» L'art qui lui plaît le plus, et pour lequel il démontre une connaissance empathique de la maîtrise physique qu'il exige, est la danse. Et s'il attache peu d'importance à la musique — l'audition de disques classiques que son frère Charles et lui-même organisaient, le dimanche soir, dans la salle familiale du sous-sol ne l'a pas beaucoup marqué —, il éprouve une certaine attirance pour les arts visuels : les paysages abstraits, disciplinés, aux teintes sourdes, du peintre Toni Onley, de la Colombie britannique, sont au nombre de ses œuvres préférées.

Quant à ce que Trudeau pense de l'architecture, son ami Arthur Erickson, qui est l'architecte canadien le plus renommé, confie : « Il a une compréhension exceptionnelle de l'espace et de la relation entre les formes » ; mais il ajoute : « Il peut s'abstraire si totalement de ce qui l'entoure qu'il finit par n'en avoir plus du tout conscience. » La seule maison qu'il ait jamais choisie lui-même — en 1979, à soixante ans — est l'union de deux extrêmes. D'après la critique Adele Freedman, son palais Art Déco, situé avenue des Pins, à Montréal, et conçu en 1930 par l'architecte québécois Ernest Cormier à qui on doit aussi la Cour suprême d'Ottawa, est à la fois une œuvre « d'une grâce et d'une excentricité raffinées » et un « tombeau égyptien ». Pour sa part, Margaret trouve inconcevable d'élever des enfants dans une maison où les seules chambres à coucher sont des alcôves installées au sous-sol et où les petits seront fatalement à l'étroit. Mais il est certain que, pour Trudeau, cette demeure comporte le double avantage d'être une retraite inviolable (le bureau n'a pas de fenêtres) et un centre d'intérêt (elle est classée monument historique).

Grace a également inculqué à Trudeau le sens de l'épargne. Sa pingrerie, sauf envers ceux pour qui il éprouve de l'attachement, est légendaire. À Montréal, il allait au restaurant sans pardessus, au beau milieu de l'hiver, pour ne pas avoir à payer de vestiaire. Il offre rarement de régler l'addition d'un autre et n'a généralement pas assez d'argent sur lui pour payer la sienne. Lors des funérailles d'État de Pierre Laporte, l'un de ses adjoints dut lui glisser un billet de dix dollars au moment de la quête : Trudeau jeta un coup d'œil sur le billet et fronça les sourcils. En 1975, alors qu'il était toujours Premier ministre, il contesta publiquement une hausse de taxe de huit dollars décrétée par la municipalité de Saint-Adolphe d'Howard pour sa propriété des Laurentides. Mais quand Jacques Hébert, l'un de ses meilleurs amis, risqua la prison à cause de son livre *J'accuse les assassins de Coffin*, Trudeau se chargea de tous les frais encourus pour sa défense sans rien attendre en retour ; il finança les projets littéraires de plusieurs amis et, une fois, envoya un mandat de trois mille dollars à l'un d'eux qui se trouvait à Paris et n'avait plus un sou vaillant en poche.

De tous les traits de caractère que Grace a transmis à son fils, la réserve est le plus important. On ne saura jamais avec certitude comment se déroulait la vie derrière les murs du 84 McCullouch ; ce qui *est* certain, c'est que les trois enfants qui y ont grandi ont vécu dans un isolement qui les a presque menés au bord de la névrose. Un ami se rappelle qu'avant son mariage avec Pierre Rouleau, un dentiste montréalais dynamique et entreprenant, Suzette était « timide, presque muette ». À peine avait-il amorcé la quarantaine que Charles renonça à une brillante carrière d'architecte pour mener une vie de reclus dans les Laurentides*. Un vieil ami se souvient d'eux comme d'une « famille extraordinairement liée, qui faisait une différence très nette entre elle-même et le reste du monde » — si liée qu'ils n'ont jamais éprouvé le besoin d'échanger des cadeaux de Noël. Le trait qui domine le plus chez Trudeau est sa farouche impénétrabilité, dans le style *noli me tangere*, une réserve férocement, intensément anglaise qui confine au dédain et glace le sang des importuns.

Grace Elliott n'a jamais pu parler français couramment. Aussi Trudeau s'adressait-il à elle en anglais, tandis qu'il parlait français avec son père, à tel point qu'en quatrième année il ne savait toujours pas qui il était réellement. Enfant, il mélangeait facilement les deux langues, disant, par exemple : « *We must go down to the* bord de l'eau. » Mais, incontestablement, et c'est là l'ultime triomphe de Charles, Pierre a un esprit intrinsèquement gaulois. Son cœur est resté au Québec. Il a déjà dit que, si jamais le Québec se séparait, il retournerait quand même y vivre. À l'exception d'un bref flirt avec la Colombie britannique au début de sa vie commune avec Margaret, il n'a jamais songé à vivre ailleurs. Il écrit mieux en français et lorsqu'il est fatigué, il lui arrive de chercher ses mots en anglais. Ses meilleurs amis — Gérard Pelletier, Jacques Hébert, Jean Marchand, Jean LeMoyne — sont québécois. Avec eux, il devient un être que les plus intimes de ses amis anglophones ignorent complètement : il est détendu, familier, animé sans aucune trace d'agressivité, enjoué.

Pourtant, quand il a finalement décidé de se marier, Trudeau a épousé une anglophone unilingue. Comme il devait fatalement s'y attendre, ses fils sont plus anglais que français. *Son caractère est délibérément insaisissable.*

*
* *

_____

* *En 1968, la mère, la sœur et le frère de Trudeau assistèrent, dans sa loge, au congrès tenu pour l'élection du chef du parti libéral. Ils furent tellement secoués par cette expérience qu'ils renoncèrent à se montrer de nouveau en public à ses côtés.*

Lorsqu'il eut douze ans, Trudeau laissa son enfance derrière lui et entra au collège Jean-de-Brébeuf où il resta jusqu'à l'âge de vingt ans. De septembre à juin, il passait six jours par semaine au collège, y revenant souvent le soir pour des débats ou autres activités, ainsi que le dimanche pour assister à la messe. Presque autant que par ses parents, le caractère de Trudeau a été forgé par Brébeuf, par la mystique des jésuites.

Comme la plupart des mystères, cette mystique repose sur une simple prémisse : la recherche de l'excellence. Les bénédictins, par exemple, moins rigoureux, plus humanistes dans leur catholicisme, éduquent le jeune garçon. Les jésuites, eux, forment l'homme de demain. La volonté est le générateur ; la culpabilité, omniprésente chez la plupart des garçons, sert de catalyseur. Selon le système des jésuites, la volonté et la culpabilité agissent de concert pour fondre l'esprit, le corps et le caractère en un tout supérieur à la somme de ses parties. Leur vie durant, les anciens élèves des jésuites ont tendance à ne pas vouloir se mêler au commun des mortels : Jerry Brown, gouverneur de la Californie, par exemple, est aussi distant que Trudeau. Ce n'est pas à proprement parler de l'arrogance ; c'est plutôt la conviction d'être différent.

À l'époque de Trudeau, les jésuites de Brébeuf avaient beaucoup de points communs avec ces éminents Victoriens qui inventèrent les collèges privés britanniques. Qu'on songe simplement au décor : surplombant le chemin de la côte Sainte-Catherine, l'ensemble des imposants bâtiments de brique, de style néo-classique, rappelle l'une de ces écoles réservées aux fils de l'aristocratie anglaise, où les dortoirs étaient ouverts à tous les vents et les verges cinglantes. Un constant effort d'amélioration, la suprématie de l'esprit sur la matière, les douches froides. (En plein cœur de l'hiver, Trudeau continue de dormir la fenêtre ouverte, habitude que Margaret jugeait fort peu romantique.) Pas de tricherie, pas de mouchardage, pas de larmes. À l'instar des Victoriens, les jésuites formaient les fils d'une génération de dirigeants pour que, à leur tour, ils deviennent des chefs. Ni les uns ni les autres n'éprouvaient le moindre scrupule à employer des mots comme « élite » et « pouvoir ».

Les Victoriens, en apparence tout au moins, étaient plus puritains. Pour dire les choses crûment, Trudeau n'avait rien d'un bégueule quand il sortit de Brébeuf. Il a eu de nombreuses aventures et, durant son long célibat, il tenta de convaincre ses amis mariés qu'en exigeant une absolue fidélité de leurs épouses ils brimaient leur liberté ; bien entendu, lorsque sa

28

théorie devint une réalité personnelle, il vit les choses d'un tout autre œil. Il n'avait nullement honte de son corps. Même après avoir été élu Premier ministre, il continua de prendre des bains de soleil en costume d'Adam, devant des amis des deux sexes.

Contrairement aux Victoriens, les jésuites accordaient la plus grande importance à l'esprit. Pour eux, *mens sana in corpore sano* ne signifiait pas seulement un esprit sain, mais un esprit parfait. Ils répétaient après Descartes: *Cogito ergo sum*. C'était en quelque sorte l'*omega* de l'existence. Grâce à la volonté, un esprit paresseux pouvait, au même titre qu'un corps malade, se transformer en un outil parfait.

En retour, les Victoriens avaient un respect passionné pour le franc-jeu. Se montrer bon perdant. Ne pas frapper un homme à terre. Trudeau n'a jamais acquis, sur les terrains de jeux de Brébeuf, ces réflexes conditionnés propres aux Anglo-Saxons. Il a toujours détesté les sports d'équipe. Au fil des années, ses adversaires ont constamment été pris par surprise ou même attirés dans un traquenard et ont découvert trop tard que Trudeau ne respecte pas les règles du jeu et qu'il n'a aucune sympathie pour les vaincus.

L'élève qui étudiait à Brébeuf, il y a près d'un demi-siècle, annonçait déjà l'homme d'aujourd'hui. Ses camarades se souviennent de Trudeau comme d'un garçon brillant, doté d'un esprit vif et d'une mémoire infaillible; courageux aussi et, parfois, captivant. Mais ils se rappellent également qu'il était distant, prétentieux, arrogant et, la plupart du temps, proprement odieux. Bien qu'il ait passé huit ans dans cet établissement, un seul de ses condisciples est demeuré son ami: Roger Rolland qui, des années plus tard, s'est vu confier la rédaction de ses discours.

Trudeau savait se montrer désagréable. «Je devais avoir le dernier mot», admet-il. Le moins qu'on puisse dire, c'est qu'il lui fallait toujours se singulariser. Durant un cours d'histoire où tout le monde se réjouissait des succès remportés par les Français, il applaudit à la victoire de Wolfe aux Plaines d'Abraham. Il lui arrivait aussi d'être agressif — un signe avant-coureur de certaines de ses attitudes ultérieures, comme quand il dira à des grévistes du service postal de «manger d'la marde».

L'agressivité, lorsqu'on est petit, peut être un signe de détresse, l'indice d'un conflit intérieur non résolu et projeté sur les autres. Après avoir appris la boxe, Trudeau provoqua de nombreuses bagarres à coups de poings. Mais, le plus souvent, son agressivité se manifestait sur le plan psychologique. « Il conservait toujours ses distances, raconte Jean de Grand-pré, un camarade de classe devenu président de Bell Canada. C'était vraiment par choix et, peut-être aussi, le fruit d'une certaine arrogance qui, même à l'époque, l'incitait à ridiculiser ceux qui n'étaient pas brillants. » « Il aimait nous taquiner, a raconté sa sœur Suzette à Radwanski, pour voir jusqu'à quel point nous (Charles et elle) pouvions le supporter avant d'éclater. » La maturité a quelque peu modifié ces aspects de son caractère, mais ceux-ci n'en ont pas disparu pour autant. Plusieurs de ses adjoints se sont subitement retrouvés en quarantaine — notes non lues, avis ignorés —, uniquement parce que, comme il finissait par le reconnaître, Trudeau avait éprouvé l'envie soudaine de les remettre à leur place. Pendant les réunions du Cabinet, il peut, sans le moindre avertissement, transformer un banal échange d'opinions en une féroce joute d'intellectuels. Il l'emporte invariablement, ce qui ne l'empêche pas de se demander, à la réunion suivante, pourquoi son adversaire de la semaine précédente demeure silencieux. « Quand quelqu'un ne s'acquitte pas adéquatement de sa tâche, il peut tout aussi bien le lui reprocher à voix haute, devant tout le monde, que l'attirer dans un coin pour lui en parler sans témoins », remarque Francis Fox, ministre du Cabinet.

Trudeau froisse souvent l'amour-propre des autres sans que ce soit vraiment délibéré ou encore sans même qu'il s'en rende compte. Il a grandi avec la conviction qu'il était faible et peu brillant. « Je ne sais pas si c'est le cas de tous ceux qui ont l'esprit de compétition, dit-il, mais le mien dérive probablement davantage de la crainte d'être laissé pour compte que du désir de réussir. » Encore aujourd'hui, il n'est pas complètement convaincu de sa force. Même si, de tous les hommes politiques contemporains, il est le seul à connaître un tel succès, il continue de s'incliner devant ceux qui portent le titre de « politiciens professionnels ».

Pour les élèves de Brébeuf, il était aussi énigmatique qu'il l'est pour nous. Il adorait faire des jeux de mots et jouer des tours. Un jour, alors qu'il voulait sous-louer son appartement, il se cacha dans un placard pour observer le comportement d'un éventuel locataire sans méfiance, pendant sa visite des lieux. Mais il ne lui viendrait jamais à l'idée de se moquer de *lui-même*. Gérard Pelletier raconte que, lorsque Trudeau était jeune, « on ne savait jamais jusqu'où pousser la taquinerie avant qu'il ne devienne écarlate et n'explose ». Si l'on interroge un de ses adjoints sur son sens de l'humour, on s'entend répondre d'un ton protecteur: «On ne peut pas parler de sens de l'humour comme tel, mais plutôt d'une certaine forme de plaisir.» Le sénateur Keith Davey qui excelle dans les mots d'esprit se souvient que, au début de leur amitié, chaque fois qu'il se montrait sarcastique, Trudeau paraissait désarçonné et finissait par lui demander: «C'était bien une blague, non?» Comme il n'a aucun sens du ridicule, ses adjoints marchent continuellement sur des charbons ardents. «Il est impossible, dit l'un d'eux, de se sortir d'un mauvais pas en le déridant par une boutade.»

Rares sont ceux, à Brébeuf, à qui Trudeau a révélé une autre facette de son caractère: une sensibilité exceptionnelle. L'un d'eux, un jeune boursier appartenant à une famille démunie, se souvient d'avoir été «touché par sa simplicité» parce que, pour ne pas l'embarrasser alors qu'ils se rendaient ensemble à une réunion étudiante provinciale, Trudeau avait revêtu ses habits les plus élimés. En grandissant, il révéla d'autant plus volontiers ce côté attachant de sa nature qu'il maîtrisait de mieux en mieux son personnage extérieur. Lorsqu'il se trouve avec des enfants — qu'il s'agisse ou non des siens — ou quand il rencontre des étudiants, il cesse presque toujours de se tenir sur ses gardes; même à l'époque où il était encore un adolescent, il savait d'instinct comment charmer par son côté magique les tout-petits qui se rassemblaient autour de lui sur une plage ou au coin d'une rue comme autour du célèbre Joueur de flûte de Brême, et il leur racontait des histoires merveilleuses dans un langage d'adulte, sans jamais bêtifier.

L'ambiguïté demeure l'unique constante. D'un côté, le petit garçon déguisé, incertain de sa propre valeur, tendre et foncièrement loyal envers ceux à qui il a donné son amitié. De l'autre, le combattant solitaire qui se bat pour gagner, sans égard aux moyens. Trudeau est capable — trait qu'il partage avec les escrimeurs et les boxeurs de niveau international — d'avoir des «colères blanches», des crises irrépressibles qui, contrairement à la colère noire, n'altèrent pas les facultés. Une fois qu'il s'est engagé dans un combat — une bagarre dans la cour de l'école, une campagne électorale, une joute verbale avec des journalistes —, rien ne peut l'inciter à lâcher prise tant qu'il n'a pas gagné.

Alors qu'il n'est nullement attiré par les relations superficielles et qu'il projette autour de lui une ambiance glaciale et austère, il possède un authentique don pour l'amitié. Certains de ses meilleurs amis comme Pelletier, Hébert et Jean LeMoyne parlent de lui avec une tendresse peu courante. «Jamais, au grand jamais, il ne laissera tomber un ami», dit Pelletier.

Quand, en cours de mandat, Jean Marchand est devenu un poids pour le gouvernement, Trudeau est resté à ses côtés; en 1980, faisant fi des vœux de la presque totalité des sénateurs libéraux, il l'a nommé président du Sénat parce que Marchand, seul et démuni, avait à la fois besoin de prestige et d'argent. Lorsque Francis Fox a démissionné du Cabinet après s'être reconnu coupable d'avoir falsifié des documents pour permettre à sa maîtresse de se faire avorter, Trudeau (qui retrouvait peut-être en Fox un peu de lui-même) l'a invité à dîner à deux reprises au 24 Sussex Drive, après quoi ils ont passé la soirée à deviser tranquillement.

Comme on pouvait s'y attendre, Margaret n'a pas été longue à déceler ce défaut de la cuirasse. «Derrière son attitude souple et charmante, derrière cette confiance inaltérable qui lui a valu une telle réputation d'arrogance, se cache un être singulièrement solitaire», écrit-elle. Trudeau lui-même a candidement confié à Radwanski: «Le plus petit blâme ou, en fait, la plus légère louange m'attirait des larmes et je crois que cela vient de ce que, enfant, je souffrais d'une profonde insécurité.» Il fondit en larmes le jour où un professeur de Brébeuf le félicita pour avoir administré une raclée au «fier-à-bras» du collège. Des années plus tard, il sentit ses yeux se mouiller quand le sénateur Eugene Forsey le complimenta après un discours.

*

* *

L'autodiscipline constitue le principe moteur de la personnalité soigneusement élaborée de Trudeau, une autodiscipline si rigoureuse qu'elle équivaut presque à une forme de flagellation. À Brébeuf, il avait appris à surmonter ses faiblesses — il n'est pas très résistant: il se fatigue aisément et a du mal à tenir le coup s'il n'a pas eu ses huit heures de sommeil. Tous les jours sans exception, il faisait de l'exercice, ce à quoi s'ajoutaient la boxe, les excursions, la natation, le canoë et le ski; sauf pour le chocolat dont il raffole, il mangeait des aliments sains et il a maintenant renoncé aux cigarettes et aux liqueurs fortes. Plus tard, il apprit le judo et la plongée sous-marine. À l'époque où il étudiait à Paris, il alla passer quelques jours dans une station de ski, deux semaines à peine après avoir subi une appendicectomie. Premier ministre, il descendit à deux reprises, sous le regard inquiet de ses adjoints, la terrible piste de bobsleigh de Saint-Moritz. À soixante ans, s'il n'a plus la silhouette d'un homme de vingt-cinq ans, il n'en reste pas moins bien proportionné: il mesure cinq pieds dix, pèse cent soixante livres, a le cou et les épaules fortement musclés; seule une légère tendance à l'embonpoint l'oblige à surveiller ce qu'il mange.

Dans le premier essai qu'il a publié, « L'Ascétisme en canot », Trudeau exposait sa conception de l'ascétisme en des termes presque mystiques. Ce sont peut-être là les plus belles pages qu'il ait jamais écrites:

> Mais l'essentiel est la résolution au départ d'atteindre le point de saturation: le voyage doit idéalement se terminer seulement quand les coéquipiers n'en tirent plus de perfectionnement humain. (...) Car une des conditions de l'équipée est de se confier, dépouillé à cette nature. Le canot, l'aviron; la couverte, le couteau; le lard salé, la farine; la ligne de pêche, le fusil; voilà à peu près toute la richesse. En retranchant ainsi de l'héritage humain tout l'inutile bagage matériel, l'esprit est en même temps libéré des calculs, des souvenirs, des préoccupations oiseux.

Plus tard, au cours d'une entrevue télévisée, il réaffirma sa philosophie: « Je veux être le moins possible l'esclave des biens matériels. Pouvoir apprécier un bon repas, un beau livre, des vacances, c'est merveilleux. Mais souffrir, si on est privé, je trouve cela une sorte d'esclavage. Et j'espère que mes enfants n'auront pas besoin d'attachements, que ce soit pour les bonbons ou la télévision. » En ce domaine, pourtant, Trudeau n'aime que ce qui se fait de mieux. Mais le manteau de loutre, les complets impeccablement coupés, la Mercedes 300SL ne sont qu'une façade. Malgré les goûts fastueux qu'il a pu acquérir après avoir passé une douzaine d'années au 24 Sussex Drive, ses possessions, même aujourd'hui, se limitent à quelques peintures et à une imposante bibliothèque.

Encore plus que son corps, Trudeau a discipliné son esprit. Doté d'une mémoire exceptionnelle, il lit de tout, avidement. « Je ne me sens jamais satisfait d'avoir lu huit chapitres d'un livre; il me faut en lire douze. » Même quand ses professeurs le lui conseillaient, il ne se résignait pas à lire un texte en diagonale. Et il n'a jamais dérogé à cette règle. Au début de

1979, les membres du groupe de travail sur l'unité canadienne remirent à Trudeau une copie préliminaire de leur rapport afin d'en discuter avec lui, mais il ne les interrogea que sur les trois premiers chapitres, faute d'avoir pu en lire davantage. Par contre, Marc Lalonde qui assistait, lui aussi, à la réunion posa des questions sur l'ensemble du rapport parce que, à l'instar de la plupart de ceux à qui le temps fait défaut, il s'était contenté de parcourir le résumé des recommandations.

Il arrive que sa concentration frôle l'obsession, auquel cas il ne permet à rien ni à personne de le distraire. Après son élection comme Premier ministre, tous ceux qu'il invitait à dîner, même un vieil ami comme Jean Marchand, étaient avertis de se retirer vers vingt et une heure quarante-cinq afin qu'il pût consacrer encore une heure à l'étude de ses dossiers, en prévision des réunions du lendemain. Ceux qui l'accompagnent dans sa voiture officielle doivent garder le silence tandis que, assis à l'arrière, il travaille sur ses documents. Un jour, alors qu'il se rendait à Montréal, Pat Gossage, son attaché de presse, laissa échapper, après presque deux heures de route, un cri d'admiration devant la beauté du paysage automnal. « Pat, vous aviez *promis* », lui reprocha aussitôt Trudeau, toujours courbé sur ses papiers, à l'arrière de la voiture*.

C'est essentiellement à l'un de ses professeurs de Brébeuf — le père Robert Bernier — que Trudeau doit l'universalité de son érudition. Au cours d'une entrevue qu'il accorda à Edith Iglauer, le père Bernier décrivit le programme scolaire : « Littérature, philosophie, musique, peinture — tout ça allait de pair. (...) J'enseignais aussi l'histoire. Je n'insistais pas seulement sur les faits et les dates, mais également sur les idées ; l'importance de l'esprit démocratique ; une société pluraliste possédant le sens de l'universel et aimant les différences pour elles-mêmes parce que, au-delà de toutes les différences de nation, de religion, sexe, couleur et autres, un homme est un homme et, à ce titre, a droit au respect. De plus, je leur enseignais la littérature : française, grecque, latine ; (...) en dehors du cours, nous lisions et discutions, en anglais, Hemingway, Faulkner, Henry James, Hawthorne et Thoreau. (...) Nous pénétrions facilement l'esprit de Locke, de Tocqueville, d'Acton, de Jefferson. (...) Je mettais l'accent sur le respect de la beauté créée par l'homme. »

---

* *N'ayant pas le droit d'allumer la radio, le chauffeur de Trudeau a finalement obtenu la permission d'installer un magnétophone muni d'un écouteur.*

Il y avait là de quoi en avoir l'eau à la bouche. Trudeau absorba tout. Grâce à Bernier, il développa une passion pour le genre de connaissances dont la plupart des leaders politiques, trop pragmatiques, trop unidimensionnels, ne font aucun cas. «J'ai probablement lu plus d'œuvres de Dostoïevski, de Stendhal et de Tolstoï que l'homme d'État moyen, constate Trudeau. Et moins de Keynes, de Mill et de Marx.» Il ajoute que, sauf à Harvard et à la London School of Economics, «je lisais surtout en français et en latin».

Mais il est une chose que Trudeau n'a jamais apprise à Brébeuf — ni nulle part ailleurs. Il n'a jamais pu reconnaître qu'il jouit d'une chance extraordinaire. Le destin a voulu qu'il soit brillant, athlétique, beau, capable de s'imposer et honteusement riche. La plupart des gens ne possèdent aucun de ces atouts. Mais, lui ne l'a jamais compris. L'inculcation d'une conscience sociale n'est pas au centre de l'enseignement des jésuites. En fait, ils prônent plutôt le contraire: n'importe qui peut, par sa seule volonté, aspirer à n'importe quoi. L'échec est un péché. Le régime quotidien de Brébeuf empêchait, presque sciemment, les élèves de comprendre, si peu que ce fût, les conséquences humaines de l'échec — l'humiliation, l'indignité, la fierté foulée aux pieds. Au-delà des murs du collège, la Dépression sévissait et les chômeurs encombraient les rues de Montréal. À l'intérieur, selon les propres termes de Bernier, c'était «un petit monde à nous, (...) une atmosphère de joie où tout était beau». Rien, dans la carrière politique de Trudeau, n'a été autant souligné que son incapacité à comprendre les sentiments des Canadiens moyens qui connaissent l'échec: le jeune qui ne peut trouver un emploi, le salarié qui est incapable de boucler son budget à cause de l'inflation, le fonctionnaire d'un certain âge qui n'a pas réussi à devenir bilingue.

*

*   *

Son séjour au collège a marqué Trudeau de deux façons encore. Brébeuf l'a lié pour la vie à l'Église catholique. Mais il n'est pas un catholique conventionnel et n'adhère pas à tous les dogmes. «Je crois en la règle protestante de la conscience et au fait qu'on ne doit pas blesser les autres délibérément. C'est là le seul péché véritable.» (En réalité, c'est le cardinal Newman qui est le père de cette doctrine.) Ceci dit, il se rallie sans réserve à l'Église en tant qu'institution; il manque rarement la

messe dominicale ; avant la trentaine, il assistait quotidiennement à l'office avec sa mère. (À deux reprises, pendant son
mandat comme Premier ministre, il est allé à la messe de
minuit avec John et Geills Turner, Margaret ayant refusé de
l'accompagner.) En 1969, le pape le reçut en audience et l'un
de ses conseillers se souvient que, dans l'avion qui les ramenait au pays, « il est resté éveillé toute la nuit ; ses yeux
brillaient ».

Le dernier legs de Brébeuf est le plus évident : Trudeau
raisonne comme un jésuite. Quel que soit le thème de la discussion, il peut river son clou à presque n'importe qui. Même si
ses artifices dialectiques sont connus au point d'en être aga-
çants, ils n'en continuent pas moins de faire mouche presque
systématiquement parce que son allure intimidante et sa prodigieuse mémoire leur donnent plus de force. L'un d'eux consiste à répondre à une question par une autre ; un autre à réduire
l'argument de l'adversaire à une absurdité syllogistique : si on
croit en la proposition A, on doit alors croire aussi en B et ainsi
de suite jusqu'à un quelconque Z qui, lui, ne rime à rien. Le
dernier artifice est son sens du minutage. Trudeau est un maître de la riposte et il attend toujours, pour décocher son
meilleur coup, que son adversaire ait baissé sa garde. Des
centaines de joutes verbales qu'il a pu livrer comme Premier
ministre, c'est peut-être l'entrevue qu'il a accordée en 1974 à
Peter Gzowski, alors animateur au réseau CBC de l'émission
« This Country in the Morning », qui révèle le mieux son style.
Devant le refus de Trudeau de reconnaître le moindre aspect
positif au nationalisme québécois, Gzowski entreprit de défendre son point de vue avec acharnement. C'est alors que, lui
répondant d'un ton apparemment inoffensif, Trudeau laissa
tomber l'expression « les séparatistes torontois ». Quand on
lit la transcription de l'entrevue, il est fascinant de voir Gzowski
perdre du terrain dès cet instant et tenter de repousser l'accusation implicite d'être l'un de ces intellectuels anglo-canadiens
sentimentaux qui se voulaient « équitables » envers le Québec
en lui reconnaissant un statut particulier.

*
*   *

Quand Trudeau quitta Brébeuf au printemps de 1940, sa
personnalité était presque totalement façonnée ; il n'y manquait
que quelques détails. Déjà, la réussite faisait partie de son lot.

Il n'était pas un premier de classe. Il n'avait pas accédé à la présidence des étudiants. Même avec du recul, le père Bernier le voit seulement comme « l'un des meilleurs ». Mais il était tenace. Il avait du style et du panache. Dans le journal du collège dont il fut le rédacteur en chef, il avait écrit : « Ce journal a une orientation précise : elle consiste à n'avoir aucune orientation précise. » Il était athlétique, avait confiance en lui-même et, surtout, était extrêmement obstiné et résolu à devenir le meilleur.

Il lui fallut un autre quart de siècle pour découvrir en quoi, exactement, il serait *le meilleur*.

Chapitre II

Citoyen du monde

«*Dans* Moby-Dick *de Melville, c'est Ismaël, je crois,
qui dit que quand il ressent le besoin de sortir et de
rosser quelqu'un, cela signifie qu'il est temps pour lui
de reprendre la mer.* »
Pierre Trudeau
Entrevue accordée au
United Church Observer
1971

Si Trudeau a vu son caractère façonné par Outremont,
Brébeuf, sa famille et sa propre volonté, c'est, en revanche,
un individu — Gérard Pelletier — qui l'a amené à se mettre
au service d'une cause. C'est lui qui a incité Trudeau à s'intéresser à la politique québécoise. « Nous avons été la première
génération à dire : bon sang, nous allons rester ici et changer
tout ça », raconte Pelletier.

Plus tard, quand il a fait partie du cabinet Trudeau, Pelletier a été, plus souvent qu'autrement, qualifié d'*éminence
grise*. En fait, même si l'expression ne risque guère de lui
plaire, il était surtout un guide spirituel. Physiquement et mentalement, on dirait un abbé : le crâne chauve, le regard inqui-
siteur, la voix sourde ; il est timide, érudit, consciencieux et
courtois. Mais sa plus grande qualité est son intégrité. Il a
appuyé la loi des Mesures de guerre, c'est vrai, mais il l'a fait
« la mort dans l'âme ». Les mêmes péquistes qui raffolent des
prises de bec avec Trudeau préfèrent battre piteusement en
retraite plutôt que de se mesurer à Pelletier. D'ailleurs, celui-ci
n'a pas froid aux yeux. En 1975, il a rompu l'entente qui
imposait aux ministres fédéraux de rester en dehors de l'arène
provinciale et a publié dans *Le Devoir* un long article sur « la
crise du leadership au Québec » ; devançant d'une bonne longueur la plupart des observateurs, il avait senti que le sol
était en train de s'effondrer sous les pieds de Robert Bourassa.
Et quand, la même année, il a quitté Ottawa pour devenir
ambassadeur en France, Trudeau lui a rendu hommage comme

un disciple à son maître : « Une autorité morale de la plus haute importance, et mon ami. »

On ne saurait nier le contenu affectif de cette phrase. En général, Trudeau applique à ses amitiés le principe du cloisonnement : la plongée sous-marine avec le docteur Joe MacInnis, l'explorateur de fonds marins ; les anciens collaborateurs de *Cité libre* pour d'occasionnels dîners nostalgiques ; les voyages à l'étranger avec Jacques Hébert et Arthur Erickson ; les expéditions en canoë avec Peter Stollery, parlementaire torontois entre autres choses ; les discussions politiques avec Jean Marchand, et ainsi de suite. Erickson, qui le connaît intimement depuis une dizaine d'années, dit de lui : « Quand il est avec l'un de nous, il peut se montrer totalement et merveilleusement réceptif. Autrement, il donne l'impression d'être sur une autre planète. Il ne s'embarrasse pas des problèmes des autres. » Pelletier et sa femme Alex sont peut-être les seuls amis permanents de Trudeau pour lesquels il se jetterait au feu. Chaque année, il les retrouve dans leur chalet des Laurentides pour le jour anniversaire de la prise de la Bastille. Pendant l'automne de 1979, alors qu'il songeait à démissionner comme chef de l'Opposition, il a passé plusieurs jours à Paris pour en discuter avec eux. Un mois plus tard, au moment de décider s'il devrait revenir ou non, il a téléphoné à Pelletier à deux reprises.

Les deux hommes sont nés la même année et Pelletier, comme Trudeau, a perdu son père de bonne heure. Mais là s'arrêtent les ressemblances. Pelletier, originaire d'une petite municipalité de l'Estrie, était le dernier d'une famille de dix enfants et ce fut son père, un employé des chemins de fer, qui lui apprit à lire. Quand celui-ci mourut, il fallut toute l'énergie d'une *maman* typiquement québécoise pour tirer Pelletier de la misère et l'envoyer étudier dans un collège classique (un établissement sans prétention). Après la guerre, à l'instar d'un autre jeune aux antécédents et à la formation similaires, Claude Ryan, il commença à travailler pour l'Action catholique canadienne, un organisme syndical formé d'associations étudiantes et de mouvements de travailleurs. Ce fut aussi à cette époque qu'il épousa Alexandrine Leduc, journaliste et scénariste, une femme de grand talent et d'une profonde perspicacité. Durant la majeure partie des années 50, leurs deux salaires ne dépassèrent pas quatre-vingts dollars par semaine.

Pelletier et Trudeau s'étaient rencontrés pour la première fois à la fin des années 30, à l'époque où ils appartenaient tous les deux à la presse étudiante. «Il m'a plu tout de suite, raconte Pelletier, même si j'étais un peu déconcerté par sa désinvolture. (...) Il était plus irritable et sortait plus facilement de ses gonds.» Mais ce fut pendant l'hiver 1946-1947 qu'ils se lièrent véritablement d'amitié. Pelletier était en Europe où il travaillait pour un service d'aide aux étudiants. Trudeau s'y trouvait également, en quête de grandes idées. Ils prirent l'habitude de se voir souvent, généralement à Paris, et se découvrirent des affinités intellectuelles ainsi qu'un même attachement pour les libertés civiques. «Je me souviens que nous discutions interminablement de la nécessité d'apporter des réformes et que Trudeau déclarait invariablement: bon, c'est très bien tout ça, mais par où commençons-nous?» Ils convinrent qu'il fallait commencer au Québec, en devenant des *hommes engagés.* «Je crois qu'il m'enviait un certain don pour l'action. J'étais plus engagé que lui parce que j'avais besoin de gagner ma vie», estime Pelletier. Puis Pelletier rentra au Québec et devint journaliste au *Devoir.* Trudeau le rejoignit deux ans plus tard.

*
*   *

Si l'on veut mettre Trudeau hors de lui, il suffit de laisser entendre que, durant les années qui ont séparé Brébeuf d'Ottawa, il a vécu en dilettante. Quand il condescend à répondre, ce qui n'est pas toujours le cas, Trudeau insiste sur le fait qu'il a travaillé *sans arrêt* et sans ménager sa peine. À vrai dire, il a effectivement travaillé très fort, mais par intermittence et uniquement pour des projets qu'il choisissait lui-même.

Les quatre premières années qui suivirent son départ de Brébeuf constituent, dans la vie de Trudeau, un chapitre que celui-ci préférerait nettement oublier ou, à tout le moins, passer sous silence. Belliqueux et fauteur de troubles, il était, dix ans avant James Dean, un rebelle sans cause à défendre. Il fit son droit à l'Université de Montréal et s'ennuya. Il entra comme stagiaire dans une étude de la même ville et s'y ennuya. Il se tint à l'écart de la guerre et s'ennuya encore. Davantage pour s'occuper que par conviction — «Je pense qu'il s'agissait plus ou moins d'empoisonner le gouvernement», admet-il —, il fit campagne en 1942, lors d'une élection partielle, pour Jean Drapeau qui était le candidat du *Bloc populaire*, parti opposé à la conscription. Quant à ses autres activités, on pourrait presque les qualifier de délictuelles. Par exemple, Trudeau et un groupe de fils à papa avides de se faire remarquer sillonnèrent divers quartiers de la ville dans le vacarme de leurs motocyclettes, coiffés de casques prussiens de la Première Guerre mondiale.

De temps à autre, Trudeau est tourmenté par le fait qu'il n'a pas d'antécédents militaires et il déteste expliquer pourquoi il ne s'est pas enrôlé. Si on insiste, il se contente de répliquer: «Je ne prêtais aucune attention aux nouvelles.» Mais on peut tout de même se livrer à certaines déductions: il détestait la rigidité de la vie militaire et s'était débrouillé pour se faire rapidement expulser du Corps-école d'officiers canadiens rattaché à l'Université de Montréal. D'autre part, il n'a pas le cœur très bien accroché. «Pierre est un pacifiste si convaincu, remarquait Margaret, qu'il refuse de tuer quoi que ce soit, ne serait-ce qu'un insecte.»

En 1945, Trudeau retrouva son sens de l'autodiscipline. Il s'inscrivit donc à Harvard pour y préparer une maîtrise en sciences politiques. Subitement, il découvrit «à quel point nous (au Québec) étions en retard». Durant ses deux années à Harvard, il rencontra la plupart des sommités de Cambridge: Joseph Schumpeter, Wassily Leontief, Adam Ulam et Louis Hartz. À la porte de sa chambre, il accrocha une pancarte: «Pierre Trudeau, citoyen du monde».

Ensuite, il partit poursuivre ses études à Paris; en réalité, il passa beaucoup plus de temps à s'imprégner de l'esprit qui y régnait et à discuter du Québec avec Pelletier dans des cafés de la rive gauche qu'à assister aux cours de la Sorbonne: «En toute modestie, je dois dire que j'en savais bien davantage sur toutes ces questions que la majorité de mes professeurs.» Grâce à l'un de ses oncles qui s'était expatrié, Gordon Elliott, il fit la connaissance de Braque, du sculpteur américain Alexandre Calder et du photographe surréaliste Man Ray. L'année suivante, il traversa la Manche pour se replonger sérieusement dans les études, cette fois à la London School of Economics, avec Harold Laski: «Un professeur extraordinaire, avec un esprit très organisé.» Il trouva quand même le temps de fouiller les archives du Public Records Office pour se documenter sur l'histoire économique du Canada et raconta à Pelletier que les dossiers de l'Office étaient infiniment mieux pourvus que ceux d'Ottawa.

Pour ce jeune Montréalais parfaitement bilingue, brillant, bien de sa personne, il n'y avait rien de mieux que les salons de Londres et de Paris où il évoluait avec autant d'aisance qu'un héros de Stendhal — avec juste un tout petit peu trop d'aisance. Durant le printemps de 1948, Trudeau mit au point la dernière phase de son éducation — et la meilleure: le tour du monde en solitaire. Il resta absent pendant toute une année; la seule chose qu'il emporta fut un havresac.

*

*   *

Même selon les normes de 1980 — avec les liaisons aériennes rapides et les cartes de crédit internationales, nul ne s'étonne plus de voir de jeunes Canadiens barbus et arborant la feuille d'érable sur leurs vestes en toile de jean faire du pouce un peu partout, du Tibet à la Patagonie —, le voyage de Trudeau a de quoi impressionner. L'Allemagne vers l'Europe de l'Est, les Balkans et la Turquie; le Moyen-Orient vers l'Inde, la Birmanie, l'Indochine, la Chine. Et, selon les critères de 1948 — le monde était alors secoué par les guerres civiles et les révolutions, le rideau de fer venait de se refermer avec fracas —, c'était extraordinaire. Quand Trudeau se mit en route, ce fut un peu avec l'esprit qui anime le héros d'un combat singulier. «Puis que j'avais raté la grande guerre, racontera-t-il plus tard, je voulais voir d'autres combats.» Mais, plus encore, ce fut dans le même esprit que ces voyageurs de l'époque victorienne qui tiennent presque de la légende — Curzon, Burton, Robert Louis Stevenson — qu'il partit pour un voyage tourmenté, presque mystique, à la recherche de lui-même. «Je défiais le destin, en me mettant dans des situations qui auraient pu être difficiles, afin de voir si j'aurais les ressources de m'en sortir», confiat-il, un jour, à Alain Stanké.

Tout comme Burton et Stevenson, il adopta les mœurs des pays qu'il traversa. En Inde, il se coiffa d'un turban et en Jordanie, il enfila un burnou. En Afghanistan, il se nourrit de lait de chèvre et de miel sauvage. Parfois, il se conduisait en intellectuel consciencieux, prenant des notes partout, faisant des exposés en sciences politiques à Istamboul et à Lakhnau. À d'autres moments, il jouait au missionnaire: à l'embouchure du Gange et du Brahmapoutre, il travailla sur un chaland pour aider les pères de Sainte-Croix à réapprovisionner leur mission en riz. Partout, il défia le destin. Arrivé à Belgrade sans visa, il passa trois jours en prison. À Jérusalem, il fut arrêté comme espion. À Ur, en Chaldée, attaqué par des brigands, il simula la folie pour leur échapper. Il s'enfonça dans la péninsule indochinoise et, insouciant de la guerre civile qui y faisait rage, se dirigea vers la frontière pour passer en Chine.

De ce voyage, comme de tous ceux qui suivirent — l'Union soviétique en 1952, la Chine en 1960, des séjours en Europe trop nombreux pour qu'on puisse en faire le compte —, Trudeau revint, tel Ulysse, transformé par tout ce qu'il avait vu. Rares sont les hommes d'État modernes qui ont accédé à leur poste avec une telle connaissance du monde. Mais Trudeau ne s'était pas contenté d'aller à peu près partout; il avait également compris comment fonctionnent les sociétés. Un jour, pendant une réunion du cabinet, il soutint qu'un projet soumis par l'Agence canadienne de développement international et qui prévoyait l'envoi de denrées par chalands vers une île au large du Bangladesh était irréalisable : à cette époque de l'année — et Trudeau le savait parce qu'il était passé par là en 1949 —, les vents soufflaient de la terre et les chalands risquaient de ne pas pouvoir accoster. (L'ACDI ne tint pas compte de ses avertissements et les embarcations échouèrent effectivement.) En 1979, après sa défaite, Trudeau partit pour le Tibet en compagnie d'Arthur Erickson et d'un autre architecte; l'un et l'autre furent ébahis de ses connaissances en le voyant se lancer avec des moines tibétains dans de longues discussions aussi bien historiques que culturelles. Mais l'insatiable curiosité de Trudeau à propos de l'univers dépasse largement les arcanes. Une fois, il passa toute une demi-heure à interroger un ramoneur venu nettoyer sa cheminée; une autre fois, ce fut le tour d'un arboriculteur.

Le monde est rempli de tant de choses, écrivait Stevenson, que je suis convaincu que nous devrions tous être heureux comme des rois. Quand Trudeau parle de ses voyages, généralement autour d'un feu de camp à la fin d'une journée de canoë, on croirait presque entendre Stevenson. «On se trouve devant quelqu'un de tout à fait différent, constate un journaliste qui l'avait accompagné en 1979. Il ne se met pas en vedette, il ne joue pas. Ce qui ressort, c'est une curiosité extraordinaire, une faculté d'émerveillement comme on n'en voit que chez les enfants.» Il est possible que Trudeau soit né trop tard pour sa véritable vocation. Cent ans plus tôt, il aurait pu être un brillant journaliste explorateur, à la manière de Stevenson. Au lieu de ça, il est devenu un politicien comme Curzon.

*
*   *

44

Lorsque Trudeau revint à Montréal en 1949, il avait été absent pendant cinq ans. La maison du 84 McCulloch était toujours aussi paisible ; à l'extérieur, par contre, ainsi qu'il l'apprit rapidement de la bouche de Pelletier, le Québec était en ébullition : le nom d'Asbestos était sur toutes les lèvres. Dans cette petite ville poussiéreuse de l'Estrie, cinq mille mineurs étaient en grève depuis trois mois. Dès le tout début, Maurice Duplessis, alors Premier ministre du Québec, avait, dans l'un de ses actes d'autorité les plus répugnants, envoyé la Sûreté provinciale à Asbestos pour briser la grève. Pour des idéalistes comme Pelletier, le conflit d'Asbestos dépassait les questions de salaire et de conditions de travail pour devenir le symbole de la dignité humaine, de la démocratie opposée à l'autocratie, de la justice sociale. Si la Révolution tranquille est née à Asbestos, ainsi en est-il de Pierre Elliott Trudeau, futur Premier ministre.

Comme il suivait la grève pour le compte du *Devoir*, Pelletier se trouvait au cœur de la mêlée. Le 22 avril, il passa prendre Trudeau — sandales, imperméable en loques, barbe blonde mal taillée — et ils se mirent en route pour Asbestos dans la Singer cabossée de Pelletier dont le volant était installé à droite. Leur première rencontre leur parut sortir tout droit d'un film des Marx Brothers : un policier qui n'avait jamais vu de voiture avec le volant à droite les arrêta parce que Trudeau, assis sur le siège qui, dans l'esprit du policier, était celui du conducteur, n'avait pas de permis. Une fois l'imbroglio résolu, Pelletier présenta Trudeau à Jean Marchand, un jeune et ardent responsable syndical qui était l'âme dirigeante de la grève. Marchand demanda à Trudeau de prendre la parole devant les mineurs pour leur expliquer leurs droits de grévistes. Mais, ce soir-là, dans la grande salle de l'église Saint-Aimé, Trudeau leur parla avec une telle passion des *droits de l'homme*, du droit qu'a l'opprimé de résister à l'oppresseur, que, vers la fin, Marchand ne tenait plus en place sur sa chaise : «Les mineurs ne sont pas des enfants d'école, vous savez. » Quoiqu'il eût décliné l'offre de Marchand de devenir l'avocat du syndicat, Trudeau n'en accepta pas moins de négocier pour les grévistes et de les conseiller gratuitement à propos des aspects juridiques : plus tard, il écrivit une longue et brillante introduction pour un ouvrage sur la grève, dont il supervisa également la rédaction, *La Grève de l'amiante**.

* *En 1975, Trudeau, alors Premier ministre, envoya en souvenir du bon vieux temps un télégramme d'appui aux mineurs d'Asbestos, de nouveau en grève.*

Lorsque le premier numéro de *Cité libre* sortit des presses, en 1950, le Québec était alors plongé dans «la grande noirceur». C'était ni plus ni moins qu'une république de bananes, gouvernée par la peur, oppressive, obscurantiste et primitive. Cette revue trimestrielle, austère, sans illustrations et imprimée en format de poche sur du papier ordinaire, fut le flambeau qui illumina la voie menant hors des ténèbres. Telle est, en tout cas, la mythologie qui entoure *Cité libre*. Trudeau, lui-même, l'a entretenue. Selon sa notice biographique, dans le *Guide parlementaire canadien, Cité libre* «a servi de tremplin à la réforme sociale au Québec, durant les années 50 et 60.»

Comme tous les mythes, la légende qui auréole *Cité libre* est faite d'un fond de vérité et de beaucoup de fioritures. D'un côté, l'influence politique de la revue fut passablement minime; elle n'eut jamais plus que quelques milliers de lecteurs. De l'autre, ainsi que les historiens révisionnistes ont commencé à le souligner, Duplessis a eu plus de mérites que les cité-libristes ne se souciaient de le reconnaître.

Dans sa biographie épique, *Duplessis*, Conrad Black se fait le défenseur de ce dernier: il le décrit comme «un grand timonier, protégeant la nation contre les dangers venus de l'extérieur, exorcisant les éléments corrompus de la société, secourant le faible, collaborant avec les puissants». Loin d'avoir maintenu le Québec dans le marasme, Duplessis lui fit accomplir «d'incomparables progrès, socialement et matériellement», le nombre d'étudiants et de professeurs à tous les niveaux dépassa celui de l'Ontario, tandis que le taux de croissance manufacturière et les hausses de salaires étaient équivalentes.

Black en prend un peu à son aise avec les faits. Les statistiques relatives aux salaires dissimulaient la disparité entre francophones et anglophones ainsi que le fait que, sous le règne de Duplessis, Montréal passa inexorablement au second rang, après Toronto, comme métropole commerciale. Ceci dit, la plupart des thèses de Black sont exactes: en réalité, Duplessis n'a pas plus étouffé la mentalité de son peuple que Joey Smallwood, autre autocrate provincial contemporain, n'a jugulé l'esprit des Terre-Neuviens. Et Black a parfaitement raison quand il remarque que, sous Duplessis, le Québécois moyen vivait dans une aisance relative. Enfin, c'est à peine une coïncidence si les bénéficiaires de la Révolution tranquille et de ses turbulents successeurs furent ces mêmes intellectuels et professionnels libéraux qui s'en étaient pris à Duplessis*.

Le côté négatif de Duplessis, que Black lui-même n'a pu nier, c'est qu'il «a étouffé certains des instincts démocratiques de son peuple». Les cité-libristes — et c'est là leur véritable gloire — ont conservé à ces instincts toute leur vigueur. Outre Trudeau et Pelletier, le groupe comprenait Pierre Juneau, qui devint par la suite un haut fonctionnaire fédéral, Jacques Hébert et Roger Rolland, deux journalistes, ainsi que Charles Lussier qui, des années plus tard, fut nommé président du Conseil des arts**. Semblables aux moines ioniens qui tenaient bon au milieu des barbares, les cité-libristes maintinrent en vie certains idéaux moraux et intellectuels: la justice des tribunaux, la démocratie, la vérité et la liberté. Tout comme les dissidents soviétiques aujourd'hui, ils enrichirent la mémoire collective des Québécois en luttant courageusement pour une cause perdue d'avance. Ainsi que Black l'a écrit, les Québécois étaient «profondément séduits» par Duplessis. Ils lui servirent de mouchards et, indifférents à toutes les trahisons, attaquèrent férocement quiconque osait manifester sa dissidence. L'Université de Montréal avait refusé un poste de professeur à Trudeau; Duplessis n'était pas plutôt mort qu'il s'en vit proposer deux. «Rares étaient ceux qui nous adressaient la parole, remarque Alex Pelletier. Nous nous en faisions surtout pour nos enfants. Ils rentraient de l'école et demandaient si papa était un communiste.»

Les cité-libristes étaient des internationalistes; bien plus, ils étaient des idéalistes libéraux. Fait assez compréhensible, ils se percevaient comme les précurseurs de l'avenir. Avec un peu de recul, ils apparaissent maintenant comme une génération de transition: un pont humain entre le cléricalisme desséché du Québec d'avant la guerre, personnifié par les personnages intimistes des romans de Marie-Claire Blais, et leurs propres successeurs nationalistes du milieu des années 60 et suivantes; plus durs, plus rigoureux, collant davantage aux réalités politiques. Toutefois, une génération de transition n'a rien à voir

---

* *Trudeau n'a pas été long à relever cette ironie du destin et il en a fait l'essentiel de son argumentation contre le nationalisme. En 1965, dans un texte qui fut repris dans* Le Fédéralisme et la société canadienne-française, *il a écrit: «Une saine politique économique ne doit pas présumer, par exemple, que les travailleurs sont prêts à payer par une baisse radicale du niveau de vie le plaisir de voir une bourgeoisie nationale remplacer une bourgeoisie étrangère à la direction des entreprises.»*
** *Par la suite, Pierre Laporte et Pierre Vallières se joignirent à l'équipe.*

avec une génération sans issue comme l'a été la jeunesse dorée des années 20 ou comme promet de l'être la génération du Moi des années 70. Les convictions entretenues par les cité-libristes — le pluralisme, la suprématie de la raison sur les passions, la certitude fondamentale que tous les hommes sont égaux — existent toujours dans le Québec d'aujourd'hui ; la génération de Québécois sûrs d'eux-mêmes qui est en train d'émerger pour succéder aux nationalistes peut réellement considérer les cité-libristes comme ses pères spirituels.

Quoi qu'il en soit, ils étaient jeunes et enchantés de la vie qu'ils menaient. Ils se rencontraient une fois par mois, le plus souvent dans le sous-sol de Charles Lussier, pour se lire mutuellement leurs articles, fiers de leur habileté à manier la plume et de leur courage à dire l'indicible ; après quoi, les articles étaient envoyés à l'imprimerie. Il va sans dire que tous les cités-libristes étaient des hommes. Selon le souvenir d'une de leurs épouses, ils se plongeaient dans «d'interminables discussions, tandis que les femmes enceintes, tombant de sommeil, attendaient que leurs brillants époux en aient enfin terminé pour pouvoir rentrer à la maison».

*

*   *

Durant les deux premières années de sa participation à *Cité libre*, Trudeau fut continuellement sur la route. En 1949, il avait accepté un poste au Conseil privé, à Ottawa, une planche de salut bureaucratique souvent utilisée par les intellectuels québécois (Maurice Lamontagne, par exemple) pour échapper à Duplessis. Il rédigeait des rapports sur la façon dont on devrait amender la constitution ; durant les périodes creuses, il parcourait les couloirs sur les mains. De retour à Montréal, il pratiqua le droit par à-coups et s'occupa un peu des intérêts financiers familiaux. C'était un célibataire fringant et insaisissable avec, comme s'en rappelle Charles Taylor, «un style délibérément flamboyant, aussi bien dans le choix de ses vêtements que dans celui des blondes qu'il invitait». Il voyageait sans arrêt. «Vous lui écriviez à Montréal, raconte Ramsay Cook, de l'Université York, et la réponse vous parvenait de Sardaigne.» Jusqu'en 1965, la seule activité stable de Trudeau fut *Cité libre*.

Nous aborderons dans le prochain chapitre les idées défendues par Trudeau dans la revue. Ce que nous retiendrons ici parce qu'ils sont révélateurs de l'homme, ce sont le style et le ton de ses articles. Trudeau était un redoutable polémiste. Il avait un style clair, intelligent, toujours vigoureux et stimulant, jamais obscur ou touffu. Quand le Premier ministre Pearson changea d'avis à propos des ogives nucléaires, Trudeau le prit à partie dans un article intitulé: «Pearson, le défroqué de la paix». Les parlementaires libéraux étaient des «ânes savants»; quant au «fait français» à Ottawa:

Si l'on excepte Laurier, je ne vois pas un seul Canadien français depuis plus d'un demi-siècle dont la présence au sein du Cabinet fédéral puisse être considérée comme indispensable à l'histoire du Canada telle qu'elle s'est faite — sauf sur le plan électoral, évidemment, où la tribu a toujours réclamé ses sorciers.

Il lui arrivait tout de même de dépasser la mesure. Quand André Laurendeau, du *Devoir*, fit un compte rendu du livre de Trudeau sur la grève d'Asbestos, ses éloges furent mitigés: «L'auteur prononce un jugement, il réclame des têtes et nous avons déjà vu que sa guillotine fonctionne un peu trop arbitrairement.»

Mais comme personne ne pouvait rivaliser avec Trudeau pour la vivacité intellectuelle et encore moins pour l'habileté dialectique, il n'y avait donc personne pour l'inciter à prendre un ton plus modéré. Selon l'un des membres d'un groupe de sept avocats et universitaires qui commencèrent à se rencontrer en 1963 pour mettre au point un manifeste anti-nationaliste: «Il était à la fois intimidant et démoralisant. Il arrivait en retard aux réunions, jetait un coup d'œil aux textes sur lesquels les autres avaient peiné pendant des heures et en faisait des confettis. L'ennui, c'est qu'il avait généralement raison.»

*
*   *

Après l'élection de 1960, annonciatrice de la Révolution tranquille, les cité-libristes commencèrent à décrocher. Quoique pour des raisons tout à fait différentes, Trudeau et ses compagnons se virent frappés du même genre d'ostracisme que sous Duplessis. Ou peut-être les raisons n'étaient-elles pas si différentes. Le Québec s'était sécularisé, mais le nationalisme était devenu la nouvelle religion. De «communistes» et d'«athées», les cité-libristes devinrent des «vendus» et des «traîtres». Chaque fois qu'on l'attaquait, Trudeau contreattaquait encore plus durement. En 1961, dans *Cité libre*, il affirma: «Ouvrons les frontières. Ce peuple meurt d'asphyxie.» En 1962, il publia le plus célèbre de ses essais: «La Nouvelle Trahison des clercs».

Trudeau, qui, entre temps, était devenu professeur de droit à l'Université de Montréal et que tout le monde reconnaissait sur le campus à son ample cape verte, commençait à donner des signes de nervosité. Peut-être se rendait-il compte que l'histoire était en train de s'écrire sans lui: à Ottawa, c'était une «jeune garde» de libéraux québécois — Maurice Lamontagne, Maurice Sauvé, Guy Favreau; à Québec, une bande turbulente de révolutionnaires tranquilles — Jean Lesage, René Lévesque, Eric Kierans; et, dans les coulisses, des technocrates comme Jacques Parizeau et Claude Morin.

Durant l'automne de 1963, Patrick Watson, un réalisateur et animateur de CBC qui n'allait pas tarder à faire parler de lui, vint à Montréal en quête d'un coanimateur pour une nouvelle émission d'affaires publiques diffusée à l'échelle nationale, «Inquiry». Il se présenta à l'Université de Montréal pour interviewer un professeur de droit peu connu au Canada anglais mais qui, il le savait, possédait l'agilité mentale et la présence physique qui feraient instantanément de lui une vedette de la télévision. Leur rencontre fut sans lendemain parce que Trudeau insistait pour avoir la haute main sur les sujets qu'il traiterait. Mais Watson se souvient en quels termes il lui expliqua pourquoi il avait quand même soigneusement réfléchi à sa proposition: «Je pense qu'il est temps pour moi de me replonger *dans la mêlée*.»*

---

* *Un peu plus tard, ce jour-là, Watson se rendit sur un autre campus et, dans la soirée, conclut un accord avec un autre professeur: Laurier LaPierre, de McGill.*

Le Trudeau de l'époque de *Cité libre* en Chine avec Jacques Hébert, en 1960. « Le monde est rempli de tant de choses que je suis convaincu que nous devrions tous être heureux comme des rois. » (Oxford University Press)

Le vainqueur. Trudeau au Congrès au leadership libéral en avril 1968. «Il saluait la foule de la main avec un petit air timide et le sourire à peine esquissé d'un garçonnet espiègle.» *(Toronto Star)*

Pierre et Margaret en 1975. «Une enfant-fleur qui se révéla, à son tour, presque aussi bonne magicienne que lui». *(Toronto Star)*

Trudeau quittant une réunion du cabinet peu de temps avant la proclamation de la loi des Mesures de guerre. «Qui du héros ou du tyran prendra le dessus?» *(Toronto Star)*

Trudeau jouant au frisbee durant la campagne de 1979. «Un bouffon insaisissable qui nous défie de l'attraper et se rit de nos efforts.» (United Press Canada Limited)

La pirouette du Palais de Buckingham en mai 1977. «Caché derrière l'homme d'État, Peter Pan montre parfois le bout de son nez.» (Presse canadienne)

Trudeau dans l'avion affrété pour la campagne de 1979. «Un héros tombé de son piédestal abattu par son orgueil démesuré». (United Press Canada Limited)

Trudeau quittant Rideau Hall après avoir remis sa démission comme Premier ministre le 4 juin 1979. «Je commence à me sentir libre». (United Press Canada Limited)

Le 13 décembre 1979. Trudeau, à son arrivée sur la Colline parlementaire lors du vote sur la motion de confiance qui mit un terme à 7 mois de gouvernement Clark. «Ce qu'il faut faire? Son devoir, naturellement.» (*Toronto Star*)

Le 18 février 1980. La résurrection de Trudeau. «Bienvenue aux années 80.» (United Press Canada Limited)

Trudeau et le chef du Parti libéral du Québec, Claude Ryan, pendant la campagne référendaire en 1980. «L'histoire était à un tournant.» *(Toronto Star)*

Une rencontre Trudeau-Lévesque en octobre 1977. «Il y a une certaine noblesse dans leur inimitié.» *(Toronto Star)*

De Gérard Pelletier, Trudeau disait: «une autorité morale de la plus haute importance et, mon ami.» *(Toronto Star)*

John Turner. «Ces types-là me voient seulement comme un tombeur doté d'un certain charme politique.» (Presse canadienne)

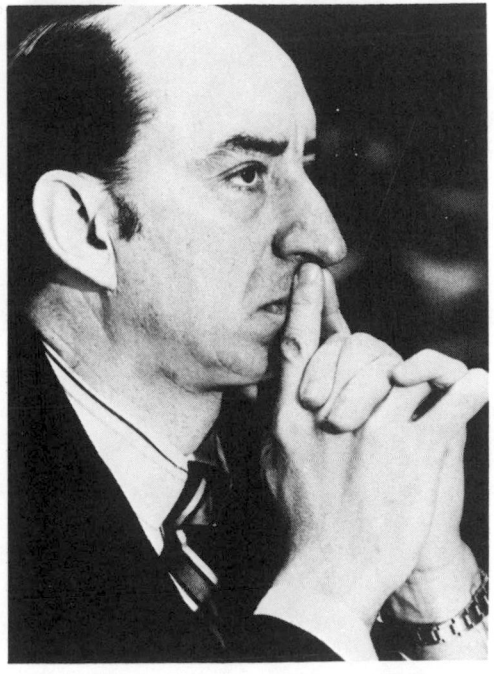

Michael Pitfield, greffier du Conseil privé. «Craint tout autant qu'admiré.»

Marc Lalonde. «Le physique d'un Robespierre.» *(Toronto Star)*

Trudeau et Jean Marchand en 1974. « Émotif, impulsif, généreux. » (Photo Features Limited)

Les onze Premiers ministres en 1975. « Une forme nouvelle et mystérieuse de gouvernement national. » Debout (de gauche à droite): Ed Schreyer, Manitoba; Trudeau; Alec Campbell, île du Prince-Edouard; Gerald Regan, Nouvelle-Écosse; Frank Moores, Terre-Neuve; le ministre

des Finances, Donald Macdonald; David Barrett, Colombie britannique; Richard Hatfield, Nouveau-Brunswick; Allan Blakeney, Saskatchewan; William Davis, Ontario. Assis: Robert Bourassa, Québec (à gauche) et Peter Lougheed, Alberta (à droite). (Presse canadienne)

Sénateur Keith Davey, 1973. (*Toronto Star*)

Chapitre III

Le roi philosophe

« Elle : *Est-ce que tu penses avec des mots français*
ou des mots anglais?
Lui : *Je ne pense pas avec des mots, Margaret. Je*
pense dans l'abstrait. »

Margaret Trudeau
À cœur ouvert

Elle a sûrement dû regretter de ne pas avoir sous la main
un rouleau à pâtisserie. Mais Trudeau avait dit à Margaret
l'exacte vérité. Chaque fois qu'il le peut, il pense dans l'abstrait, procédant du général vers le particulier, le pragmatique,
l'immédiat. Ce qui ne saurait étonner de la part d'un Québécois éduqué par les jésuites.

Tous les Premiers ministres abordent leur charge en ayant
des opinions, des pensées, des instincts, des idéaux, des intérêts personnels, des rêves, des espoirs, des projets. De tous les
Premiers ministres canadiens, Trudeau est le seul à être entré
en fonction, animé par des idées. Par deux idées maîtresses,
plus précisément : l'être rationnel représente le stade ultime de
l'évolution humaine ; le fédéralisme est la forme suprême de
l'organisation politique.

Si les idées de Trudeau revêtent autant d'importance, c'est
parce que, bien plus que l'homme, c'est le politicien qu'elles
nous révèlent. Comme il le confiait à un journaliste de la BBC,
Trudeau est entré en politique « pour mettre mes idées en pratique ». En fait, pour savoir ce qu'il tenterait d'accomplir lorsqu'il détiendrait les rênes du pouvoir, il suffisait de lire ses
écrits.

La Démocratie de participation en est le meilleur exemple.
Durant son mandat de 1968-1972, Trudeau voulut amener la
population canadienne à se gouverner elle-même. Il avait déjà
énoncé ce principe en 1958, dans un article publié dans le
magazine *Vrai* :

La démocratie est la seule forme de gouvernement qui respecte pleinement la dignité de l'homme parce que seule elle croit à la possibilité de rendre tous les hommes aptes à participer (directement ou indirectement) à la gouverne de la société dont ils sont membres.

Il en va de même pour la révision constitutionnelle. Dans un essai qui date de 1965, « Le Québec et le problème constitutionnel », Trudeau explique dans le moindre détail le genre d'équilibre qu'il voulait instaurer par voie de législation entre les deux paliers de gouvernement ainsi qu'entre les gouvernements et les citoyens :

Une déclaration des libertés fondamentales (...) de façon à limiter en ce domaine les pouvoirs de toute autorité légale (...) (et) mettrait les langues française et anglaise sur un pied d'égalité absolue devant la loi (...). L'État central pourrait être transformé de façon à lui donner un caractère plus authentiquement fédératif (...) en même temps qu'on débarrasserait la constitution d'une certaine phraséologie impériale. (...). Le Sénat également pourrait être réformé de façon à représenter plus directement les entités provinciales.

Viennent, en troisième lieu, la planification et l'application des techniques modernes de gestion afin que le gouvernement puisse faire preuve d'une plus grande efficacité pour résoudre les problèmes. En 1964, Trudeau écrivit :

Dans le monde de demain, l'expression « république de bananes » ne s'appliquera plus aux nations indépendantes où l'on cultive les arbres fruitiers, mais aux pays où une indépendance toute formelle aura été jugée plus importante que la révolution cybernétique, (...) une technologie poussée et la recherche scientifique, appliquées dans les domaines du droit, de l'économie, de la psychologie sociale, des affaires internationales, et en général dans le champ des relations humaines.

Les idées de Trudeau sont uniques moins pour leur contenu qu'en regard du contexte. Rares sont les pays qui sont gouvernés par des rois philosophes ; la plupart sont encore aux prises avec le problème des ombres projetées sur le mur de la caverne de Platon. Néanmoins, le dernier pays où l'on s'attendrait à trouver un roi philosophe au pouvoir est bien le Canada. Notre histoire intellectuelle est presque totalement dépourvue d'idées originales. En politique, le plus loin où nous sommes allés dans la formulation d'une idéologie conséquente, c'est en élaborant une forme mitigée de démocratie sociale. Nous avons ramené la lutte des classes — ce ferment des idéologies — à de simples rivalités régionales. Notre seule philosophie politique cohérente consiste à nous tirer d'affaire tant bien que mal.

Nous avons également un pays trop froid et trop fragmenté, géographiquement, pour avoir pu produire, jusqu'à tout récemment, ce noyau critique d'intellectuels désœuvrés indispensable pour que germent les idées politiques. Au dix-neuvième siècle, Goldwin Smith se lamentait en ces termes: «Que pourrait-on bien trouver, dans ce pays, que les conservateurs puissent conserver ou que les réformateurs puissent réformer?» Au début de ce siècle, nous avons vu Mackenzie King peiner sur *Industry and Humanity*, puis l'oublier complètement. Dans les années 40, Harold Innis, un penseur compris par bien peu de gens, postulait que le Canada n'était, en réalité, qu'une unité économique organique s'étalant d'est en ouest; et il se lança dans l'étude du pouvoir transformationnel de la technologie des communications, thème que Marshall McLuhan devait reprendre par la suite et populariser.

Vers la fin des années 50 et au début de la décennie suivante, tandis que le Canada devenait de plus en plus prospère et urbanisé, les idées commencèrent enfin à devenir une devise négociable — même si elles demeuraient encore en marge du système politique. Donald Creighton écrivit sur l'empire du Saint-Laurent; Gad Horowitz élabora sa théorie du torysme rouge. La plupart des théoriciens de l'époque appartenaient à l'un ou à l'autre de deux groupes principaux. Au Québec, une série de théoriciens activistes — André Laurendeau, Claude Ryan, Maurice Lamontagne, Jean-Marc Léger, Trudeau et Pelletier (suivis plus tard par Claude Morin, René Lévesque, Pierre Vallières) — étudiaient les conditions des Canadiens français et proposaient des moyens, contradictoires pour la plupart, propres à réorganiser les rapports entre cette minorité menacée et la majorité dominante. Au Canada anglais, Walter Gordon devint le père spirituel d'une succession similaire de penseurs activistes — Eric Kierans, Abraham Rotstein, Mel Watkins, plus tard James Laxer, Allan Blakeney, Ed Broadbent — qui, eux, étaient préoccupés par la menace que représentait pour la majorité canadienne la majorité incommensurablement plus importante installée au sud de ses frontières.

Tous ces théoriciens s'attaquaient à une situation concrète: les Canadiens français en tant que peuple politiquement colonisé ; les Canadiens anglais en tant que peuple économiquement colonisé. Ils proposaient des solutions concrètes. Ils écrivaient ou parlaient, en attendant mieux.

La liste des Canadiens contemporains qui ont élaboré leurs idées politiques à partir de principes fondamentaux est brève : Trudeau, George Grant, le philosophe de Dalhousie ; et, à titre de disciple de Grant, épousant non son conservatisme mais son anarchisme paisible qui en était le prolongement logique et raffiné, George Woodcock. Des trois, c'est entre Grant et Trudeau, chacun appartenant à un courant d'opinion majoritaire, l'un conservateur et l'autre libéral, que les contrastes sont les plus révélateurs*. Dans *Lament for a Nation* (1965) et, de façon plus élaborée, dans *Technology and Empire* (1969), Grant s'inspire du contexte canadien pour étudier la condition humaine menacée, selon lui, par l'attaque homogénéisatrice du matérialisme libéral technologique. Tout comme Trudeau avait fait du Québec de Duplessis le centre d'essai de ses idées sur le fédéralisme, Grant s'est servi du Canada des années 60 pour lancer un cri d'alarme contre la déshumanisation sociale. Le fédéralisme canadien, écrivit Trudeau, « peut devenir un outil génial pour façonner la civilisation de demain ». Pour sa part, Grant écrivait : « Ce qui réside derrière la petite question pratique du nationalisme canadien est le contexte plus vaste du destin de la civilisation occidentale (...) dans les sociétés technologiques avancées. »

Ce qui, de toute évidence, distingue Trudeau de Grant, c'est que le premier a eu la possibilité de mettre ses idées en pratique. De façon moins tangible mais plus significative, alors que Grant est un pessimiste, Trudeau est (ou était) un optimiste. (L'un des postulats inexprimés de Grant, que partagent tacitement la plupart des autres nationalistes canadiens comme lui, c'est que le « Canada anglais » est exclusivement habité par des Canadiens anglais.)

Conséquence logique et inévitable d'une croyance dans le rationalisme, la perfectibilité humaine constitue le postulat inexprimé de Trudeau. Les rationalistes se doivent d'être optimistes. Ils se doivent de croire que les individus rechercheront automatiquement l'excellence, ce qui est la seule attitude rationnelle possible ; en outre, ils se doivent de croire que

---

* *C'est à Ramsay Cook que j'ai emprunté cette théorie. Pour une analyse approfondie des idées politiques canadiennes contemporaines, voir l'ouvrage de Cook:* The Maple Leaf Forever, *Macmillan, 1971.*

les problèmes politiques peuvent être résolus ou, à tout le moins, améliorés si on leur applique le dissolvant du rationalisme. Une étape cruciale dans l'histoire de Trudeau au pouvoir se situe au moment de son passage de l'optimisme au pessimisme, lorsqu'il a découvert que la plupart des gens ne sont *pas* rationnels, que la majorité ne se préoccupe pas de rechercher l'excellence et que bon nombre de problèmes politiques ne peuvent être résolus par *n'importe quel* moyen.

*

*   *

Pour bien saisir les idées de Trudeau, il est d'abord nécessaire de comprendre l'esprit qui les a conçues. La *façon* de penser de Trudeau est aussi importante que *ce* qu'il pense.

Par sa profondeur et sa portée, l'esprit de Trudeau est le plus raffiné qu'on ait jamais rencontré chez l'un de nos Premiers ministres. (Certains prétendent que Arthur Meighen était intellectuellement son égal, mais peut-être ne faut-il voir là qu'un peu de nostalgie, sans plus.) Par son seul esprit, Trudeau domine presque tous ceux qui le rencontrent. «Pearson était simplement l'un des nôtres, note Mitchell Sharp, alors que Trudeau ne l'est pas — c'est quelqu'un d'extraordinaire.» L'un de ses anciens adjoints, lui-même d'une intelligence peu commune, confie: «Je l'aimais pour son esprit merveilleux, absolument merveilleux.»

Chez Trudeau, c'est la *mémoire* qui impressionne le plus. Presque tout le monde compare son esprit à un ordinateur: vaste, inépuisable et précis. Il pouvait (et ne s'en privait pas) citer des passages d'un rapport, six mois après l'avoir reçu. L'un de ses conseillers se souvient de l'avoir entendu faire un discours politique qui reprenait, mot pour mot, un texte qu'il avait seulement lu deux fois (dans l'auto, en route pour l'assemblée). Quand il discute, il peut se servir de sa mémoire de façon dévastatrice, rappelant des arguments employés par son interlocuteur des mois auparavant, et qui contredisent ses nouvelles affirmations.

Vient ensuite sa *force de concentration*. Trudeau consacre la même attention infaillible à l'analyse des problèmes qu'à toute autre tâche, qu'il s'agisse d'améliorer sa technique de plongée sous-marine ou de potasser la culture tibétaine en prévision d'un prochain voyage. Durant les réunions, il en savait invariablement autant, sinon plus, sur le sujet à l'étude que le ministre responsable — les années passant, ce phénomène est maintenant moins prononcé. Pour se préparer, Trudeau avait le comportement d'un mandarin doublé d'un bourreau de travail. Soir après soir, chez lui, il se plongeait dans le contenu de «ces maudites boîtes brunes» comme les appelait Margaret. Ainsi qu'il fallait s'y attendre, les véritables mandarins profitaient de cette faculté exceptionnelle et empilaient de plus en plus de notes et de rapports dans les fameuses boîtes; à leur grand ravissement, cette masse de papiers revenait sur leurs bureaux, chaque page étant soulignée et annotée de l'écriture énergique de Trudeau.

La *clarté* est la troisième qualité qui le caractérise. L'esprit de Trudeau est ordonné, séquentiel, linéaire. Quant il lit, il ne saute jamais une seule syllabe. Quand il analyse un problème, il ne glisse jamais par-dessus un élément à première vue insoluble, pas plus qu'il n'évite de pousser jusqu'à l'extrême limite l'examen des conséquences, politiques et intellectuelles, de toute solution qui lui vient à l'esprit ou qui est proposée par quelqu'un d'autre. La remarque qu'il fait le plus souvent durant les réunions du cabinet est: «Mais si nous faisons ceci, il est à peu près certain qu'il en résultera cela.» Un adjoint se souvient: «Ces questions implacables, impitoyables. Il ne cherchait pas tant à démontrer que vous aviez tort comme à s'assurer que vous aviez bien raison.» L'un des ministres de Trudeau, Francis Fox, dit: «Sa capacité d'aller directement au fond des choses, de prévoir les implications des suggestions, était inquiétante et désarçonnante.»

Comme il impressionne pratiquement tout le monde par la qualité de son esprit, Trudeau en a confondu plus d'un sur sa nature. «Un esprit vif, mais non un esprit profond, dit l'un de ses collègues de longue date. Il l'a exercé de la même façon qu'il a exercé son corps, il le pousse à la limite.» Dans une certaine mesure, sa prodigieuse mémoire fait paraître plus éclatante qu'elle ne l'est réellement la force qui se dissimule derrière. Les Canadiens ont été éblouis par son habileté à glisser des aphorismes de Buffon — «Le style, c'est l'homme même.» — et à réciter des extraits de Baudelaire. Ces démonstrations étincelantes n'ont pas pour but d'impressionner; elles sont plutôt l'expression d'une vie passée dans l'amour des livres et d'une mémoire photographique.

Mais l'esprit de Trudeau est *analytique* et non *créateur*. Dans sa jeunesse, contrairement à la plupart des intellectuels en herbe, il n'a jamais tâté de la poésie ou de la fiction; ses analogies, dans ses essais, sont rarement de haute volée. Pelletier dit qu'il trouve ardu d'écrire : « Il avait l'habitude de comparer ça au fait de se faire arracher une dent. » Son essai de 1944, « L'Ascétisme en canot », représente peut-être la seule fois où il a donné libre cours à son imagination. Contrairement à Grant qui avait tenté de pousser l'analyse de la société technologique au-delà du point atteint par Jacques Ellul au milieu des années 50, la pensée politique de Trudeau ne comporte aucun élément réellement original. Lorsqu'on les a découvertes en 1967-1968, ses idées semblaient inédites parce que, à l'époque, la pensée politique était pratiquement inexistante au Canada et parce qu'il les exprimait dans une prose évocatrice et épigrammatique, du genre : « Le nationalisme deviendra aussi désuet que le droit divin des rois. » Loin d'être originales, les idées de Trudeau sont plutôt le produit de ses études, de ses lectures et de l'époque pendant laquelle il a atteint sa maturité intellectuelle, le tout affiné par le prisme de sa personnalité singulière.

*
*   *

Il est facile de retracer l'origine des idées de Trudeau. Elles dérivent du libéralisme du XIXe siècle, lui-même issu du rationalisme du XVIIIe ressuscité pour la circonstance afin de tenir compte des progrès de la science et du récent phénomène de l'État-nation. La seconde source est la doctrine jésuitique de la « grâce suffisante ».

Ces deux sources ont beaucoup de points communs. Chacune s'appuie sur la souveraineté de l'individu. Cette souveraineté est suprême ou sacrée et domine les systèmes politiques qui existent pour servir l'individu plutôt que la collectivité. Les idées de Trudeau en découlent directement. Parce que l'individu est rationnel, l'État se doit d'être rationnel. De tous les systèmes politiques, le fédéralisme est le plus rationnel parce que c'est lui qui protège le mieux la souveraineté de l'individu.

À Harvard, Trudeau avait rencontré Louis Hartz au moment où celui-ci entreprenait l'étude fertile de la nature du libéralisme dans la société américaine, thème qui avait profondément influencé Grant : grâce à Laski, à la London School of Economics, il s'imprégna des théories de lord Acton sur le fédéralisme. Peut-être Trudeau a-t-il été influencé, de façon aussi déterminante qu'il aurait pu l'être par un professeur, par l'atmosphère des milieux intellectuels dans lesquels il a grandi: l'atmosphère astringente, jésuitique, de Brébeuf; l'atmosphère capiteuse, exaltante, de l'idéalisme libéral de l'après-guerre.

La doctrine catholique qui prévalait au Québec durant les années où Trudeau fréquenta Brébeuf était le jansénisme. Selon cette philosophie profondément pessimiste — et parfaitement adapté à une société qui n'aspirait à rien d'autre qu'à la *survivance* —, l'homme ne pourra jamais se relever de sa déchéance, effacer son péché originel. Pourtant, les jésuites qui avaient éduqué Trudeau étaient, comme tous les jésuites, des *optimistes*. Ils croyaient en la perfectibilité de l'être humain. Soutenu par la «grâce suffisante» émanant de Dieu, l'homme pouvait s'élever au-dessus de sa déchéance. «Il n'y a pas d'âme si faible qu'elle ne puisse, si elle est bien dirigée, acquérir un pouvoir absolu sur ses passions», écrivait Descartes, le plus grand de tous les élèves des jésuites. Autrement dit, la volonté permet à l'homme rationnel de vaincre ses passions et de se libérer pour se consacrer à la poursuite de l'excellence.

La pancarte «Pierre Trudeau, citoyen du monde» que Trudeau avait suspendue à sa porte à Harvard, en 1945, reflétait l'esprit du temps. La guerre avait prouvé que la démocratie libérale était le meilleur de tous les systèmes. Après avoir triomphé du racisme irrationnel, tout ce que cette époque comptait de meilleur et de plus brillant tendait vers l'instauration d'un nouvel ordre démocratique et rationnel en vertu duquel tous les hommes, quelle que soit leur couleur, leur croyance ou leur langue, vaudraient davantage que la race, la religion ou ce que George Orwell appelait «les vilains petits *ismes*» de l'idéologie. Les mouvements étudiants de tous les pays, les regroupements en faveur du fédéralisme mondial, les institutions prônant le respect rigoureux de la loi étaient tous l'exemplification du nouvel utopisme rationnel. Rien ne le démontre avec plus d'éloquence que la Déclaration universelle des droits de l'homme de 1948, enchâssée dans la charte des Nations Unies: «La reconnaissance de la dignité inhérente à tous les membres de la famille humaine et de leurs droits égaux et inaliénables constitue le fondement de la liberté, de la justice et de la paix dans le monde.» Entre la courageuse affirmation que toutes les formes d'égalité dérivent de «l'égalité devant la loi» et les efforts de Trudeau, durant une décennie, pour intégrer une charte des droits de l'homme à la constitution canadienne, la ligne est ininterrompue.

La souveraineté de l'individu constitue l'*alpha* et l'*omega* de la pensée politique de Trudeau. Bernier lui avait enseigné que tous les hommes sont frères, c'est-à-dire égaux. Tout le reste ne vaut qu'en fonction de ce but.

Mais, bien que souverain, un individu ne peut vivre dans une solitude absolue. Il doit vivre en communauté avec ses semblables «afin de pouvoir attaquer collectivement les problèmes que nous ne pouvons pas résoudre individuellement», comme l'écrit Trudeau. Mais en vivant avec les autres, il renonce à une partie de sa souveraineté. Pour résoudre cet éternel dilemme, à la fois politique et philosophique, d'un juste équilibre entre l'ordre et la liberté, Trudeau a forgé l'expression «l'État-serviteur». Ce concept — manifestement issu du «contrat social» de Rousseau — est, chez lui, ce qui se rapproche le plus d'une certaine forme d'originalité intellectuelle.

Dans sa chronique «Les Cheminements de la politique» parue dans la revue montréalaise *Vrai*, Trudeau s'est longuement attardé sur cette idée. Vivant en communauté, les hommes agissent comme les abeilles. Mais, contrairement à celles-ci, «les hommes restent toujours libres de décider quelle forme d'autorité ils se donneront, et qui l'exercera. Ce sont bien les hommes qui ont la responsabilité de prendre des décisions, et non pas Dieu, la Providence ou la Nature. En dernière analyse, une autorité politique donnée n'existe que parce que les hommes acceptent d'y obéir. En ce sens, ce n'est pas tant l'autorité qui existe, c'est l'obéissance.»

Puisque les individus doivent renoncer à une partie de leur souveraineté, l'État doit également déléguer une partie de son autorité à ses citoyens. Il doit leur permettre de participer. Selon Trudeau, une véritable conscience politique ne pourra naître qu'à la faveur d'un vaste mouvement d'éducation politique qui rendra le peuple conscient de ses droits et apte à les exercer pleinement.

Pour Trudeau (et c'est là un élément de sa pensée que les Canadiens n'ont réellement découvert que lorsqu'il s'est mis à rêver à voix haute, en 1975, d'une «société nouvelle» où le rôle de l'État s'élargirait constamment), la bienveillance fondamentale de l'État-serviteur ne fait guère de doute, en particulier s'il se trouve, lui, à sa tête. Après sa défaite en 1979, il s'est senti aussi déprimé par celle-ci que par la conviction qu'il se passerait des années avant que les citoyens, gagnés par la mentalité néo-conservatrice, ne veuillent de nouveau croire que l'État peut travailler pour leur bien à tous.

Quand, bien des années auparavant, Trudeau s'en était pris à Duplessis, c'était en grande partie parce que celui-ci négligeait de *mettre* l'État *à contribution:* «Tant que l'État québécois ne se sera pas doté d'un fonctionnarisme vraiment à la hauteur de sa tâche, il est impossible d'espérer que cet État protégera adéquatement le bien commun (...). Partout, dans le monde moderne, il faut se donner des États forts et une administration compétente.» De même, dans une prise de position annonciatrice de la loi des Mesures de guerre, ne niait-il pas à l'État le droit de recourir à la force pour le bien des citoyens: «L'État véritablement démocratique doit plutôt rechercher l'obéissance (...) (il) ne doit user de force que dans la mesure où des personnes ou des organisations tentent elles-mêmes d'en user contre le bien commun.»

*
* *

La démocratie, les libertés civiles, le rationalisme. Telles sont les valeurs essentielles pour Trudeau. Chaque fois qu'elles deviennent réalité, le système politique qu'adopte un État donné revêt alors infiniment moins d'importance. Contrairement à la réputation faite à Trudeau d'être un fédéraliste fanatique — un «centraliste rigide», disent ses adversaires —, le fédéralisme est presque un sous-produit accidentel de sa pensée politique. Ce n'est que depuis 1960, environ, qu'il s'est mis à écrire abondamment sur ce système, quand, fidèle à sa théorie des «contrepoids», il l'a défendu contre ce qu'il considère comme irrationnel et virtuellement entaché de racisme: le nationalisme.

Si Trudeau s'est senti attiré par le fédéralisme, c'est parce qu'il le jugeait intrinsèquement rationnel. Comme celui-ci implique la délégation de l'autorité à des instances gouvernementales plus proches de la population, la participation s'en trouve facilitée. Et il permet à des peuples de cultures différentes de vivre côte à côte et de s'enrichir mutuellement sans que l'un puisse écraser l'autre.

À l'appui de sa thèse en faveur du fédéralisme, Trudeau citait Acton:

La coexistence de plusieurs nations au sein d'un même État est un test, tout autant que le meilleur garant de sa liberté. (...) Lorsque les frontières politiques et nationales coïncident, la société cesse de progresser et les nations retombent dans une condition semblable à celle des hommes qui renoncent à avoir des rapports avec leurs semblables.

Quant à la nature de son opposition au nationalisme, Trudeau — en un contraste frappant avec ceux qui le traitaient de «vendu» — s'est montré clair et précis. Il n'a jamais nié les manifestations culturelles du nationalisme. Au contraire, il a toujours maintenu que les disparités culturelles — le «pluralisme» — renferment en elles la promesse d'«un outil génial pour façonner la civilisation de demain». Il faudra que le pluralisme culturel soit protégé, renforcé, rendu libre d'atteindre ses propres limites. Les Canadiens anglais ne peuvent pas, ne doivent pas assimiler la minorité francophone. Les deux cultures et les deux langues devront être sur un pied d'égalité. «Au Canada, il y a deux groupes ethniques et linguistiques; chacun est trop fort, trop bien enraciné dans le passé et trop bien appuyé sur une culture-mère pour pouvoir écraser l'autre.» Si chacun des deux groupes peut seulement adopter l'autre ou, à tout le moins, l'accepter, «le Canada (pourra) devenir un lieu privilégié où se sera perfectionnée la forme fédéraliste de gouvernement qui est celle de demain».

L'opposition de Trudeau au nationalisme concerne essentiellement ses aspects politiques. «Ce n'est pas l'idée de nation qui est rétrograde.» C'est en ces termes que débute le plus fameux de ses essais, «La Nouvelle Trahison des clercs», qui date de 1962. «C'est l'idée que la nation doit nécessairement être souveraine. (...) Le concept de l'État-nation qui a réussi à entraver la marche de la civilisation», écrit-il dans le même document. Le nationalisme politique est rétrograde parce qu'il détourne les citoyens de la poursuite du progrès social, économique, politique et juridique, et les retourne contre eux-mêmes. «Nous cuisons implacablement dans notre jus sans oser jeter un coup d'œil au-dessus des murailles. (...) (Les séparatistes) veulent obliger toute la tribu à rentrer sous les wigwams.»

Depuis 1976, le parti québécois a prouvé que le Québec peut jouir à la fois du nationalisme et d'un «bon gouvernement». Mais Trudeau voyait tout de même assez juste quand, durant les années 50, sous Duplessis et alors que le souvenir du nazisme était encore frais, il décrivait le Québec comme un

« charnier » et affirmait : « Un gouvernement nationaliste est par essence intolérant, discriminatoire et, en fin de compte, totalitaire. »

*
*   *

« L'esprit de suite, écrit John Saywell dans son introduction à la version anglaise de *Le Fédéralisme et la société canadienne-française*, est la qualité la plus remarquable qui ressort des actes et des pensées de monsieur Trudeau depuis plus de vingt ans. » Ce à quoi les adversaires de Trudeau ne se sont pas fait faute de riposter, et à plus d'une reprise, qu'il faut plutôt y voir l'expression de sa nature rigide et inflexible. Mais, pour l'histoire de Trudeau en tant qu'homme et politicien, il importe davantage de retenir que, par leur puissance, leur lucidité et leur style, ses écrits nous le montrent comme un penseur unidimensionnel.

Si l'on pense à tous les ouvrages que Trudeau a pu lire, il est frappant de voir à quel point il n'en a pas retenu les enseignements. Il a étudié Schumpeter à Harvard, mais il ignore ou n'a pas pris connaissance de l'analyse faite par ce dernier en 1950 sur la façon dont un État bienveillant peut se changer en une bureaucratie néfaste qui « se répand partout, peu importe le système dont a pu se doter une nation. Son expansion est le seul aspect de notre avenir qui ne puisse être mis en doute. » Milovan Djilas, dans *The New Class*, dit à peu près la même chose en des termes plus énergiques et personnels. Trudeau a lu tous les classiques de la politique, pourtant il n'a pas tenu compte de l'opinion de Edmund Burke pour qui il y a des limites à vouloir résoudre les problèmes de façon rationnelle : « Savoir jusqu'où un mal peut être toléré, de peur qu'en voulant atteindre un niveau de pureté inaccessible on ne réussisse qu'à engendrer de nouveaux maux. » Il a été nourri des textes des jésuites, y compris ceux de Juan de Mariana pour qui le renversement des tyrans est un acte légitime ; malgré ça et on ne sait trop comment, l'avertissement de Jacques Maritain lui a échappé : en prenant à la lettre le concept de la perfectibilité de l'homme, on tombe dans l'« angélisme » — la conviction que l'homme peut devenir ange.

Certaines des lacunes inhérentes aux écrits de Trudeau prennent, quand on s'y attarde, presque autant d'importance que ses analyses les plus poussées et les plus radicales. Aussi a-t-il formulé, pour les masquer, sa théorie des «contrepoids», qui consiste à prendre le contre-pied des thèses conventionnelles. Se faire l'avocat du diable pendant un débat en faculté est une chose; n'avoir pas la moindre idée de la façon d'accomplir la plupart des tâches qui incombent à un Premier ministre en est une autre.

L'économie, par exemple, est un sujet auquel Trudeau ne touche pour ainsi dire pas. Elle vient seulement comme une réflexion après coup, comme une extension de la notion de souveraineté de l'individu. «Une saine politique économique ne doit pas présumer, par exemple, que les travailleurs sont prêts à payer par une baisse radicale du niveau de vie le plaisir de voir une bourgeoisie nationale remplacer une bourgeoisie étrangère à la direction des entreprises.» À l'encontre de l'opinion de plusieurs hommes d'affaires canadiens pour qui Trudeau est une sorte de socialiste inavoué*, à l'encontre également de son propre concept de l'État bienveillant, Trudeau émerge de ses écrits (manifestement influencés par la mémoire de son père) comme un défenseur de l'entreprise privée. Il accepterait que «l'État (doive) parfois intervenir dans le jeu des forces économiques afin de mieux assurer la poursuite d'objectifs sociaux.» Mais pas trop souvent, quand même. «Le rôle de la politique est encore plus délicat dans le cas de la technique que dans les cas de la population et des capitaux.» «L'économie québécoise ne doit pas s'isoler, mais plutôt s'ouvrir au monde où elle trouvera des marchés et, comme il faut s'y attendre, des compétiteurs.»

En ce qui a trait à la politique sociale, Trudeau en a encore moins à dire. Elle consiste «à ordonner la communauté politique de telle sorte que tous les membres puissent jouir des biens essentiels avant qu'il soit permis à quelques-uns de jouir du superflu». Selon les normes de l'époque — Trudeau a écrit ceci en 1965 —, ses positions sur les questions sociales auraient pu difficilement le faire taxer de social-démocrate. Il était plutôt un juriste démocrate. «Dans une société constitutionnelle, ce ne sont pas tant des hommes qui nous commandent, mais plutôt les lois.» En jouissant de l'égalité devant la loi ainsi que d'un minimum d'égalité économique, tous les hommes, sans restriction, seraient libres de rechercher l'excellence et ainsi

---

* Quand, en 1976, Trudeau s'était laissé aller à disserter, devant les caméras de télévision, sur la «Société nouvelle», des citations hors-contexte, toutes tirées de son essai de 1964: «La Pratique et la théorie du fédéralisme» (Social Purpose for Canadians), circulèrent dans de nombreux conseils d'administration.

de résoudre eux-mêmes leurs propres problèmes. Quant aux faiblesses humaines qui empêchent tant de gens de rechercher l'excellence — le complexe d'infériorité des Canadiens français, des autochtones, des femmes —, c'est là un point dont Trudeau ne semble pas avoir le moindrement conscience.

Les omissions se continuent: Trudeau n'aborde jamais le rôle du leadership — comme si le Québec aurait été le même sans Duplessis. Il passe sous silence la portée des institutions, qu'elles voient à promouvoir le fédéralisme pluraliste, comme le Conseil des arts, ou à le freiner, comme la Société Saint-Jean-Baptiste. Enfin, faut-il le mentionner, il méconnaît la condition humaine.

Un dernier point négligé par Trudeau illustre son incapacité manifeste à s'en tenir aux conséquences logiques de ses propres analyses. La Démocratie de participation, si on songe à ses conclusions naturelles, équivaut à gouverner par plébiscite. Les citoyens traitent directement avec l'État et celui-ci avec eux. Le Parlement n'a donc plus aucun rôle à jouer. Trudeau a toujours eu du mal à prendre le Parlement au sérieux. Il le trouve ennuyeux, inepte, y voit une perte de temps, le tient pour une espèce de club pour adolescents attardés où les députés s'agacent mutuellement et adoptent des positions auxquelles ils ne croient pas, uniquement pour ennuyer le parti adverse. «C'est un endroit où l'on crie (...) et je trouve cela vulgaire, cela me choque.» Ce disant, il visait ceux qui l'ont déjà accusé de vouloir imposer une présidence impériale. Le président, c'est-à-dire lui-même en l'occurence, doit diriger non de droit divin, mais en fonction du droit de participation et par la vertu de son rationalisme, de sa sagesse et de sa bienveillance.

*

* *

Malgré tous ses défauts, Trudeau n'a, sur le plan intellectuel, aucun égal parmi les politiciens canadiens, contemporains ou passés, et il y a peu de dirigeants, à travers le monde, qui peuvent rivaliser avec lui. (De tous les leaders que Trudeau a rencontrés, c'est Chou-En-Lai qui l'a le plus impressionné, qui l'a ébloui.)

Parvenu au pouvoir, Trudeau a essayé de mettre ses convictions en pratique; que cela nous paraisse sensé ou non, il n'en reste pas moins qu'il a fait preuve de courage et s'est montré conséquent avec lui-même. En outre, bien que cela n'ait jamais été son intention, il a incarné l'excellence intellectuelle que plusieurs milliers de Canadiens ont tenté, peut-être à leur insu, d'imiter dans leurs vies privées.

Quand il s'agit de valeurs auxquelles il croit vraiment, Trudeau refuse le moindre compromis, si léger soit-il. Par exemple, ses ministres québécois l'ont prié plus d'une fois de lâcher un peu de lest sur la question du bilinguisme, afin que le programme gouvernemental se vende plus facilement. Chaque fois, Trudeau est demeuré intraitable. Le principe est juste et équitable; les Canadiens anglais devront s'y rallier — même s'il faut le leur enfoncer dans la gorge. « Pour lui, le bilinguisme représentait infiniment plus qu'un simple facteur essentiel à la survie des Canadiens français, affirme l'un des plus puissants de ses ministres francophones. Pour lui, c'était un *droit humain*, au même titre que la liberté de parole ou de religion. Il n'aurait pas plus fait de compromis là-dessus qu'il n'en aurait fait sur tout autre droit humain fondamental. »

Chapitre IV

Le matin du magicien

«*On avait le sentiment, durant cet été remarquable, que, comme peuple, nous ne serions plus jamais le même.* »

Robert Fulford
This was Expo

Plus tard, Trudeau déclara en riant aux journalistes qu'ils l'avaient «inventé». Les reporters n'avaient pas pensé, à l'époque, qu'ils étaient presque tous devenus ses adorateurs. Les Canadiens avaient inventé Trudeau. Nous l'avions inventé parce que, après ce long été magique, nous avions voulu nous réinventer nous-mêmes.

Il est fort possible que, sans l'Expo, Trudeau ne serait jamais devenu Premier ministre. Il était trop peu conventionnel, trop singulier, trop insaisissable. Une fois l'Expo terminée, il était inévitable que nous le choisissions, lui ou quelqu'un comme lui. Nous savions que nous avions besoin d'un chef doté de qualités magiques. Quand l'historien John Saywell décrivait Trudeau comme «un expert de la vie publique canadienne», quand le journaliste Peter C. Newman écrivait qu'il pouvait nous mener vers «un futur inconnu, exaltant», ils parlaient autant d'un événement collectif que de la personne qui était apparue au même moment. Newman a qualifié l'Expo de l'«un de ces rares moments qui changent le sens de l'histoire d'une nation». Dalton Camp l'a appelée la «libération nationale d'un talent créateur». Mais c'est une citoyenne d'Ottawa, Norma Summers, qui, dans une lettre ouverte au magazine *Maclean*, a le mieux su résumer comment l'Expo nous a détachés de nos moi habituels au point que nous nous bousculions pour enlacer Trudeau:

Qu'avons-nous donc en tête, nous, Canadiens tellement guindés, pour vouloir un pareil zèbre comme Premier ministre ? C'est de la démence. Le pays tout entier a besoin d'une douche froide. Néanmoins, comme tout le monde, je vais quand même voter pour lui.

Nous avions cessé d'être incrédules pour croire en Trudeau parce que l'Expo, pour la première fois, nous avait fait croire en nous-mêmes. Jusque-là, nous n'avions pas eu grandchose en quoi croire. Notre histoire était terne, en dépit des louables efforts d'un Donald Creighton ou d'un Pierre Berton pour nous la présenter sous un jour héroïque. Notre rôle, durant les deux guerres mondiales, avait été de peu d'envergure, quoique honorable. Pas de guerres civiles ou de révolutions. Sauf — à l'époque — au hockey, nous n'étions les meilleurs au monde en rien. Nous avions la Gendarmerie royale. Nous avions énormément de blé. Nous prospérions. Avec l'éthique de la survie/*survivance*, c'était à peu près tout. La seule métaphore qui nous ait jamais parés d'un côté romantique était la merveilleuse phrase de Douglas LePan : «redingote et mocassins», et cette époque était révolue depuis longtemps. Sauf en de rares exceptions, nous nous contentions des vieilles frusques des Français ou des Britanniques, ou encore des copies carbones expédiées du sud de nos frontières. «On a déjà défini le Canadien, écrivait William Kilbourn, comme quelqu'un qui ne joue pas pour de bon. »

À l'Expo, nous avons risqué le paquet. Nous nous sommes montrés sous notre meilleur jour et nous avons invité le monde entier — cinquante millions de visiteurs en six mois — à venir voir et juger. Le monde a applaudi. «Le Canada a atteint l'âge adulte», constatait *Le Figaro*, tandis que le *Look* se demandait, en page couverture : «Qu'est-ce qui leur arrive, à nos braves petits voisins ? » et que le *Time* affirmait : «Le Canada se découvre. » Nous risquions une humiliation nationale et nous avons fait sensation à l'échelle de la planète.

À l'Expo, l'ambiance était prodigieuse, pure, pleine d'allégresse. Des étrangers s'accostaient dans l'île Sainte-Hélène, essayaient de communiquer malgré la barrière des langues et finissaient par se tenir les mains. Quelques rares cas d'ébriété ; pour ainsi dire pas de batailles ; à peu près aucun vol. Sans arrêt, nous retournions visiter l'Expo pour lorgner les hôtesses en mini-jupes, tourbillonner joyeusement dans La Pitoune, à La Ronde, nous étonner devant le refus délibéré de se prendre au sérieux du pavillon britannique, l'insouciante gaieté du dôme américain, la désinvolture des Tchèques qui, courageusement, osèrent nous montrer le visage humain du socialisme. Nous étions les créateurs d'une bonne partie de ce que cette foire comptait de plus féérique. Le *Labyrinthe* et *A Place to Stand*, ces films éblouissants projetés sur des écrans multiples, l'architecture humaine et gracieuse du pavillon *L'Homme et la Communauté*, et l'audace du *Katimavik*, cette pyramide inversée qui défiait les lois de la gravitation. Tout en regardant assembler amoureusement un schooner de l'Atlantique ou en écoutant les chansonniers dans les «boîtes» québécoises, nous avons découvert nos différences régionales et nous avons commencé à leur trouver du charme.

Comme c'était l'année du Centenaire, l'esprit de l'Expo s'est prolongé toute l'année. Tout au long de 1967, il s'est vendu sept cent mille petits unifoliés et quatre-vingt-cinq mille grands. Spontanément, en Europe comme en Amérique latine, on a vu de jeunes voyageurs canadiens coudre des feuilles d'érable sur leurs havresacs ou les coller sur les pare-chocs de leurs petites Volkswagen. Nous avons tous participé démocratiquement aux cérémonies officielles. À Ottawa, le 1er juillet, rien ne manquait: le faste, le luxe, la Reine étaient au rendez-vous. Mais la fête s'est répétée dans tous les coins du pays. À Yellowknife, la ville entière s'est rassemblée pour admirer un soleil de minuit qui a duré vingt-quatre heures; à Halifax, un pique-nique organisé par la municipalité a réuni vingt mille personnes dans les Jardins publics, le plus grand rassemblement depuis le Jour de la victoire. Nous aurions voulu que la fête dure éternellement. Le soir du Nouvel An, les citoyens de Bowsman, en Ontario, ont allumé un immense feu de joie et y ont brûlé trente-trois baraques rendues inutiles par un nouveau tout-à-l'égout financé par une subvention du Centenaire.

Il y a quand même eu, ici et là, quelques fausses notes. Charles de Gaulle est venu, a crié «Vive le Québec libre!» du haut du balcon de l'hôtel de ville de Montréal, puis a pris la mouche et s'est rembarqué sur son croiseur quand le Premier ministre Pearson a déclaré qu'il n'était plus le bienvenu. La Société Saint-Jean-Baptiste de Montréal a boycotté les célébrations du Centenaire, le 1er juillet. Dans *Le Devoir*, Claude Ryan a signé des éditoriaux obscurs et décousus d'où il ressortait, en fin de compte, que le Québec devait se voir accorder un «statut particulier». En novembre, René Lévesque a fondé le Mouvement Souveraineté-Association et expliqué: «Nous sommes attachés à ce petit coin de terre où nous pouvons être entièrement nous-mêmes.»

Malgré ces incidents de parcours, nous avons été, dans cette recherche collective de l'excellence, aussi proches de la perfection qu'une nation peut espérer l'être. À la fin, comme Fulford l'a noté dans son livre, l'image du Canada qui s'esquissait sous l'effet conjugué de l'Expo et du Centenaire s'est concrétisée sous la forme d'une caricature parue dans le numéro du 18 novembre 1967 du *New Yorker* : deux hommes assis dans un bar de Manhattan et l'un disant à l'autre : « Mais vous n'avez pas l'air d'un Canadien. »

*
*   *

Trudeau n'avait pas l'air d'un Canadien. C'était là l'élément primordial dont tout le reste allait découler. Trudeau serait l'homme qui nous empêcherait de redevenir les Canadiens que nous avions été jusque-là.

C'est seulement vers la fin de 1967 que nous avons commencé à remarquer sa présence. Il siégeait au Parlement depuis deux ans et, sauf une fois où il avait mis Diefenbaker hors de lui en se présentant aux Communes en sandales et cravate Ascot, il était pour ainsi dire passé inaperçu. Même en 1965, au moment de son arrivée soulignée par une publicité tapageuse qui faisait de lui l'une des trois Colombes recrutées par Pearson au Québec, c'était surtout Jean Marchand qui avait monopolisé l'attention.

Sans l'insistance de Trudeau, Marchand et Pelletier ne seraient peut-être jamais allés à Ottawa. En 1963, lorsque Pearson avait tenté pour la première fois de recruter le trio, Marchand était davantage attiré par Québec où la Révolution tranquille battait son plein, tandis que Pelletier n'avait envie d'aller nulle part.

La volte-face de Pearson à propos des armes nucléaires avait mis un point final à sa tentative de 1963, Trudeau ayant dénoncé son « hypocrisie » et l'ayant surnommé le « défroqué de la paix » dans *Cité libre*. Mais en 1965, cependant, le besoin qu'avaient les libéraux de renforts québécois était devenu criant ; toutes les précédentes recrues de Pearson avaient été atteintes par une série de scandales sordides : Guy Favreau, Maurice Lamontagne, Lucien Cardin, René Tremblay. Les organisateurs libéraux offrirent à Marchand la direction de l'aile québécoise du parti s'il acceptait de rallier leurs rangs. Marchand y consentit, mais à la condition d'amener avec lui

Pelletier et Trudeau. Quand les libéraux s'y opposèrent parce que Trudeau avait fait beaucoup trop de déclarations impardonnables, il refusa de céder, ancré dans sa conviction par le meilleur des avis : alors qu'il assistait à une « Conférence des penseurs » organisée à Terre-Neuve par Joey Smallwood, il avait reçu un coup de téléphone de René Lévesque qui lui conseillait très fortement de ne pas se présenter seul et vulnérable comme lui-même l'avait fait à Québec, mais au sein d'un « bloc » capable de provoquer des réformes. Finalement, tout le monde s'entendit pour passer l'éponge. Les trois se présentèrent et remportèrent aisément la victoire, lors de l'élection du 8 novembre 1965.

Contrairement à Marchand qui était le leader du groupe et beaucoup plus que Pelletier au tempérament plus réservé, Trudeau se sentit immédiatement chez lui à Ottawa. Il y retrouvait des amis qu'il avait connus au moment de son affectation au Conseil privé, au début des années 50. Il était parfaitement bilingue. Et, surtout, sa liberté demeurait pratiquement intacte. Il était certain de pouvoir se faire réélire éternellement dans sa circonscription de Mont-Royal, sans même avoir besoin d'y faire acte de présence. Il pouvait partir pour Londres, New York, Paris ou pour remonter un cours d'eau tumultueux, chaque fois que l'envie l'en prenait.

Trudeau n'en demandait pas davantage. Quand Marchand, en janvier 1966, convainquit Pearson de nommer son ami à un poste prestigieux en en faisant son secrétaire parlementaire, il lui fallut insister pendant trois jours pour amener Trudeau à accepter. « Il soutenait qu'il ne voulait pas renoncer à son genre de vie, se souvient Marchand, et qu'il n'avait pas envie de passer toutes ses journées enfermé dans un bureau à rédiger des textes pour le Premier ministre. » En avril 1967, Marchand persuada Pearson de confier à Trudeau le portefeuille de la Justice et, de nouveau, ce dernier se fit tirer l'oreille. Puis, dès sa nomination, il disparut derrière les décors.

Ce fut le 5 décembre 1967 que Trudeau quitta les coulisses pour l'avant-scène. Aux Communes, il prononça un discours de quarante minutes sur la loi C-187, « Loi concernant le divorce ». L'adultère, passé de mode, ne serait plus le seul motif de divorce ; on pourrait désormais invoquer des perversions comme la bestialité et le viol, « la cruauté physique et mentale de nature à rendre intolérable le maintien de la cohabitation » et, la plus passe-partout de toutes les catégories, « la faillite du mariage ». Le projet de loi produisit une impression aussi vive que celui qui l'avait déposé et qui devint célèbre en un instant par sa façon de le défendre : éloquent, froid, cérébral et pourtant convaincant, s'exprimant avec facilité dans les deux langues et, surtout si moderne et si surprenant : un catholique multipliant les motifs de dissoudre un sacrement que son Église tient pour indissoluble.

Du coup, la presse s'empara de Trudeau. Et elle se déchaîna bien davantage quand, deux semaines plus tard, il présenta le bill Omnibus qui modifiait le code criminel : légalisation des loteries et de l'avortement thérapeutique, tolérance à l'endroit de nombreux actes dont le plus contesté était l'homosexualité « en privé et entre adultes consentants ». À l'appui de ce dernier point, Trudeau lança la plus percutante de toutes ses phrases : « L'État n'a rien à faire dans les chambres à coucher de la nation. » * La nation tout entière se redressa et prit bonne note.

*

*   *

La campagne à la direction du parti libéral débuta officiellement le 14 décembre 1967, au moment où Pearson annonça sa démission et décida que le congrès aurait lieu du 4 au 6 avril 1968. Rapidement, les têtes d'affiches du parti, de même que d'autres militants moins en vue, commencèrent à battre le rappel de leurs troupes : Paul Martin, Mitchell Sharp, Paul Hellyer, John Turner, Allan MacEachen, Joe Greene, Eric Kierans. On ne pouvait manquer de remarquer qu'il n'y avait pas un seul Canadien français parmi la liste.

Marchand, alors ministre de la Main-d'œuvre et de l'Immigration, était le candidat tout indiqué. Il était le leader de l'aile québécoise. Il était le ministre francophone le plus haut placé. Pearson souhaitait le voir lui succéder. Il en allait de même d'un groupe de Canadiens anglais influents, ayant Walter Gordon à leur tête. Néanmoins, dès l'automne de 1967, Marchand avait déjà décidé qu'il n'entrerait pas en lice. Les motifs de son refus définissent l'homme : émotif, impulsif, généreux.

---

*   *C'est en ces termes que cette phrase est toujours citée, bien que Trudeau ait dit en réalité au cours d'une entrevue, le 22 décembre 1967 : « Il n'appartient pas à l'État de surveiller la chambre à coucher de la nation. » Le véritable auteur de la fameuse phrase est Martin O'Malley, éditorialiste au* Globe and Mail.

Des trois Colombes de 1965, c'était Marchand qui avait
été la «grosse prise». Mais, du début à la fin, sa carrière ne
cessa de suivre une courbe descendante. En 1980, il se retrouva
dans le rôle peu exigeant de président du Sénat, un poste qui
l'écartait du caucus libéral et l'empêchait d'intervenir directement dans le débat soulevé par le référendum québécois.

En décembre 1967, pourtant, Marchand avait encore le
vent en poupe. Il était infiniment plus connu que Trudeau et
cent fois plus aimé des députés. Il était toujours échevelé,
avait son franc-parler et un esprit terre à terre. Cadet d'une
famille de six enfants, il avait grandi dans un taudis de Montréal, s'était frayé un chemin jusqu'à l'Université Laval, puis, à
force de lutter, s'était retrouvé à la tête de la Confédération
des syndicats nationaux. Il avait été un dirigeant syndical courageux, dur, autocrate et impitoyable.

Mais, à Ottawa, sauf quand il jouait du fouet au sein de
la Fédération libérale du Québec ou qu'il passait une soirée
agréable en compagnie de députés d'arrière-banc, Marchand
connut fréquemment des moments pénibles. Il n'avait pas les
connaissances administratives nécessaires pour diriger un ministère (bien qu'il s'en soit honorablement tiré comme ministre
des Transports entre 1972 et 1975). Et, faute de savoir tenir sa
langue, il se clouait souvent lui-même au pilori. En 1972, il
traita de «fanatiques» les Canadiens anglais qui avaient voté
contre Trudeau; en 1975, il admit sans ambages que «la pa-
gaille» règnait dans son ministère, celui des Transports.

En dépit des pressions de Gordon, Marchand était conscient de ses défauts. De toute façon, sa santé était vacillante
(souffrant d'hypertension, il a souvent des vertiges) et son
anglais, plutôt médiocre. Pourtant, s'il s'était présenté, Marchand aurait fait bonne figure bien qu'il eût probablement perdu.
Au lieu de ça, dans un geste comme on en voit rarement en
politique, il n'hésita pas à se sacrifier et refusa la couronne
qu'on lui faisait miroiter pour la déposer directement entre
les mains de Trudeau.

Marchand s'étant retiré de la compétition, Trudeau se devait donc d'y participer. Autrement, il n'y aurait eu aucun

Canadien français dans la course. On a beaucoup écrit sur la façon dont Trudeau a remporté la victoire dès son entrée en lice, mais c'est *Mandate '68,* de Martin Sullivan, qui en donne la version la plus vivante et la plus complète. Fondamentalement, Trudeau ne pouvait perdre. Il avait tout pour lui. Le style: la rose à la boutonnière et la Mercedes couleur argent. L'esprit: interrogé sur sa Mercedes, il répliqua: «Vous parlez de l'auto ou de la fille?» La présence: une «tête dont la peau colle aux os, écrivait Newman, qui aurait pu avoir été sculptée dans de l'albâtre pour commémorer quelque lointaine guerre des croisades». Une organisation invincible: s'y retrouvaient, en proportions à peu près égales, des Québécois qui n'avaient pas froid aux yeux et des militants libéraux anglophones débrouillards et bien au fait de l'actualité. Mais surtout, Trudeau avait de la chance. En janvier, alors qu'il n'avait toujours pas annoncé sa candidature, il fit la tournée des capitales provinciales, vêtu d'un élégant manteau de cuir, à titre d'émissaire constitutionnel de Pearson, ce qui lui donna l'occasion d'apparaître à la télévision presque tous les soirs. Et, au début de février, assis à côté de Pearson, il livra son premier combat singulier contre le Premier ministre du Québec, Daniel Johnson, combat qu'il remporta haut-la-main à la fois dans la salle de conférence et sur les écrans de télévision. Mais s'il gagna, ce fut d'abord et avant tout parce que si l'Expo avait été une personne, celle-ci aurait été Trudeau.

Finalement, pour clore le chapitre sur l'accession de Trudeau à la direction de son parti, il nous reste à voir à quel moment, précisément, il décida d'entrer dans la course, et qui, en dernière analyse, l'en persuada. «On m'y a poussé», a-t-il déjà dit, sans plus. La vérité, c'est qu'il y consentit en deux occasions différentes et que, dans l'intervalle, il changea d'avis. Trois personnes furent les maîtres d'œuvre de sa décision.

*
*   *

Le premier à prendre les choses en main fut Roy Faibish qui, à l'époque, était réalisateur au réseau CBC et qui siège maintenant au Conseil de la radiodiffusion et des télécommunications canadiennes. Personnage romanesque originaire de la Saskatchewan, Faibish avait été l'un des stratèges occultes du gouvernement Diefenbaker; l'agitation fébrile qui le caractérisait ne connaissait que de rares moments d'accalmie. Pour Faibish, les idées de Trudeau devaient être mises à profit. Le 14 décembre 1967, au cours d'un dîner entre intimes au Rockliffe, il s'enferma avec Trudeau dans la bibliothèque et là, pendant quinze minutes, il lui expliqua fièvreusement qu'il devait se présenter, à la fois pour le bien du pays et parce que c'était l'unique réponse politique possible à la nouvelle mentalité de l'heure. Plus tard, Trudeau écrivit à Faibish pour le remercier de « m'avoir persuadé ».

Mais, ainsi qu'il le referait une douzaine d'années plus tard au moment de décider s'il reviendrait ou non comme leader libéral, Trudeau continua de prétendre qu'il n'avait toujours pas tranché la question. Il laissa bien échapper quelques indices, mais sans se prononcer ouvertement. Durant les Fêtes, il s'envola pour Tahiti afin de réfléchir tout en se dorant au soleil; au lieu de ça, il se laissa éblouir par le regard bleu lavande d'une des filles d'un ancien ministre libéral (et partisan avoué de Turner), James Sinclair. Il revint, dîna en compagnie de Marchand et de Pelletier, et leur confia qu'il serait candidat. Ses amis entreprirent aussitôt de susciter des « appuis spontanés ». Quelques semaines plus tard, Trudeau revint sur sa décision.

Le 13 février, Trudeau téléphona à ses deux conseillers les plus intimes: Marc Lalonde et Michael Pitfield qui poursuivaient de concert une carrière fructueuse au Conseil privé. Depuis près de six mois, dans la plus grande discrétion puisqu'ils étaient l'un et l'autre fonctionnaires, les deux hommes — dont l'amitié remontait à 1959 alors qu'ils étaient attachés au ministre conservateur de la Justice, Davie Fulton —pressaient Trudeau de se porter candidat à la direction du parti parce qu'ils avaient la conviction que lui seul pouvait sauver le pays. Depuis des semaines, ils nageaient dans l'euphorie; subitement, leur bonne humeur s'évanouit. Trudeau venait de leur annoncer qu'il avait enfin pris une décision irrévocable. Il ne se présenterait pas et rien ne le ferait changer d'avis. En désespoir de cause, ils lui demandèrent de les écouter une dernière fois. Trudeau accepta. Ce soir-là, il rencontra Lalonde et Pitfield dans son bureau de la Chambre des communes.

Pas plus qu'au début ceux-ci n'avaient besoin de convaincre Trudeau qu'il était fait pour le poste. « Il n'a jamais douté un seul instant qu'il avait les capacités voulues », se souvient Lalonde. Le problème, au contraire, consistait à le convaincre que le poste *lui* convenait. Pour rien au monde, il n'accepterait une charge qui aliénerait sa liberté *.

Néanmoins, leurs arguments portèrent puisque quand Lalonde et Pitfield quittèrent Trudeau deux heures plus tard, ils avaient sa promesse qu'il serait candidat. « Michael s'est montré brillant, raconta plus tard Lalonde à ses adjoints. Il a démoli, une par une, toutes les objections de Trudeau. » En échange, Trudeau obtint des deux acolytes l'engagement — auquel ils consentirent sans hésiter — qu'ils resteraient et travailleraient avec lui. Puis il enfila son pardessus et sortit marcher dans la neige, autour de la Colline parlementaire.

Il est possible que les hésitations de Trudeau aient, dans une certaine mesure, relevé de la comédie, de ce besoin qu'ont les intellectuels de se faire prier pour accepter quelque chose d'aussi sale que de devenir politicien. En 1975, pendant une entrevue à la BBC, Trudeau expliqua carrément ce qui l'avait amené à céder: après avoir passé tant d'années à dire aux gouvernements ce qu'ils devaient faire, « si l'occasion s'offre à vous de mettre la main à la pâte, vous devez la saisir au vol et c'est ce que j'ai fait ». Trois jours plus tard, quoi qu'il en soit, il envoya un mot officiel au président du parti libéral, John Nichol. « Après mûre réflexion, j'ai décidé de présenter ma candidature au poste de chef du parti libéral du Canada. »

*
*   *

Le congrès d'avril fut moins une course à la direction qu'un marathon amoureux. Un sondage effectué un peu plus tôt avait révélé que le public appuyait Trudeau dans une proportion de 32% contre 14% pour Martin et 10% pour Winters, les autres se partageant le reste des suffrages. Il y eut quelques moments difficiles. Le caucus québécois que Trudeau avait déjà traité d'« ânes savants » se mutina et Marchand dut le faire rentrer de force dans les rangs. Le discours de Trudeau fut banal et ennuyeux.

Mais tout cela n'avait aucune importance. Tout le favorisait: il avait les plus jolies hôtesses, vêtues d'ensembles

---

* *Quelques jours auparavant, un autre adjoint, Ivan Head, devant qui Trudeau invoquait le surcroît de travail, avait balayé l'objection avec un raisonnement tiré par les cheveux: il aurait, au contraire, beaucoup moins à faire qu'en étant ministre de la Justice puisque, comme Premier ministre, il ne serait responsable d'aucun portefeuille.*

rouge plaquemine commandés à la boutique *Poupée rouge,* de Montréal; et, nouvelle manifestation de sa bonne étoile, Sharp se désista dès le premier jour et rejoignit Trudeau dans sa loge, symbole aux traits osseux de la droiture indéfectible des WASP.

Qui plus est, Trudeau révéla des qualités insoupçonnées: celles d'un acteur chevronné. Il saluait la foule de la main, avec un petit air timide et le sourire à peine esquissé d'un garçonnet espiègle, comme pour montrer aux participants qu'il savait, que tous savaient et que chacun savait que l'autre savait, qu'il n'était pas si timide que ça. Il y avait quelque chose de délicieusement taquin dans son attitude d'acteur aimé du public, qui incita ses adorateurs à faire le maximum pour lui arracher un vrai sourire qui confirmerait au vu de tous que, en effet, il s'amusait beaucoup. Et c'était Trudeau, et non l'un de ses conseillers à l'esprit vif comme l'éclair, qui avait eu l'idée de se rendre en Christ solitaire jusqu'à l'estrade pour y prononcer son discours, tandis que, dans la salle, les pancartes blanches et orange surgissaient de tous les côtés: Birnam Wood allant à la rencontre de Dunsinane. Quelques jours plus tôt, durant la préparation de sa fameuse entrevue télévisée avec Patrick Watson (qui fut rediffusée en circuit fermé dans les chambres d'hôtel des délégués), Faibish avait conseillé à Trudeau d'insister sur son côté nouveau-venu, à l'abri des concepts éculés. Trudeau attendit jusqu'à la toute fin de l'entrevue d'une demiheure, puis profita de la dernière question de Watson pour lancer sa phrase percutante: «Des gars nouveaux avec des idées nouvelles.»

Le Canada tout entier, rivé devant les appareils de télévision, voulait un gars nouveau avec des idées nouvelles, afin de perpétuer l'Expo. Mais les délégués libéraux, eux, étaient plus récalcitrants. Ils ne connaissaient pas Trudeau; qui pis est, si l'on songe à leur traditionnel penchant pour le patronage, lui ne les connaissait pas. Mais il était impossible d'ignorer l'opinion publique, la presse, l'esprit de l'époque. Les résultats du dernier tour de scrutin furent sans appel: Trudeau, 1 203 votes; Winters, 954; Turner, 195 (dont le vote de James Sinclair). Quand les chiffres furent affichés, Trudeau arracha l'œillet de sa boutonnière et le lança par-dessus la balustrade de sa loge.

*
*   *

Le marathon amoureux continua. En l'espace de deux semaines, Trudeau partit se reposer en Floride (où, devant les appareils des photographes, il fit étalage de ses talents de plongeur, dans la piscine de l'hôtel), procéda à un nettoyage par le vide au sein de son cabinet (Winters démissionna) et réunit les Communes pour les dissoudre le même jour en annonçant que des élections auraient lieu le 25 juin.

L'issue ne faisait aucun doute. Il avait, comme l'a dit McLuhan, « le masque parfait — un masque charismatique. Il a le visage d'un Indien d'Amérique du Nord ». Le seul point incertain était l'ampleur de la victoire et son étendue à travers le pays. Dans l'Ouest, Trudeau réunit les foules les plus nombreuses depuis Diefenbaker ; plus de mille personnes à Yellowknife, cinq mille à Kamloops ; deux mille à Penticton pour un pique-nique aux crêpes, où les organisateurs furent rapidement à court de pâte ; un rassemblement tumultueux à Edmonton ; un autre, frénétique, à Régina où la foule brandissait des pancartes écrites à la main : « Vive le Canada, merci Pierre » ; et à Toronto (soixante mille personnes) ; et à Montréal (quarante-cinq mille).

De nouveau, il était évident que Trudeau ne pouvait mordre la poussière. Quand un électeur, furieux de la « permissivité » des amendements au code criminel, lui cria : « Et la masturbation, alors ? » Trudeau rétorqua : « Je suppose que chacun a ses problèmes. » Quand une jolie étudiante de dix-neuf ans déclina son invitation à l'accompagner à la piscine de l'hôtel sous prétexte qu'elle n'avait pas de maillot de bain, Trudeau répliqua : « Marilyn Monroe l'a bien fait. » À la fin de la campagne, comme si Trudeau n'avait pas accumulé suffisamment d'atouts, des manifestants interrompirent le défilé de la Saint-Jean-Baptiste, à Montréal, et tout le pays put voir sur les écrans de télévision Trudeau, seul parmi tous les dignitaires, demeurer sans broncher sur l'estrade d'honneur, pendant que les bouteilles de Coca-Cola sifflaient autour de sa tête. Le lendemain, une religieuse lui déclara : « Je suis si contente que vous n'ayez pas été tué, hier soir. » « Mais, grands dieux, répondit Trudeau, j'étais assis à côté de l'archevêque. »

Pourtant, bien que le pays ne s'en fût pas rendu compte sur le moment, il l'avait quand même échappé belle.

En dépit de sa grande forme, de sa sveltesse et de sa distinction, Trudeau n'était pas résistant. Il avait beau adorer qu'on l'adorât, il commençait à trouver ça un peu fastidieux.

Vers la fin de la campagne, il faillit tout laisser tomber. Pas son poste de Premier ministre. Non, seulement la campagne.

Il avait été prévu que, pendant l'avant-dernière semaine, il retraverserait l'Ouest en un ultime sprint, de Vancouver à Victoria à Calgary à Winnipeg, puis, d'un bond, à Toronto. Pas question, déclara-t-il à ses organisateurs. Il était fatigué et ce voyage n'était pas indispensable pour se rallier des votes. Pendant trois jours, des messages inquiets circulèrent entre l'équipe Trudeau («C'est ce qu'il veut et c'est ce qu'il fera.») et les quartiers généraux des libéraux («Il ne peut pas nous faire ça. Le programme a déjà été annoncé. S'il ne vient pas, c'est la catastrophe.»)

Le samedi 15 juin, Trudeau s'envola pour Ottawa. Nichol, le président du parti, et Marc Lalonde l'accueillirent à l'aéroport. Ils montèrent avec lui dans la voiture officielle qui prit la route du 24 Sussex. Durant le trajet, Trudeau et Nichol échangèrent des propos orageux: «Vous devez y aller.» — «Je n'irai pas.» — «Vous *allez* y aller!» — «Je n'en ferai sacrément *rien*.» «*Je ne* téléphonerai *pas* aux organisateurs (de l'Ouest) d'annuler le programme.» — «*Vous feriez* foutrement mieux de leur téléphoner.» L'altercation se poursuivit dans l'allée enveloppée de verdure du 24 Sussex, le chauffeur restant flegmatiquement assis à l'avant, tandis que, à l'arrière, Lalonde, Nichol et Trudeau criaient à qui mieux mieux. Alarmé, un agent de la G.R.C. se dirigea vers la voiture et cogna la glace du doigt pour demander à Trudeau si tout allait bien. Celui-ci rassura le policier puis se retourna vers Nichol et continua de crier. Enfin, il jaillit de la voiture. En arrivant à la porte d'entrée, il se retourna: «Allez au diable, lança-t-il à Nichol, j'irai dans l'Ouest.»

Il est probable que si Trudeau n'était pas retourné dans l'Ouest, les Canadiens l'auraient applaudi de s'être montré «si peu conventionnel», tout comme ils l'avaient applaudi pendant la campagne pour son refus de faire des promesses: «Ottawa n'est pas le père Noël», avait-il déclaré. En réalité, si Trudeau ne se lança pas dans une kyrielle d'engagements, ce fut parce qu'il avait convoqué les élections si brusquement qu'il n'avait pas eu le temps d'élaborer un programme. Néanmoins, l'incident du voyage dans l'Ouest était de mauvais augure. Trudeau savourait le culte qu'on lui témoignait, mais seulement quand ça faisait son affaire. Et personne, dans son entourage, ne doutait qu'il n'aurait jamais pensé à contremander une série d'importants rassemblements publics si ceux-ci avaient été prévus au Québec plutôt que dans les Prairies.

Le soir de l'élection, le 25 juin, Trudeau remporta 155 sièges. Les conservateurs en conservèrent à peine 72, leur pire résultat depuis 1953. Le nouveau parti démocratique réussit à en obtenir 22, tandis que les créditistes, confondant les grands stratèges, augmentèrent leur part du vote et retournèrent aux Communes avec 14 députés. Trudeau avait obtenu 45,3% du vote total, une marque record que les libéraux n'avaient pas atteinte depuis quinze ans. Mais, ce qui importait encore plus que l'ampleur de sa majorité, c'était sa répartition: 27 sièges dans les quatre provinces de l'Ouest, dont quatre en Alberta même, et une majorité très nette en Colombie britannique où Tommy Douglas, le chef du N.P.D., perdit son siège.

*
* *

Plus que de marquer simplement le début officiel de la carrière de Trudeau comme Premier ministre, l'élection de juin 1968 sert de borne repère pour tout ce qui est arrivé, depuis lors, à lui comme à nous.

L'élection de 1968 a été la toute dernière fois où nous avons vécu collectivement un événement heureux — à l'exception de la dernière minute du huitième match de hockey de la première série Canada-URSS, en 1972, lorsque Paul Henderson marqua le but victorieux et fit de nous, un bref instant, les meilleurs du monde, une fois encore. Sinon, l'élection de 1968, les fêtes du Centenaire et l'Expo furent, toutes ensemble, la dernière fois où nous avons eu entièrement confiance en nous-mêmes, comme citoyens d'un même pays. Nous avions rêvé l'impossible rêve, comme le dit la chanson thème du film *L'Homme de la Manche* que tout le monde fredonnait cette année-là. Et nous avions réalisé notre rêve, pendant le Centenaire et l'Expo, et de nouveau en élisant un Premier ministre que presque tout le monde nous enviait.

Un ami de Trudeau attribue sa longévité politique sans précédent à sa faculté de « se trouver sur la même longueur d'onde que chaque nouvelle génération ». En 1968, alors que la trudeaumanie était à son apogée, Trudeau remporta 53% du vote des Canadiens de moins de trente ans. En 1980, ayant franchi le cap de la soixantaine, il obtint le même pourcentage, à quelques points près: 50%. Si Trudeau n'a rien perdu de son pouvoir de séduction, c'est parce qu'il est devenu le gardien de la flamme magique: le talisman de l'époque où, tous, nous étions encore jeunes. En 1968, nous avons investi une partie de notre psyché nationale en lui. Même si, à de multiples reprises, il nous a désappointés, offensés, mis en colère, nous n'avons jamais réellement voulu retirer notre placement. Nous sommes incapables de penser à quelqu'un d'autre qui pourrait, un jour, rallumer la flamme magique. En 1968, nous avons appelé ça la trudeaumanie. En réalité, c'était la Canadamanie.

Chapitre V

Les apprentis sorciers

« Je me suis d'abord attaché à bien saisir sa tournure d'esprit, après quoi je me suis comporté en conséquence. »
J. W. Pickersgill,
éminence grise *des Premiers ministres Mackenzie King et Louis Saint-Laurent.*

Les embrassades prirent fin presque en même temps que le comptage des bulletins de vote et furent remplacées par la « routinisation du charisme », selon l'expression de Weber. Dès le mois d'août, les journalistes se plaignaient d'être privés d'informations ; Trudeau avait averti ses ministres qu'à la moindre fuite le responsable serait viré sur-le-champ. Son premier discours du trône, en septembre, déçut tout le monde. Il était rédigé dans une prose terne et administrative, sans aucun aspect novateur, alors qu'on attendait des phrases incisives et des promesses qui déboucheraient sur une ère nouvelle. La première nomination de Trudeau au Sénat fut celle de Louis Giguère, un vieux routier du parti. Quelques années plus tard, l'un des principaux personnages du scandale Sky Shops serait Louis Giguère, membre du Sénat.

Trudeau avait prévu le désenchantement qui suivit les élections. « La difficulté va consister à en faire suffisamment et suffisamment vite avant que des gens comme vous ne soient désappointés », avait-il confié à l'écrivain Merle Shain, peu après le congrès à la direction du parti. Et, comme il le déclara aux journalistes, il n'avait pas l'intention « de produire un Canada flambant neuf au bout de six mois ».

Si Trudeau est entré en fonction sans trop savoir *ce* qu'il allait faire, il savait pourtant très exactement *comment* il s'y prendrait. Le recours systématique à une planification rationnelle, rendue possible par la « révolution cybernétique », comme il l'appelait ; l'institution d'un « pouvoir parallèle » à une bureaucratie réunissant des « gars nouveaux avec des idées nouvelles ».

Deux ans plus tard, le journaliste Walter Stewart qualifia le nouvel encadrement de « Supergroupe ». Emporté par son élan, il n'hésita pas à le décrire comme « un mal nécessaire (...) une machine administrative d'une puissance stupéfiante ». À l'époque comme encore maintenant, le Supergroupe chapeautait à la fois les conseillers politiques de Trudeau attachés au bureau du Premier ministre — qui doublèrent et furent bientôt au nombre de quatre-vingt-cinq — et les fonctionnaires du Conseil privé, dont les effectifs doublèrent également pour atteindre presque trois cents. La majorité d'entre eux travaillaient dans le Bâtiment Est (puis, par la suite, dans l'Édifice Langevin, de l'autre côté de la rue Wellington); tous niaient catégoriquement leur appartenance au Supergroupe*.

En 1968 (tout comme en 1980), le Supergroupe comportait trois sous-groupes: les Initiés qui avaient l'oreille du Premier ministre; les Entre-Deux, qui avaient parfois voix au chapitre; et les Profanes qui arrivaient, faisaient leur travail puis repartaient, rarement remerciés par Trudeau, mais presque toujours convaincus que le seul fait d'avoir pu travailler pour lui était une récompense suffisante en soi, sinon davantage.

En 1968, il y avait sept Initiés. (Un huitième, Jim Coutts, arriva plus tard et nous en parlerons un peu plus loin.) Le septuor original comptait deux ministres, Pelletier et Marchand, les seuls membres du cabinet qui pouvaient se présenter au 24 Sussex sans y avoir été invités et qui, une fois entrés, osaient tutoyer Trudeau. Après 1972, leur influence sur la politique s'estompa et ils furent éclipsés par Lalonde. Pelletier demeura le meilleur ami de Trudeau, tandis que Marchand cédait à une amertume croissante en se voyant exclu du centre du pouvoir. Trois autres membres étaient des conseillers politiques: Marc Lalonde, chef de cabinet de 1968 à 1972, puis ministre de haut rang; Ivan Head, attaché aux Affaires étrangères jusqu'en 1978; Jim Davey, secrétaire aux programmes pendant quatre ans, muté après la débâcle de l'élection de 1972 dont il avait conçu la stratégie. Les deux autres étaient des fonctionnaires: Michael Pitfield et Gordon Robertson.

---

* *Bien entendu, le Supergroupe était et demeure un mythe, au même titre que l'Establishment. Et pas plus qu'un homme d'affaires ou une société d'envergure n'oseraient contrevenir aux normes édictées par un Establishment mythique, ni un politicien libéral ni un fonctionnaire espérant de l'avancement n'oseraient ignorer le code politique établi par un Supergroupe, même si ce dernier ne correspond pas à une réalité concrète.*

C'étaient Pitfield et Lalonde qui avaient, et de beaucoup, le plus de poids. Ils avaient fait un Premier ministre de Trudeau et ils ne l'ont pas quitté depuis. Le plus intéressant des deux et, à tous les égards, le plus important est indéniablement Pitfield. Écrire sur Trudeau sans parler de Pitfield serait comme écrire sur Louis XIII en passant sous silence le rôle de Richelieu, ou sur Napoléon sans parler de Talleyrand ou encore, en une analogie plus banale, sur Franklin Roosevelt sans mentionner Harry Hopkins. Leurs deux carrières sont symbiotiques. Ils se sont mutuellement créés. Sans Pitfield, Trudeau ne se serait jamais présenté à la direction du parti libéral; sans Trudeau, Pitfield ne serait jamais devenu greffier du Conseil privé ni le premier à détenir autant de pouvoirs dans toute l'histoire de la bureaucratie canadienne, depuis les géniteurs mythiques de la bureaucratie moderne, O.D. Skelton et Clifford Clark.

*
*   *

Dès son accession au sommet, Pitfield entreprit de dissimuler soigneusement toute trace de ses liens avec Trudeau. Ceux-ci remontaient bien au-delà de leur rencontre du 13 février 1968 au cours de laquelle il avait personnellement convaincu Trudeau de se présenter à la direction du parti et dont nous avons parlé dans le précédent chapitre.

L'automne de 1965 tirait à sa fin au moment où Marchand, Pelletier et Trudeau se réunirent chez le premier, à Cap Rouge, en banlieue de Québec, pour discuter de leur éventuelle candidature sous l'étiquette libérale. Leur décision prise, ils sortirent dans le jardin pour que Georgette Marchand pût photographier ce moment historique. Cinq personnes apparaissent sur la photo: les trois Colombes, comme on ne tarderait pas à les surnommer; Marc Lalonde dont la présence, à titre d'avocat, était parfaitement justifiée; et Pitfield qui, en tant que fonctionnaire récemment nommé greffier adjoint du Conseil privé, n'avait strictement rien à faire là. C'était Lalonde qui avait invité Pitfield avec qui il était très lié depuis 1959, alors qu'ils faisaient partie du cabinet de Davie Fulton. Depuis longtemps, Pitfield avait décelé chez Trudeau toutes les caractéristiques d'un favori; déjà, en 1962, il avait pressé ses collègues fonctionnaires d'engager «ce brillant professeur de droit de Montréal». En 1964, c'était lui qui avait traduit le manifeste canadien anti-nationaliste dont Trudeau et Lalonde étaient les principaux auteurs.

Bien que Pitfield soit d'une vingtaine d'années le cadet de Trudeau, les deux hommes ont beaucoup de points en commun. Tout comme Trudeau, Pitfield est un Montréalais, né dans l'opulence. Son père est mort alors qu'il n'était qu'un enfant. Il a été élevé dans les deux langues. Sa mère avait la réputation d'être une grande dame et, autre coïncidence, elle se prénommait Grace. Il est peut-être encore plus près de ses sous que Trudeau* et, sur le plan intellectuel, ses goûts le poussent vers l'abstrait, le fédéralisme et le centralisme.

Trudeau, néanmoins, n'est pas de aussi haute lignée. *Haut-bourgeois* d'Outremont, il fait partie de la première génération qui n'a pas vécu de la terre. Pitfield, lui, est un aristocrate qui a grandi dans le Square Mile**, aussi proche de *Debrett* que peut l'être un colonial; son père, un financier originaire du Nouveau-Brunswick, avait été l'associé de Izaak Walton Killam; sa mère, héritière d'une société de transport, était apparentée à toutes les familles les plus huppées de Montréal. Contrairement à Trudeau qui a fait les quatre cents coups à Brébeuf, Pitfield a eu une adolescence misérable, d'abord au Lower Canada College, puis à l'Académie de West Point. Comme il était doué d'une intelligence précoce et n'avait aucun don pour les sports, les autres enfants ne voulaient pas jouer avec lui. L'un d'eux se souvient de lui comme d'«un petit garçon triste, pitoyable, qui avait poussé trop vite, avec des dents saillantes et sans un seul ami».

Même si sa mère ne s'intéressait nullement à lui, Pitfield l'adorait. Il était le plus jeune de sept et, après la mort de son père, ce fut son frère Ward, qui est maintenant le président de Pitfield, Mac Kay and Ross, à Toronto, qui devint chef de famille. Quand Pitfield a été nommé greffier du Conseil privé, des relations se souviennent de l'avoir entendu murmurer: «Ça lui montrera, à Ward, qui est le meilleur.»

L'intelligence du jeune Pitfield s'affinait de jour en jour. À

---

* *Lorsque Pitfield a quitté la fonction publique en 1979 après avoir refusé la proposition du nouveau gouvernement conservateur de devenir ambassadeur auprès de l'Organisation de la coopération et du développement économique (OCDE), il s'est lui-même gratifié d'une jolie petite prime de licenciement de $107 800, un véritable précédent. À son retour, il n'a remboursé que $10 000; pressé par les journalistes de dire à qui, selon lui, appartenait cette somme, il se plaignit: «Je trouve ça terriblement injuste.»*
** Square Mile: *quartier huppé de Montréal, délimité par les rues Guy, Peel et Sherbrooke ainsi que par l'avenue des Pins. (N.D.L.T.)*

quatorze ans, il dut s'inscrire au St. Lawrence University, à Canton, dans l'État de New York, parce qu'aucun autre collège ne voulait l'accepter à cause de son jeune âge. Plus tard, après son séjour à West Point, il décrocha deux autres diplômes et pratiqua le droit durant quelque temps. À vingt-quatre ans, Pitfield décida de vivre enfin la jeunesse qu'il n'avait jamais eue. Il s'enrôla dans la marine de réserve avec le grade de sous-lieutenant et, pendant deux étés, tenta d'oublier les jeux intellectuels pour se plonger dans la vie turbulente des aspirants. Il laissa sa marque dans le folklore naval à cause de sa curieuse démarche qui, selon un camarade officier, était celle d'un « pingouin ». Si sa gaucherie ne disparut pas complètement, il acquit, en revanche, une forte personnalité, avec la tête étroite d'intellectuel et la moue sensuelle et maussade d'Aldous Huxley, telles que nous les montrent ses photos de jeunesse.

Également propulsé par son idéalisme et par le sens de ses intérêts, Pitfield commença à grimper. En 1959, à vingt-deux ans, il s'installa à Ottawa, à titre d'adjoint de Fulton. L'année suivante, il fut nommé directeur administratif de la Commission royale d'enquête sur les publications, présidée par le sénateur conservateur Grattan O'Leary. Si Pitfield s'accrocha aux basques de son patron, la voie classique pour qui veut faire son chemin, il faut sûrement voir aussi, dans son cas, la quête traditionnelle d'une figure paternelle. O'Leary, un Irlandais racé et romantique, fut peut-être celui qui se rapprocha le plus de ce rôle. Pitfield lui vouait une véritable adoration et quand son protecteur fut frappé par une interminable maladie qui finit par l'emporter, il se montra un visiteur assidu, lui apportant des cadeaux, lui racontant les plus récentes nouvelles, les derniers potins.

Ce fut ensuite le Gouverneur général Georges Vanier dont Pitfield écrivait les discours et avec qui il vivait à Rideau Hall, dans un appartement gagné sur la salle de billard. Puis, en 1965, Robert Bryce, greffier du Conseil privé. Puis Trudeau.

Pitfield avait alors tout juste trente ans. On le craignait autant qu'on l'admirait. Intelligence, relations, ambition, assiduité et une série de mentors judicieusement choisis étaient autant de facteurs qui lui avaient permis de se rendre si haut. Trudeau le propulsa directement vers le sommet et même, en 1972, lui offrit la couronne convoitée de greffier du Conseil privé. Estimant qu'il était encore trop tôt, Pitfield refusa d'abord sagement, puis l'accepta en 1974. Néanmoins, à cause de deux autres traits de son caractère, il est probable qu'il aurait quand même gravi les plus hauts échelons, indépendamment de son zèle et de son incomparable intelligence.

Le premier de ces deux traits est, en fait, un défaut. Contrairement à Trudeau dont la faculté de se suffire à lui-même est presque surhumaine, Pitfield (peut-être une séquelle de son enfance malheureuse) est curieusement vulnérable. Il ne manque pas de sang-froid, mais reste sur la défensive avec tous ceux qu'il rencontre. Il n'a pas de véritables amis. Quelqu'un qui le connaît bien le juge en ces termes: «Je pense qu'il y a, chez Michael, un soupçon de paranoïa. Dans la jungle d'Ottawa, c'est là un immense avantage. Cela le rend extrêmement sensible aux complots et aux conspirations qui pourraient le menacer et lui permet, de façon toute pharisaïque, d'anéantir ses rivaux, même quand ils n'en sont pas vraiment.» Il ne fait aucun doute que Pitfield est le plus habile — et le plus féroce — des spécialistes du corps à corps bureaucratique, à Ottawa.

Le second trait réside dans son charme, étudié mais puissant. C'est un courtisan-né, un flatteur subtil, passé maître dans l'art de se faire valoir. Dans une conversation, il laisse échapper des noms célèbres et des citations prouvant son érudition. Les visiteurs de marque sont autorisés à admirer ses objets de prix: des tapis orientaux très anciens et une collection de Krieghoff. Enfin, quand il rencontre des journalistes suffisamment importants pour qu'il leur adresse la parole, il leur demande toujours ce qu'*ils* pensent.

Plusieurs, à Ottawa, soutiennent qu'ils l'ont percé à jour. Ses ennemis, qui comptent des membres du cabinet, le traitent de «grosse araignée noire». Et, presque seul de tous les mandarins-clés, Pitfield n'a jamais été invité à se joindre au Five Lakes Fishing Club, dans les collines de la Gatineau, où les sous-ministres, oubliant le travail, se retrouvent pour pêcher, chasser, faire du canoë et échanger les derniers potins.

Personne, pas même ses pires ennemis, ne conteste l'intelligence de Pitfield qui, au dire de certains, serait même supérieure à celle de Trudeau. Sa mémoire, par exemple, est aussi prodigieuse et il est un lecteur impénitent, quoique le choix de ses lectures soit relativement plus restreint: histoire et sciences politiques. Selon quelques-uns, la clé de leur association tient au fait que leurs intelligences se complètent. Trudeau est l'analyste, Pitfield se charge de la synthèse. Il peut reconstituer des masses de données disparates en un tout cohérent et, en même temps, relier des faits concrets à des abstractions complexes. Pitfield est également plus perspicace en matière de politique: il avait vu un favori en Trudeau avant même que celui-ci ne s'en fût rendu compte; en 1972, il décela un autre favori, un conseiller en gestion de Toronto, du nom de Jim Coutts.

Les ennemis de Pitfield ne nient pas non plus son idéalisme. Sa conception de la fonction publique est celle d'un romantique: elle existe pour conseiller, de façon avisée et désintéressée, les hommes politiques à qui il incombe de prendre les décisions. Il est tout aussi romantique à propos du Canada et, au début des années 60, bien avant tout le monde sauf peut-être une poignée, il avait conclu à la nécessité de procéder à des changements en profondeur si l'on voulait conserver le pays en un tout.

Ottawa n'a cessé de faire des gorges chaudes sur les relations entre Pitfield et Trudeau — quand ils étaient célibataires, ils prenaient leurs vacances ensemble, ils se sont mariés à quelques mois d'intervalle et Nancy Pitfield est l'une des meilleures amies de Margaret. Un romancier canadien avait caressé l'idée d'écrire un *roman à clé* sur le duo, mais, trahi par son imagination, il dut y renoncer. Un observateur proche des deux hommes suggère que leur relation est peut-être à l'opposé de ce que tout le monde suppose, c'est-à-dire que Pitfield serait le sorcier et Trudeau, l'apprenti. Il est vrai qu'il a fallu l'intervention de Pitfield pour que Trudeau consente à se présenter à la direction du parti; vrai que Trudeau a téléphoné à Pitfield avant de décider s'il reviendrait en 1979 et ne s'y est résolu qu'après avoir obtenu sa promesse de redevenir greffier du Conseil privé; vrai encore que, à plusieurs reprises, durant les réunions du cabinet, les arguments de Trudeau sont le calque, ligne pour ligne, des résumés que lui prépare Pitfield.

Pourtant, Pitfield continue de s'appuyer sur Trudeau. Celui-ci est capable de tellement de choses que lui-même ne peut faire: être un athlète, séduire les femmes, écrire élégamment (la prose de Pitfield est lourde comme du plomb), être populaire, être élu Premier ministre. « Michael a peur de Pierre », dit quelqu'un qui les connaît bien tous les deux. Malgré toute son importance et sa présence intimidante, Pitfield conserve un léger quelque chose de Widmerpool, ce héros rusé, toujours en quête du pouvoir, de la saga de Anthony Powell, *A Dance to the Music of Time*. En dépit de son extraordinaire succès, il demeure curieusement solitaire, peu sûr de lui, vulnérable. C'est seulement après 1977 que, désormais certain de sa position, Pitfield a commencé à agir, ainsi que le résume un ministre, « non plus comme le représentant de Trudeau au sein de la fonction publique, mais comme ce qu'il aurait dû être depuis le début, soit le représentant de la fonction publique auprès du Premier ministre. »

Mais il était trop tard. Sa destitution — la première d'un greffier du Conseil privé pour des motifs partisans — était inévitable dès l'instant où Joe Clark eut pris le pouvoir en 1979. Pitfield, le romantique qui se hissait lui-même sur un piédestal, était convaincu que ça ne se produirait pas. Après que Clark lui eut demandé sa démission, il réunit tout son personnel : il avait la voix brisée et les larmes coulaient le long de ses joues. Deux jours après la victoire de Trudeau en 1980, les sous-ministres entendirent de nouveau une voix bien connue ; une quinzaine de jours plus tard, Pitfield était officiellement de retour. Celui qui réapparut était différent : à Harvard, où il s'était exilé, il avait appris qu'il pouvait réellement fonctionner hors de la matrice de la fonction publique et, pour la première fois de sa vie, était empli de confiance en lui-même.

Ce qu'il y a d'ironique dans la carrière de Pitfield — il n'a que quarante-trois ans —, c'est que, malgré son profond attachement pour la fonction publique, il lui a fait beaucoup de tort. Les changements administratifs qu'il y a apportés entre 1968 et 1972 — de nouveaux ministères superflus comme les Affaires urbaines et celui des Sciences et de la Technologie — se sont tous avérés désastreux. Pendant son mandat comme greffier du Conseil privé, le gouvernement « a perdu le contrôle » de ses dépenses, comme l'a relevé le Vérificateur général ; la fonction publique a été envahie par un profond « malaise », comme le dira l'un de ses commissaires, et la population a acquis la conviction que personne, à Ottawa, n'avait la moindre idée de ce qu'il pouvait bien y faire.

Mais le plus néfaste de tous ses actes demeure la politisation de l'administration amorcée, tacitement tout au moins, par son prédécesseur Gordon Robertson qui, après avoir été promu secrétaire des Relations fédérales-provinciales, avait conservé la responsabilité de nommer les hauts fonctionnaires. Durant tout le règne Pitfield-Robertson, il était devenu impossible d'établir la plus légère distinction entre la haute administration et le parti libéral. Les adjoints de Trudeau avaient envahi les postes les plus élevés, et vice versa ; ainsi, un sous-ministre, Jack Austin, était devenu le chef de cabinet de Trudeau. Les libéraux pouvaient s'approprier à peu près n'importe quelle charge qu'ils convoitaient — le cas de l'ex-ministre Bryce Mackasey,

devenu président d'Air Canada, en est l'exemple le plus criant —
et ils l'ont fait à un degré inégalé depuis l'institution de la
promotion au mérite dans la fonction publique, en 1918.

Pitfield avait lui-même lancé le mouvement. Son amitié
avec Trudeau était une chose. Son allégeance partisane en était
une autre. Mais Robert Andras, un ministre-clé, se souvient du
jour où Pitfield lui a remis l'avant-projet du programme électoral des libéraux, en 1972, alors que lui-même était le président
de la campagne. Keith Davey n'a pas oublié comment Pitfield
s'est opposé à l'engagement de Martin Goldfarb comme sondeur officiel des libéraux, en 1973, parce que ce dernier avait
déjà publié un article dans une revue où il expliquait comment
Trudeau pourrait être battu. Du haut en bas de l'échelle, les
fonctionnaires prenaient exemple sur Pitfield: il était parfaitement admis de contourner les règles, du moment qu'on ne se
faisait pas prendre. Pendant ce temps, les ministres, eux, prenaient exemple sur Trudeau: il était parfaitement admis de
réserver les postes les plus prestigieux aux libéraux (Bill
Teron à la Société centrale d'hypothèques et de logement,
Pierre Juneau à la Commission de la capitale nationale, puis au
Secrétariat d'État), du moment que les élections étaient suffisamment éloignées pour que les électeurs aient le temps de
l'oublier.

Tout comme Widmerpool, dans la saga de Powell, émerge
à la fin comme le plus mémorable des personnages, Pitfield
laissera, à sa manière, un souvenir aussi inoubliable que Trudeau. S'il est aussi compliqué, il est également moins retenu,
plus humain* en dépit de sa nature impitoyable, et essentiellement plus créatif. La réalisation la plus marquante de Pitfield
est d'avoir modernisé le Conseil privé et d'en avoir fait, malgré
toutes ses lacunes, un organisme particulièrement efficace qui
est devenu le système nerveux du gouvernement tout entier.
« Le Conseil privé, dit un collègue, c'est la Chapelle Sixtine de
Michael. »

*
* *

Lors du mariage de Pitfield, Marc Lalonde était son garçon

---

* *Dans le plus pur style widmerpoolien, Pitfield est un partisan inconditionnel du
secret d'État, quoiqu'il fasse parfois preuve d'une certaine maladresse: un jour, il
envoya une carte postale à un collègue pour le remercier de lui avoir fait parvenir
des documents et y inscrivit, en gros caractères, la mention: CONFIDENTIEL.*

d'honneur. Mais Lalonde n'a pas du tout les mêmes origines. C'est un paysan, tout d'abord, et fier de l'être. Sa famille possède une ferme à l'île Perrot, dans l'ouest de Montréal, depuis neuf générations. Il est le premier Lalonde à avoir été à l'université (d'abord à Montréal, puis à Oxford). Qu'il s'agisse de son comportement ou de ses habitudes vestimentaires (il préfère un coupe-vent sport au complet veston), Lalonde n'a strictement rien d'un individu prétentieux. Il est aussi légèrement puritain ; d'après un ami, il envie et désapprouve tout à la fois le style de vie de Trudeau. Ce penchant à la critique ainsi que la différence de classes expliquent peut-être pourquoi Lalonde, contrairement à Pitfield, contrairement à Pelletier, n'est pas un intime de Trudeau. Durant les quatre années où il a été son principal conseiller politique, il a rarement été invité au lac Harrington ou au 24 Sussex. L'une de leurs rares rencontres sans formalité s'est soldée par un désastre. Au cours d'un congrès qui se tenait à Banff, Lalonde et sa femme Claire — qui est d'une constitution fragile et qu'il aime par-dessus tout — étaient partis avec Trudeau faire une promenade à cheval. Vite fatiguée, Claire Lalonde avait mis pied à terre, imitée par son mari. Finalement, après avoir impatiemment attendu quelques minutes, Trudeau, qui n'avait pas caché ses talents de cavalier, était parti au petit galop, suivi d'un agent de la G.R.C. inquiet pour sa sécurité. Les Lalonde avaient ramené à pied leurs chevaux à l'écurie.

Contrairement à Pitfield et à presque tous les autres conseillers, Lalonde ne craint pas Trudeau — ce qui n'a pas manqué d'élargir le fossé entre eux. Il leur est arrivé plus d'une fois de se quereller. Ils peuvent le faire et travailler quand même étroitement parce que, sur le plan idéologique, ils sont des clones dès qu'il s'agit du fédéralisme, de voir dans le Québec une province comme les autres, du bilinguisme, de la rationalité. En 1969, Lalonde a défini les buts du gouvernement en des termes que Trudeau n'aurait pas reniés : « Appliquer la raison aux vastes problèmes sociaux et économiques. »

Lalonde est aussi, comme le remarquait le député québécois Serge Joyal, « la dimension que Trudeau n'aime pas être », son homme de main. Il a le physique d'un Robespierre : un nez aquilin, un long front dénudé, une expression d'une implacable sévérité, sauf quand elle s'épanouit en un large sourire qui lui donne l'air d'un petit garçon. Quand il était chef de cabinet de Trudeau, c'était Lalonde qui engageait et qui renvoyait en son nom, qui décidait rigidement qui pouvait ou non l'approcher, qui transmettait ses ordres aux fonctionnaires et remettait les ministres à leur place. Plus tard, devenu chef de l'aile parlementaire québécoise, il a imposé aux députés d'arrière-banc de se ranger sans restriction derrière leur chef, du moins jusqu'en 1979 alors que, libérés de sa férule puisqu'ils étaient dans l'Opposition, ceux du Québec se sont rebellés et ont revendiqué leur indépendance.

Intellectuellement, Lalonde est l'égal de Trudeau et, physiquement, il est plus résistant. Dans son cas, une énigme demeure, qu'on n'a jamais pu résoudre: comment un homme aussi brillant peut-il se comporter si stupidement aussi souvent? Lalonde est un humanitaire qui, pendant qu'il détenait le portefeuille de la Santé nationale et du Bien-Être social, a réussi à faire accepter la seule augmentation d'importance dans les dépenses sociales de tout le règne de Trudeau. Peu de ministres ont une vision plus compatissante des problèmes des défavorisés: une fois, il a étonné un cadre en se demandant si le problème avec les groupes militants indiens ne viendrait pas du fait qu'ils ne sont justement pas assez militants et ne peuvent donc mettre le gouvernement au pied du mur quand ils lui adressent des revendications. Cela ne l'empêche pas de se montrer d'une insensibilité brutale. Comme ministre des Relations fédérales-provinciales, il ne se gênait pas pour raconter des «blagues de *Newfies*» aux journalistes. Informé, à titre de ministre de la Santé, qu'on avait trouvé des excréments d'animaux dans la viande hachée, il avait rétorqué: «Faites-les frire.»

On dirait qu'un côté du cerveau de Lalonde, son côté réceptif, est atrophié. En règle générale, il est le plus souvent courtois et naïf, au point qu'il est presque le seul du tout-Ottawa officiel à fournir des informations «publiables» aux journalistes. Mais, dès l'instant où quelqu'un émet devant lui une opinion qu'il juge non fondée, il se referme, inébranlable comme le roc, mauvais comme la gale. Il a refusé d'écouter des membres du parti qui, pendant le mandat 1968-1972, voulaient le prévenir qu'il était en train de couper Trudeau de la population. Il a refusé d'écouter des aides qui le suppliaient de ne pas se rendre en Israël à bord d'un des avions à réaction de Seagram, convaincu que la noblesse de ses sentiments le mettait au-dessus de tout soupçon. Il a refusé d'écouter les plus jeunes des députés québécois qui voulaient l'amener à reconnaître que, depuis le milieu des années 70, le nationalisme québécois avait une tendance socio-démocrate.

Pour Lalonde, rien de ce que peuvent dire les nationalistes québécois n'est fondé. «La nostalgie de la sécurité tribale», a-t-il l'habitude de répliquer. Aussi son hostilité s'est-elle accrue. Encore plus que Trudeau, il a déclaré la guerre sainte aux séparatistes. Par exemple, Kierans avait confié le soin d'étudier diverses politiques à un groupe d'économistes, dont Jacques Parizeau, un haut fonctionnaire québécois, fortement soupçonné d'être un séparatiste. Hors de lui, Lalonde avait violemment attaqué Kierans qui lui avait rétorqué que, de tous les économistes, «Parizeau est le meilleur, et de loin». Cet incident coupa les derniers liens entre Ottawa et Parizeau.

Abstraction faite d'erreurs de ce genre, Lalonde a servi Trudeau comme personne d'autre n'aurait pu le faire; il s'est montré d'une loyauté sans faille, infatigable, courageux, si sûr de lui qu'il n'a jamais éprouvé le besoin de faire sa marque, de devenir son propre homme au lieu de se contenter d'être celui de Trudeau. En 1979, il a suivi celui-ci hors de la politique. C'est seulement après l'élection de 1980 que Lalonde, grâce à son Programme énergétique national, s'est mérité une petite place dans l'histoire, distincte de celle qu'y occupera Trudeau.

*

*   *

Aucun des Initiés du Supergroupe n'était aussi «super» que Pitfield et Lalonde. Nous avons déjà parlé de Pelletier et de Marchand qui faisaient partie du noyau initial, il nous reste donc à voir les trois derniers: Gordon Robertson, Ivan Head et Jim Davey.

GORDON ROBERTSON: Grand, anguleux, grisonnant, imposant. Il était la quintessence du mandarin outaouais. D'ailleurs, il se comportait comme tel, allant jusqu'à utiliser ces anciens stylographes et une encre turquoise pour annoter les rapports*. Robertson *incarnait* le mandarin type. Entré aux Affaires extérieures en 1941, il était devenu sous-ministre des Affaires du Nord à trente-six ans, greffier du Conseil privé en 1969 et secrétaire des Relations fédérales-provinciales en 1975. Quand il a quitté la fonction publique le 31 décembre 1979, plus

---

* *Pitfield, que sa prudence incitait à singer ses supérieurs dans les moindres détails, travaillait toujours à son bureau le samedi matin, comme Robertson, et se servait lui aussi d'un stylographe, à cette différence près que l'encre qu'il employait était brune.*

personne, au gouvernement, ne se souvenait du plus légendaire de tous les mandarins, O.D. Skelton.

L'influence de Robertson sur Trudeau dérivait, en grande partie, de son immense expérience. Trudeau, qui traitait avec considération, presque avec déférence, des ministres pearsoniens appartenant à la «vieille garde» comme Bud Drury et Mitchell Sharp, agissait de même avec Robertson. Alors qu'il faisait preuve de conservatisme et d'un manque assez remarquable d'imagination pour tout ce qui touchait aux questions politiques, Robertson jouissait d'un immense pouvoir parce qu'il était un génial «pompier» bureaucratique capable, à la moindre crise, d'exhumer de ses archives mentales une montagne de précédents et d'y puiser toute une gamme de solutions concrètes. Robertson était également passé maître dans l'exercice du corps à corps bureaucratique et était suffisamment perspicace pour reconnaître les flagorneurs. Soucieux de conserver son poste, il avait accepté — ce qu'aucun de ses prédécesseurs n'avait fait — qu'un subordonné, Pitfield en l'occurrence, pût avoir des contacts directs avec le Premier ministre. Qui plus est, en 1975, il aida Pitfield à lui succéder comme greffier du Conseil privé, à la demande de Trudeau, mais il demeura presque aussi puissant à son nouveau poste, celui de secrétaire des Relations fédérales-provinciales.

Robertson était aussi entêté que Trudeau. Ce qu'on a appelé le «fédéralisme rigide» est né, en grande partie, sous sa plume. Peu après la défaite de Trudeau en 1979, il démissionna sous prétexte qu'il lui était trop étroitement identifié. (Quand Trudeau revint en 1980, il revint aussi, mais, cette fois, à titre de conseiller.) Robertson accentua également la tendance qu'avait Trudeau de contrôler l'information. Chaque fois qu'un cadre du Conseil privé soumettait un rapport recommandant une plus large diffusion de l'information, Robertson en disposait en y apposant la mention SECRET. Fidèle au style des mandarins de la vieille école, il évitait de se faire remarquer, de telle sorte que bien peu, parmi les non-initiés, avaient conscience de son influence sur Trudeau. Mais en ce jour de décembre 1979 où Trudeau décida qu'il reprendrait la direction du parti libéral, ils déjeunèrent ensemble au Château Laurier Grill.

IVAN HEAD: C'est Peter Newman qui en a fait la meilleure description. De 1968 à 1978, il se conduisit «comme un Henry Kissinger subarctique, toujours en train de sauter dans un avion pour les destinations les plus diverses au nom du Premier

ministre, coupant l'herbe sous les pieds des véritables responsables, menacés d'apoplexie». Ancien professeur de droit à
l'Université de l'Alberta, Head avait fait la connaissance de
Trudeau en 1967, au ministère de la Justice où il faisait partie
de son équipe de conseillers en matière constitutionnelle, et il
était demeuré à ses côtés par la suite, à titre d'attaché aux
Affaires internationales. Comme il avait eu l'occasion de rencontrer Kissinger à quelques reprises, il prenait bien soin que
nul ne l'ignore. Il avait beaucoup de prestance, énormément de
souplesse et était suffisamment athlétique pour avoir pu battre
Trudeau sur la piste de bobsleigh, lors de la course de Cresta.
Il était également ambitieux. Margaret, qui ne s'en est pas
cachée dans son autobiographie, le détestait.

Mais Head était un maître de la plume. Il est vrai que
la plupart des discours qu'il rédigea pour Trudeau étaient
pédants et prétentieux — «des monographies pour une revue
trimestrielle sur les affaires étrangères», disait un adjoint —,
mais quelques-uns étaient remarquables, entre autres, le discours que fit Trudeau à Mansion House, à Londres, en 1975.
Et Head avait deux autres qualités. Pas plus que Lalonde, il
n'avait peur de Trudeau: pendant une séance interminable,
dans le cadre d'une Conférence du Commonwealth, il saisit
par le bras Trudeau qui s'apprêtait à quitter la salle et le força
à se rasseoir. (Il est le seul, de mémoire d'homme, à avoir osé
faire fi du sacro-saint côté «intouchable» de Trudeau.) En
outre, il était doté d'un esprit original avec une touche d'idéalisme: c'était lui qui avait inspiré à Trudeau l'idée d'établir
un réseau d'amitiés personnelles avec les dirigeants du Tiers
monde et de devenir un interlocuteur privilégié dans les relations
Nord-Sud. Head démissionna pour devenir président du Centre
de recherches pour le développement international.
JIM DAVEY: Profond, idéaliste, doux et effacé; le seul membre du Supergroupe à ne pas être né au Canada. Physicien
sorti d'Oxford, Davey immigra à la fin des années 50 pour travailler sur le programme Avro Arrow, puis se joignit à un
bureau de consultants montréalais. Ce fut à ce moment-là qu'il
décida d'apprendre le français et commença à s'intéresser à la
politique, d'abord au sein d'un groupe de libéraux réunis autour
de Maurice Sauvé, plus tard comme organisateur en chef de
Trudeau à Montréal. En 1968, il devint le programmeur en chef
de Lalonde, c'est-à-dire le numéro deux.

La passion qui dévorait Davey concernait moins les programmes que la *programmation* des programmes et tout ce qui

en découlait. Il adorait des phrases du genre « structure conceptuelle multimodèle » ; dans l'attique du Bâtiment Est, surnommé la « salle des stratèges », il avait tapissé les murs d'organigrammes indiquant l'emploi du temps de Trudeau pour toute
une année ; mais, à son grand chagrin, les secrétaires oubliaient
tout le temps de déplacer les punaises. Entre 1968 et 1972,
Davey fut l'architecte de la tentative malheureuse de Trudeau
pour gouverner à la fois par la raison et par ordinateur ; ce fut
également lui qui élabora la stratégie désastreuse de la campagne électorale de 1972. Par la suite, il devint l'adjoint de
Marchand au ministère des Transports. Il mourut tragiquement,
en 1975, d'une chute faite alors qu'il réparait sa maison.

*
*   *

Après les Initiés, il y avait les Entre-Deux. Au début, ils
étaient une douzaine. Contrairement aux Initiés, aucun ne jouait
un rôle crucial. Pourtant, certains d'entre eux, de même que
leurs épouses, étaient plus proches de Trudeau que quelques-
uns des Initiés. Les quatre dont nous allons parler maintenant
furent ceux qui comptèrent le plus durant les premières
années.
TIM PORTEOUS : Avocat diplômé de McGill, coauteur de
My Fur Lady, un spectacle d'étudiants qui avait fait un malheur
dans les années 50, Porteous avait rencontré Trudeau en 1957
pendant un voyage au Nigeria effectué sous les auspices du
Service universitaire mondial ; l'un et l'autre s'étaient alors
découvert une prédilection commune pour l'aventure*. Porteous
et sa femme Wendy, elle-même un mandarin en pleine ascen-
sion, accompagnèrent souvent Trudeau pour des vacances
« sauvages ». D'abord comme rédacteur de discours, puis à titre
d'adjoint administratif, Porteous avait fait assez bonne impression parmi le cabinet de Trudeau, mais c'est surtout comme
directeur adjoint du Conseil des arts qu'il a pu donner toute sa
mesure.
GORDON GIBSON : L'un des premiers, à la fin de 1967, à avoir
imposé l'idée de Trudeau Premier ministre, Gibson fut aussi
l'un des premiers à quitter son poste, en 1971, pour se
lancer dans la politique provinciale en Colombie britannique.

---

* *Durant ce même voyage, Trudeau se lia également d'amitié avec Don Johnston,
l'actuel président du Conseil du Trésor, dont il fit son conseiller fiscal et qui fut
l'un des principaux artisans de son retour à la tête du parti libéral, en décembre 1979.*

Par la suite, il se présenta au fédéral et fut battu en 1979 et en 1980. Gibson était l'idéaliste de service au Conseil privé, où il rédigeait de longs mémoires. Mais, ce qui importait davantage, il était l'un des rares à pouvoir se faire écouter de Trudeau pour lui parler de l'Ouest. Durant les beaux jours de l'époque Camelot-North, c'étaient Gibson et sa femme Valérie qui donnaient les fêtes les plus courues.

FERNAND CADIEU: Personne, pas même Trudeau, ne savait exactement quel était le rôle de Cadieu. Mais tout le monde, y compris Trudeau, le craignait. Cadieu, qui mourut en 1976, était un personnage lugubre et sépulcral: c'était le McLuhan inédit du Québec, que presque personne ne comprenait, mais que tout le monde tenait pour un esprit profond. Il écrivit la plupart des déclarations de Trudeau durant la Crise d'Octobre, en 1970.

JEAN LEMOYNE: Relativement peu connu au Canada anglais, LeMoyne, un homme de lettres extrêmement cultivé, est peut-être l'essayiste le plus brillant que le Québec ait produit. Durant son mandat comme rédacteur de discours (1969-1978), Trudeau acceptait souvent ses textes sans y changer une virgule. Le premier discours important que Trudeau fit au Québec après la victoire du parti québécois, le 15 novembre 1976, était, en fait, du LeMoyne intégral.

*

*   *

Restent les Profanes. Ils travaillaient simplement pour Trudeau, soit dans le propre bureau de celui-ci, soit au Conseil privé, au bout du corridor. Tous les attachés de presse de Trudeau étaient des Profanes; aucun n'avait la plus petite influence sur la politique qui se faisait. En règle générale, les titres les plus ronflants signifiaient le moins. En 1972, un ministre défait de Toronto, Martin O'Connell, succéda à Lalonde comme premier secrétaire. Mais il était si intimidé par Trudeau qu'il communiquait avec lui presque uniquement par écrit. Son successeur, Jack Austin, était également un Profane, mais pour des raisons diamétralement opposées. Trudeau trouvait son style remuant et trépidant tellement épuisant que, en 1975, il le déplaça horizontalement en l'envoyant au Sénat et le remplaça par le dernier véritable Initié, Jim Coutts, sur qui nous reviendrons.

Ce qu'il faut retenir des hauts fonctionnaires attachés au bureau de Trudeau, c'est que, collectivement, ils avaient beaucoup plus d'importance à ses yeux que le cabinet. Plusieurs adjoints-clés changèrent le cours de la carrière politique de Trudeau. On peut compter sur les doigts de la main les ministres qui ont eu autant de poids : Pelletier, Marchand et Lalonde qui, en fait, tinrent tous un double rôle ; John Turner, son héritier présomptif, et Allan MacEachen qui, comme président de la Chambre, assura la survie de Trudeau durant son mandat minoritaire de 1973-1974 et qui, quelques années plus tard, lui permit de redevenir Premier ministre en préparant, en 1979, la défaite du gouvernement Clark. Tous les autres ministres occupaient le même rang que les Profanes du Supergroupe : ils arrivaient, faisaient leur travail et s'en allaient. Jamais autant de politiciens n'ont compté si peu pendant si longtemps.

Quelques ministres firent tout de même leur marque dans leurs propres domaines : Donald Macdonald à l'Énergie, de 1972 à 1975 ; Otto Lang, à la Commission canadienne du blé plutôt que comme ministre de la Justice ou des Transports ; Roméo LeBlanc aux Pêcheries ; Jean Chrétien, aux Affaires indiennes et du Nord, alors qu'il créa dix nouveaux parcs nationaux, dont le premier ouvert au Québec, puis comme organisateur en chef de la campagne fédérale durant le référendum québécois de 1980 ; Bryce Mackasey pour sa réforme de l'assurance-chômage ; Bob Andras pour ses réformes des réformes Mackasey ; Barney Danson pour son programme Katimavik davantage que comme ministre de la Défense. Sans compter les membres du Supergroupe à l'époque où ils détenaient également un portefeuille : Lalonde, pour ses largesses, durant ses premières années à la Santé nationale et au Bien-Être social, et Pelletier, au Secrétariat d'État, pour ses politiques sur la jeunesse, le bilinguisme ainsi que la « démocratisation et la décentralisation » des arts.

C'était à peu près tout. Quant aux autres, la machine gouvernementale continuait, après leur départ, de tourner exactement comme elle le faisait avant leur arrivée. Exception faite du départ crucial de Turner, les ministres qui résilièrent leurs fonctions — Hellyer et Kierans durant la période 1968-1972, Mackasey, James Richardson, puis Macdonald — disparurent rapidement au fond des oubliettes politiques. Par la suite, quand ils parlaient de leur mandat et des raisons qui les avaient poussés à y mettre fin, ces hommes ne pouvaient dissimuler leur mélancolie. Ils étaient tristes parce que, d'une façon ou d'une autre, ils avaient échoué, parce que, d'une façon ou d'une autre, ils s'étaient fait rouler par Trudeau; et ils étaient encore plus tristes de ne pas être regrettés.

C'est Kierans qui a le mieux décrit comment se sent un ministre aux prises avec le Supergroupe: «C'était comme une procession. Quand le pape quitte l'autel, à Saint-Pierre, et descend la nef, tout ce qu'on sait, c'est qu'il va se rendre à l'autre extrémité. On aura beau discuter tant qu'on voudra, la procession n'en continuera pas moins de défiler.»

Les membres du Supergroupe feignent d'être blessés par ce genre d'accusation. Gordon Robertson, qui a servi cinq Premiers ministres depuis Mackenzie King, disait: «Trudeau était probablement le plus apte à se laisser guider par des consensus et le moins porté à imposer ses propres idées.» Il est vrai que Trudeau a parfois permis à ses ministres d'adopter des politiques qu'il désapprouvait — les réductions d'impôt de Turner, par exemple. Néanmoins, personne ne peut citer une seule fois où le cabinet aurait unanimement soutenu un point de vue contraire à celui de Trudeau. Celui-ci excelle dans l'art typiquement jésuitique de la persuasion qui ne consiste pas à vendre ses opinions, mais à les présenter enveloppées dans le voile de la rationalité, de telle sorte que les autres parviennent tout seuls aux mêmes conclusions, rationnellement bien entendu. Presque tous les ministres de Trudeau étaient intimidés par lui et modifiaient leurs arguments pour les mouler sur son style.

«Nous étions hypnotisés, raconte Robert Andras à propos des premières années. Son intelligence était si extraordinaire et sa personnalité politique si imposante.» Souvent, les ministres se sentaient comme des écoliers en face d'un directeur particulièrement sévère. En 1971, par exemple, quand John Munro déposa devant le cabinet l'avant-projet de son Programme de soutien du revenu familial, Trudeau interrompit ses explications pour souligner que le document — qu'il avait étudié à fond, comme d'habitude — contenait ici une prémisse erronée, là un illogisme, là encore une statistique employée à mauvais escient. Finalement, il coupa court à la discussion en disant à Munro: «Remportez-moi tout ça et refaites votre devoir correctement.» Les collègues de Munro lui remontèrent le moral en lui faisant remarquer, avec raison d'ailleurs, que les remontrances de Trudeau n'avaient rien de personnel; il pouvait tout aussi bien critiquer devant tout le cabinet un Initié comme Pelletier, par exemple, qu'un simple fantassin comme Munro.

De toute façon, le degré de préparation n'y changeait rien puisque à peine quelques ministres osaient lui tenir tête: Drury, Kierans et Sharp durant les premières années; Lang, dont la vivacité intellectuelle égalait celle de Trudeau; plus tard, Lalonde et LeBlanc, puis Jeanne Sauvé dont les lettres de créance valaient bien celles de Trudeau, dans Outremont; et, enfin, le ministre des Affaires des anciens combattants, Dan MacDonald, un fermier de l'Île-du-Prince-Édouard, héros de guerre gravement mutilé, pour qui Trudeau avait un certain faible.

$$*$$
$$*\qquad*$$

À dire vrai, les ministres n'avaient d'autre choix que de se conformer au modèle imposé par Trudeau ou d'y laisser des plumes. Dans une certaine mesure, ce modèle reposait sur le principe du consensus dont parlait Robertson. Au lieu d'être simplement responsables de leurs portefeuilles respectifs, les ministres se retrouvaient, du fait de la «collégialité», liés collectivement par tout ce que faisait le gouvernement, ce qui les obligeait à étudier minutieusement les projets de tous et chacun. Il en résultait des discussions interminables et, pour être certains de voir leurs projets appuyés par les autres, les ministres consentaient à d'incessantes alliances «à charge de revanche». «Cela renforçait les faibles, dit Turner et frustrait les forts.» En fin de compte, tous les ministres, quelle que fût leur attitude, y perdirent leur individualité. Ils étaient devenus remplaçables, comme les pièces d'une machine qu'on peut jeter après usage. «Les réunions du cabinet se prolongeaient pendant des heures et des heures et, au bout d'un moment, j'ai fini par y aller le moins souvent possible», admet Hugh Faulkner.

Turner fut le seul ministre capable de conserver son indépendance. Il avait sa propre personnalité quasi charismatique et son fameux fichier des militants libéraux, le Club 195. Au fond de lui, il refusait de jouer le jeu selon les règles établies par Trudeau. Il n'assistait aux réunions du cabinet que lorsqu'il avait un point d'inscrit à l'ordre du jour et, dès que celui-ci avait été débattu, il prétextait un rendez-vous urgent et disparaissait. Cette attitude faisait l'admiration de Trudeau: «J'ai souvent soupçonné que les rendez-vous de Turner sont, en réalité, des matchs de tennis, mais il arrive à s'en tirer avec ça», confia-t-il, une fois, à un autre ministre.

L'autre composante du modèle résultait directement de la personnalité même de Trudeau. Il était entré en fonction bien déterminé à demeurer ce qu'il est, un rationaliste. Durant son mandat 1968-1972 et, ensuite, par intermittence, la rationalité constituait le cadre et la camisole de force qui entouraient les débats du cabinet. La solution à chaque problème ne devait pas être la plus pratique, mais la seule *bonne*.

Quelques ministres — Lang, Sharp, Lalonde, Faulkner — étaient des cérébraux, contents de mettre leurs capacités verbales et intellectuelles à l'épreuve. Mais, sauf exception, tous les autres ministres étaient d'abord et avant tout des politiciens et seulement ensuite des intellectuels — si tant est, d'ailleurs, qu'ils le fussent. Leur force résidait dans leur habileté à évaluer l'humeur du public, du Parlement, de la presse, et à mettre dans le mille un nombre respectable de fois quand ils affirmaient: «Cette solution va marcher, je le sens.» Ainsi, sans même s'en rendre compte, Trudeau émascula la plupart de ses ministres.

Si l'on pouvait difficilement taxer les ministres d'intellectuels, les mandarins, eux, l'étaient presque toujours. De nouveau, sans s'en rendre compte, Trudeau bureaucratisa le cabinet. Pour mieux lubrifier les mécanismes du consensus, il institua huit comités dits du cabinet qui devaient permettre aux ministres de scruter à la loupe les projets de leurs collègues*, et où ils pouvaient se faire accompagner de leurs hauts fonctionnaires en qualité d'experts. (Robertson, lui, interdisait aux ministres d'amener leurs conseillers politiques aux réunions de ces comités.) Ainsi, les bureaucrates envahirent le cours du processus décisionnel et acquirent une influence démesurée parce que — *Monsieur le Ministre, puis-je suggérer...* — ils savaient si bien se montrer déférents.

Il y eut bien, les premières années, quelques ministres comme Hellyer et Kierans pour tenter de lutter contre le système, mais ils furent évincés. Les autres s'y intégrèrent et perdirent leur identité. Dans les deux dernières années qui

---

* *En fait, c'était Pearson qui avait conçu ce système, au début de 1968; ce fut l'un de ses tout derniers gestes comme Premier ministre.*

précédèrent la défaite de Trudeau en 1979, de plus en plus de ministres commencèrent à se plaindre de l'influence exagérée de ses propres conseillers, en particulier de Pitfield et de Coutts. Mais il était déjà trop tard. Dans les faits, le cabinet avait cessé d'exister, ainsi que Trudeau en fit la démonstration en 1978, lorsqu'il changea toute la politique de dépenses du gouvernement sans même se donner la peine de consulter ses ministres. Une fois dans l'Opposition, Trudeau « se repentit » et ses parlementaires purent reprendre du poil de la bête. Cela ne l'empêcha pourtant pas d'imposer, comme condition de son retour à la tête du parti en décembre 1979, de garder Coutts à titre de chef de cabinet ; et, tout de suite après, Pitfield réapparut.

*
*   *

« Rien ne rapproche autant que la proximité », disait George Ball, l'ancien sous-secrétaire d'État américain. Dans le Bâtiment Est, puis dans l'Édifice Langevin, les membres du Supergroupe se rapprochèrent de Trudeau en s'installant dans les bureaux qui longeaient le couloir voisin du sien ou, comme Pitfield, juste au-dessus. (Tous les matins à neuf heures, Trudeau rencontrait les quatre plus importants d'entre eux.) Ils rédigeaient des notes et des résumés, et conservaient comme des reliques ses remarques approbatrices (habituellement un simple crochet, un passage souligné ou encore un point d'interrogation). Durant les campagnes électorales qui sont l'occasion pour tous les leaders de forger des liens plus étroits avec ceux qui les entourent, Trudeau se faisait accompagner de tous ses adjoints politiques. Par opposition aux rôles joués par Walter Gordon, disons, durant les campagnes de Pearson, ou par Gordon Churchill durant celles de Diefenbaker, les ministres furent complètement tenus à l'écart de tout ce que Trudeau pouvait dire ou faire sur les estrades, et ce, jusqu'en 1980. Turner, par exemple, apprit dans les journaux l'ensemble des propositions de Trudeau sur les dépenses de 1974, même si, comme ministre des Finances, il allait en avoir la responsabilité.

Si les adjoints de Trudeau purent jouir d'un tel pouvoir durant le mandat 1968-1972, c'était parce que la majorité d'entre eux étaient sa copie conforme : la plupart étaient des cérébraux ; tous étaient parfaitement bilingues ; beaucoup étaient riches ; un nombre disproportionné d'entre eux venaient de Montréal ;

pas plus que Trudeau, aucun n'avait jamais mordu la poussière ; ils avaient la même tournure d'esprit. Tous les Initiés — Lalonde, Davey, Pitfield, Robertson, Head — étaient des rationalistes cérébraux. Ils étaient des acolytes rassemblés autour d'un grand-prêtre ; en sa présence, ils n'osaient même pas fumer*.

Vers le milieu de 1969, l'expert en politique Denis Smith écrivit un article où il disait que Trudeau « (semblait) avoir créé au Canada un système présidentiel sans aucun de ses avantages ». Transformée en « Premier ministre impérial », la phrase de Smith fit sensation. Par la suite, Trudeau dut, à de nombreuses reprises, réfuter — ou, pour mieux dire, écarter — l'accusation d'avoir remplacé le Parlement et la monarchie par un système présidentiel.

C'était pourtant ce qu'il avait fait. Le pouvoir parlementaire avait presque disparu, non pas à la suite d'un complot tortueux, mais du seul fait de sa propre personnalité. (Jusqu'à ce que les débats en Chambre soient télévisés, c'est-à-dire à partir de 1978, Trudeau fit presque tous ses discours les plus importants à l'extérieur des Communes.)

La notion de « leader plébiscitaire », implicite dans ses écrits, devint réalité dès qu'il prit le pouvoir. Le parti libéral, par exemple, cessa complètement de fonctionner entre 1968 et 1972. Trudeau ne rencontra jamais John Nichol, le président du parti. Quant à la responsabilité de recueillir des renseignements, traditionnellement dévolue au parti et aux députés d'arrière-banc, elle fut usurpée par les nouveaux « bureaux régionaux » instaurés au sein de son propre cabinet. Comme l'a décrit son ancien adjoint Tom d'Aquino, dans *Canadian Public Administration* : « Les normes et les politiques fondées sur la valeur étaient élaborées dans un contexte où les politiques de courtage avaient toujours eu droit de cité. » Des politiques rationnelles, plutôt que politiques et humaines, autrement dit des politiques. Enfin, comme tous les leaders charismatiques, même les plus rationnels, Trudeau était convaincu d'être en contact direct avec la population. « Il peut passer par-dessus vous chaque fois qu'il en a envie, simplement en passant par la télévision », dit, un jour, un adjoint de Trudeau

---

* *Cette règle tacite mais inflexible fut enfin brisée en 1979 par Arnie Patterson, un propriétaire d'une station de radio de Darmouth, en Nouvelle-Écosse, homme à l'esprit sociable, qui fuma comme une cheminée sans s'en faire le moindrement, durant les trois mois qu'il passa à Ottawa comme conseiller temporaire en communications.*

à un groupe de reporters de la Galerie de la presse. Ceux-ci se sentirent insultés parce qu'ils savaient que l'adjoint avait raison.

Pareil changement était partiellement inévitable. John F. Kennedy avait rendu séduisant le rôle de leader et la télévision, qui ne peut présenter qu'une seule personne à la fois sur l'écran, l'a magnifié. En outre, Trudeau accéléra le rythme du changement. Le caricaturiste du *Toronto Star*, Duncan Macpherson, qui avait eu du mal à fixer Trudeau comme président gaulois subarctique, mit enfin dans le mille quand il le dessina en Louis XIV et, une autre fois, en Marie-Antoinette après qu'il eut dit aux employés limogés du service postal de « manger d'la marde ».

*

*   *

L'aphorisme « la fonction fait l'homme » est à double sens. La fonction peut augmenter le prestige du titulaire ou le diminuer. Dès le début, Trudeau a prouvé qu'il avait compris comment utiliser sa charge pour paraître plus grand qu'il ne l'est en réalité. Un observateur astucieux de la scène outaouaise estime que si Trudeau a toujours eu plus confiance en ses hauts fonctionnaires qu'en ses ministres, c'est parce qu'il « sait qu'ils dépendent de lui ». Tous les ministres, même les plus soumis et les plus effacés, relèvent de leur électorat et, par conséquent, sont plus ou moins en compétition avec Trudeau. Par contre, son personnel n'a qu'un seul maître — lui — et aucun disciple. C'est pourquoi Pitfield et Coutts ont cessé d'exister dès l'instant où Trudeau a cessé d'être Premier ministre ; et, quand il est revenu, ils ont été réinventés.

Ce que Trudeau a beaucoup moins compris, c'est comment sa fonction en est arrivée à le diminuer, comment les hommes distants qui l'entourent ont renforcé sa tendance à se montrer distant. Tous lui disent exactement ce qu'il veut entendre : sur l'efficacité de la rationalité comme moyen de résoudre les problèmes politiques ; sur la certitude qu'un « dialogue avec les Canadiens » permettrait de remporter l'élection de 1972. Ils ont rédigé le genre de discours qu'il voulait prononcer, convenant, tout au mieux, à un auditoire de pairs intellectuels et, au pire, prétentieux et creux comme « la richesse matérielle n'est pas essentielle à la dignité humaine. Mais le respect de soi l'est. Et le respect de soi découle de l'espoir et de la foi en l'avenir. »

S'ils l'ont isolé, toutefois, c'est en partie parce que Trudeau a voulu qu'il en soit ainsi. Son incapacité à demander aux gens de l'aider, qu'il s'agisse de travailler pour lui ou de se charger d'une tâche particulière, est devenue partie intégrante de sa mystique, au même titre que ses manières *farouches*. Pourtant, avant de devenir Premier ministre, Trudeau avait demandé de l'aide à plusieurs reprises. Il avait prié Head de rester avec lui; comme ministre de la Justice, il avait fait la même proposition à Jerry Grafstein qui avait quitté le bureau de Turner pour retourner à la pratique du droit, à Toronto. Mais, après 1968, certains membres de son cabinet, en particulier Pitfield, ont trouvé le moyen d'exploiter le goût de Trudeau pour une gestion du personnel sans la moindre faille, en prenant à leur compte les modalités d'embauche et de renvoi. Ce faisant, et en aucun cas par coïncidence, ils se sont arrangés pour être les seuls à pouvoir l'approcher. À plusieurs reprises, entre 1968 et 1972, pendant le trajet entre le parlement et le 24 Sussex, la limousine de Trudeau a dépassé une haute personnalité. Comme il s'agissait d'un de ses amis, Trudeau a demandé chaque fois au chauffeur de s'arrêter pour bavarder passionnément avec lui pendant quelques minutes, concluant: « Cela m'a fait tellement plaisir. Nous devons à tout prix trouver le moyen de nous rencontrer. Je vous téléphonerai dès que j'aurai un moment. » Trudeau, qui n'a aucun penchant pour les mondanités, n'a jamais téléphoné. Quand ils se rencontraient la fois suivante, il expliquait presque tristement que son agenda était toujours rempli. Un autre exemple a pris une tournure plus dramatique. Toutes les tensions entre Trudeau et Turner ont pris naissance non pas à cause du premier, mais bien à la suite des manœuvres de son personnel et plus particulièrement de Lalonde, furieux de ce qu'il considérait comme de la « mollesse » de la part de Turner à l'endroit du bilinguisme. Par la suite, le personnel de Trudeau autant que celui de Turner ont fait en sorte d'élargir le fossé entre les deux hommes.

Les fonctionnaires qui entouraient Trudeau — une dictature de bonnes intentions — ont probablement été les plus aptes à servir un Premier ministre canadien, quel qu'il soit. Ils pouvaient résorber les crises avec brio — on l'a vu pendant octobre 1970. Ils pouvaient se livrer à des exercices hautement intellectuels en vue de résoudre les problèmes — mettre le doigt sur les tares de notre participation militaire à l'OTAN, par exemple. Ils faisaient preuve, dans tous les domaines, d'une totale efficacité : on répondait sans perdre de temps au courrier de Trudeau ; il n'a jamais perdu ses valises.

Pourtant, en fin de compte, d'abord entre 1968 et 1972 puis, pour des raisons différentes, durant le second mandat majoritaire de 1974-1979, le personnel de Trudeau s'est révélé plus destructeur, sur le plan politique, qu'aucun groupe de conseillers qui ait jamais entouré un Premier ministre. Il l'a isolé des Canadiens. Sauf peut-être dans le cas de Coutts qui, lui, contemplait sombrement la nature humaine « à travers le miroir », aucun de ceux qui ont composé l'entourage immédiat de Trudeau n'a dépassé une compréhension marginale du pays ou des gens qui l'habitent. Ils étaient des technocrates, ce que la plupart des Canadiens ne sont pas. Ils étaient intelligents, leurs entreprises étaient couronnées de succès, ils avaient confiance en eux, ce qui est le cas de très peu de Canadiens. Ils voyaient le Canada comme l'arrière-pays d'Ottawa alors qu'une bonne part des Canadiens considèrent la capitale comme un cachot. Soucieux de leurs intérêts personnels, ils ont servi un Roi-Soleil au lieu de dire au Roi — ce qui aurait été le servir véritablement — qu'il était simplement un Premier ministre.

Le principal défaut du concept du « Premier ministre impérial » réside dans le fait qu'il n'est pas canadien. C'est un concept étranger, non parce qu'il menace la Reine ou le Parlement, mais parce qu'il n'a aucun rapport avec la mentalité du pays. La quintessence du Canada, l'origine de sa force autant que d'une bonne partie de la confusion qui y règne, c'est qu'il s'agit d'une fédération pluraliste, régionalisée. Dans un tel pays, le pouvoir doit, par définition, être dispersé et décentralisé. La centralisation du pouvoir dans le bureau d'un leader, quel qu'il soit, va à l'encontre de la véritable nature du pays. Trudeau s'y est essayé. Dès que les Canadiens ont compris ce qu'il était en train de faire, ils l'ont mis dehors — enfin, *presque*.

Chapitre VI

Athènes-sur-Rideau

*«Et ainsi, pendant les quatre années du gouver-
nement majoritaire de Trudeau, la Colline parlementaire a été convertie en une Athènes miniature.
Quant au Conseil privé et au cabinet du Premier
ministre, ils étaient littéralement devenus le Lycée. »*
Larry Zolf
Dance of the Dialectic

Quand Trudeau s'installa pour la première fois au 24
Sussex, l'un de ses rares changements fut de suspendre dans
la cage de l'escalier — et ce serait la première chose qu'il
verrait le matin et la dernière le soir —, une bannière
portant une étrange devise : il s'agissait d'une courtepointe faite
pour lui par l'artiste Joyce Wieland qui y avait brodé la phrase
« La Raison avant la Passion. »

Cette devise était justement celle de Trudeau. Entre 1968
et 1972, il en fit le mot d'ordre de son gouvernement. En réalité,
c'était moins un mot d'ordre qu'un cri du cœur: des années
d'études et de réflexion solitaires résumées en une seule
phrase idéaliste et épigrammatique. Néanmoins, l'idée fit long
feu. Ainsi que Trudeau ne tarda pas à le constater, il est irrationnel de vouloir user de rationalité pour quelque chose d'aussi
irrationnel que la politique. « Ma foi en la politique, ma foi dans
le processus démocratique s'est quelque peu modifiée», dira-t-il
plus tard, après l'élection de 1972 où les Canadiens opposèrent
une fin de non-recevoir à la fois à lui-même et au rationalisme.
Comparativement à celui des conservateurs, le pourcentage du
vote en sa faveur fut alors plus faible qu'en 1979, lorsqu'il
perdit le pouvoir. Seuls sa bonne fortune électorale et les instincts tribaux de ses propres Québécois, qu'il condamnait avec
tant de virulence, lui évitèrent d'être ramené à la dimension
d'une brève note historique sur un Premier ministre au mandat
unique.

Cependant, cette obsession de Trudeau pour la raison, de 1968 à 1972, était une magnifique obsession. «C'était le *vrai* Trudeau, affirme Porteous qui fut à ses côtés durant cette période. C'était le genre de politique qu'il estimait possible dans une démocratie, et si elle s'avérait impossible, ce serait alors une véritable honte.»

L'Athènes, pour reprendre l'expression de Zolf, que Trudeau voulait bâtir devait reposer sur trois piliers: le fédéralisme pluraliste que nous verrons dans un autre chapitre; la planification rationnelle et la Démocratie de participation que nous allons aborder tout de suite. Commençons par la planification.

*
*　　*

En dépit de l'assurance qu'il affichait, Trudeau, au moment de son entrée en fonction, ne se faisait aucune illusion sur ses limites.

Il y avait, comme il le déclara dans son premier Discours inaugural, en septembre 1968, «de grands espoirs quant aux futures réalisations de ce Parlement». Pourtant, Trudeau savait qu'il ignorait tout du processus politique et à peu près tout de l'administration. Hors du Québec, il ne connaissait qu'une poignée de fonctionnaires fédéraux à Ottawa et quelques universitaires à Toronto. «Vous connaissez tellement de gens à qui vous pouvez téléphoner», dit-il une fois avec envie à Sharp, peu de temps après son accession au poste de Premier ministre. Il était terriblement intimidé par les mandarins, si coulants, si souples, si expérimentés. De Robertson et de Pitfield, il disait, impressionné: «Quand j'arrive le matin, ils ont préparé les réponses à des questions auxquelles je n'ai même pas pensé.» Le fait que les fédéralistes francophones qui l'entouraient étaient profondément conscients de leur faiblesse numérique et de leur vulnérabilité accentuait ce malaise: «Nous nous demandions toujours pendant combien de temps et dans quelle mesure le Canada anglais nous laisserait les coudées franches», se souvient un membre du groupe.

De temps en temps, Trudeau laissait percer son embarras. Au cours de l'automne de 1968, une femme avec qui il était en train de danser osa lui demander ce qu'il faisait exactement en qualité de Premier ministre. D'abord silencieux, Trudeau lui répondit presque tristement: «Pas grand-chose, en réalité. Je dis aux autres ce qu'il y a à faire et c'est eux qui ont le plaisir de s'en charger. »

Trudeau n'était certain de ce qu'il voulait entreprendre que sur quelques points seulement. Le bilinguisme, bien sûr, et l'accession des francophones aux postes-clés de la fonction publique. Il voulait aussi atténuer les disparités régionales, bien que Marchand, le ministre responsable, ait dit depuis que Trudeau lui a toujours affirmé qu'il était plus logique de déplacer les habitants des régions défavorisées vers les centres industriels. Enfin, il voulait repenser la politique extérieure et privilégier le « Canada d'abord » au lieu de jouer les dépanneurs de service, au niveau international.

S'il n'avait pas encore déterminé les buts à atteindre, en revanche Trudeau était on ne peut plus clair quant aux moyens à prendre. C'était par la raison plutôt que par « les sentiments seulement » et par « la technologie poussée et la recherche scientifique » qu'on arriverait à résoudre les problèmes. La démocratie de participation était le corollaire rationnel obligatoire de la planification rationnelle. Ensemble, ces forces devaient créer « l'État-serviteur », efficace mais sensible, scientifique mais humain.

Bien entendu, pour faire de la planification, il fallait des planificateurs. « Des gars nouveaux avec des idées nouvelles. »

*
* *

Les nouveaux gars aux nouvelles idées qui affluèrent à Ottawa, dans un esprit de joyeuse camaraderie — les « technocrates altruistes », selon une expression forgée à l'époque aux États-Unis —, avaient lu tous les bons auteurs qui avaient de bonnes idées: Toffler, Kahn, Roszak, Drucker, Marcuse, McLuhan, Bell, Reich. À l'instar de Trudeau, ils savaient que, pour tout problème, il existe une solution rationnelle. L'avenir n'était plus pénible et incertain, mais précis et programmé. Dans l'Ottawa de Trudeau, on le verrait à l'œuvre.

À l'époque, les citoyens prenaient le gouvernement au sérieux. La ville débordait d'énergie. Bientôt, elle foisonna d'analystes de politiques et de programmes; de sociologues, d'écologistes, d'économistes et de socio-économistes; d'experts en communications, d'experts en autochtones; d'experts en communications autochtones, en femmes autochtones... On les retrouvait partout: comme consultants, dans les groupes d'études, dans les nouveaux ministères aux noms séduisants — Affaires urbaines, Environnement, Communications —, à la division de la Citoyenneté au Secrétariat d'État et dans les comités de planification politique qui germaient dans tous les départements. Ils multipliaient les rapports, assistaient à d'innombrables séminaires, distribuaient des subventions à ceux qui mettaient sur pied des projets de développement communautaires ou qui se lançaient dans des expériences sur les communications ou la révolution politique. Les visiteurs étrangers n'en croyaient pas leurs yeux : n'importe quelle idée politique semblait acceptable et tout le monde paraissait déborder de confiance en soi. Vers 1970, Ottawa ne ressemblait plus à Camelot ou à Athènes, mais à un croisement entre la Business School de Harvard, Berkeley à l'époque de la liberté d'expression et une commune utopiste.

Les nouveaux « types » ne se contentèrent pas de grossir la fonction publique — une prolifération de titres ronflants et grassement rémunérés —, ils en changèrent la nature de fond en comble. L'« Homme d'Ottawa » de Christina Newman — ce mandarin skeltonien avec sa prédilection presbytérienne pour l'économie et sa volonté de rester dans l'ombre — donna naissance à ce que Sandra Gwyn appela, dans le *Saturday Night*, « les nouveaux citoyens d'Ottawa ». Les « nouveaux citoyens d'Ottawa » portaient des moustaches abondantes, des chemises au col ouvert et, le plus souvent, une chaîne autour du cou. Les « nouvelles citoyennes » d'Ottawa défiaient toutes les conventions en vigueur entre 1968 et 1972 en allant travailler en pantalons.

Les « nouveaux citoyens d'Ottawa » imposèrent leur style à la ville tout entière. Partout dans la capitale et à Hull, de l'autre côté de la rivière, des blocs de verre et d'acier hauts de vingt étages, ornés de massifs de philodendrons, remplacèrent les alcôves aux murs verts des tristes édifices de briques. En hiver, ils se rendaient au travail en patinant le long du canal Rideau ; en été, ils y allaient à bicyclette ou en faisant du jogging. Comme Trudeau avait refusé de s'inscrire au Club Rideau, aucun d'entre eux ne le fit ; ils déjeunaient plutôt dans les nouveaux cafés-terrasses, aux abords du Centre national des Arts et du Château Laurier qui venait d'être rénové. Ils retapaient de vieilles maisons victoriennes qui menaçaient ruine dans le quartier Nouvel-Édimbourg, faisaient leurs courses dans les nouvelles boutiques près du Marché Byward, inscrivaient leurs rejetons au Cours Claudel. Ils étaient, comme ils aimaient se le dire mutuellement, le groupe de fonctionnaires le plus intéressant et le plus créatif qui ait jamais été réuni où que ce soit.

Ils avaient raison — jusqu'à un certain point. L'Ottawa des années 1968-1972 était aussi une ville totalement dépourvue d'humour et qui n'avait qu'une emprise passablement précaire sur le bon sens. Malgré leur style de vie excitant, les « nouveaux citoyens d'Ottawa » étaient plus imbus de leur importance que le plus compassé des membres de l'ancien mandarinat n'aurait jamais rêvé de l'être. Quelques rares personnes qui avaient percé à jour ce jeu assidu de « l'auto-illusion » qui gagnait tous les secteurs remarquèrent la contradiction entre le fait d'être venu pour faire du bien et celui d'être resté pour faire son chemin ; mais elles se gardèrent d'en souffler mot parce qu'elles aussi prenaient part au jeu et qu'elles s'en tiraient fort bien. Incontestablement, les dernières personnes capables de déceler les signaux d'alarme d'une situation qui ne tarderait pas à échapper à tout contrôle étaient Trudeau et ceux qui travaillaient à ses côtés. Leurs yeux étaient fixés au loin, vers ce que Trudeau avait appelé « la révolution cybernétique ».

*

* *

En 1968, la planification rationnelle semblait l'une de ces idées dont la réalisation était attendue depuis longtemps. Déjà, en 1962, la Commission Glassco avait conclu : « Il faudra consacrer annuellement des dizaines de millions de dollars à la mise en œuvre de techniques de gestion modernes, scientifiques, et hautement développées. » L'Expo avait été bâtie dans les délais et de façon magnifique (même si on avait défoncé les budgets), selon un cheminement critique informatisé. Robert McNamara avait appliqué la « méthode des systèmes » avec succès chez Ford Motor et avec passablement moins de succès au Viêt-Nam. À la Business School de Harvard, on était très fort sur les systèmes.

Cette idée s'accompagnait automatiquement de tous les nouveaux accessoires rutilants, indispensables à des gestionnaires rationnels : ordinateurs, banques de données et systèmes de communications ultra-rapides ; organigrammes, tableaux à feuilles mobiles, diagrammes de PERT*, organigrammes déci-

---

* Programme Evaluation Review Techniques: *technique d'analyse suivie des programmes.*

sionnels ; nouvelles théologies économiques comme le R.C.B. (rationalisation des choix budgétaires) et le G.P.O. (gestion par objectifs) sans parler d'un nouveau jargon déconcertant : « interface », « principe de la réaction », « entrées », « sorties », « optimiser ».

C'était, finalement, une nouvelle religion intégrale, dotée de ses nouveaux prophètes. Ellul disait de la technologie qu'elle était « la métaphysique du vingtième siècle ». La « société post-industrielle », prévoyait Bell, serait fondamentalement différente (selon des modalités non spécifiées) de toutes les sociétés antérieures, plus primitives, plus sentimentales. Pour cette nouvelle société, Drucker avait réclamé « un type idéal de gestionnaire professionnel possédant un savoir technique poussé et de hautes qualités morales, capable d'agir et de penser ». Et les sciences sociales sont devenues une religion séculière.

Trudeau lui-même éleva les enjeux éthiques et moraux. Si le rationalisme échouait, la démagogie et le totalitarisme triompheraient, ne cessait-il de répéter. « Si le Parlement ne résout pas les questions, ne règle pas les problèmes suffisamment vite, (...) je crains que la population n'en arrive à la conclusion suivante : Le Parlement n'est pas suffisamment bon, cherchons un homme fort. » Et une autre fois, presque morbidement : « Quand les institutions législatives ne réussissent pas à se réformer, c'est au risque de leur propre destruction. »

Pendant quatre ans, la planification rationnelle se répandit à Ottawa de la même façon que la danse de Saint-Guy se répandait dans les villages médiévaux et, tout comme pour cette maladie, ceux qui, à Ottawa, dansaient la dialectique étaient convaincus qu'il fallait être *fou* pour ne pas danser. Exception faite de Trudeau, les principaux chorégraphes étaient Jim Davey, attaché à son cabinet, et Al Johnson, secrétaire du Conseil du Trésor, un réfugié de la Saskatchewan socialiste, qui poussait et tirait tous les ministères dans le lit de Procuste du R.C.B. et du G.P.O. (Si l'on exclut de vagues principes du genre « bien faire » et « tâcher de faire mieux », aucun ministère n'avait pris la peine de se fixer de véritables objectifs en matière de gestion. Néanmoins, tous s'inventaient gravement des objectifs scientifiques, conformément au goût de l'heure*.)

---

* *Dans son rapport d'avril 1979, la Commission royale d'enquête Lambert sur l'administration gouvernementale a dénoncé le fait que « pratiquement aucun effort n'a été entrepris pour définir clairement des objectifs qui permettraient d'évaluer le rendement d'un ministère ou d'un organisme ».*

Entre-temps, Ottawa était devenu un univers de paperasses. Les études se succédaient interminablement : des livres
blancs, orange et verts, des rapports intérimaires et des «éva-
luations conceptuelles» qui évaluaient tout et rien, depuis les
impôts jusqu'aux affaires urbaines et aux affaires indiennes,
jusqu'à l'information elle-même. Chaque étude traitait son sujet
comme si rien n'avait encore jamais été dit ou fait à ce propos.
Toutes en arrivaient à la même conclusion : il fallait mettre sur
pied un nouvel organisme, division ou secteur qui prendrait
la situation en main, essentiellement en l'étudiant davantage.

L'archétype de cette marotte, celui dont Trudeau s'occupa
le plus personnellement, fut la révision de la politique extérieure publiée en 1970. Les Affaires extérieures soumirent
projet après projet, mais Trudeau les refusa tous parce qu'ils
n'étaient pas scientifiques. Finalement, un fonctionnaire bien
inspiré s'installa avec une bouteille de scotch, la collection
entière de *Cité libre*, plusieurs textes sur la gestion scientifique et réécrivit le rapport en prenant soin de disposer ses
principales recommandations en forme d'hexagone, puis il
bourra son texte, comme des raisins dans un pouding au riz,
de tous les termes à la mode qui lui vinrent à l'esprit, tels
«structure conceptuelle», «cohérent» et «coordonné». Approuvé sur-le champ, le rapport fut publié en une collection de brochures multicolores réunies dans un mignon petit
coffret. Les critiques ne tardèrent pas à souligner qu'il ne
disait strictement rien sur le seul aspect de la politique extérieure qui importait réellement : les relations Canada-États-
Unis. Trudeau expliqua que cette question était encore à
l'étude.

À l'insu de la population, Dieu merci, les études prirent
de plus en plus d'ampleur. Pendant tout un après-midi, le
Comité de coordination des priorités et de la planification passa
au crible un document du Conseil privé qui établissait la différence entre «attentes de la population» et «aspirations de la
population». Il n'arriva à aucune conclusion. Pas plus que
l'étude d'Environnement Canada sur «le besoin d'une perception claire et précise de notre situation socio-culturelle comme
base d'action à l'intérieur de notre environnement indistinct et
problématique».

Pendant des jours, les hauts fonctionnaires s'assirent en
rond pour jouer au «synectics», variante sophistiquée du
brassage d'idées. Cela voulait dire qu'on fixait d'immenses
feuilles de papier sur les murs et qu'on y écrivait toutes les

brillantes remarques qui venaient à l'esprit de l'un ou de l'autre. Dans le cabinet du Premier ministre, Jim Davey fit installer de l'équipement audio-visuel dans l'une des salles de conférence; là, Trudeau, assis comme un Bouddha et tout aussi impénétrable, observait une demi-douzaine d'écrans sur lesquels étaient projetées des diapositives détaillant les «contraintes» des problèmes (c'est-à-dire pas d'argent), puis les «options de rechange» et enfin «la solution optimale».

En fin de compte, cette montagne d'agitation accoucha d'une souris. Mitchell Sharp qui, à l'époque, avait énormément apprécié ces jeux intellectuels, admet maintenant: «Je me dois de reconnaître que le système n'a pas produit de législations meilleures que celles de l'administration Pearson.» Même au niveau des systèmes eux-mêmes — qui visaient à accroître l'efficacité de l'appareil décisionnel du gouvernement —, Joe Clark a probablement accompli plus de réformes d'envergure durant ses maigres sept mois que Trudeau durant toute la décennie précédente*.

Trudeau mit sur pied un nouveau système de comités ministériels et les chapeauta d'un petit Comité de coordination des priorités et de la planification, presque intime; celui-ci tirait son autorité de la présence de Trudeau, Pitfield et Lalonde. Il essaya de rendre les débats parlementaires plus rationnels en resserrant les règlements de clôture, en transférant certains débats de la Chambre au comité et en instituant un nouveau système «rotatif» qui libérait les ministres de l'obligation de participer quotidiennement à la Période de questions. Ces changements ne rendirent pas le Parlement plus efficace, mais plus indocile — l'Opposition accueillit les réformes de Trudeau aux cris de «Heil Hitler»; de fait, il prit encore plus de temps qu'avant pour expédier les affaires publiques.

Trudeau institua des «bureaux régionaux» au sein de son propre cabinet, augmenta son personnel et créa le Supergroupe. Enfin, en parfaite conformité avec l'éthique des technocrates altruistes, l'autorité passa des ministères dirigés par des politiciens aux mains douteuses à des organismes réglementaires comme le C.R.T.C. et l'Office national de l'Énergie où travaillaient des fonctionnaires désintéressés et méritants. (Ottawa

---

* Les principales réalisations de Clark sont la réorganisation de la structure des comités ministériels et l'institution d'un système de contrôle des dépenses avec «enveloppes de dépenses» que Trudeau conserva après son retour au pouvoir en 1980.

a passé les dernières cinq années à tenter de récupérer cette juridiction.)

*
*   *

La danse de la dialectique cessa brusquement, le 30 octobre 1972. À l'exception d'une brève période en 1974-1975, elle ne fut jamais reprise. En 1978, dans un rapport préparé pour l'Institut de recherches politiques, deux des anciens planificateurs-clés de Trudeau, Mike Kirby et Hal Kroeker (qui revinrent tous deux à Ottawa, en 1980) posèrent la question: «Est-ce que ça a fonctionné?» Et ils répondirent d'une seule et même voix: «Non.» Qui plus est, ils citèrent presque mélancoliquement un article paru en 1967 dans le *Public Interest Quarterly* où le politicologue James Wilson remarquait: «En principe, il existe des problèmes qui ne peuvent être résolus et des fonctions gouvernementales qui ne peuvent être remplies adéquatement. La simple raison voudrait qu'on évite, le plus possible, de faire des choses infaisables.»

Même si Trudeau, Lalonde, Davey et les autres avaient lu Wilson à l'époque, ils ne l'auraient pas cru. Le bon sens, au moment où la manie de la planification atteignait son paroxysme, était une qualité qui leur faisait manifestement défaut. Tout comme leur faisait manifestement défaut le sens de l'humour qui, ainsi que l'a écrit quelqu'un, est seulement le bon sens qui danse. N'importe quel gestionnaire compétent sait que le rire est la meilleure façon de résoudre les problèmes.

Cette folie coûta relativement peu en dollars et en temps gaspillé, mais énormément en chances perdues. Trudeau ne sut pas saisir l'occasion unique qui s'offrait à lui — et qui existe toujours lorsqu'un dirigeant est nouveau et qu'il n'a pas à justifier ses erreurs — de s'imposer comme un Premier ministre créateur. En affirmant que la méthode des systèmes rationnels pouvait résoudre tous les problèmes, il suscita des espérances exagérées — les mêmes espérances exagérées que les apologistes de Trudeau accusent les Canadiens d'avoir créées. C'était un signe de l'innocence de Trudeau durant son premier mandat — alors qu'il se révéla moins un «dilettante au pouvoir», selon l'expression de James Eayrs, qu'un *naïf* bien intentionné; il croyait vraiment qu'il sortirait quelque chose de positif de tout ce fouillis de «boîtes» bureaucratiques et de ces montagnes de paperasses. «Nous sommes en train de mettre au point les mécanismes qui nous permettront de régler ce qui importe et non plus seulement ce qui presse», déclarat-il une fois, et, en une autre occasion: «J'ai l'impression d'être un mécanicien qui répare une auto ou je ne sais quoi et qui réussit à la remettre en état de marche.» L'auto ronronnait à la perfection. Mais elle n'avançait que par à-coups, non à cause du rationalisme mais malgré celui-ci, grâce à l'extraordinaire intelligence de Trudeau et de son zèle, ainsi qu'à la qualité du cabinet et de la fonction publique que Pearson lui avait légués dans sa presque totalité.

*

*   *

Après la planification, ce fut la participation qui échoua. Mais cet échec fut d'une tout autre nature. Nous avions autant manqué à nos engagements envers Trudeau que lui envers nous. Et la participation, contrairement à la planification, ne s'était pas effacée. Le rêve de Trudeau d'une participation populaire, calquée sur le modèle athénien, se révéla une grande illusion. Le Canada était simplement trop vaste pour que tout le monde pût se rendre à l'Agora participer à sa propre gouverne. Pourtant, une partie du rêve survivait. Un nombre sans précédent de citoyens se mit à harceler le gouvernement et même le système.

Au départ, le rêve s'appelait Démocratie de participation. Le manifeste préparé par Trudeau pour l'élection de 1968 le précisait ainsi: «Rendre le gouvernement plus accessible à la population, donner à nos citoyens le sens d'une participation totale aux affaires du gouvernement.» Le premier outil disponible pour atteindre ce but était le parti libéral.

Pris au dépourvu, le parti fit néanmoins de son mieux. Les organisations locales distribuèrent une brochure intitulée «Plus de pouvoir pour chacun». Un groupe de parlementaires libéraux accoucha d'un rapport hautement inspiré: «Nous devons inculquer à nous-mêmes et à nos concitoyens l'esprit de participation et, plus important encore, inventer les outils qui feront de celle-ci une réalité pertinente et la base de changements sociaux paisibles.» En pratique, cependant, ce fut Jim Davey qui élabora le programme de participation. Lors d'une conférence de deux jours en Colombie britannique, à l'hôtel Harrison Hot Springs, en novembre 1969, trois cents libéraux écoutèrent une succession de conférenciers — depuis des gourous post-industriels jusqu'au rédacteur en chef du *Georgia Straight* — leur parler de n'importe quoi, depuis les mécanismes de la génétique jusqu'aux conséquences sociales de la presse électronique. Ils entendirent Trudeau qualifier le parti de «radar de la société» dont le regard devait se fixer sur le monde de demain au lieu de s'arrêter sur des trivialités quotidiennes comme le chômage et l'inflation.

Ensuite, on demanda à toutes les associations de comtés d'organiser des débats publics: 25 des 262 associations s'y plièrent. Enfin, en novembre 1970, 2 400 libéraux se réunirent à Ottawa pour un congrès politique de trois jours, pendant lesquels ils cuisinèrent les ministres et adoptèrent des résolutions.

Par la suite, un délégué interrogea Trudeau sur ce qu'il adviendrait de ces résolutions. «Il est possible que, pour certaines, le gouvernement ne soit pas capable de tenir compte des vœux des délégués, répondit Trudeau. Mais j'espère que ce sera l'exception.» Au contraire, cela devint la règle. Des résolutions visant à légaliser la marijuana, à instituer un revenu annuel garanti, à imposer des contrôles plus stricts sur les investissements étrangers restèrent toutes lettre morte. Invités à suggérer quelle serait la politique anti-inflation la plus efficace, les délégués répondirent, par une écrasante majorité: «le contrôle des prix et des salaires». Cela aussi fut ignoré. Quand on lui demanda pourquoi, Lalonde répliqua avec une fausse candeur: «Les militants des associations de comtés ne disposent pas de toutes les données complexes qu'il leur faudrait. Ils sont sous-informés.»

La participation de masse avait vécu. Pourtant, l'idée, elle, continuait de survivre. Le prochain geste de Trudeau serait de l'appliquer à la jeunesse.

*
* *

Le 16 mars 1971, moins de quinze jours après son mariage avec une enfant-fleur, Trudeau se leva en Chambre pour annoncer la plus hasardeuse de toutes les politiques qu'il ait jamais proposées, même aujourd'hui. Elle s'appelait Perspectives-Jeunesse: on fournirait des fonds aux jeunes pour faire tout ce qu'ils voudraient, du moment que cela aurait une portée sociale.

La jeunesse, à Athènes-sur-Rideau, se révéla la plus grande de toutes les idées. Comme tout le monde se plaisait à le répéter, la moitié de la population avait moins de vingt-cinq ans, mais on oubliait volontiers que la moitié de celle-ci en avait moins de douze. Les jeunes parlaient haut, débordaient d'énergie et de confiance en leurs capacités et, bien souvent, laissaient exploser leur colère. Trudeau s'en faisait pour eux. En 1969, interviewé par un magazine, il avait dit : « Il est extrêmement important que ceux qui détiennent le pouvoir maintiennent le dialogue avec les jeunes, afin que les valeurs qu'ils édifient pour eux-mêmes ne se développent pas dans l'isolement, mais soient constamment confrontées avec celles auxquelles nous croyons. » Sa préoccupation découlait du sentiment très particulier qu'il éprouvait et continue d'éprouver pour la jeunesse : elle est son talon d'Achille. Quand il est avec des enfants, sa froideur glaciale disparaît ; quand il parle à des étudiants, il oublie complètement son impatience et son agressivité verbale. Il a épousé une très jeune femme.

Le ministre plénipotentiaire à la Jeunesse fut Pelletier, le plus jeune d'esprit de tout le cabinet ; comme aimaient à le dire ses jeunes adjoints : « Il a cinquante ans, bientôt vingt-cinq. » Tout en se faufilant à travers le réseau inextricable des comités exécutifs, aussi complexes que ce jeu de ficelle qu'on se passe interminablement de main en main, Pelletier passa trois ans à déterminer ce qu'il allait faire. Entre-temps, il institua un Comité de la jeunesse et modernisa la division de la Citoyenneté pour en faire un « éveilleur de consciences au sein du gouvernement », selon l'expression d'un de ses fonctionnaires ; bientôt, cette division fut truffée de jeunes en jeans qui se tenaient sur la tête dans les corridors et s'appelaient eux-mêmes « les guérilleros de la bureaucratie ». Pour « la jeunesse itinérante », ces milliers de jeunes qui faisaient du pouce d'un océan à l'autre, sac au dos et guitare à la main, semblables à une moderne invasion de troubadours, Pelletier fit planter d'immenses tentes en forme de *tepees*. Quand celles-ci s'effondrèrent, il harcela le ministère de la Défense jusqu'à ce que celui-ci consentît à ouvrir ses arsenaux.

Durant l'hiver de 1971, Pelletier toucha enfin au but. Aux Communes, Trudeau expliqua les objectifs de Perspectives-Jeunesse : « Le gouvernement croit que la jeunesse est sincère dans ses efforts pour améliorer la société. Nous nous proposons de lui lancer un défi pour voir si elle a assez de cœur au ventre et est suffisamment disciplinée pour mettre en pratique ses critiques et ses conseils. »

Contrairement à la Démocratie de participation, cette idée fit sensation. En moins d'un an, le budget de Perspectives-Jeunesse fit plus que doubler et atteignit 35 millions de dollars; deux autres programmes faisant appel à l'initiative des citoyens s'y ajoutèrent: Horizons nouveaux, à l'intention des personnes âgées, et les Projets d'initiatives locales destinés aux municipalités affligées d'un taux de chômage élevé. Ce fut, et de loin, Perspectives-Jeunesse qui retint le plus l'attention — plus de 2 500 articles différents lui furent consacrés durant la première année: les manchettes allaient de « L'avenir en marche » à « Vols commis avec l'argent des contribuables canadiens ». Néanmoins, le programme fournit du travail à un grand nombre de jeunes qui, à quelques exceptions près, se lancèrent dans des entreprises louables, depuis le ramassage des ordures jusqu'au nettoyage des cimetières, en passant par le défrichage de sentiers, l'ouverture de garderies et la lecture aux aveugles. Évidemment, quelques-uns touchèrent l'argent et firent pousser de la mari. Les provinces se plaignirent que la brève durée des projets soulevait des attentes qu'il leur incombait ensuite de combler. Mais, par la suite, elles mirent sur pied le même type de projets qu'elles financèrent à même la caisse noire de leurs loteries. Des critiques plus perspicaces soulignèrent que c'était, par une écrasante majorité, la jeunesse de la classe moyenne qui en bénéficiait: « C'est le programme dont je suis le plus fier », déclara Trudeau en parlant de Perspectives-Jeunesse. Pourtant, en 1975, quand il eut besoin de gros titres pour souligner le fait qu'il procédait réellement à des restrictions budgétaires, il supprima le programme, en même temps que la Compagnie des jeunes Canadiens et Information Canada. De toute façon, à ce moment-là, l'âge d'or était terminé: les jeunes étaient moins intéressés à prendre leurs propres affaires en main qu'à soutirer le maximum possible au système. La prudence traditionnelle reprit le dessus et, à travers des programmes comme le Service de la main-d'œuvre communautaire, le gouvernement tenta, avec un succès relatif, de financer des projets qui s'envoleraient vers le nirvana de la « rentabilité commerciale ». Quoique plus conventionnels, de nouveaux programmes, comme Canada au Travail, furent mis sur pied à l'intention des classes autres que la classe moyenne. Le programme Katimavik, de 1977, fut conçu non seulement pour que les jeunes prennent plaisir à retrousser leurs manches, mais surtout pour leur inculquer le sens de la discipline inhérent au dur travail en plein air et leur fournir — terme abhorré des années 60 — des « structures ».

Néanmoins, Perspectives-Jeunesse avait laissé sa marque. Dans le sillage des jeunes, naquirent, vague après vague, des groupes de pression qui étaient tous financés par le gouvernement pour *contester* le gouvernement : des groupes d'autochtones réclamèrent leurs terres ; des groupes féministes défendirent leur droit à l'égalité ; des groupes écologiques stigmatisèrent tout le mal que le gouvernement faisait à l'environnement ; des groupes de consommateurs harcelèrent les organismes gouvernementaux comme l'Office national de l'énergie et la Commission canadienne des transports. À eux deux, Pelletier et Trudeau redéfinirent ainsi l'un des concepts fondamentaux du système parlementaire britannique et, partant, du système canadien : le concept que l'Opposition est à la fois « loyale » et « officielle ». Par extension, ces termes s'appliquaient et s'appliquent encore aujourd'hui à un nouveau type d'opposition extra-parlementaire. Même si nous maugréons tant et plus contre notre gouvernement, nous n'avons jamais, contrairement à ce qui s'est produit aux États-Unis, nié sa légitimité fondamentale ; l'une des raisons en est que nous savons que, dans une certaine mesure, notre gouvernement, c'est nous-mêmes.

*

*   *

Pour la plupart des Canadiens qui regardaient grimper le taux de chômage et les statistiques relatives au coût de la vie, Perspectives-Jeunesse et tout le reste n'étaient que des attractions marginales. Le rêve de Trudeau avait été plus grandiose : il s'attendait à davantage de notre part. Après la débâcle de l'élection de 1972, il n'eut plus jamais tout à fait confiance en la population. Il ne comptait plus sur la puissance de la raison pour la mobiliser, mais de plus en plus sur le pouvoir du charisme, cette force « infantilisante » des politiques démocratiques, comme l'a écrit Irvine Schiffer, dans *Charisma: A Psychoanalytic Look at Mass Society.*

Pourtant, Trudeau avait déjà cru dans les Canadiens. De 1968 à 1972, il avait fait un effort sincère pour ouvrir toutes grandes les portes du gouvernement ; mais nous, nous nous étions contentés de flâner dans l'entrée en nous traînant les pieds. Et quand les choses n'allaient pas comme nous le voulions, nous lancions des pierres.

Trudeau tira une pénible leçon de son expérience sur la participation de masse. Le public, comme tel, n'existe pas; il n'existe que des publics *particuliers,* et ceux-ci ne s'intéressent à la politique que lorsque leurs propres intérêts sont en jeu: le meilleur exemple en est l'opposition des banquiers et des hommes d'affaires au livre blanc sur la fiscalité, en 1969.

Trudeau a essayé à plusieurs reprises d'expliquer ce qu'il entendait — et, surtout, ce qu'il *n'entendait pas* — par participation. « Il y a une différence entre consultation, participation et processus décisionnel, déclara-t-il lors d'un « teach-in » à Canberra, en 1970. Les décisions doivent toujours être prises par les représentants de la population. » Plusieurs s'étaient imaginés que, par participation, il entendait une prise de décision consensuelle et ils furent déçus devant l'exagération de leurs propres attentes.

Trudeau était grandement responsable de la confusion qui régnait. La participation sans l'information n'est rien d'autre que de la manipulation. Trudeau, du début à la fin, fut aussi avare d'informations qu'il était près de ses sous. Dès le tout début, il avait averti ses ministres que la moindre « fuite » se solderait par des mises à la porte. Jusqu'à sa défaite en 1979, il résista aux pressions en faveur d'une loi sur l'accès à l'information. Bien qu'il eût créé Information Canada en 1970, après qu'un comité de travail eut fait toute la publicité nécessaire autour du thème « Atteindre ce qui ne peut être atteint », il devint vite évident que l'organisme n'avait d'autre fonction que de diffuser des nouvelles favorables au gouvernement. Ridiculisée par la presse, les mains liées par son manque d'autorité sur les programmes d'information des divers ministères, Information Canada périt sous la hache du budget d'austérité de 1975; sa disparition n'entraîna aucun regret.

Tout le temps, Trudeau avait été plus amoureux de l'*idée* de participation que de la réalité. Il aimait l'idée de débats publics sur les grandes questions de l'heure. Mais quand la population, comme elle le fait inévitablement, posa des questions qu'elle n'aurait pas dû poser, il mit fin aux discussions *.

---

* *Par comparaison, le gouvernement Clark, en 1979, mit en pratique ce que Trudeau avait déjà prêché: il adopta une loi sur l'accès à l'information, publia le premier rapport sur les «Dépenses fiscales», ou subventions imposables dissimulées; en outre, Clark écrivit lui-même à tous les fonctionnaires pour les inciter à parler librement aux journalistes.*

*

   *   *

Même si toutes ses grandes idées n'avaient pas donné les résultats escomptés, Trudeau, avait tout de même, entre 1968 et 1972, mis sur pied une administration raisonnablement efficace et exempte de tout scandale. Il s'était brillamment tiré d'affaire durant la Crise d'Octobre de 1970. Il avait audacieusement délaissé les sentiers battus en matière de politique étrangère et, après quelques faux pas — glisser sur la rampe d'escalier à Lancaster House, traiter le Commonwealth d'« anachronisme » —, il était finalement devenu une personnalité internationale qui excitait notre fierté quand il revenait au pays. Même si le monde des affaires se plaignait à l'occasion de divers maux et douleurs, il ne souffrait d'aucune maladie grave. Bien plus, par opposition au triste groupe à bout de ressources qui entourait Stanfield, le cabinet de Trudeau était constitué d'une impressionnante équipe de gestionnaires: de solides vétérans comme Sharp, Drury, MacEachen, Pépin, Chrétien; des nouveaux venus pleins d'allant comme Macdonald, Lang, Munro, Mackasey; et, tout seul dans sa catégorie, Turner.

Les oiseaux de malheur laissaient entendre que tout ça ne serait peut-être pas suffisant. En effet, les Canadiens avaient également entendu Trudeau traiter les députés de l'Opposition de « nullités » ; demander aux producteurs de grains de l'Ouest: « Pourquoi devrais-je vendre votre blé » ; dire: « Allez vous faire foutre » en pleine Chambre des communes (il affirma n'avoir dit que « *Fuddle-Duddle* »); conseiller aux chauffeurs du service postal privés de leur emploi de « manger d'la marde ». Dès le milieu de 1970, un sondage Gallup révéla que, par une marge de 43 à 37%, la population estimait que Trudeau avait « perdu le contact avec les Canadiens ». Plus précisément, il avait perdu l'appui des principaux faiseurs d'opinions. Les nationalistes économiques s'étaient sentis insultés lorsqu'une délégation, dirigée par Walter Gordon, avait rencontré Trudeau pour se faire dire de continuer son bon travail et s'était rendu compte, après coup, de ce qu'il entendait par là: c'était à eux, les financiers, qu'il incombait de protéger l'économie de la mainmise étrangère. Les nationalistes culturels étaient furieux qu'on ait laissé s'éteindre l'impulsion suscitée par l'Expo avant qu'elle ait pu servir de tremplin pour les arts, l'édition, les magazines et le cinéma. Quant à la presse, le profond manque d'humour du gouvernement rationnel avait privé les journalistes de leur ration quotidienne de commérages, d'anecdotes et de mélodrames dont ils avaient besoin pour nourrir ce que Norman Mailer appelle «la Chèvre» (les jobards). Vers le milieu du mandat de Trudeau, les journalistes aigris, ne perdaient plus une occasion de le canarder.

Malgré tout ça, à la fin d'août 1972, Gallup indiquait que les libéraux étaient toujours en tête avec une confortable marge de 10 points. Au niveau des chefs de parti, Trudeau l'emportait à deux contre un sur Stanfield, et, au cas où quelqu'un aurait effectivement cru qu'en politique la raison importe plus que le charisme, un sondage Gallup de la même année révéla que les Canadiens privilégiaient, à presque trois contre un (56% contre 22%) le leadership plutôt que les grandes questions de l'heure. Indubitablement, le seul point d'interrogation concernait la majorité de Trudeau: serait-elle étroite ou importante?

Le 1er septembre 1972, à 18 heures, Trudeau, une rose jaune à la boutonnière, entra d'un pas alerte dans l'auditorium situé au rez-de-chaussée de l'Édifice de la Presse nationale pour annoncer que les élections auraient lieu le 30 octobre. Dans une entrevue, le lendemain, il expliqua qu'il considérait l'élection comme l'occasion de «régler toutes les petites questions insignifiantes visant à découvrir si telle ou telle petite chose est juste ou fausse». Lui, ajouta-t-il, il emprunterait «la grand-route», afin d'engager le «dialogue» avec les Canadiens.

Trudeau amorça sa campagne deux semaines plus tard, au rythme d'une chanson: «Take Care, Take Time / The Land is Strong». Il sauta dans un avion, s'enferma dans un compartiment à l'avant, séparé des journalistes, et décrivit tranquillement de larges cercles d'un océan à l'autre. De temps en temps, il en émergeait pour dire des choses comme celle-ci: «Regardez autour de vous, le nombre de nouvelles voitures, l'activité des marchés boursiers et les voyages des vacanciers.»

Malgré toute sa nonchalance, il semblait obtenir des résultats. David Lewis, le leader du N.P.D. faisait les manchettes avec ses attaques contre les «pauvres» multinationales qu'il traitait de «Corporate Welfare Bums»; mais Lewis, même s'il était aussi intelligent que Trudeau et aussi habile dans les débats, était trop dur, trop strident aussi et, disons le mot, trop *socialiste* pour intéresser quiconque, à part ses propres adhérents. Quant à Stanfield, il était, eh bien, il était Stanfield. Décent, digne de confiance, respirant l'intégrité, mais il lui manquait l'allure magique et l'énergie vitale de Trudeau. Contrairement à 1968 où Trudeau traînait le boulet des «deux nations», Stanfield n'était pas dans la course, même si sa campagne était remarquablement organisée. Au lieu des flashes de trente secondes dont la télévision est friande, il parlait, selon la remarque ironique d'un reporter, «en pauses de trente secondes».

Trudeau dissertait sur «quatre objectifs» — l'intégrité nationale, la croissance économique, la justice sociale et l'épanouissement de l'individu; Stanfield parlait du manque d'emplois, du recours abusif à l'assurance-chômage, des impôts élevés.

Soudain, durant la dernière semaine de la campagne, le malaise que quelques-uns des politiciens professionnels et certains journalistes avaient senti rôder tout le temps autour d'eux, mais sans pouvoir mettre le doigt dessus, se précisa. Le 28 octobre, un sondage Gallup réduisit l'avance de Trudeau à tout juste 6 points (39-33). Durant son tout dernier discours à Toronto, Trudeau parut enfin reconnaître que le pays, au lieu d'être fort, lui était fortement hostile. «C'est dommage, dit-il à un groupe de militants du parti, ç'a été une campagne ennuyeuse. Nous n'avons pas fait les manchettes.»

Ce fut l'éditorial de dernière heure, du *Calgary Herald* qui traduisit le mieux l'état d'esprit de la population:

Plus qu'aucun autre leader dans la politique fédérale, M. Trudeau est guidé par une philosophie personnelle, sociale et culturelle clairement définie. Personne ne comprend mieux le Québec. (...) Malgré ça, aucun leader canadien n'avait fait preuve d'une indifférence aussi flagrante à l'égard des problèmes particuliers des citoyens. (...) Le Premier ministre possède de remarquables qualités de leadership. La façon dont il a résolu la Crise d'Octobre 1970 fera date dans nos annales historiques. Et pourtant, il est capable de se dégrader lui-même, ainsi que l'ensemble de la fonction publique, en proférant des obscénités en public.

*

*   *

Sa personnalité, son attitude désagréable, son Supergroupe furent autant de facteurs qui coupèrent Trudeau de la réalité. Plus que ceux-ci, cependant, ce fut peut-être son obsession du rationalisme qui l'isola du reste, ou plutôt la fascination qu'exerçaient sur lui les prétentions intellectuelles du rationalisme.

Pendant quatre ans, Trudeau parla des grandes idées dont il voulait parler. Pas une seule fois il ne prêta l'oreille à ce que la population tentait de lui dire sur ses problèmes, ses craintes, ses rêves. Qui pis est, durant toutes ces années, il ignora le défaut fondamental du rationalisme. Être systématique est une attitude sensée. Être systématique sans sens commun, sans sens de l'humour, revient à accorder plus d'importance aux systèmes qu'à la population. Et la politique, c'est justement la population.

Chapitre VII

« Regardez-moi faire »

*«L'extrémisme dans la défense de la liberté n'est pas
un vice.»*

Barry Goldwater

Le 5 octobre 1970, à 9 h 10, l'attaché commercial britannique, James Cross, fut enlevé de son domicile, à Montréal, par quatre jeunes gens qui s'identifièrent comme des membres de la cellule Libération, du Front de libération du Québec. Ceux-ci firent savoir, un peu plus tard, que si leurs sept demandes n'étaient pas satisfaites — dont le versement de 500 000$ en lingots d'or et l'élargissement de vingt-trois soi-disant prisonniers «politiques» — tous membres du F.L.Q. et condamnés pour avoir posé des bombes —, Cross serait exécuté.

Pendant la première semaine, il ne se passa pas grand-chose. La police révéla presque aussitôt le nom d'un des ravisseurs, Jacques Lanctôt, mais elle était incapable de trouver la cachette de la cellule. Tout en rejetant les demandes des kidnappeurs, les gouvernements québécois et fédéral entreprirent de négocier et, en un geste de bonne volonté, autorisèrent la lecture du manifeste du F.L.Q. sur les ondes du réseau national de télévision. Le manifeste s'en prenait aux magnats de la finance et du monde des affaires, et parlait du Québec comme d'une «société d'esclaves terrorisés». Au grand étonnement des autorités, un certain nombre de Québécois semblaient partager ces sentiments. Toute l'affaire était en train de tourner à la farce; la presse et la population commençaient à considérer les ravisseurs comme des Robin des Bois qui auraient dévalisé les Steinberg et les Molson pour distribuer leurs biens aux pauvres.

Puis, le samedi 10 octobre, juste avant la tombée de la nuit, le ministre québécois du Travail, Pierre Laporte, fut enlevé pendant qu'il jouait au football avec son neveu devant chez lui, à Saint-Lambert, en banlieue de Montréal. Ses ravisseurs déclarèrent appartenir à la cellule Chénier du F.L.Q.

Aussitôt, la situation changea du tout au tout. Les gouvernements durcirent leur attitude en dépit de l'insistance de personnalités québécoises, notamment le leader du parti québécois, René Lévesque, et le rédacteur en chef du *Devoir*, Claude Ryan, qui voulaient qu'on libère des prisonniers pour sauver la vie des deux captifs. L'armée s'installa à Ottawa, puis à Montréal pour protéger les huiles. Entre-temps, l'appui politique au F.L.Q. augmentait; il atteignit son point culminant le jeudi 15 octobre, quand quelque trois mille étudiants et syndicalistes se rassemblèrent au Centre Paul-Sauvé, à Montréal.

Immédiatement après l'enlèvement de Laporte, les principaux conseillers de Trudeau et de Bourassa décidèrent que la seule façon de mettre un terme à la crise était de proclamer, pour la première fois en temps de paix, la loi sur les Mesures de guerre. La décision fut approuvée à l'unanimité par le cabinet fédéral, le jeudi 15 octobre, et la loi fut promulguée à 4 heures du matin, le vendredi. La ville de Montréal et le gouvernement du Québec, expliqua Trudeau, avaient demandé à Ottawa d'intervenir pour parer à l'état d'«insurrection appréhendée». La loi faisait de l'appartenance au F.L.Q. un délit criminel et interdisait les rassemblements politiques. Elle suspendait également l'*habeas corpus* et donnait le droit à la police d'arrêter, d'interroger et de détenir des suspects sans accusations pendant vingt et un jours. Près de 500 personnes furent ainsi appréhendées.

La réaction du F.L.Q. ne se fit pas attendre. Après la réception d'un communiqué en fin d'après-midi, le samedi 17 octobre, la police de Montréal se rendit à la base aérienne de Saint-Hubert et découvrit le cadavre de Laporte tassé dans le coffre d'une Chevrolet. Il avait été étranglé avec sa chaînette en or.

La mort de Laporte fut annoncée le dimanche 18 octobre. «Le F.L.Q. a semé les germes de sa propre destruction», déclara Trudeau à la télévision. Laporte fut enterré trois jours plus tard, après des funérailles nationales célébrées à l'église Notre-Dame de Montréal. Aussitôt, le F.L.Q. perdit la sympathie du public; les Canadiens étaient indignés et révoltés.

Exception faite de l'arrestation des ravisseurs et de la libération de Cross, la crise était terminée. En moins d'une semaine, plusieurs des personnes détenues en vertu de la loi sur les Mesures de guerre furent relâchées. Il n'y eut que soixante-deux accusations de portées qui se soldèrent par moins d'une douzaine de condamnations.

Le 2 décembre 1970, la police cerna une maison, rue des Récollets, dans le nord de Montréal, et, après des négociations, accepta de fournir des sauf-conduits aux membres de la cellule Libération. Le lendemain, Cross fut relâché sur l'ancien emplacement de l'Expo, à Montréal. Les ravisseurs, leurs femmes et leurs enfants s'envolèrent pour Cuba où ils passèrent quatre années difficiles avant de s'installer en France*.

Le 28 décembre, les trois membres de la cellule Chénier qui étaient encore au large, Paul et Jacques Rose ainsi que Francis Simard, furent arrêtés dans une ferme au sud de Montréal. (Le quatrième, Bernard Lortie, était déjà sous les verrous.) Paul Rose et Simard furent condamnés à perpétuité, Bernard Lortie à vingt ans, et Jacques Rose, qui avait été acquitté de l'accusation de meurtre, à huit ans**.

*
* *

Durant la décennie qui suivit, aucune bombe n'explosa nulle part au pays : le Canada fut probablement la démocratie industrielle la plus paisible du monde.

*
* *

S'il est facile d'exhumer le cadavre de la Crise d'Octobre, il est, par contre, presque impossible d'en reconstituer le corps. Les « si », les « peut-être », les méandres du destin enserrent

---

* *Jacques et Louise Cossette-Trudel sont revenus au Canada en décembre 1978. En août 1979, ils ont été condamnés à deux ans moins un jour et libérés sous condition en avril 1980. Jacques Lanctôt, le frère de Louise, est revenu en février 1979 et a été condamné à trois ans. Il est admissible à une libération conditionnelle depuis novembre 1980. Le 10 juillet 1980, la police a arrêté et incriminé un sixième présumé membre qu'elle soupçonnait depuis longtemps, un professeur d'origine britannique, Nigel Hamer. En mai 1981, il était condamné, sous plusieurs chefs d'accusation, à 1 an de prison. Marc Charbonneau est revenu au Québec en mai 1981 et subira son procès seul juge seul en octobre 1981. Le dernier membre de la cellule, Yves Langlois, est encore en France.*
** *Jacques Rose a été libéré sous condition en juillet 1978.*

l'événement le plus sombre et le plus dramatique de l'histoire canadienne. De tous les psychodrames qui le composent, le plus fascinant et le plus difficile à comprendre concerne Trudeau lui-même, ses attitudes et les impulsions qui l'ont soutenu et animé pendant qu'il était aux prises avec le plus cruel dilemme qu'un Premier ministre ait eu à trancher en temps de paix, depuis l'époque où Macdonald avait ordonné la pendaison de Riel.

En revanche, les conséquences politiques se laissent inventorier sans la moindre difficulté. Par la façon dont il a pris la situation en main durant la Crise d'Octobre, Trudeau s'est définitivement démarqué des Premiers ministres canadiens. Il s'est transformé en un grand stratège, le premier que nous ayons jamais eu parce que Robert Borden et Mackenzie King, qui étaient au pouvoir pendant les deux conflits mondiaux, n'étaient rien d'autre que des administrateurs de temps de guerre. En intervenant personnellement, Trudeau a imprimé de manière indélébile dans la conscience nationale l'image du parfait héros du combat singulier: sans peur, déterminé et, par-dessus tout, victorieux. Depuis, les Canadiens considèrent que l'«inflexibilité» est une qualité essentielle pour un dirigeant et ils ont durement jugé ceux qui, comme Stanfield et Clark, manquaient, d'après eux, de fermeté. Bon nombre des raisons qui font que Trudeau est toujours Premier ministre découlent directement de son statut de grand stratège — une accolade semblable à celles qui furent données à de Gaulle, Churchill, Castro, Franco, Tito, Nehru, en signe de gratitude parce qu'ils avaient guidé leur peuple tout au long d'une épreuve collective, qu'il s'agisse de guerre, de guerre civile, de libération nationale ou d'«insurrection appréhendée».

La réputation internationale de Trudeau est également née de la Crise d'Octobre. Qu'il ait agi par idéalisme ou par vengeance importe peu; son refus de payer le *Danegeld** a suscité le respect et l'envie de tous les dirigeants de la planète, des plus démocrates aux plus totalitaires, et a, depuis, été imité par la grande majorité des pays occidentaux.

La seconde conséquence politique est d'un tout autre ordre. Durant la Crise d'Octobre, Trudeau a irrémédiablement terni sa réputation de champion des libertés civiles. Aucun autre Premier ministre n'a été aussi sévèrement critiqué pour les avoir écrasées, d'abord dans le cas de ces Canadiens arrêtés

---

* Danegeld: *tribut payé aux Vikings par les peuplades d'Europe occidentale pour qu'ils cessent leurs actes de pillage et quittent leurs territoires. (N.D.L.T.)*

injustement en vertu de la loi sur les Mesures de guerre et, plus tard, dans le cas de ces Canadiens que la G.R.C. n'a cessé de harceler, entre 1971 et 1979, à l'époque où elle transgressait allègrement la loi. Dans *Bleeding Hearts, Bleeding Country*, Denis Smith prend résolument Trudeau à partie, et presque dans les mêmes termes que celui-ci avait employé autrefois pour condamner Duplessis — à cette différence près, cependant, que Smith ne craint pas de montrer son inquiétude:

Malgré son désordre et sa confusion, et même s'il laisse le champ libre aux abus, le système démocratique doit demeurer, étant donné que, d'ici quelques années, le Québec et le Canada décideront de leur destin en toute liberté. L'emploi du terrorisme au nom d'une vision prophétique, la limitation des libertés civiles par le biais d'une législation d'urgence, la manipulation sans scrupule ou l'intimidation de l'électorat, le recours à la peur ou au chantage comme armes politiques doivent, d'où qu'ils viennent, être condamnés et bannis.

Dans le titre de l'étude qu'il a consacrée à Trudeau, en 1972, Anthony Westell définit celui-ci comme quelqu'un de paradoxal. Rien, dans la carrière de Trudeau, n'a été aussi paradoxal que son comportement durant la Crise d'Octobre. Toute sa vie, il s'était fait le champion des droits civiques et, depuis son accession au pouvoir, avait tenté d'intégrer une Charte des droits à notre constitution. En 1970, il a bafoué les libertés civiles pour, disait-il, protéger les libertés civiles. Autre paradoxe: s'il est vrai que nos libertés ont réellement été bafouées, nous sommes probablement, aujourd'hui, la société la plus libre et la plus tolérante qui soit.

Il n'existe pas d'explication concluante à ces paradoxes. Quant à la crise elle-même, tout comme dans le cas de l'assassinat de John Kennedy, elle reste enveloppée de mystère, d'une succession interminable de « si » et de « mais ». « Qui a gagné ? » demanda-t-on à Cross, lors d'une entrevue. « Moi, répondit-il et il ajouta de lui-même: Qui a perdu ? Pierre Laporte et sa famille. »

Finalement, Trudeau a à la fois gagné et perdu. Il s'est affirmé comme un héros, mais également comme quelqu'un de brutal. Dans les romans, les héros des combats singuliers sont sans reproche. Ils ne prennent aucun plaisir à vaincre pour leur propre salut; après avoir gagné, ils demeurent humbles. Trudeau, lui, qui est un héros bien vivant, est loin d'être sans reproche. Avec sa fameuse sortie à propos des « cœurs tendres », nous avons découvert, chez lui, une propension à la méchanceté, une forme de mépris vindicatif et revanchard. Une fois engagé dans une compétition, quelle qu'elle soit, Trudeau est gagné par la «colère blanche» qui persiste tant que la victoire n'est pas définitivement acquise. Dès lors, le franc-jeu n'est autre chose, pour lui, que du sentimentalisme déplacé auquel cèdent seulement les cœurs tendres. Peu après la proclamation de la loi sur les Mesures de guerre, par exemple, il est vite devenu évident que des centaines de personnes avaient été arrêtées injustement; ni à ce moment-là, ni après que les passions se soient calmées, Trudeau n'a eu l'idée de s'excuser, d'admettre qu'il avait été trop loin dans la défense des libertés civiles.

Peu de Canadiens, à l'époque, avaient compris jusqu'où Trudeau était prêt à aller. Même maintenant, tout reste à dire autant sur son courage perspicace que sur son intransigeance obstinée. Nos souvenirs de la Crise d'Octobre sont profondément influencés par les images que nous en avons retenues: le corps mutilé de Laporte brièvement montré à la télévision, et les oreillers sordides, couverts de sang, dans le coffre de la vieille Chevrolet. Nous nous souvenons de l'armée dans les rues, dont la seule présence engendrait une atmosphère de crise, et de l'insouciance terrifiante des étudiants et des syndicalistes qui scandaient le slogan du F.L.Q. au Centre Paul-Sauvé: «Nous vaincrons!» Nous avons oublié que, quand la crise a commencé, il en allait tout autrement.

*

*   *

Les premières réactions à l'enlèvement de Cross furent presque apathiques. Tout cela semblait tellement absurde et le devint encore plus quand, dans un communiqué, la cellule Libération, formée de toute évidence d'adolescents révoltés, décrivit Cross comme un représentant du «vieux système raciste et colonialiste». Prévenus de l'incident, des cadres du Conseil privé reprirent aussitôt leurs discussions. Lorsque Sharp, le lundi soir, voulut faire une mise au point officielle (le dossier lui incombait en sa qualité de ministre des Affaires extérieures), il dut attendre plusieurs minutes avant que les parlementaires, occupés à rire et à bavarder, fussent suffisamment nombreux en Chambre pour qu'il y eût quorum. Le Premier ministre du Québec, Robert Bourassa, annonça qu'il se rendrait quand même rencontrer les banquiers new-yorkais au milieu de la semaine ; en montant dans l'avion, toutefois, il déclara à un compagnon de voyage: « Les gens ne s'en font pas, cela m'inquiète. » Trudeau déclara qu'il n'annulerait pas son voyage officiel en Union soviétique prévu pour le week-end suivant.

La seule chose, finalement, qui inquiétait vraiment Québec et Ottawa était la réaction favorable d'un certain nombre de Québécois à la rhétorique grandiloquente du F.L.Q.: « La majorité francophone du Québec est bafouée et réprimée sur son propre territoire. » Pourtant, les ravisseurs ne tardèrent pas à faire preuve d'une relative modération. Ils procurèrent à Cross le *Serpasil* dont il avait besoin pour son hypertension. Le jeudi 8 octobre, leur communiqué annonça que la menace d'exécution avait été « temporairement suspendue » et que Cross serait relâché « sain et sauf » si deux des sept conditions originales étaient respectées: abandon des recherches et des descentes policières ; libération de vingt-trois « prisonniers politiques ».

Les ravisseurs donnaient l'impression d'être simplement, comme Cross le dira plus tard, « six gamins qui tentaient de faire la révolution ». De toute évidence, c'étaient des amateurs ; ils avaient même oublié d'enfiler leurs masques au moment de l'enlèvement. Leur unique talent résidait dans leur habileté à manipuler les médias. Brillamment, ils tirèrent parti de la sympathie collective et complaisante des journalistes à l'endroit des déshérités et exploitèrent à fond ce qu'ils appelèrent plus tard les « contradictions concurrentielles » des médias en envoyant des communiqués d'abord à une station de radio, puis à une autre, de telle sorte que chacune faisait des pieds et des mains pour réussir à les diffuser en primeur. Ces tactiques forcèrent les gouvernements, furieux et consternés, à négocier en public et sur un pied d'égalité avec la cellule Libération.

Durant la première semaine, tout permettait de croire qu'on en arriverait à une forme ou une autre de compromis. Dans son livre *La Crise d'Octobre,* Pelletier dit que les négociations suivaient « le modèle conventionnel », de telle sorte que, « après quelques semaines de tergiversations, on pouvait espérer mettre au point un compromis ». Juste au moment où les pourparlers semblaient sur le point d'aboutir, « la négociation a été court-circuitée par l'intervention d'une nouvelle cellule (du F.L.Q.) ». Ce que Pelletier ne dit pas, toutefois, c'est que cette nouvelle cellule, qui enleva Laporte, intervint seulement après que Trudeau eut lui-même court-circuité les négociations.

*
*   *

L'ultimatum fixé par la cellule Libération pour obtenir une réponse officielle « définitive » à ses exigences expirait à 18 heures, le samedi 10 octobre. La responsabilité en incombait à Jérôme Choquette, le ministre québécois de la Justice, parce que certaines des conditions posées par la cellule — tel l'arrêt des recherches policières — relevaient de son ministère et parce que Bourassa se trouvait à New York. Choquette annonça qu'il donnerait sa réponse à la télévision à 17 h 30.

En début de matinée, le samedi, Choquette téléphona à Sharp, à Ottawa, pour lui lire le texte de sa déclaration. Il proposerait un compromis au F.L.Q., lui dit-il. En échange de la libération de Cross, cinq prisonniers seraient élargis. En outre, pour tenir compte de la réaction de la population au manifeste du F.L.Q., on instituerait quelque chose qui pourrait s'appeler ministère de la Paix sociale.

Sharp fut profondément troublé par sa conversation avec Choquette. Depuis le tout début, Trudeau voyait rouge chaque fois qu'on qualifiait les prisonniers de « politiques » et il avait décrété, une fois pour toutes, qu'aucun ne serait libéré.

Sharp demanda à Choquette de lui envoyer le texte de sa déclaration par télex. Dès qu'il l'eut reçu, il s'enferma avec d'autres ministres importants, comme Turner, et quelques adjoints-clés, comme Lalonde. Ensemble, ils rédigèrent un nouveau texte. Nulle part, le gouvernement ne s'y engageait à libérer un seul prisonnier.

Tôt dans l'après-midi du même jour, Sharp rappela Choquette et lui lut la version corrigée. Choquette répondit qu'il ne pouvait l'accepter. Il s'en tiendrait à son texte original, affirma-t-il. Sharp lui demanda alors si ses échanges avec le F.L.Q. l'autorisaient à penser que son compromis se solderait vraiment par la libération de Cross. Choquette répondit qu'il n'avait pas conclu de marché avec le F.L.Q., mais qu'il « avait des raisons de croire » que les terroristes réagiraient favorablement. C'est pourquoi il lirait la déclaration qu'il avait préparée.

Sharp prit une profonde respiration. Si Choquette faisait ça, lui dit-il, Ottawa « se dissocierait » du gouvernement du Québec. Choquette refusa de céder et la conversation prit fin.

Les quatre coups de téléphone qui suivirent changèrent le cours de l'histoire : de Lalonde à Trudeau ; de Trudeau à Bourassa qui se trouvait alors à Boston ; de Bourassa à Choquette ; et, enfin, de Choquette à Sharp, cette fois pour lui dire qu'il avait changé d'avis et qu'il lirait la version fédérale du texte.

À 17 h 30, Choquette fit exactement ce qu'il avait promis et s'adressa directement au F.L.Q. : « Sans vouloir céder à des pressions indues, les « autorités en place », comme vous vous plaisez à les nommer, sont loin d'ignorer qu'il existe des secteurs où règnent le mécontentement et l'injustice. » D'autre part, aucun prisonnier ne serait libéré, parce que céder au chantage « signifie la fin de tout ordre social », mais on amorcerait sans perdre un instant les formalités de libération conditionnelle pour les cinq détenus qui y étaient déjà admissibles.

Dans un sordide bungalow de la rue Armstrong, à Saint-Hubert, près de Montréal, quatre hommes au langage et aux manières vulgaires qui écoutaient la télévision huèrent Choquette. Quand son image disparut de l'écran, ils montèrent dans une vieille Chevrolet verte. Quinze minutes plus tard, Pierre Laporte était enlevé.

*

*   *

Jouer avec les « si seulement » de l'histoire est un jeu sans rime ni raison. Il est parfaitement logique de prétendre que si Choquette avait élargi les cinq prisonniers, la cellule Libération aurait libéré Cross et que, aujourd'hui, Laporte serait vivant. Et il est tout aussi logique de soutenir que le F.L.Q., enhardi par cette victoire, aurait gardé Cross tant que les autres prisonniers « politiques » n'auraient pas été relaxés et que Laporte aurait quand même été enlevé.

Deux points, seulement, sont indubitables. Dès l'instant où Laporte a été kidnappé, tout ce qui a suivi était prédéterminé. Un enlèvement par une cellule pouvait avoir été un coup de chance. Deux enlèvements par deux cellules, c'était un complot. Dès ce moment précis, la loi sur les Mesures de guerre était inévitable ; l'arrestation injustifiée de centaines de personnes innocentes était inévitable ; la suppression temporaire des libertés civiles était inévitable ; même la mort de Laporte était inévitable. « Laporte est mort », telle est la phrase que Cross se souvient d'avoir entendu prononcer par ses geôliers quand ceux-ci apprirent que le ministre était détenu par les membres assassins de la cellule Chénier.

Ce qui est également certain, c'est que Trudeau, même s'il en avait connu les conséquences, aurait agi exactement comme il l'a fait. Pas un seul instant il n'a envisagé la possibilité de faire la plus petite concession. La veille de la déclaration de Choquette, dans le seul discours un peu long qu'il a fait, la première semaine, à propos de la crise, il a déclaré : « L'expérience humaine démontre avec une clarté aveuglante que, dans la jungle, tous ne sont pas égaux, mais tous sont vulnérables. L'indépendance et la liberté ne peuvent s'obtenir et se conserver sans qu'il faille en payer le prix. »

En coulisse, Trudeau était tout aussi implacable. Furieux, il passa un savon à Sharp parce qu'il avait fait preuve de « faiblesse » en autorisant personnellement la lecture du manifeste du F.L.Q. à la télévision et à la radio. « Si nous cédons là-dessus, nous cédons sur tout », lui dit-il.

Lors d'une entrevue qu'ils donnèrent bien des années plus tard, les membres de la cellule Libération admirent avoir « sous-estimé » Trudeau. Ils n'auraient pas dû. Deux ans plus tôt, comme tous les Canadiens, ils l'avaient vu demeurer assis sans broncher sur l'estrade d'honneur, lors du défilé de la Saint-Jean-Baptiste, au milieu des bouteilles de Coca-Cola qui volaient ; peut-être même en avaient-ils lancé.

Longtemps après la crise, nous avons appris qu'il n'y avait virtuellement pas de limites aux méthodes extrêmes que Trudeau pouvait employer pour défendre, selon son point de vue, la liberté. Dans un passage extraordinaire et qui donne froid dans le dos de *À cœur ouvert*, Margaret raconte que, au début de leur mariage, Trudeau l'avait prévenue que si elle ou un de leurs enfants se faisaient enlever, il n'y aurait aucun marchandage, aucune négociation, aucune rançon de payée pour leur libération.

« Comprends-tu cela ? (lui demanda Trudeau)
— Non, je ne peux pas comprendre ça. Tu veux dire que tu les laisserais me tuer plutôt que de faire des concessions ?
— Oui, dit-il. Oui, c'est ce que je ferais. »

*
*   *

Était-ce le héros ou le personnage impitoyable qui avait pris le dessus ? La réponse est enfouie dans la psyché de Trudeau. Plus encore que dans n'importe quel exposé factuel, c'est dans *The Revolution Script,* la brillante reconstitution fictive de l'affaire qu'écrivit Brian Moore en 1971, qu'on retrouve certains des indices les plus révélateurs de son état d'esprit durant la crise. Dans un passage capital, Moore donne la parole à l'un des ravisseurs de Cross:

> Comment un chauffeur de taxi comme Marc Carbonneau (le véritable nom d'un des membres de la cellule) pourrait-il se mettre à la place de Trudeau, un rêveur qui a été rendre visite à Mao. (...) Et comment Trudeau pourrait-il comprendre la vie d'un type comme Marc, qui doit gratter les fonds de tiroir pour arriver à payer son taxi, qui doit le perdre aux mains des compagnies de finance, qui a une femme et quatre enfants qu'il a abandonnés quelque part.

Trudeau n'a jamais entretenu de doutes quant au caractère légitime de la violence officielle quand il s'agit de réprimer la violence individuelle. Déjà, en 1958, avec son habituelle logique méticuleuse, il écrivait dans *Vrai*: « L'État doit détenir le monopole de la force (...) pas tant pour en faire usage que pour empêcher quelqu'un d'autre d'en usurper les foudres » — même si, à l'époque, l'État auquel il était prêt à céder le monopole de la force était un État gouverné par Maurice Duplessis. (Dans d'autres articles de *Vrai,* il analysa froidement les cas où l'opprimé serait justifié de tuer un tyran, sujet d'un intérêt plus que passager pour un ancien élève des jésuites.) La seule façon pour un Carbonneau d'avoir le droit d'employer la force serait, par conséquent, de devenir l'État*. Avant même la Crise d'Octobre, Trudeau savait fort bien que la violence pouvait éclater à tout moment: « Les troubles qui éclatent dans les grandes villes américaines, les problèmes engendrés par l'urbanisation, les désordres provoqués par les conflits raciaux, déclara-t-il à Kingston en novembre 1968, pourraient fort bien franchir la frontière, susciter des révoltes et perturber gravement la stabilité sociale et l'ordre civil. »

En dernière analyse, l'incompréhension qui séparait Trudeau des felquistes reposait probablement, comme le suggère Moore, sur l'obstacle le plus infranchissable: le conflit de *classes.* Après tout, les felquistes étaient semblables aux chauffeurs congédiés du service postal à qui Trudeau avait dit de « manger d'la marde ». Quand, à la fin de 1969, des manifes-

---

* *En mai 1975, Trudeau établit la même distinction quand il louangea le médecin montréalais, Henry Morgentaler, condamné pour avortements en disant qu'il était «profondément humanitaire », mais qu'il méritait la prison parce qu'il avait «défié la loi. »*

tants aux cheveux longs opposés à la guerre au Viêt-Nam l'avaient empêché de passer, Trudeau avait montré le même dédain aristocratique à l'égard de la plèbe : « C'est de la graine de dictateurs, avait-il déclaré en colère, c'est le germe même du totalitarisme. C'est là ce que nous devons combattre. »

Durant toute la crise — *avant* l'enlèvement de Laporte, sans parler d'après —, Trudeau rejeta définitivement la possibilité que les idées défendues de façon confuse par les « six gamins qui tentaient de faire la révolution » puissent avoir ne serait-ce qu'un soupçon de légitimité.

Ainsi, quand il expliqua la loi sur les Mesures de guerre à la télévision, Trudeau fustigea les ravisseurs du F.L.Q. : « des hommes fanatiques et violents (qui) tentent de détruire l'unité et la liberté du pays ». Les felquistes étaient incontestablement violents et fanatiques, mais ils essayaient aussi de créer un *nouveau* Québec et d'instaurer une société égalitaire, donc, en théorie, plus libre.

*
*   *

Cette absence d'empathie, née de la conviction d'avoir raison du seul fait qu'on détient le pouvoir, se manifesta encore plus visiblement dans l'attitude de Trudeau envers ceux qui furent détenus sous le coup de la loi sur les Mesures de guerre.

Bien avant la promulgation de la loi, Trudeau et son entourage savaient que bon nombre d'innocents seraient arrêtés. Pelletier, qui avait voté pour la loi « la mort dans l'âme » *, put, grâce à un geste de concession de la G.R.C., examiner une des listes de suspects. Incrédule et horrifié, il constata que la plupart des noms qu'elle comportait étaient ceux de vieux militants communistes, de maoïstes, de marxistes-léninistes et même de nationalistes ukrainiens. Il biffa des noms, l'un après l'autre.

L'incompétence de la Sûreté du Québec et de la police de Montréal était encore plus grande. À l'aube du 16 octobre, les policiers firent une descente chez Pelletier lui-même, avenue Elm à Montréal, et fouillèrent sa demeure pendant deux heures à la recherche de documents du F.L.Q. ; finalement,

---

* *Deux autres ministres, Kierans et MacEachen, s'interrogeaient sur la nécessité d'adopter une telle loi ; mais quand ils virent que Pelletier ne soulevait aucune objection au Conseil des ministres, ils se turent également.*

Alex Pelletier réussit à dénicher de la papeterie avec en-tête ministérielle et put ainsi convaincre les agents de quitter les lieux.

Personne ne savait le nombre total des arrestations. Le chiffre changeait continuellement et finit par atteindre 492. Après le premier jour, Turner, le ministre de la Justice, commença à s'inquiéter et téléphona tous les matins à Choquette pour tenter de savoir ce qui se passait, mais il n'apprit pas grand-chose. La police s'en donnait à cœur joie, incarcérant un poète: Gérald Godin, une chanteuse: Pauline Julien, un anglophone, pigiste aux affaires publiques de la CBC: Nick Auf der Maur. À la mi-décembre, Turner réunit les hauts fonctionnaires de son ministère pour faire le point; unanimement, ceux-ci conclurent que Turner avait «perdu tout contrôle», dès l'instant où la loi avait été adoptée.

Tout bien considéré, pareil désordre était inévitable. Les forces policières étaient épuisées, démoralisées par leur impuissance à mettre la main sur le F.L.Q.; les différents corps étaient à couteaux tirés et tous étaient remplis de mépris pour les politiciens. Le gouvernement fédéral aurait eu du mal à leur faire entendre raison et à les inciter à plus de modération, mais, de toute façon, personne ne fit la moindre tentative en ce sens. Une fois la crise résorbée, il n'y eut aucune excuse, aucune offre de dédommagement à l'endroit des innocentes victimes de la loi des Mesures de guerre.

*
*   *

Et pourtant. Le tyran condescendant se conduisait également en héros patricien. Peu de dirigeants, en quelque pays que ce fût, auraient pu faire ce que Trudeau a fait.

Eric Kierans, qui quitta le cabinet six mois après la Crise d'Octobre et qui n'est certainement pas un partisan inconditionnel de Trudeau, en a parlé en ces termes: «Très froid, très dur, déterminé. Jamais il n'a perdu son sang-froid, il est constamment demeuré maître de la situation. C'était très, très impressionnant.»

À l'époque, la majorité des Canadiens partageait cette opinion. Nous l'avons vu, bouillant d'une colère rentrée, durant sa fameuse altercation avec Tim Ralfe du réseau CBC, sur les marches de l'édifice parlementaire, répliquer d'un ton cassant lorsque le journaliste lui demanda jusqu'où il irait pour écraser le F.L.Q.: «Eh bien, regardez-moi faire!» Nous l'avons vu, sévère et implacable, expliquer la loi sur les Mesures de guerre à la télévision: «Pour les ravisseurs, l'identité de leur victime n'a aucune importance. Leur but serait tout aussi bien servi s'ils s'emparaient de vous, de moi, ou même d'un enfant. Leur but est d'exploiter les sentiments d'humanité des Canadiens et de détourner ces sentiments de sympathie au profit de leurs propres fins violentes et révolutionnaires.» Et nous l'avons vu, vidé et hagard, se présenter de nouveau, quelques jours plus tard, pour parler du meurtre de Laporte: «Devant un acte aussi dément, aussi sanguinaire, froidement et cruellement prémédité et exécuté, comment ne pas se sentir accablé.»

Nous ignorions alors l'ampleur du fardeau que notre héros du Combat singulier portait pour nous. Dans *À cœur ouvert*, Margaret raconte que le téléphone sonna à l'aube. Trudeau répondit, écouta et:

Je l'ai entendu pleurer. J'ai tenté de le consoler alors que j'étais moi-même en larmes. (...) Je l'ai vu vieillir sous mes yeux. C'était comme s'il avait porté seul la responsabilité de la mort de Laporte; c'était lui qui avait refusé de négocier et c'était lui qui aurait désormais à répondre du meurtre d'un homme innocent. Une amertume et une tristesse que je ne lui avais jamais vues auparavant s'emparèrent de lui.

Presque tout le monde, littéralement, s'appuyait sur Trudeau. Quand, après avoir fait proclamer la loi sur les Mesures de guerre et être resté debout bien après minuit, il arriva à son bureau fatigué et tendu, ce fut pour passer la première demi-heure à réconforter le ministre des Finances, Ben Benson, qui était en état de choc parce que le soldat qu'on lui avait affecté s'était tué en déchargeant accidentellement son fusil. Depuis trois semaines, il portait à bout de bras le gouvernement Bourassa qui risquait de s'effondrer à tout moment, Choquette qui ne savait pas sur quel pied danser et Bourassa qui alternait entre la panique et l'entêtement. Il lui fallait tenir en bride les «faucons» de son entourage immédiat — Lalonde, George McIlraith, responsable de la G.R.C. en sa qualité de Solliciteur général, Jean-Pierre Goyer qui ne tarderait pas à hériter du portefeuille de ce dernier; Marchand, souvent affolé et hors de lui qui affirmait «que le sang coulerait dans les rues» devant le Conseil des ministres — et qui, tous, dès la première semaine «modérée» de la crise, l'avaient pressé d'adopter la loi sur les Mesures de guerre. Il avait dû rassurer Pelletier qui savait qu'en approuvant la loi il perdrait beaucoup de sa crédibilité aux yeux de ses pairs. La majeure partie du temps, il lui fallait prendre des décisions sans vraiment savoir ce qu'il faisait: la G.R.C. ne pouvait rien lui dire. Trudeau commença à comprendre la nature de la crise durant sa troisième semaine seulement, quand le Centre des opérations stratégiques, organisme super-chut-chut, passa à l'action.

*

*   *

Tout comme un kaléidoscope qui n'aurait que deux motifs, les images du héros et du méchant continuaient d'alterner.

Quand on se rappelle son altercation avec Ralfe, c'est la voix du méchant qu'on entend.

Au début, Trudeau finassa avec Ralfe:

Question: Monsieur le Premier ministre, pourquoi tous ces hommes armés aux alentours?

Trudeau: Vous n'avez pas remarqué?

Question: Si, je les ai remarqués. Je me demandais pourquoi, vous autres, vous en aviez décidé ainsi.

Trudeau: Qu'est-ce qui vous inquiète?

Question: Je ne suis pas inquiet, mais vous, vous semblez l'être.

Trudeau: Si vous n'êtes pas inquiet, je ne le suis pas non plus.

Question: Je m'inquiète de vivre dans une ville remplie de gens qui se promènent avec des fusils.

Trudeau: Pourquoi? Vous ont-ils fait quelque chose? Vous ont-ils bousculé ou quoi que ce soit?

Pendant dix minutes, Ralfe tint bon, refusant de se faire damer le pion, discutant avec Trudeau du bien-fondé du recours à l'armée pour protéger les ministres et les hauts fonctionnaires. Finalement, Trudeau explosa.

«C'est vrai qu'il y a beaucoup de cœurs tendres dans la place qui ne peuvent supporter la vue de personnes qui portent des casques et des fusils. Tout ce que je puis dire, c'est: allez-y, pleurnichez. Mais il importe davantage d'assurer la loi et l'ordre dans la société que de s'apitoyer sur des mous qui tremblent à la seule vue de l'armée.»

Le 18 octobre, après avoir appris la mort de Laporte, il se présenta devant la télévision d'État et s'adressa aux Canadiens sur le ton du héros :

« Habitué à haïr, le F.L.Q. a recours à la violence pour semer la haine et pour la propager insidieusement parce que, pour lui, c'est là le seul moyen de répandre le désordre, le désarroi et la panique. C'est là son principal but. C'est là le piège qu'il nous tend : nous dresser les uns contre les autres ; nous diviser dans la haine et le racisme, et creuser encore davantage le conflit entre les générations au point qu'elles seront peut-être incapables de se réconcilier.

« Incapables de triompher dans la liberté, ils veulent triompher par la tyrannie. Ne tombons pas dans leur piège.

« L'unique passion qui devrait nous habiter en ce moment est la passion de la justice. Grâce à la justice, nous recouvrerons notre paix et notre liberté. »

Après avoir prononcé ces derniers mots, Trudeau fixa intensivement la caméra. Chaque auditeur — il avait parlé en français — doit avoir senti que la phrase qui lui venait aux lèvres — et qu'il ne prononça pas — était : « Nous vaincrons ! » le cri de guerre du F.L.Q. Et il vainquit.

Chapitre VIII

L'incessante poursuite

> « Le gouvernement fédéral ne s'est pas préparé à faire face au problème du séparatisme (...) d'une façon telle que cela constituerait une attaque systématique du problème du séparatisme. »
> Rapport final du Centre des opérations stratégiques présenté au Conseil des ministres, le 12 décembre 1970, portant la mention SECRET *

Le 19 octobre, Trudeau réunit son cabinet pour une séance spéciale. Pour la première fois depuis que la crise avait éclaté quinze jours plus tôt, la G.R.C. allait renseigner les ministres sur le F.L.Q., sur l'«insurrection appréhendée» et sur la violence révolutionnaire à Montréal. L'exposé dura deux heures. Les ministres posèrent quelques questions puis retournèrent vaquer à leurs occupations. Plus tard, ils dirent de l'exposé de la G.R.C. qu'il avait été «pathétique», «une farce», «incroyable».

Jamais, tout au long des cent sept ans de son histoire, la G.R.C. ne s'était senti aussi humiliée. La sécurité de la nation était menacée; pourquoi, par qui et au sein de quelle organisation, la force policière nationale n'en avait pas la plus petite idée. Les ennemis facilement identifiables de la guerre froide et de l'époque Gouzenko n'étaient plus là; une étrange et nouvelle guerre civile venait de commencer et la G.R.C. était incapable de distinguer l'ami de l'ennemi.

*
* *

La loi sur les Mesures de guerre, expliqua Trudeau à la télévision, avait essentiellement pour but de permettre à la G.R.C. de se lancer à la «poursuite incessante» du F.L.Q. Sept années s'écoulèrent avant que les Canadiens ne compren-

---

* L'auteur en possède un exemplaire.

nent ce que Trudeau entendait réellement par là. Le 6 juillet 1977, Francis Fox, alors Solliciteur général, se leva en Chambre pour revenir sur une déclaration faite à peine trois semaines plus tôt, lorsque la G.R.C. avait reconnu être entrée par effraction dans les locaux d'une agence de presse gauchiste, à Montréal, et y avoir volé des dossiers et du matériel. Fox avait alors qualifié ce geste d'«exceptionnel et d'isolé». En réalité, reconnut-il, il avait appris que la G.R.C. avait violé la loi en de multiples occasions. Tout cela ferait l'objet d'une commission royale d'enquête présidée par le juge David McDonald, de la Cour suprême de l'Alberta.

Même là, l'ampleur des activités de la gendarmerie n'apparut au grand jour qu'en mars 1979, au moment où la commission publia un résumé du témoignage fait à huis clos en novembre précédent par John Starnes qui, durant la Crise d'Octobre, était directeur général de la section Sécurité et Renseignements de la G.R.C.

Starnes révéla devant la Commission que, le premier jour de la crise, Trudeau avait qualifié de «maudit bon travail» un rapport qu'il avait rédigé trois mois plus tôt sur vingt et une organisations québécoises «susceptibles de provoquer des affrontements violents avec les autorités». En tête de liste, Starnes avait inscrit le parti québécois, un mouvement politique démocratique et tout à fait légal. Quant aux activités ultérieures de la G.R.C. qui comprenaient, entre autres, un raid dans les bureaux du P.Q. pour faire main basse sur une liste de membres, Starnes déclara aux enquêteurs: «Le Premier ministre était parfaitement au courant de la surveillance continuelle que nous exercions à l'endroit du mouvement séparatiste.»

Le témoignage de Starnes prouve, sans l'ombre d'un doute, que l'attitude adoptée par Trudeau durant la Crise d'Octobre répondait à un double objectif: a) en finir avec le F.L.Q., b) en finir avec le séparatisme.

«Ils voulaient écraser le séparatisme. Ils voulaient lui porter un coup mortel», affirme un ministre de l'époque en parlant de Trudeau, de Marchand et de Lalonde. On peut citer — et identifier — une autre source. Bud Drury, l'un des principaux ministres de Trudeau et le représentant des anglophones québécois au sein du cabinet durant une décennie, dit, à propos des activités antiséparatistes de la G.R.C.: «Nous ne nous y sommes pas opposés.»

À la fin de 1970, Trudeau lança la G.R.C. aux trousses des révolutionnaires qui menaçaient la sécurité de l'État. Simulta-

146

nément, il partit en guerre contre des adversaires politiques légitimes qui, à son point de vue, représentaient une menace tout aussi sérieuse pour la sécurité.

*

*   *

Si, en octobre 1970, la G.R.C. ne savait que très peu de choses — pour ne pas dire rien du tout — sur ce qui se passait à Montréal, personne n'en savait davantage. Cette situation ne nous était d'ailleurs pas exclusive ; elle s'était déjà présentée avec autant d'acuité à Paris où, deux ans plus tôt, une insurrection fomentée par des étudiants et des travailleurs avait presque renversé le gouvernement de Gaulle, et à Londres, où un étudiant pakistanais émigré, Tariq Ali, était devenu une célébrité nationale capable de réunir à Trafalgar Square des dizaines de milliers de personnes. En Allemagne fédérale, un couple d'amants avait formé quelque chose qu'on avait appelé la bande Baader-Meinhof. Aux États-Unis, une organisation au nom bizarre, les Weathermen, venait tout juste de publier une « Déclaration d'un état de guerre ». Animée par une pensée remarquablement structurée, la guérilla tupamara faisait la pluie et le beau temps dans le maquis uruguayen ; et dans la cordillère bolivienne, Che Guevara n'allait pas tarder à mourir au nom d'une cause romantique et perdue d'avance. Quelque chose était en train de se produire et personne ne savait ce dont il s'agissait.

Maintenant que les années ont passé, tout devient clair. Ce mystérieux « quelque chose » était un cocktail composé de l'irresponsabilité sociale engendrée par une abondance prolongée, de la culpabilité ressentie par ceux qui, en faisant un peu de bien aux autres, se retrouvaient dans le clan des nantis, de la frustration qui avait gagné une génération ayant raté l'occasion de prouver sa virilité durant la Seconde Guerre mondiale, de la violence glorifiée par le biais de films comme *If* et, encore plus parce qu'il montrait la vérité vraie, *La Bataille d'Alger,* ainsi que de l'arrogance affichée par des individus qui se croyaient supérieurs à ceux qui travaillaient de neuf à cinq pour faire vivre leurs enfants et rembourser leur hypothèque. Mais ce « quelque chose » était également quelque chose d'autre ; c'était le produit d'un idéalisme passionné né de l'indignation causée par ce qui se perpétrait au Viêt-Nam au nom du progrès démocratique, né du dégoût devant le vide spirituel inhérent au capitalisme libéral. Ce second «quelque chose» s'apparentait à une quête à la Don Quichotte où les riches se cherchaient une raison d'être en s'identifiant aux damnés de la terre, soit dans leur propre pays, soit dans les colonies, politiques ou économiques, du Tiers monde. À leur façon confuse, ces révolutionnaires étaient les derniers membres de la génération des Altruistes, les derniers à croire en des causes qui en concernaient d'autres qu'eux-mêmes.

Dans son ouvrage, Pelletier estime à «40 à 50 (peut-être 100)», le noyau d'extrémistes felquistes. Isolés, ceux-ci n'auraient rien pu faire; par contre, s'ils ont pu aller aussi loin, c'est parce qu'ils évoluaient avec autant d'aisance que des poissons dans l'eau au milieu des intellectuels libéraux dissidents. La dernière moitié de la décennie 60 et le début des années 70 furent marqués du sceau de la violence. Les intellectuels n'employaient pas la violence; ils l'excusaient* et, ce faisant, aidèrent à la légitimer à tel point, que plusieurs années après la Crise d'Octobre, on continue généralement d'accorder plus d'importance aux épreuves subies par ceux qui furent détenus sous le coup de la loi sur les Mesures de guerre (et dont plusieurs étaient des camarades intellectuels, ce qui n'était certainement pas une coïncidence), qu'à la mort de Laporte, provoquée par la terreur, ou à la détention sordide que Cross dut endurer pendant soixante jours, menotté et coiffé d'une cagoule, ce qui a affaibli sa vue de façon permanente.

Dans un article prémonitoire écrit en 1969, la journaliste québécoise Adèle Lauzon taxait les révolutionnaires en pantoufles de «radicaux de luxe», une expression qui annonçait étrangement le fameux *chic radical* de Tom Wolfe. On les retrouvait surtout, écrivait-elle, «dans les syndicats, les professions libérales, le journalisme (...) même dans la fonction publique». Essentiellement des voyeurs de la violence, ces radicaux de luxe éprouvaient «plus de sympathie pour eux (les terroristes) que pour les politiciens et la bourgeoisie à la panse bien remplie».

Les radicaux de luxe savaient que Fanon avait écrit: «La violence est une force purificatrice; elle libère l'indigène de son complexe d'infériorité», et que Marighella affirmait que «être terroriste est une qualité qui anoblit». Ils accrochaient des

---

* *On peut voir un exemple indiscutable de cette attitude dans un article paru en décembre 1970 dans* Canadian Dimension, *où le politicologue Daniel Latouche, déclarait: «La violence et la démocratie ne sont pas incompatibles.»*

affiches de Guevara sur leurs murs et prêtaient leur Xerox à ceux qu'ils soupçonnaient d'être de véritables révolutionnaires ; bien au chaud dans leurs emplois stables, ils étaient ravis d'embarrasser l'Establishment dont pourtant tout le monde, et les terroristes plus que quiconque, considérait qu'ils faisaient partie.

Invariablement, les radicaux de luxe du Québec étaient des séparatistes. Quand Trudeau déclara, le 16 octobre : « les Canadiens ont toujours été convaincus que ça ne pouvait pas arriver chez nous », il n'avait raison qu'à moitié. Nous nous étions presque habitués à une certaine violence. Au cours des sept années précédentes, une centaine de bombes avaient explosé à Montréal, tuant ou mutilant des douzaines de personnes ; toutes étaient l'œuvre du F.L.Q. Mais, pendant ces mêmes années, il était très difficile de dire où se terminait le terrorisme et où commençait le séparatisme. Puis, au début de 1970, les bombes cessèrent. Tout le monde attendait de voir si la démocratie leur succéderait.

*

*   *

Le plus fascinant de tous les « si seulement » qui s'enchevêtrent autour de la Crise d'Octobre est peut-être le suivant : la crise aurait-elle éclaté si les libéraux n'avaient pas volé, de façon si flagrante et si malhonnête, les élections québécoises d'avril 1970. Robert Bourassa était certain de gagner ; mais déterminé à ne courir aucun risque, son parti n'hésita pas à faire feu de tout bois, depuis le tripotage électoral et le patronage jusqu'au chantage émotionnel du « terrorisme économique » comme Lévesque l'appela plus tard, et dont l'apothéose fut le fameux « coup de la Brinks » : le matin du scrutin, une demi-douzaine de camions de la Brinks, soi-disant chargés de titres, foncèrent vers la frontière ontarienne avec toute la publicité voulue. Ceci n'empêcha pourtant pas le parti québécois, né un an et demi plus tôt de la fusion de plusieurs mouvements séparatistes déjà fractionnés, de remporter 23 pour cent du vote, mais seulement sept des cent huit sièges.

Dès cet instant, des milliers de séparatistes québécois furent convaincus qu'ils avaient le droit de rendre aux fédéralistes la monnaie de leur pièce. Dès que l'occasion s'en présenta, soit durant la Crise d'Octobre, ils l'exploitèrent à fond. Quelques-uns aidèrent directement le F.L.Q. : une jeune secrétaire attachée au cabinet de Choquette et dont l'amant était un militant séparatiste se mit à faire de l'espionnage. D'autres, comme des journalistes et des universitaires, jetèrent de l'huile sur le feu et s'acharnèrent à bafouer les autorités. Et, avec ce qu'on appela « la conspiration du gouvernement provisoire », ils firent tout ce qu'ils purent pour ébranler la nouvelle et vulnérable administration Bourassa.

« Je n'y ai jamais cru un seul instant », a dit Pelletier de cette prétendue conspiration qui fut révélée en douce à la presse par un membre de l'entourage immédiat de Trudeau, vers la fin d'octobre : la rumeur voulait qu'un groupe d'éminents Québécois, dont Lévesque et Claude Ryan, aient projeté de se substituer au gouvernement de Bourassa ou de le noyauter. Ceci dit, le fait demeure que Lévesque tarda visiblement à critiquer le F.L.Q. Et, de son côté, Ryan donna un curieux coup de fil à Lucien Saulnier, l'homme le plus puissant de toute l'administration montréalaise, pour étudier avec lui la possibilité « théorique » de renforcer le cabinet Bourassa. (Saulnier répondit qu'il trouvait l'idée complètement absurde, ce qui mit un point final à la question ; mais s'il avait répondu autrement on est en droit de supposer que d'autres coups de téléphone auraient été donnés.) L'éditorial de Ryan, paru le 16 octobre dans *Le Devoir,* était encore plus étrange et reflétait ce que pensaient bon nombre de nationalistes québécois : « Il y a plus dans le drame Cross-Laporte que la nécessité d'évaluer les risques d'insurrection à n'importe quel prix. Il y a également, et surtout, une occasion unique d'affirmer au plus haut niveau la responsabilité de l'État du Québec. »

Autrement dit, il était plus important de faire progresser les vagues visées politiques du Québec que de prévenir la violence dans les rues*.

*

*   *

150

La conviction qu'ils avaient de se battre pour une cause juste ne change rien au fait que les nationalistes, les séparatistes et les «radicaux de luxe» du Québec jouaient littéralement avec la mort. «Vous avez déjà vu sauter un autobus rempli d'Anglais? (...) Vous avez déjà vu une église protestante brûler? (...) Soyez sûrs, vous en verrez bientôt!!!» promettait *Victoire*, un bulletin de liaison du F.L.Q. distribué dans les cégeps.

Le maître à penser des radicaux était Pierre Vallières, un doux utopiste aux cheveux longs qui, en 1971, renonça à la violence et devint un organisateur communautaire (dans le cadre d'un projet évidemment financé par Ottawa)*. Son but, comme il le déclarait à qui voulait l'entendre, était de participer

à la création d'«une société juste, libre et égalitaire». Dans ses écrits, cependant, Vallières apparaissait sous un jour tout à fait différent, du moins si, comme la police en avait la conviction, il était bien l'auteur d'un document interne du F.L.Q., *Stratégie révolutionnaire et rôle de l'avant-garde*. Reprenant les thèses de Lénine, Vallières (ou l'auteur anonyme) y réclamait «l'escalade de la violence révolutionnaire, (...) de la lutte armée et de la guérilla urbaine», afin de «radicaliser la violence créatrice des masses». En guise d'absolution morale, Vallières (ou l'auteur du document) ajoutait: «Ce ne sont pas les bombes qui engendrent l'oppression, mais l'oppression qui rend les bombes nécessaires.» Pour les lecteurs de ce document — des chauffeurs de taxi, des ouvriers, des travailleurs non qualifiés dont Vallières lui-même a remarquablement bien décrit dans *Nègres blancs d'Amérique* le désespoir bruyant de la vie qu'ils mènent dans les taudis de l'est de Montréal —, ces mots avaient la résonance d'un chant de guerre. Loin des valeurs et du système sécurisant des paroisses rurales dont ils étaient originaires, sans liens avec leur nouveau milieu urbain dur et compétitif, les felquistes n'avaient rien à perdre. C'est pourquoi la vie des autres pesait si peu à leurs yeux. Même la cellule Libération, relativement «modérée», discutait de tuer Cross en présence de celui-ci.

*
*   *

---

* *Plus tard, Vallières a appuyé le P.Q., puis l'a dénoncé pour n'avoir pas appliqué des politiques «autonomes, socialistes et souveraines»; il vit maintenant dans une ferme isolée et prêche les vertus d'une vie simple.*

Huit ans plus tard, témoignant devant la Commission McDonald, le commissaire W.L. Higgitt de la G.R.C., maintenant à la retraite, fit la remarque suivante à propos du comportement des forces policières, durant et après la Crise d'Octobre : « Ils se sont montrés raisonnables. Les situations désespérées exigent des mesures désespérées. »

Certains journalistes et intellectuels québécois, dont Vallières, ont entretenu, pendant des années, la conviction que ces « mesures désespérées » avaient largement dépassé ce qu'en disaient les mises au point officielles relatives aux événements d'octobre. La plus extrême de ces hypothèses de complot voulait que les autorités, sans plus de précision, aient tué Laporte afin de faire d'une pierre deux coups en discréditant les felquistes maladroits et, par ricochet, les séparatistes. Selon la thèse la plus courante, Ottawa aurait machiné toute l'affaire grâce à des agents provocateurs de la G.R.C. qui tiraient les ficelles au sein des cellules du F.L.Q. où ils s'étaient infiltrés pour mieux « écraser le séparatisme ».

L'examen approfondi des mille et un aspects de la crise exigerait qu'on y consacrât tout un livre. Il suffit ici, avant de voir ce que la G.R.C. a réellement fait au nom de Trudeau, de souligner qu'aucun embryon de preuve ne vient étayer quelque hypothèse de conspiration que ce soit. Exception faite peut-être de la rébellion, du procès et de l'exécution de Louis Riel, aucun autre événement de l'histoire du Canada n'a fait l'objet d'études aussi poussées que la Crise d'Octobre : une douzaine d'ouvrages dont le plus complet est *Octobre 70, un an ... après*, de Ron Haggart et Aubrey Golden ; il existe également un documentaire ambitieux préparé par la CBC en 1975 et pour lequel une douzaine de journalistes chevronnés ont passé six mois à la recherche d'un « fusil encore fumant ». Le documentaire a mis au jour d'importants faits encore inédits ; entre autres, l'existence du Centre des opérations stratégiques (C.O.S.) présidé conjointement par Jim Davey et l'adjoint de Bryce Mackasey, Arnold Masters, qui coordonnèrent et analysèrent les plus importantes des informations rassemblées par la G.R.C., la police de Montréal, les forces armées et d'autres sources, dont le C.R.T.C. qui, en violation de toutes les règles, leur fournissait une analyse quotidienne de toutes les émissions de radio et de télévision où il avait été fait mention de la crise. Malgré ça, cette forme sans précédent de journalisme enquêteur n'a rien découvert qui aurait pu ressembler, de près ou de loin, à un «fusil encore fumant»*.

Loin d'être prêts, Trudeau et la G.R.C. étaient, au contraire, consternés et pris au dépourvu. Le rapport final présenté par le C.O.S. au Conseil des ministres, par exemple, déclarait que même si «on possédait suffisamment d'informations pour avertir le gouvernement (d'une violence imminente), on n'avait pris que peu ou pas de mesures du tout». Une fuite révéla que, dès mai 1970, soit plusieurs mois avant la crise, un comité interministériel avait examiné la loi sur les Mesures de guerre; néanmoins, un mémo portant la mention SECRET et remis par Starnes au président du comité, à la mi-juillet, n'y faisait aucune allusion et se contentait de mentionner la nécessité de «tirer pleinement parti des provisions des lois existantes». Peu de ministres avaient entendu parler de la loi avant le moment où elle leur fut soumise. «J'ai été frappé par le fait qu'elle nous donnait le pouvoir de rationner le sucre», se souvient Pelletier.

*

*   *

Mais la thèse de «l'anéantissement du séparatisme» est une tout autre histoire. La différence cruciale entre celle-ci et toutes les hypothèses de conspiration repose sur la qualité des preuves.

Dans un discours qu'il prononça à Saskatoon le 19 avril 1977, alors que les Canadiens anglais venaient de vivre plusieurs mois aux côtés d'un gouvernement péquiste et que, de ce fait, la tension commençait à diminuer, Trudeau s'en prit aux séparatistes, cet «ennemi intérieur qui veut détruire ce pays». (Le 15 avril 1980, jour où la date du référendum québécois fut annoncée, il répéta cette phrase aux Communes.) Ces mots sont lourds de signification: pour Trudeau, les séparatistes étaient et sont encore beaucoup plus que des adversaires politiques ou des idéologues, sinon idéalistes du moins égarés. Ils sont des ennemis. Quand il s'en prend à un ennemi, qu'il s'agisse d'un adversaire politique momentané comme à

---

* *L'auteur faisait partie de l'équipe de la CBC qui se chargea des recherches à Ottawa. Le matériel utilisé pour ce chapitre et le précédent a été tiré de cette recherche; par contre, les informations relatives au rapport final du C.O.S. et à la tentative avortée de Choquette d'en arriver à un compromis, dont il est fait état plus loin dans ce même chapitre, ont été obtenues d'autres sources en vue de la rédaction de ce livre.*

l'époque des élections ou d'un journaliste qui refuse de lâcher prise durant une conférence de presse, Trudeau a invariablement une réaction excessive. Pour lui, les ennemis existent non pas pour être vaincus, mais pour être écrasés.

« C'est qu'au fond les séparatistes désespèrent de pouvoir jamais convaincre le peuple de la justesse de leurs idées, écrivait Trudeau dans *Cité libre* en 1964. (...) Alors ils veulent abolir la liberté et imposer la dictature de leur minorité. (...) Et quand ça ne va pas assez vite, ils ont recours à l'illégalité et à la violence. »

Trudeau n'attachait aucune importance au fait que, en 1970, les diverses factions séparatistes, purgées de leurs éléments les plus radicaux comme Pierre Bourgault, s'étaient fusionnées au sein du parti québécois ; cette formation politique conventionnelle et vaguement socio-démocrate était dirigée par un ancien ministre unanimement respecté : Lévesque, qui, au grand dam des séparatistes de gauche, avait « embourgeoisé » le parti. Trudeau s'en tenait toujours à sa conception première. L'ennemi avait simplement revêtu l'uniforme du petit cadre de la classe moyenne. « L'instauration d'un climat de terreur, d'un climat de violence (est) le véritable but recherché par le séparatisme », affirma-t-il en novembre 1970, durant un congrès du parti libéral. La mort de Laporte, avait-il précisé au milieu de la crise, ne devait pas être perçue comme « une tragédie banale, (mais) comme un événement marquant dans la croisade pour l'unité canadienne ».

Les membres de l'entourage de Trudeau se comportaient comme s'ils étaient, eux aussi, engagés dans une croisade à la fois contre le séparatisme et contre le F.L.Q. « Du F.L.Q. au P.Q., le séparatisme tout entier participe à cette subversion », affirmait Marchand. Même Pelletier, dans son livre écrit beaucoup plus tard, écarte, parce que « dialectique », la prétention du P.Q. à l'effet que « (cette formation) ne peut pas être tenue responsable des crimes que le premier illuminé venu pourrait commettre au nom de l'indépendance du Québec (...) (parce que) la stratégie du P.Q. depuis sa création a été de convaincre la population qu'il était la seule formation politique à prôner ouvertement et sans équivoque l'indépendance du Québec ». (En réalité, le F.L.Q. a perpétré ses crimes au nom de la justice sociale et économique, thèmes qui intéressaient les révolutionnaires autrement plus que l'indépendance qui, à leurs yeux, était simplement un moyen de tendre vers la révolution.)

Les textes les plus révélateurs sont, toujours, ceux qui n'ont pas été rédigés pour être lus — par le public. Un rapport secret déposé à la mi-décembre au Conseil des ministres par le C.O.S. établissait une distinction minutieuse entre le P.Q. et le F.L.Q. : « Il n'y aurait pas de coexistence politique si la séparation se produisait. (...) Pour le F.L.Q., le P.Q. ne signifie rien d'autre que la substitution de la bourgeoisie francophone à la bourgeoisie anglo-américaine. »

Toutefois, dans ses conclusions et ses recommandations, le rapport du C.O.S. traitait les deux mouvements comme s'ils étaient indissociables et réclamait : « Une constante attention à l'endroit des problèmes matériels fondamentaux exploités à la fois par les séparatistes et les révolutionnaires. (...) Des fonds pour étudier les problèmes du séparatisme et des révolutionnaires. (...) Des structures permanentes afin de pouvoir faire échec à la révolution et au séparatisme. (...) La mise en place d'éléments vastes et coordonnés afin de recueillir des informations. »

Ce rapport fut soumis le 16 décembre 1970, au Comité ministériel sur la sécurité et les renseignements, présidé par Trudeau ; les ministres l'étudièrent en même temps qu'un autre mémoire présenté par la G.R.C. qui traitait d'une question particulièrement délicate. En effet, la Gendarmerie royale y réclamait le droit de violer la loi de temps en temps, afin de mener à bien le rôle qui lui avait été assigné, par exemple « en laissant des membres de la G.R.C. ou des délateurs commettre des crimes graves qui établiraient définitivement leur crédibilité (au sein des cellules du F.L.Q.) ». Le comité ne prit de décision ni pour l'une ni pour l'autre des deux demandes. Six semaines plus tard, toutefois, Starnes adressa une note de service à la section-G de la G.R.C., qui venait d'être établie au Québec. Cette note s'intitulait « Tactiques de perturbation ».

*

* *

Les Canadiens apprirent, en mars 1979, ce que signifiaient les « tactiques de perturbation », au moment où la commission McDonald publia un résumé du témoignage de Starnes.

Autant comme individu que comme témoin à charge, Starnes était un personnage impressionnant. Grand, beau, la chevelure argentée, manifestement prospère, éduqué dans des établissements privés au Canada, en Suisse et en Allemange, ancien ambassadeur à Bonn et au Caire. À la fin de 1969, Trudeau en avait fait le premier civil nommé à la direction de la section Sécurité et Renseignements de la G.R.C., l'un postes les plus exigeants et les plus névralgiques de toute la fonction publique. Même si son grand-oncle avait été commissaire de la G.R.C., son statut de civil obligea Starnes à travailler deux fois plus fort pour faire ses preuves aux yeux des fiers *Mounties,* ces paramilitaires étroitement unis; sauf un bref moment durant la « Terreur rouge » à la fin des années 40, leur réputation n'avait jamais été souillée par la moindre activité abusive et, encore moins, illégale.

Le rapport que Starnes soumit à Trudeau en juillet 1970, et où le P.Q. était en tête de liste parmi les organisations québécoises favorisant la violence, lui servit de lettres de créance auprès de celui-ci qui l'en félicita vivement. Le lendemain, Starnes dut s'aliter, souffrant d'une pneumonie; il passa la majeure partie de la Crise d'Octobre dans son lit pendant que sa division humiliait la force tout entière avec son « pathétique » exposé devant le cabinet. Dès qu'il fut sur pied, Starnes envoya sa note sur les «tactiques de perturbation» à la nouvelle section-G, à Montréal, section qui fut, plus tard, connue sous le nom d'«équipe des opérations de neutralisation» ou, plus familièrement, «équipe des coups montés». Comme l'expliquait une seconde note de Starnes, ses activités consistaient à «élaborer, à partir de situations existantes, des machinations complexes et soigneusement mises au point, comme des luttes pour le pouvoir, des histoires de sexe, l'utilisation frauduleuse de fonds, des dénonciations relatives à la consommation de drogues, etc., afin de provoquer la dissension au sein des groupes séparatistes/terroristes et, par voie de conséquence, leur éclatement». (Ici encore, on retrouve le jumelage.) Autrement dit, le harcèlement serait du même ordre que celui que le F.B.I. avait fait subir à Martin Luther King, quelque temps plus tôt. Autrement dit, la violation délibérée des lois était, dans le cadre d'une croisade, un stratagème inévitable.

Voici, à partir des preuves déposées devant la Commission McDonald, une liste des activités de la G.R.C. *Décembre 1970*: vol avec effraction de dossiers appartenant à Praxis, une organisation gauchiste de Toronto, et incendie de ses bureaux; *début 1971*: rédaction et distribution d'un faux communiqué du F.L.Q. appelant à la violence (le magazine *Time* fit mention de cet acte illégal); *durant 1971*: enrôlement sous le coup de « la force et en usant de pressions» de neuf mouchards du

F.L.Q. ; *juillet 1971* : préparation et distribution au Conseil des ministres d'une liste de vingt et un fonctionnaires fédéraux qui devraient être limogés ou, au minimum, ne pas recevoir de promotion parce qu'ils étaient membres de l'« Opposition extra-parlementaire » (aucun de ces fonctionnaires n'avait fait davantage, en tant qu'opposition, que de voter pour le N.P.D.) ; *juin 1972* : incendie d'une ferme au nord de Montréal pour empêcher la tenue d'une rencontre entre le F.L.Q. et les Black Panthers ; *octobre 1972* : vol avec effraction de quelque deux cents dossiers dans les locaux montréalais de l'Agence de presse libre du Québec (A.P.L.Q.), d'allégeance gauchiste ; *janvier 1973* : vol avec effraction dans les bureaux montréalais du parti québécois d'une pile de quelque six pieds de haut des listes dressées par ordinateur des membres du P.Q. ; depuis le début jusqu'en *juillet 1975* : « passage au crible » de tous ceux qui postulèrent un emploi dans la fonction publique fédérale, afin de détecter toute trace d'« activités, associations et sympathies séparatistes » *.

Dans son rapport, la Commission McDonald ne manquera pas de blâmer tout particulièrement la G.R.C. et le gouvernement Trudeau. Ce qui était prévisible. La G.R.C. a constamment violé la loi ; et elle l'a fait parce qu'elle croyait répondre ainsi aux vœux de Trudeau. Celui-ci, a déclaré Starnes devant la Commission McDonald, était « parfaitement au courant » de la surveillance exercée par la Gendarmerie royale à l'endroit des séparatistes. Vers la fin de 1969, a également précisé Starnes, le gouvernement décida que « le séparatisme devait être traité comme un mouvement subversif » et, si le Conseil des ministres répugnait à le reconnaître ouvertement dans des rapports, « ils avaient, évidemment, déjà pris toutes les décisions en privé ». En un dernier commentaire, Starnes a ajouté : « Bien entendu, l'entière responsabilité doit en incomber aux ministres ».

*

*   *

Quand toute l'histoire des activités illégales de la G.R.C. commença à transpirer en 1977, la population prit si fortement

---

* *Cette pratique prit fin vers le milieu de 1975, sur l'ordre de Trudeau dès que, selon ses dires, il en fut informé. L'arrêt de la surveillance fit l'objet d'une fuite que reprit toute la presse, en particulier le* Toronto Sun *qui critiqua vertement Trudeau parce qu'il ne traitait pas les séparatistes comme des ennemis.*

parti pour la force policière que l'Opposition conservatrice et le gouvernement libéral n'eurent d'autre choix que de s'accuser mutuellement d'avoir voulu souiller la réputation de la Gendarmerie royale.

Le respect de l'autorité est peut-être la caractéristique la plus marquée des Canadiens. Notre constitution, comme l'historien W.L. Morton a été le premier à le souligner, nous enjoint d'instaurer « la paix, l'ordre et un bon gouvernement » plutôt que de privilégier « la vie, la liberté et la recherche du bonheur ». On ne connaît aucun autre pays où les forces policières nationales sont un symbole national. Durant la Crise d'Octobre, un sondage Gallup évalua à 85 pour cent l'appui à la loi sur les Mesures de guerre ; un autre sondage, effectué en avril 1971, révéla que, à plus de deux contre un, les Canadiens voulaient qu'elle fût maintenue même si la crise était terminée depuis longtemps. Chaque fois qu'un corps policier canadien fait l'objet de critiques, comme ce fut le cas à Toronto, en 1979, lorsqu'un policier tira sur un suspect de couleur, âgé de vingt et un ans, la population se range aussitôt et massivement du côté de la police.

Néanmoins, toujours dans le cadre des contradictions qui sont, elles aussi, caractéristiques de la réalité canadienne, nous sommes probablement la société la plus libre du monde. Il existe peu de pays qui encouragent et financent les manifestations d'un aussi large éventail d'adversaires — depuis les groupes autochtones jusqu'aux écologistes. Le Canada monotone et collet monté des années 50 a donné naissance à une société pluraliste et multicolore où, plus que dans tout autre pays, les minorités peuvent s'afficher ouvertement — on peut être à la fois un rastafarien ou encore un militant des droits des gais en longue jupe de toile (et non plus seulement un homosexuel) et un fonctionnaire dont la carrière s'annonce prometteuse. La prétendue « liste d'ennemis » qui portait la signature de Jean-Pierre Goyer, alors Solliciteur général, et qui a circulé parmi les ministres en 1971 constitue l'un des actes les plus répréhensibles de l'après-Crise d'Octobre. Et, malgré ça, l'un des moins efficaces. Quatre des vingt et une personnes mentionnées dans la liste ont été nommées depuis sous-ministres adjoints, et l'une d'elles, Robert Rabinovitch, est secrétaire de l'important Comité ministériel des priorités et de la planification. On peut simplement en déduire que, au Canada, l'histoire est un perpétuel recommencement: des cent trente-cinq délégués au congrès de 1933 du C.C.F. qui publia le

Manifeste « socialiste » de Regina, sept emménagèrent à Rockliffe Park, à Ottawa, l'un des quartiers les plus huppés de tout le pays.

Le refus des extrêmes, la recherche du compromis constituent, en fin de compte, le principe moteur de la réalité canadienne. Et il est aux antipodes de celui qui anime Trudeau. Quand les activités illégales de la G.R.C. furent rendues publiques, les Canadiens appuyèrent leur corps policier national comme s'ils étaient instinctivement conscients que la plus sûre façon de provoquer un effet de boomerang et, partant, la répression, consistait à détruire la crédibilité de ceux qui étaient chargés de protéger la société.

Bien entendu, Trudeau était convaincu d'avoir, lui aussi, mandat de protéger la société contre les révolutionnaires et les séparatistes. Mais il s'y est pris à sa façon — en usant de moyens extrêmes et en recherchant un affrontement qui lui aurait fourni l'occasion de vaincre une fois de plus, dans le plus pur style du combat singulier.

Finalement, en choisissant d'appliquer les provisions de la loi sur les Mesures de guerre qui suspendaient l'*habeas corpus*, Trudeau a fait beaucoup plus que souiller sa réputation de défenseur des libertés civiles. Il a tiré parti de notre respect instinctif et collectif de l'autorité, fondé sur la présomption tacite que l'autorité est, elle aussi, respectueuse des lois. De même qu'il se conduit en Premier ministre impérial, Trudeau va à contresens du pays. La principale différence, c'est qu'il est capable de violence alors que les Canadiens, en tant que peuple, en sont incapables.

*

*   *

Malgré tout, Trudeau, qui est probablement l'être le plus complexe qui ait jamais vu le jour, s'est également comporté en idéaliste tout au long de la Crise d'Octobre. S'il a agi comme il l'a fait, c'est parce qu'il était convaincu au plus profond de son être que le triomphe du séparatisme signifierait non seulement la destruction du Canada et, selon lui, du Québec, mais également l'anéantissement d'une idée — ce rêve magnifique d'un pays où des gens de toutes races et de toutes couleurs vivraient côte à côte, en un « modèle exemplaire » pour le reste du monde.

L'analyse la plus perspicace qui ait été faite sur la Crise d'Octobre est peut-être, tout bien considéré, celle de Jean-Luc Pépin, qui était alors ministre de l'Industrie et du Commerce. Pépin, qui participait à une interview dans le cadre d'un documentaire préparé par le réseau CBC, se vit demander pourquoi Trudeau et les fédéralistes francophones de son entourage avaient tant pris au sérieux la possibilité qu'un petit groupe de terroristes, soutenus par des «radicaux de luxe» séparatistes, pût effectivement déclencher une révolution. Il répondit: «Je n'en mettrais pas ma main au feu, mais je crois que nous pensions tous à nous-mêmes. Nous formions, nous aussi, un très petit groupe, Trudeau, Pelletier, Marchand, Lalonde, Chrétien, moi-même, plus quelques fonctionnaires, disons, une cinquantaine en tout. (...) Et nous étions en train de provoquer une révolution. Nous détenions les postes-clés (à Ottawa). Malgré ses cris et ses grincements de dents, nous étions en train de forcer la fonction publique à devenir bilingue. Nous étions un groupe de révolutionnaires parfaitement organisés, tout comme eux, mais, évidemment, nous n'employions pas les mêmes moyens.»

Chapitre IX

Sugar Ray Robinson

« Le libéralisme (...) une idéologie aussi malléable que du Silly Putty*. »

Christina McCall Newman
Maclean's, *octobre 1974*

Le lundi 30 octobre 1972, Trudeau et Margaret, Davey et Head, l'attaché de presse Peter Roberts, le rédacteur de discours Rolland, Porteous et sa femme Wendy — tous bras droits de Trudeau à l'exception de Lalonde qui, lui, était candidat — se retrouvèrent dans un appartement terrasse, au vingt et unième étage de l'hôtel Skyline, pour attendre les résultats des élections. Le réfrigérateur était garni de magnums de champagne. Une armée de téléphonistes était prête à mettre Trudeau en contact avec chacun de ses candidats, dès l'annonce de leur élection.

Le dernier sondage Gallup avait réduit l'avance de Trudeau à tout juste 6 points. Néanmoins, au début de la soirée, seule Mary Macdonald semblait inquiète, mais personne n'avait envie de *la* prendre au sérieux: loin d'être « un gars nouveau avec des idées nouvelles », Macdonald, qui faisait plus ou moins fonction de chef de bureau, était une ancienne de l'époque Pearson. Les premiers résultats confirmèrent que Macdonald n'était qu'une vieille radoteuse: les provinces de l'Atlantique venaient d'élire trois nouveaux libéraux. Une heure plus tard, les bureaux de scrutin du centre du Canada fermèrent leurs portes. Peu après, les téléphonistes furent autorisées à rentrer chez elles.

L'impossible s'était produit. Vers minuit, CBC annonça que les libéraux n'avaient qu'une très faible avance sur les conservateurs: 106 à 103. Une demi-heure plus tard, les deux

---

* Silly Putty: *substance d'une très grande élasticité. (N.D.L.T.)*

partis étaient nez à nez. Quelques adjoints crièrent « fanatiques », « imbéciles » vers l'écran de télévision. Les autres restaient assis, silencieux. Dans une chambre à coucher, Trudeau et Margaret observaient les résultats, sans témoins. Le président de la campagne, Robert Andras, arrivé par avion après sa réélection à Thunder Bay, passa son bras autour des épaules de Trudeau et lui dit : « C'est de ma faute, pendant trop longtemps, j'ai été hypnotisé par Pierre Trudeau. Vous êtes un type drôlement difficile à toucher. » Andras s'attendait à une réplique glaciale, mais, au contraire, Trudeau le regarda avec douceur : « Est-ce vraiment là ce que vous ressentez ? » lui demanda-t-il, et il ajouta : « Vous avez peut-être raison. »

À une heure du matin, CBC annonça que les conservateurs étaient en tête : 109 à 107 ; puis les deux partis se retrouvèrent, une fois de plus, à égalité avec 108 sièges chacun. En bas, dans la salle de bal du Skyline, la presse attendait que Trudeau vienne concéder la victoire. Même si celui-ci pouvait encore se faufiler péniblement en tête, il n'en venait pas moins de subir l'une des pires raclées jamais reçues par un Premier ministre depuis la Dépression*.

Dans l'appartement du vingt et unième étage, Trudeau ne laissait rien paraître de ses sentiments sauf quand, par moments, les yeux rivés sur l'écran de télévision, sa main s'emparait de celle de Margaret. Il plaisanta avec les Porteous à propos d'une expédition en haute montagne qu'ils avaient l'intention de faire au Yukon, l'été suivant : « Nous n'aurons sans doute pas droit à un vol aux frais de la princesse, mais, du moins, aurons-nous énormément de temps libre. » Il était, se souvient un adjoint, « en état de choc contrôlé ».

Pendant ce temps, les conseils pleuvaient. Certains ministres soutenaient que, gagnant ou perdant, Trudeau devait quand même rester ; d'autres étaient d'avis que le résultat final n'y changerait rien : il avait perdu et devait céder sa place. Pitfield téléphona : même s'il tirait de l'arrière, Trudeau devait absolument rester. Pour mettre un peu d'ordre dans tout ça, Trudeau envoya chercher Jerry Yanover, l'un des adjoints du leader du gouvernement, Allan MacEachen. Si Trudeau gagnait, déclara Yanover, il pourrait rester ou s'en aller, à son gré, mais il devrait se présenter devant le Parlement le plus tôt

---

* À l'extérieur du Québec, le pourcentage du vote en faveur de Trudeau était à peine supérieur à celui obtenu par Pearson lors de la débâcle de 1958, quand Diefenbaker remporta la plus grande victoire électorale de toute l'histoire politique canadienne.

possible. Dans ce cas, Yanover estimait qu'il ferait mieux de rester et de livrer bataille. Trudeau acquiesça d'un signe de tête. Par contre, s'il arrivait au second rang, poursuivit Yanover, le choix resterait le même, mais, à son avis il ferait quand même mieux de démissionner. Trudeau secoua la tête, sans que personne pût savoir si c'était en signe de désaccord ou de consternation. Juste au moment où il se préparait à descendre affronter la presse, Head lui tendit un texte rédigé à toute vapeur. Trudeau y jeta un coup d'œil et le lui rendit: «Cela n'a rien à voir avec la réalité, plus maintenant.» Devant les caméras et les microphones, il prononça quelques mots, puis tourna les talons: «Que cela vous paraisse clair ou non, il ne fait aucun doute que l'univers se déroule comme il le doit.» Les reporters, vérifiant à la hâte, découvrirent que la citation était tirée du *Desiderata*.

Une fois que tous les votes furent comptés, le résultat final fut le suivant: cent neuf libéraux, cent sept conservateurs, trente et un néo-démocrates, quinze créditistes et deux indépendants. Depuis la Confédération, seule l'administration Mackenzie King, en 1925, avait essayé de gouverner avec une aussi faible majorité. Et encore, King n'avait même pas tenu le coup toute une année.

*

*   *

Durant la semaine suivante, Trudeau fut envahi par une «profonde tristesse», selon l'expression d'un de ses adjoints. Son comportement était bizarre: quand il se rendit chez le Gouverneur général pour lui annoncer qu'il restait, il mit une veste de daim avec des franges, ce qui lui valut, une fois de plus, de provoquer la colère de la population. En public, il déclara que sa survie «dépendrait du bon vouloir de la Chambre des communes». Intérieurement, il sombra dans un état proche de la dépression. Trudeau venait, pour la première fois de sa vie, de perdre une bataille. Et, pis encore, il l'avait perdue sous le regard du pays tout entier.

Plusieurs, dans l'entourage de Trudeau, attribuaient la défaite à une réaction contre le bilinguisme et le «French Power». Comme on pouvait s'y attendre, Marchand avait menacé de démissionner et imputait les résultats au «fanatisme»; Donald Macdonald déclara, à la télévision d'État, que c'était la faute des «culs-terreux». Jamais, depuis l'Élection

Kaki de 1917, le pays n'avait été aussi clairement séparé, sur le plan politique, par la frontière linguistique. Les fédéralistes francophones se sentaient isolés et délaissés. Ils s'étaient fait traiter de « vendus » par leurs concitoyens parce qu'ils étaient venus à Ottawa ; et, en échange, le Canada anglais, venait de leur dire de rentrer chez eux.

Bien que le racisme eût influé sur les résultats, un sondage Gallup post-électoral ne put dénicher que 8 pour cent de répondants qui admirent avoir été influencés, au moment de voter, par la question du bilinguisme ou par « une trop grande attention accordée au Québec ». Ils furent beaucoup plus nombreux à déclarer qu'ils désapprouvaient telle ou telle politique spécifique, comme celle de l'assurance-chômage, ou, dans une proportion encore plus écrasante, à affirmer qu'ils désapprouvaient surtout l'homme que Trudeau était devenu : « Il ne s'intéressait pas au citoyen ordinaire », « trop arrogant ».

Trudeau ne s'invente jamais des fantômes. Ni à l'époque ni par la suite, pas plus en public que dans l'intimité, il n'a jamais attribué sa quasi-défaite de 1972 à un coup de Jarnac du bilinguisme. Lors d'une entrevue avec Patrick Watson, le 18 décembre 1973, il déclara, en une justification plus élaborée que d'habitude : « Je dirais presque que ma foi en la politique, ma foi dans le processus démocratique s'est quelque peu modifiée. Jusqu'ici, je pensais qu'il suffisait de faire une proposition raisonnable à quelqu'un qui l'étudierait alors raisonnablement, sans passion, mais il n'en est manifestement rien. Les neuf dixièmes de la politique — les débats en Chambre, les discours sur les estrades, les commentaires pour les médias, —, les neuf dixièmes de tout ça font appel aux sentiments plutôt qu'à la raison. Je le regrette un peu, mais tel est le monde dans lequel nous vivons et, par conséquent, il m'a fallu changer. »

Après avoir passé sept ans en politique, dont quatre au sommet de l'échelle, Trudeau venait enfin de comprendre qu'il lui faudrait devenir un politicien. À cinquante-trois ans, il apprit tout seul ce nouveau rôle ; au bout d'environ trois mois, il l'interprétait aussi bien que Guinness et Olivier réunis.

*
*   *

Jerry Grafstein, avocat en communications de Toronto et grand manitou des libéraux, estime que la presse se trompe quand elle compare Trudeau à Mohammed Ali. La véritable comparaison, soutient Grafstein, c'est avec Sugar Ray Robinson qu'on doit la faire, Robinson qui fut peut-être le plus habile boxeur — par opposition au puncheur — de tous les temps. « La plupart des bons boxeurs ont deux ou trois bonnes combinaisons de coups ; Robinson, lui, en avait quinze, dit Grafstein. Et Pierre aussi. »

Les politiciens par excellence — du genre qui sont adulés par la presse et réélus par leurs électeurs — sont, du premier au dernier, des hommes rusés, calculateurs et manipulateurs. Ils sont aussi tapageusement partisans, exclusivement intéressés par les avantages du moment, n'hésitant pas, pour se faire réélire, à user de tous les moyens et à puiser sans vergogne dans les fonds publics. Trudeau, le rationaliste par excellence, fit toutes ces choses : d'un seul coup de baguette magique, sa ligne de conduite qui consistait à faire ce qui est rationnellement juste se réduisit, après 1972, à faire ce qui est politiquement rentable.

Par exemple, Trudeau avait essuyé des critiques parce qu'il ne faisait pas assez de cas de la Reine ; en 1973, celle-ci vint au Canada à deux reprises, un précédent historique, et Trudeau ne la quitta pas d'une semelle durant toute la visite royale. On l'avait aussi accusé de ne pas se préoccuper des ethnies ; du coup, on vit surgir un programme multiculturel qui servit de caisse noire pour acheter les votes des groupes ethniques. Et ainsi de suite. Trudeau avait été accusé de s'intéresser davantage à l'équilibre budgétaire qu'aux défavorisés ; en 1973 et 1974, les dépenses fédérales augmentèrent à un rythme vertigineux de plus de 20 pour cent annuellement, un taux de croissance jamais égalé, même de loin, ni auparavant ni depuis. Le bilinguisme dans la fonction publique lui avait fait perdre des votes ; la date de son application fut reportée à 1978 et les fonctionnaires obtinrent l'assurance qu'ils auraient tous la chance d'apprendre le français aux frais de l'État. Le nouveau programme d'assurance-chômage avait coûté des votes : Mackasey fut remercié. L'Ouest grommelait : il eut droit à une Conférence de l'Ouest sur les perspectives économiques. Stanfield, que Turner avait tourné en ridicule, s'était gagné les votes de la classe moyenne en promettant « d'indexer » les impôts pour combattre les effets de l'inflation ; le premier budget post-électoral de Turner « indexait » l'impôt. Par la suite, lorsque les factures commencèrent à rentrer, les apologistes de Trudeau justifièrent ce coup d'épate en disant qu'il avait été rendu nécessaire soit pour soutenir un gouvernement minoritaire soit à titre d'impératif moral au nom de l'unité nationale. Trudeau ne s'est jamais soucié de tels enfantillages. «Je fais partie de ce genre de personnes qui n'aiment pas se faire mettre à la porte», a-t-il déjà dit au cours d'une entrevue. S'il a agi ainsi, c'était uniquement pour gagner, parce que, pour lui, gagner est la seule chose qui compte.

*
*   *

La dernière tentation est la plus grande trahison; faire quelque chose de juste au nom d'un motif qui ne l'est pas, dit le Becket de T.S. Eliot, dans *Meurtre dans la cathédrale*. Quels qu'aient pu être les motifs de Trudeau, le véritable tour de passe-passe qu'implique sa métamorphose de roi philosophe en opportuniste politique repose sur le fait que, en douze ans, il n'a jamais été plus authentiquement créatif. Au seul niveau du rendement, le record de son administration 1972-1974 n'a été égalé que par le gouvernement minoritaire de Diefenbaker en 1957-1958 et par l'explosion créatrice de Pearson, en 1963-1964, à la suite de ses désastreux «soixante jours de décision».

Durant son mandat minoritaire, Trudeau mit au point une nouvelle politique nationale en matière d'énergie qui, encore aujourd'hui, est fondamentalement la même: un prix unique pour le pétrole national subventionné; une société pétrolière nationale; une taxe à l'exportation sur le pétrole. Il a amorcé un programme ambitieux pour la «révision totale» de la sécurité sociale. Ses «mécanismes d'indexation» ont fait du régime fiscal canadien un système unique au monde. En prolongeant pour une nouvelle période de cinq ans l'abolition «expérimentale» de la peine capitale, il s'est arrangé pour que la potence tombe en désuétude. Il a créé l'Agence d'examen de l'investissement étranger pour éliminer les risques de mainmise, grâce au test des «profits substantiels».

Entre 1972 et 1974, Trudeau a également procédé aux deux nominations les plus judicieuses de toute sa carrière: Bora Laskin est devenu juge en chef de la Cour suprême; le juge Thomas Berger, de la Cour suprême de la Colombie britannique, a été chargé de présider une enquête spéciale sur un projet de gazoduc dans la vallée du Mackenzie.

Quand, en juillet 1974, les Canadiens rendirent sa majorité à Trudeau, ils le firent pour une seule et unique raison: il avait prouvé que, lorsqu'il voulait bien s'en donner la peine, il pouvait être le meilleur de tous les Premiers ministres.

Pourtant, ce qui ajoute à l'énigme, les Canadiens avaient déjà cette conviction, même avant que Trudeau eût entrepris quoi que ce soit. Au cours de la première semaine de janvier 1973, soit à peine six semaines après les élections, Gallup constata que, par une marge de 57 à 38 pour cent, les Canadiens estimaient que Trudeau avait déjà « changé de personnalité ». Les répondants précisèrent qu'ils le trouvaient « moins arrogant, (...) plus facile d'approche, (...) plus soucieux de la population ». Il est fort possible que Trudeau aurait pu gagner une élection en se contentant tout simplement de dire: « Je suis désolé, désormais je m'occuperai davantage de vous. » Le sondage révéla la nature du lien qui l'unissait aux Canadiens et qui allait se confirmer plus d'une fois: les Canadiens voyaient en Trudeau exactement ce qu'ils voulaient y voir. En 1973, ils voulaient retrouver l'ancien Trudeau avec juste un soupçon d'humilité.

À l'instar de Sugar Ray Robinson, Trudeau avait deux bras droits pour l'aider à s'assurer de la victoire: le parti libéral et Allan J. MacEachen, un ministre que, tout comme le parti, il avait complètement ignoré durant les quatre années précédentes.

*
* *

L'énigme qui entoure le parti libéral est toujours restée la même: est-il victorieux à cause de sa façon d'être? ou est-il comme il est parce qu'il est victorieux? Il est plus que probable que la formule consiste en un amalgame des deux éléments. Mais on constate, après réflexion, la présence d'un troisième élément: les adversaires des libéraux, soit les conservateurs et les néo-démocrates, ont tous deux des principes sur lesquels ils trébuchent continuellement.

Tout d'abord, pour en finir une bonne fois avec ce qui est, théoriquement, son principe fondamental, le parti libéral n'est pas libéral. Il est le porte-parole de l'Establishment modéré. Il penche tantôt vers la droite, tantôt vers la gauche; plus souvent à gauche, d'ailleurs, parce que c'est là où se trouvent les votes. (Même si on ne peut acheter les votants avec leur propre argent, on peut les acheter, et ils le sont invariablement, avec ce qu'ils s'imaginent être l'argent des autres.) L'idéologie libérale, selon l'expression de Christina McCall Newman, est comme du « Silly Putty ». Il n'en reste qu'un vague fragment idéologique, conservé aussi soigneusement qu'un éclat de la vraie croix et qu'on exhibe de temps en temps, le plus souvent pour apaiser les médias.

Le parti libéral est aussi le parti le plus victorieux du monde occidental. Sauf durant un total de sept années, il a conservé le pouvoir de 1935 à 1980. Il a maintenu son hégémonie en dépit des circonstances les plus inimaginables — la Dépression, la guerre, la reconstruction de l'après-guerre, la contre-révolution culturelle des années 60, l'«économie d'état de siège» des années 70. Le roc poreux du libéralisme canadien a absorbé toutes les vagues de l'opinion publique: les nationalistes québécois; les nationalistes canadiens; les écologistes; les conservateurs de second plan qui exècrent les taxes; les grands dépensiers «socialistes»; les enfants-fleurs; les guérilleros urbains; les féministes. Ce qui restait de chacune de ces vagues s'est ridé, a reflué, puis a disparu, englouti par la mer lisse comme un miroir de la normalité politique canadienne.

Mais si le parti libéral compte peu au niveau des idées, il en va tout autrement au niveau des individus. Peu après l'élection de 1972, Trudeau reçut à dîner, au 24 Sussex, un groupe de militants libéraux de l'Ontario à qui il demanda, perplexe: «Je ne comprends pas ce qui vous pousse, vous autres. Qu'est-ce que vous y gagnez, de toute façon?» Les militants fixèrent la pointe de leurs souliers et bafouillèrent.

Tout d'abord, ils auraient dû répondre: le plaisir. Le plaisir de faire partie d'une équipe engagée dans une compétition, le plaisir de sentir l'afflux d'adrénaline. En second lieu, ils auraient dû dire: les emplois, non pas les emplois comme tels, mais un certain genre d'emplois impossibles à trouver ailleurs, assurant la sécurité ou doté d'un statut (n'importe quoi, depuis la splendeur durable d'un poste de juge ou d'ambassadeur, jusqu'à la gloire temporaire d'être nommé au bureau des directeurs de CBC ou de la Commission de la capitale nationale). Un autre point également important pour les libéraux réside dans le plaisir exaltant d'être un Initié; cette satisfaction sensuelle qu'on éprouve quand tout le monde sait qu'on est un type à qui les ministres — ces gars importants qu'on voit à la télévision — adressent la parole ou même téléphonent parfois pour lui demander son avis. Enfin, tout en bas de la liste, il y a ce fragment idéologique qu'il faut entretenir: unité nationale, nationalisme économique, «le souci des gagne-petit», et tout le reste.

Les libéraux naissent uniformément à trente-cinq ans et ne vieillissent jamais au-delà de quarante-cinq ans. À l'âge de la puberté, ils apprennent la règle d'or : la meilleure façon de faire son chemin consiste à se faire bien voir en faisant du bien aux autres par le biais de la « fonction publique ». Ils grandissent résolument bilingues, partisans de la lutte anti-tabac et adeptes du jogging, sophistiqués et triomphants, habillés de complets faits sur mesure. En général, ils sont avocats, universitaires (du genre de ceux qui se voient confier d'innombrables recherches et paraissent à la télévision), fonctionnaires et journalistes, ou encore des ecclésiastiques sensibilisés aux questions sociales. Les hommes d'affaires d'allégeance libérale sont eux aussi dans le vent, se réservant les postes de publicitaires ou de conseillers en gestion et abandonnant aux tories les questions ennuyeuses comme la finance ou les assurances. Les libéraux portent des lunettes à monture dorée et se servent de séchoirs à cheveux. Les libérales se promènent avec des porte-documents et, depuis 1980, ont renoncé aux séchoirs à cheveux pour les bouclettes des années 30. Elles sont sûres d'elles sans être agressives. Les libéraux sont tolérants, mais non timorés. Ils ne boivent ni whisky ni boissons gazeuses. Ils savent distinguer un Manet d'un Monet et connaissent la différence entre Pucci et Gucchi. Et, surtout, ils connaissent l'ampleur du fossé qui sépare ceux qui sont au pouvoir, c'est-à-dire dans le coup, et les pauvres paumés qui en sont exclus. Si le parti libéral n'est pas le parti dirigeant en vertu d'un droit naturel, les libéraux, eux, sont les dirigeants naturels du Canada. L'aspect intéressant de cette situation réside moins dans le fait que les libéraux connaissent cette réalité que dans le fait que les Canadiens, l'électorat le plus conservateur du monde occidental, la connaissent, eux aussi.

C'est peut-être à l'ancien leader libéral de Terre-Neuve, Ed Roberts, qu'on doit le commentaire le plus juste sur le caractère des libéraux. Tandis qu'il regardait la foule des militants lors d'un congrès politique, il fit la remarque suivante à un journaliste : « Ces gens ne sont pas des gagnants parce qu'ils sont membres du parti libéral. Ce sont des gens qui ont réussi dans la vie et c'est ainsi qu'ils ont fait du parti libéral un parti gagnant. »

Pour le « nouveau Trudeau », comme la presse ne tarda pas à le surnommer, le parti libéral constituait l'instrument idéal. Il était docile (les libéraux préfèrent dire « discipliné »). Pendant quatre ans, Trudeau n'avait fait à peu près aucun cas du parti et aucun membre n'avait bronché. Il était malléable : quand, entre 1968 et 1972, Trudeau modifia, au point de les rendre méconnaissables, la plupart des politiques héritées de Pearson, le seul qui tiqua fut Walter Gordon. Enfin, et c'est peut-être là la véritable cause de la longévité au pouvoir des libéraux, le parti avait des dons de succube. Les libéraux, a écrit Denis Smith, « se sont appropriés les composantes fondamentales des convictions politiques des Canadiens (...) et ils ont supprimé les solutions de rechange ».

Ceci n'empêche pas que Trudeau dut quand même faire ses preuves. Si les libéraux ont peu d'opinions, ils ont, en revanche, un sens profond de la loyauté. Le Trudeau de 1968-1972 n'avait pas seulement ignoré ces liens du sang, il en était complètement inconscient. Par exemple, il ne s'était pas rendu compte que son attitude tyrannique envers Pearson — il s'empara du pouvoir si rapidement qu'il empêcha celui-ci de célébrer son cinquième anniversaire comme Premier ministre et, ce qui était infiniment plus grave, il ne le consulta pas quand il modifia de fond en comble la politique étrangère — avait profondément offensé les piliers libéraux du Canada anglais: Keith Davey, Jim Coutts, John Nichol et leurs frères de sang, tels Grafstein, John Roberts, Martin O'Connell, Royce Frith. C'étaient eux qui, avec leurs contacts à travers tout le pays, — Ed Roberts, par exemple —, pouvaient faire de Trudeau un membre de la grande famille libérale.

Trudeau n'y alla pas par quatre chemins. Moins de quatre mois après l'élection de 1972, il offrit l'important poste de stratège électoral aux deux plus dévoués partisans de Pearson, Davey et Coutts. Tout d'abord, conseillé par Andras et Pitfield, il se tourna vers Coutts — un conseiller en gestion de Toronto —, mais celui-ci déclina l'offre. Il s'adressa ensuite à Davey, fortement appuyé par Coutts et un groupe d'Ontariens dynamiques*, qui lui avait écrit au milieu de la campagne pour l'avertir qu'il était en train de se mettre les pieds dans les plats. Davey accepta; mais sa nomination officielle fut retardée de trois mois afin de laisser à Trudeau le temps d'apaiser les inquiétudes qu'entretenaient les parlementaires québécois à l'endroit du nouveau titulaire.

*
* *

---

* *Le groupe se réunit pour la première fois, à l'occasion des funérailles de Pearson, la veille du jour de l'An de 1972, et décida alors de «vendre» Davey à Trudeau.*

Si les libéraux québécois éprouvaient tant de rancune à l'égard de Davey, c'était parce que les trois fois où celui-ci avait dirigé la campagne électorale de Pearson, soit en 1962, 1963 et 1965, il n'avait jamais réussi à lui obtenir une majorité. Le surnom de Davey, « le faiseur de pluie », était à double sens : chaque fois qu'il organisait un défilé, il finissait toujours par pleuvoir.

De tous les adjoints qui ont exercé une influence sur Trudeau, c'était Davey qui avait le moins de choses en commun avec lui. En effet, si l'on écarte le fait qu'ils ne fumaient ni l'un ni l'autre et ne buvaient que rarement, rien, strictement rien, ne les rapprochait. Les grandes passions de Davey étaient le base-ball, le football, le hockey, la politique du parti libéral et les médias (sur lesquels il présida un comité spécial du Sénat). Quand, un soir de mars 1973, Trudeau lui téléphona pour lui offrir le poste de stratège électoral, Davey était en train de regarder un match de hockey à la télévision.

Davey s'habille comme s'il devait passer une audition pour le rôle de Nathan Detroit, dans *Guys and Dolls* : il a un faible pour un certain type de rayures et de carreaux noirs et blancs qui trouvent systématiquement le moyen d'être à la fois flamboyants et discordants. Il est sociable, ouvert, du genre qu'on ne peut détester même s'il est l'un des politiciens les plus manipulateurs qu'on puisse imaginer, assez fier de son côté « macho » et, avec peut-être Coutts et Dalton Camp, l'homme aux réparties les plus vives de toute la politique canadienne. Mais avec Trudeau, les réparties de Davey tombaient généralement à plat. Ses héros étaient Pearson et Walter Gordon ; quant à Trudeau, il ne semblait pas devoir être admis au panthéon personnel de Davey.

En 1973, Davey était également assez chatouilleux à propos de son image qui, si elle n'était pas complètement celle d'un perdant, n'était pas non plus celle d'un gagnant époustouflant. Durant les quatre années du « gouvernement rationnel », il s'était montré passablement rétif, se tenant aussi loin de l'action et de la gloire qui enveloppaient ceux qui étaient dans le coup que si les conservateurs avaient été au pouvoir. Enfin, comme sa susceptibilité était exacerbée par la réputation qu'il s'était méritée à force de clamer à tous les vents que les libéraux remporteraient des élections qui n'avaient même pas été convoquées, il gardait dans son portefeuille une carte au texte bref, mais péremptoire : ÉCRASE !

Davey prévint Trudeau que, pour gagner, il lui faudrait faire trois choses : convaincre les libéraux qu'il était un vrai libéral ; convaincre les Canadiens qu'il voulait vraiment être Premier ministre ; faire acte de repentir, mais sans toucher à ce côté bagarreur qui plaisait tant à la population.

*
*   *

Trudeau suivit les instructions de Davey à la lettre. On l'avait accusé de s'être enfermé dans une tour d'ivoire, il purgea donc le Supergroupe de tous les membres qu'on avait vu garder sa porte. Exit Pitfield, nommé sous-ministre de la Consommation et des Corporations. Exit Jim Davey, nommé aux Transports. Exit Peter Roberts, remplacé comme attaché de presse par Pierre O'Neill, un journaliste fort apprécié. Exit — derrière le rideau de scène, tout au moins — Ivan Head qui céda sa tâche de rédiger les discours à un ancien éditorialiste du *Time*. De Hong-Kong, Trudeau fit revenir Eddie Rubin, un homme brillant et populaire qui avait fait partie de son équipe pendant la lutte pour la direction du parti. Et il remplaça Lalonde, son chef de cabinet devenu ministre, par O'Connell, un député défait, lui aussi très populaire parmi les militants.

Pour la première fois au 24 Sussex, le chef cuisinier dut faire des heures supplémentaires. À l'exception de Pelletier et de Marchand, rarement, en quatre ans, un ministre en avait franchi le seuil. Maintenant, ministres, députés et militants anonymes parvenus se pressaient dans le salon et la salle à manger, et lançaient Trudeau dans des conversations sur de nouveaux sujets aussi fascinants que la politique éditoriale du *Toronto Star* ou le bien-fondé du maintien de certaines lignes ferroviaires d'intérêt local. Chaque fois qu'il sortait d'Ottawa, Trudeau s'asseyait avec des militants toujours plus nombreux, et ceux-ci racontaient ensuite à qui voulait les entendre que ce n'était pas vrai que Trudeau ne savait pas écouter. En septembre 1973, quand le parti tint son congrès annuel à Ottawa, Trudeau était devenu un politicien suffisamment averti pour se mériter une ovation quand il lança : «Nous ne voulons pas d'une élection, mais, croyez-moi, cela ne nous fait pas peur. (...) Ils vont devoir livrer la bataille de leur vie.»

Tout ça, c'était parfait. Mais s'il voulait avoir la chance de se battre, Trudeau devait éviter de mordre la poussière au Parlement. Cette fois, ce fut MacEachen qui lui servit de professeur ; et, tout comme il l'avait fait avec Davey, Trudeau s'en tint au scénario préparé par son mentor, sans sauter une seule virgule.

*

*   *

Avant l'hiver 1979-1980, où il apparut comme l'instigateur du complot qui prit le gouvernement Clark par surprise et lui coûta la vie, permettant ainsi à Trudeau de revenir au pouvoir après une élection réduite à l'état de simple formalité et qu'il ne pouvait perdre, presque tout le monde, au pays, ignorait qui était MacEachen. C'est-à-dire tout le monde, moins la population de Cap-Breton, les quelques députés qui suivaient avec attention les activités du Parlement, certains fonctionnaires des Communes qui se repaissaient des différences entre Beauchesne et Bourinot et tous les adeptes de la culture celte.

En 1972, cela faisait déjà dix-neuf ans que MacEachen arpentait la Colline parlementaire en qualité de député ou comme conseiller d'arrière-plan. Quelque part, en cours de route, lui qui promettait tant, avait fait une erreur d'aiguillage. Il disposait pourtant d'atouts sérieux puisqu'il était sorti du Massachusetts Institute of Technology avec le titre d'économiste. C'était un personnage impressionnant ; il arborait une abondante crinière noire comme du jais et possédait une maîtrise de l'anglais parlementaire qui évoquait irrésistiblement pour certains auditeurs des immortels comme Charles James Fox. Il était aussi, au dire de tous, d'une très grande perspicacité, même s'il le dissimulait derrière une rondeur bon enfant qui faisait partie de son jeu.

Incontestablement, MacEachen avait connu des débuts très prometteurs. Élu pour la première fois en 1953, à l'âge de trente-trois ans, il devint l'un des principaux conseillers de Pearson après la défaite de 1958. Réélu en 1962, sa nomination comme ministre, l'année suivante, en fit l'un des plus jeunes membres du cabinet ; plus tard, quand il hérita du portefeuille de la Santé nationale et du Bien-Être social, il institua le régime d'assurance-maladie. Ce fut à partir de ce moment-là que le vent commença à tourner. En 1968, stimulé par l'avènement du libéralisme de gauche, il se porta candidat à la direction du parti, commit l'erreur de croire qu'il avait de bonnes chances de l'emporter, perdit pitoyablement et se retrouva avec une dette de cent mille dollars sur les bras. Ensuite, puisqu'il faut bien dire les choses telles qu'elles sont, MacEachen se retira sous sa tente. Célibataire extrêmement secret, mélancolique à ses heures, il se gagna une réputation de paresseux et de broyeur de noir improductif. Trudeau l'aiguilla sur une voie de garage en le nommant à la Main-d'œuvre, puis le relégua carrément au poste fastidieux de leader du gouvernement.

Même s'il était l'un des membres les plus progressistes du cabinet, MacEachen n'avait rien d'un «gars nouveau avec des idées nouvelles». Il refusa de prendre au sérieux le «gouvernement rationnel». La façon dont le bilinguisme était appliqué le laissait assez sceptique. (Et le remplacement des panneaux rédigés en anglais et en gaélique, le long du parcours de golf du Parc national de Cap-Breton, par d'autres écrits en français et en anglais fut loin de l'inciter à changer d'avis.) Qui pis est, il avait tendance à proférer des hérésies du genre : «Il existe une conception superficielle et unilatérale du rôle de monsieur Trudeau que je n'ai jamais partagée. Je n'ai jamais cru que le pays éclaterait s'il n'était pas Premier ministre.» Plutôt que vers Trudeau, la fidélité politique de MacEachen allait vers Pearson, le parti libéral et, surtout, son Cap-Breton natal.

Ainsi que le pays s'en rendit compte au moment où, en 1980, MacEachen devint, sur le tard, une «célébrité» consacrée par les médias, la seule façon de le comprendre consiste à comprendre l'île du Cap-Breton, ce royaume tribal, secret, refermé sur lui-même, peuplé de romantiques cyniques et de naïfs rusés, c'est-à-dire peuplé de Highlanders catholiques, dont les rêves sont habités de réminiscences des Hébrides. C'est dans le passé qui, pour lui, fait partie du présent que MacEachen se sent le plus heureux. Il parle gaélique couramment et se rend régulièrement en Écosse pour revivifier ses racines. Aux yeux de sa tribu de Cap-Breton, il est à la fois icône et berger, mais aussi «Alan J.», le p'tit gars de l'endroit qui boit du vrai scotch et possède une pile haute comme ça de disques de vraies chansons écossaises. En 1976, il fut sur le point de démissionner lorsque Trudeau lui retira la brioche des Affaires extérieures pour lui refiler le vieux pain sec de la présidence de la Chambre, mais il changea d'avis après que des amis l'eurent convaincu que ce serait une trop grande déception pour tout le Cap-Breton.

L'hiver 1972-1973 marqua un tournant décisif dans la carrière de MacEachen. Celui-ci avait déjà connu quatre Parlements minoritaires : deux avec Diefenbaker et deux avec Pearson. Quand, en février 1968, le gouvernement Pearson fut malencontreusement défait sur une question financière à la suite d'une maladresse, MacEachen le sortit de ce mauvais pas en présentant une motion habilement rédigée dans laquelle il démontrait qu'il ne s'était pas du tout agi d'un vote de confiance. Il savait que si, sur papier, il semble toujours facile de renverser un gouvernement minoritaire, cela devient extrêmement difficile dans la réalité. Des quatre gouvernements minoritaires qu'a connus le Canada depuis la Seconde Guerre mondiale, seul celui de John Diefenbaker, en 1963, a été défait. La raison en est simple: il est très rare que tous les partis d'opposition soient *simultanément* intéressés au déclenchement d'élections précipitées.

Toutefois, les difficultés parlementaires que connaissaient Trudeau et MacEachen étaient particulièrement graves. La différence numérique entre les libéraux et les conservateurs était si faible — seulement deux députés — que, en vertu de la tradition constitutionnelle, une défaite précoce en Chambre se traduirait non pas par une élection, mais, comble de l'horreur, par l'accession au pouvoir de Stanfield et des conservateurs. Faute de posséder un bâton pour obliger les tiers partis, numériquement moins importants, à rester dans les rangs, MacEachen décida de leur offrir des carottes.

*

*   *

Quand vint le temps d'élaborer sa stratégie de survie, MacEachen se montra encore plus farouchement secret, si l'on peut dire, qu'à propos de sa vie privée. N'ayant aucune confiance dans les messagers, il remettait personnellement des exemplaires numérotés de son projet aux ministres-clés, puis revenait les récupérer lui-même quelques jours plus tard. Son plan reposait sur deux principes: esquiver la bataille plutôt que d'y faire face; régner en divisant. Si le gouvernement tenait le coup jusqu'aux vacances de Pâques, estimait MacEachen, il serait alors assuré de rester en place jusqu'à l'automne. À ce moment-là, Trudeau aurait constitutionnellement le droit de déclencher une élection s'il se faisait battre. Dès lors, le gouvernement n'aurait plus qu'à faire volte-face et à attendre le moment le plus propice pour se faire renverser.

En fait, la tactique de MacEachen était à la fois très simple et très intelligente. On reporterait au retour de Pâques tous les projets de loi susceptibles de provoquer une controverse.

Quant aux motions de censure, seules certaines seraient acceptées comme telles. (Pour justifier ce point, MacEachen déterra des précédents qui remontaient jusqu'à John A. MacDonald.) Afin d'amener les trois partis d'opposition à se sauter mutuellement à la gorge, on inscrirait au calendrier autant de « Jours de l'Opposition » que cela s'avérerait possible parce que, à coup sûr, ces partis voteraient systématiquement les uns contre les autres. Enfin, et MacEachen insista sur ce point, le gouvernement Trudeau devrait se montrer gentil comme tout avec le N.P.D.

*
*　　*

Si le N.P.D. n'avait pas augmenté son pourcentage des voix, lors de l'élection (18 pour cent), il y avait tout de même gagné trente et un députés, un résultat sans précédent. C'était lui qui détenait la balance du pouvoir : il pouvait, à son gré, laisser tomber Trudeau et asseoir Stanfield dans son fauteuil ou appuyer Trudeau et le maintenir au pouvoir pendant une période plus ou moins longue. À la suite d'un caucus spécial tenu à la mi-décembre, David Lewis, le chef du parti, annonça qu'il appliquerait une politique « donnant, donnant » : si Trudeau augmentait les pensions de vieillesse et prenait immédiatement des mesures pour créer de nouveaux emplois et pour bloquer la hausse des prix des aliments, le N.P.D. pourrait, momentanément, lui accorder son appui.

En dépit du pouvoir qu'on lui prêtait, Lewis était vulnérable. Ses propres adjoints et la plupart de ses jeunes députés étaient des « faucons » qui se méfiaient profondément de Trudeau ; quant à ses « colombes », de vieux routiers comme Tommy Douglas et Stanley Knowles, ils craignaient de voir se répéter le même désastre électoral qui les avait balayés en 1958, lorsque Diefenbaker avait échangé sa minorité contre la plus forte majorité jamais vue. Aussi, comme le souligna Vernon Harder, de l'Université Queen's, dans *House of Minorities,* sa thèse de maîtrise qui portait sur la mêlée de 1973-1974, « le N.P.D. n'était pas suffisamment audacieux pour s'engager, comme le conseillaient quelques membres du parti, dans une coalition officielle, législative ou ministérielle ».

Quand, peu après l'élection, des pourparlers secrets entre Lewis et MacEachen incitèrent la presse à parler d'une éventuelle coalition, les « faucons » du caucus néo-démocrate divulguèrent aux journalistes des bribes de leurs conversations, forçant ainsi Lewis à déclarer publiquement qu'il « refuserait toute alliance ou tout marché que ce soit » autant avec les libéraux qu'avec les conservateurs. En réalité, tout au long de 1973, Lewis et MacEachen se rencontrèrent une demi-douzaine de fois, à l'insu et du caucus et du cabinet libéral, pour discuter de questions comme le taux d'augmentation des pensions ou d'un système qui permettrait de surveiller la création d'emplois en échange de quoi Turner avait accordé aux sociétés, dans son budget de 1972, un abattement des impôts de cinq cents millions de dollars.

Même avec du recul, on voit difficilement comment Lewis aurait pu améliorer sa stratégie, par opposition à ses tactiques (dont la plus « fameuse » fut le moment qu'il choisit pour renverser Trudeau). Pendant dix-huit mois, il harcela tellement le gouvernement Trudeau que celui-ci finit par adopter une ligne progressiste qu'on ne lui avait jamais connue auparavant — ni depuis, d'ailleurs. Mais, au bout du compte, ce fut lui qui dut acquitter la facture : aux yeux d'un nombre croissant d'électeurs qui avaient voté pour le N.P.D., Trudeau devenait chaque jour plus séduisant.

*
*   *

Le Parlement se réunit le 4 janvier. Fidèle aux directives de MacEachen, Trudeau établit immédiatement une distinction entre les motions de censure purement techniques et les votes qui « touchent aux fondements mêmes de notre politique ». Du même souffle, il répondit à la proposition « donnant, donnant » de Lewis : son Discours inaugural prévoyait des mesures en matière de sécurité sociale, de création d'emplois et de contrôle du prix des produits alimentaires. Lewis déclara qu'il appuyerait Trudeau, ce qui incita Paul Hellyer, un jeune conservateur à peine sorti de sa coquille, à dénoncer cette « alliance sacrilège ». Ceci n'empêcha pas ladite alliance de se révéler à la fois efficace et productive. Dans son budget déposé le 19 février, Turner déverrouilla les portes du Trésor et jeta les clés : il en jaillit une hausse des pensions de vieillesse et des allocations familiales, la suppression de la taxe de vente sur les vêtements et les chaussures d'enfants, des réductions d'impôt sur le revenu des particuliers et, enfin, l'« indexation ». « Ce budget contient suffisamment de mesures positives pour que nous considérions qu'il est de notre devoir de l'appuyer», déclara Lewis. Quelque temps après, une enquête parlementaire sur le prix des produits alimentaires entraîna la création de la Commission de surveillance du prix des produits alimentaires, accompagnée d'une loi sur les dépenses électorales et d'une autre sur les mainmises étrangères.

Quand les vacances de Pâques arrivèrent, les pontifes applaudirent à deux mains ce Parlement qui s'avérait l'un des plus productifs que le pays ait jamais connus. Peu après la reprise de la session, ils retournèrent leurs vestes et se mirent à critiquer les conservateurs. En juin, Trudeau présenta une résolution qui «réaffirmait» les principes du bilinguisme et contre laquelle votèrent seize conservateurs (dont Diefenbaker et Jack Horner), tandis que treize autres s'abstenaient. Après s'être fait roulés, les conservateurs venaient d'être battus en brèche. Dès le début de l'été, Trudeau et MacEachen avaient atteint le point de non-retour: ils avaient gagné le droit de convoquer une élection au lieu de devoir céder le pouvoir à Stanfield. Tout ce qui leur restait à faire, c'était de choisir le moment où ils provoqueraient eux-mêmes leur propre défaite.

*
*　　*

Cet hiver-là, une loi, en particulier, se détacha de toutes les autres: un montant supplémentaire de presque deux milliards de dollars que Lalonde, alors ministre de la Santé nationale et du Bien-Être social, distribua aux parents et aux personnes âgées. La raison de son importance était fort simple: Trudeau, qui avait annoncé à grands cris l'avènement de la Société juste, n'avait jamais vraiment envisagé qu'elle pourrait prendre la forme de dépenses à caractère social. «Toutes les mesures de sécurité sociale (...) devront rester lettre morte, avait-il écrit bien avant de devenir Premier ministre, si l'infrastructure économique est incapable de porter le poids et de payer le coût de ces institutions.» Mais maintenant, mis au pied du mur par le N.P.D., il avait dû changer d'avis et permettre à Lalonde d'introduire le seul changement d'importance en matière de politique sociale qu'il autorisa en dix ans de pouvoir*.

---

* *La réforme apportée par Mackasey, en 1971, au régime d'assurance-chômage est une anomalie; si celui-ci a pu n'en faire qu'à sa tête, ce fut parce que le ministère des Finances ne voulait pas admettre que le taux minimum de chômage qu'il*

Du coup, Lalonde devint, du jour au lendemain, la nouvelle vedette politique. Le *Time* le baptisa « le ministre heureux ». Adroitement il démantela le barrage qui avait empêché d'en arriver à une entente lors de la Conférence constitutionnelle de Victoria, en 1971, en autorisant les provinces à modifier le mode de versement de leurs allocations familiales. Dans l'Ouest, sa franchise chaleureuse séduisit ses auditoires. Les observateurs en faisaient déjà un futur Premier ministre. Pourtant, après 1973, Lalonde n'accomplit rien de plus. Chef de l'aile québécoise, à la suite de Marchand, ses députés le détestaient; ministre des Relations fédérales-provinciales, c'étaient les provinces qui le détestaient.

La personnalité même de Lalonde était, en partie, responsable de cette réaction: ouvert, à première vue, mais, en fait, inflexible; sans prétention mais arrogant. La faute en incombait également à son empressement, du genre « toujours prêt », à se charger des sales besognes à la place de Trudeau. Mais quand le rêve que caressait Lalonde d'instaurer un nouveau régime de sécurité sociale se solda par un ultime échec, le véritable problème refléta l'ironie du destin: Lalonde devint la dernière victime de l'obsession que lui-même et Trudeau entretenaient à l'égard du rationalisme.

En avril 1973, le livre orange de Lalonde sur la sécurité sociale permit de cerner la nature du problème. Il s'agissait, expliqua Lalonde, « de concevoir une approche complète, logique et audacieuse » qui engloberait « tout le champ de la sécurité sociale ». Puis, pendant deux ans, ardemment secondé par Al Johnson qui avait quitté le Conseil du Trésor pour devenir son sous-ministre et avec l'aide d'une armée de planificateurs qui élaboraient des schémas, Lalonde entraîna les gouvernements provinciaux (seuls les Québécois avaient une très vague idée de ce dont il parlait) à travers le dédale des mécanismes incompréhensibles des programmes de « sécurité du revenu » et de « complémentarité du revenu » auxquels se

---

avait fixé à 4 pour cent et au-delà duquel Ottawa assumerait tous les frais, était désespérément inexact. Toujours en 1971, John Munro, alors ministre de la Santé nationale et du Bien-Être social, réussit à soutirer au Conseil du Trésor une maigre pitance de deux cent cinquante millions de dollars, somme qu'il offrit au Parlement sous le couvert d'un audacieux Programme de supplément du revenu familial, en vertu duquel les allocations familiales auraient été supprimées aux riches et augmentées dans le cas des familles démunies. Sans aucune raison apparente, Hellyer fit avorter le projet à cause d'une question technique, mais Munro avoua, par la suite, que son programme aurait probablement été relégué aux oubliettes, de toute façon; les libéraux étaient inondés de coups de téléphone furieux provenant de mères de famille de la classe moyenne.

greffait un régime de revenu annuel garanti à deux niveaux. Au début de 1975, quand Lalonde eut finalement mis au point ce qui lui paraissait un régime parfait, le cabinet constata qu'il n'avait plus les moyens de le mettre en œuvre. D'abord évalué à deux milliards de dollars, le projet fut ramené à un milliard cent mille, puis dégringola jusqu'à trois cent cinquante millions de dollars. Le temps que Lalonde soit en mesure de le proposer aux provinces, vers le milieu de 1976, celles-ci avaient perdu tout intérêt pour le projet. Lorsque, finalement, on reconsidéra l'ensemble de la politique sociale, à la fin de 1978, en y ajoutant un remboursement du crédit d'impôt pour enfants, ce fut fait selon l'ancienne méthode irrationnelle afin de se gagner des votes à la veille d'une élection et par un autre ministre, Monique Bégin.

*
*   *

Au fur et à mesure que l'automne 1973 approchait, Trudeau semblait politiquement invulnérable. En août, Lewis tenta vainement de convaincre son caucus de renverser le gouvernement dès la session d'automne ; faute d'y être parvenu, il présenta une nouvelle série de demandes « donnant, donnant », qui allait du taux hypothécaire à 6 pour cent jusqu'à des subventions pour les produits alimentaires. Dans un effort pour se sortir du mauvais pas où il s'était fourré avec la question du bilinguisme, Stanfield annonça que son remède contre l'inflation (alors de 8 pour cent) était le gel des prix et des salaires. En guise de réponse, Trudeau déclara devant des libéraux en délire, lors du congrès de septembre, qu'il livrerait aux tories « le combat de leur vie ». Puis Trudeau et le monde occidental tout entier tournèrent une page de l'histoire.

*
*   *

Au tout début de la matinée, le 6 octobre 1973, des commandos égyptiens traversèrent en force le canal de Suez. Lorsque la guerre du Yom Kippour prit fin dix-huit jours plus tard, les armées arabes, quoique vaincues comme d'habitude, continuèrent, pour la première fois, de former un front uni. Le 16 octobre, l'Organisation des pays arabes exportateurs de pétrole annonça une diminution de la production de 25 pour cent.

Le prix mondial du baril de pétrole qui était, jusque-là, de trois dollars grimpa à six dollars; à la fin de l'année, il en coûtait dix. Une par une, les démocraties industrielles s'installèrent dans une « économie d'état de siège » dont la plupart n'ont pas encore émergé*.

La majorité des Canadiens ne s'inquiéta pas tout de suite. En 1969, Joe Greene, ministre de l'Énergie, avait affirmé que nous possédions des réserves de pétrole pour « encore plusieurs centaines d'années »; et, pour se débarrasser du « surplus », il proposa un marché continental du pétrole. En 1970, seul de tout le cabinet, Kierans, qui n'en faisait toujours qu'à sa tête, s'opposa à une nouvelle et énorme exportation de gaz. En juin 1973, Donald Macdonald, devenu ministre de l'Énergie, prévoyait, dans son rapport intitulé *Politique canadienne de l'énergie*, des surplus pour « quatre-vingts ans » et avait calculé que le prix du baril pourrait bien atteindre cinq dollars d'ici l'an 2000. Le seul point intéressant de tout son rapport fut une référence curieusement brève à « une société pétrolière nationale (qui) pourrait envisager comme l'un de ses principaux objectifs l'augmentation des connaissances canadiennes » dans le domaine de l'industrie énergétique.

Cette idée avait vu le jour trois ans plus tôt, au cours d'une conversation entre Trudeau et son nouveau sous-ministre de l'Énergie, Jack Austin, un ancien avocat spécialiste du droit minier, débrouillard et ambitieux. Austin se souvient que Trudeau n'avait pas d'idée très précise sur ce qu'il voulait, mais simplement la vague impression que, d'une façon ou d'une autre, l'énergie pourrait servir de « levier » pour changer la structure socio-économique du pays. Austin, nanti de la bénédiction de Trudeau, engagea des spécialistes pour renflouer son ministère moribond: Ian Stewart et Joel Bell, deux brillants fonctionnaires, et Bill Hopper, un conseiller en questions pétrolières qui se trouvait alors aux États-Unis*.

Le quatuor se lança dans la première étude systématique — eh oui, rationnelle! — sur l'industrie énergétique canadienne dont tout le monde, à l'époque, ignorait tout ou se moquait royalement, puisque l'énergie était bon marché et que les multinationales connaissaient leur métier. Selon une des

* *Le Canada était assez mal placé pour critiquer le cartel du pétrole parce que, de concert avec l'Angleterre, la France, l'Afrique du Sud et l'Australie, nous avions formé un cartel identique pour fixer le prix international de l'uranium.*

* *En 1980, Stewart, Bell et Hopper étaient respectivement sous-ministre des Finances, vice-président et président de Pétro-Canada.*

conclusions du groupe, que Macdonald fit sienne immédiatement, le Canada devait posséder son propre géant du pétrole, qui serait un organisme public chargé de déterminer le rythme des explorations et servirait au gouvernement de « fenêtre sur l'industrie » pour qu'il puisse savoir ce qui s'y passe. Une seconde conclusion estimait que si les prix mondiaux étaient encore augmentés, les multinationales nageraient dans une mer de bénéfices inattendus. *La Politique canadienne de l'énergie* ne faisait nullement mention de ces deux conclusions ; elles en avaient été amputées par la droite ministérielle : Drury, Sharp, Andras et — plus influent qu'un simple ministre — Simon Reisman, sous-ministre des Finances. Ce fut seulement grâce à l'intervention de Trudeau, faite parce que, se rappelle Austin, « il aime les débats publics sur les grandes questions », que la version définitive et publiée du rapport comporta une référence à la société nationale.

À la fin d'octobre, les Arabes passèrent à l'action. Lewis les imita. Ses dernières conditions furent une société pétrolière nationale (il pensait à la nationalisation d'Imperial ou de Gulf) et le gel du prix du pétrole. L'aile droite du cabinet refusa. « Je croyais que nous avions engagé un homme d'affaires, lança Drury à Austin, mais il semble bien que nous avons engagé un socialiste. » Presque seul dans son camp, mais soutenu par Lalonde, Macdonald continua de se battre.

Entrée en scène de MacEachen. À la mi-novembre, le leader parlementaire du N.P.D., Stanley Knowles, déclara à MacEachen : « Si vous ne passez pas à l'action, nous ne pourrons pas retenir David encore bien longtemps. » MacEachen partageait déjà l'idéologie de Macdonald ; désormais, il y grefferait le pouvoir de la persuasion politique.

Entrée en scène de Trudeau. Le 22 novembre, sur les instances de ses conseillers et alors que le cabinet était encore divisé, il s'était présenté devant les caméras de télévision pour faire ce que Stanfield appela « un non-exposé magistral ». Le Canada avait suffisamment de pétrole pour passer l'hiver ; il annoncerait bientôt une politique énergétique. Lewis répliqua qu'il voterait contre le gouvernement en présentant une motion de censure, le 10 décembre. Venant enfin de se rendre compte que le gouvernement n'avait aucune politique, la population s'alarma pour la première fois. Puis les porte-parole de l'industrie jetèrent de l'huile sur le feu en déclarant que, depuis le début, les citoyens les avaient mal compris : les estimations des surplus étaient basées sur des réserves « potentielles » et non sur des «réserves récupérables», dont on avait déjà découvert de grandes quantités. Ils ajoutèrent que, pour pouvoir accumuler des réserves supplémentaires, il leur faudrait hausser les prix.

Quiconque a gardé mémoire de ces événements se souvient que Trudeau planait au-dessus de l'ouragan. Il semblait, d'ailleurs, prendre grand plaisir à résoudre ce problème, à la fois concret et abstrait, dans ses multiples dimensions économiques, financières, politiques et constitutionnelles (les premiers coups de feu dans la guerre avec l'Alberta venaient d'être tirés). En huit jours, un groupe formé des ministres-clés se réunit à six reprises. Durant la plupart de ces rencontres, Trudeau resta neutre. Puis, à la fin, il trancha.

Le 6 décembre, Trudeau réapparut sur les écrans de télévision de la nation pour annoncer «une nouvelle politique pétrolière nationale». Il en énuméra rapidement les éléments: prolongation de trois mois du gel du prix du pétrole; prolongement de l'oléoduc de l'Ouest jusqu'à Montréal; un seul prix pour tout le pays, et une taxe spéciale sur les exportations de pétrole vers les États-Unis afin de subventionner les cinq provinces de l'Est qui dépendaient des importations au prix plus élevé; un programme de mise en exploitation des sables bitumineux de l'Alberta; et, enfin, «une société pétrolière nationale». Tout cela permettrait au Canada d'atteindre, conclut Trudeau, «l'autosuffisance en pétrole d'ici la fin de la décennie».

«C'est une victoire qui dépasse mes espérances», remarqua Lewis. Interrogé sur ce point, Trudeau répondit par une boutade: «Nous avons été plus loin que le *Manifeste communiste*. Question suivante.» Le 10 décembre, la Chambre vota en faveur du projet. Il avait gagné.

Cette politique adoptée en décembre 1973 a survécu, dans ses grandes lignes, pendant près d'une décennie. Le principal changement réside dans le fait que l'objectif d'autosuffisance prévue par Trudeau pour 1980 a d'abord été abandonné avant d'être ranimé par son successeur Clark par le biais de la formule «l'autosuffisance d'ici 1990», puis de nouveau abandonné par Trudeau*. En outre, à l'époque comme maintenant, Trudeau ne parla à peu près pas de la conservation des ressources.

---

* *Au cours d'une entrevue qu'il accorda en février 1980 au réseau CTV, au milieu de la campagne électorale, Trudeau affirma: «Heureusement, nous aurons atteint une certaine forme d'autosuffisance avant la fin du siècle.»*

Robert Stanfield a toujours attribué sa défaite de 1974 à la façon dont Trudeau avait réglé la crise du pétrole en 1973 — nous avions traversé l'hiver sans la moindre restriction et avec les prix les plus bas au monde — plutôt qu'aux difficultés rencontrées au cours de la campagne à cause de sa propre politique sur le contrôle des prix et des salaires. Les faits donnent raison à Stanfield: il avait effectivement, pendant la campagne, regagné le terrain perdu. Son véritable problème tenait au fait que, bien avant le déclenchement des élections, les Canadiens avaient déjà décidé qu'ils avaient besoin de leur héros du combat singulier pour les guider hors de l'obscurité glaciale et menaçante.

Cet hiver-là, le soleil brilla pour Trudeau. En décembre, un sondage Gallup révéla que les libéraux menaient par 43 à 33 pour cent. Au Québec, les libéraux de Bourassa raflèrent 102 des 110 sièges. Et, le jour de Noël, à l'étonnement de tous, le magicien fit encore des siennes: Margaret lui donna un second fils, Alexandre Emmanuel, Emmanuel signifiant *lumière*.

À la réouverture de la session parlementaire, le 27 février 1974, Trudeau était dans un état d'esprit ambigu. En public, il déclarait: «J'ai la ferme intention de rester, au moins jusqu'à la fin de mon mandat.» Il répétait la même chose dans l'intimité, en précisant qu'il était sérieux. Néanmoins, il ne cessait d'accabler le N.P.D. de ses sarcasmes, le comparant, entre autres choses, à un groupe de «mouettes poussant des cris rauques et perçants au-dessus du navire de l'État et faisant semblant de le gouverner».

Jour après jour, les journalistes de la Colline parlementaire, attendaient l'annonce du décès: de toute évidence, les jours du Parlement étaient comptés. Lewis était devenu irritable, furieux contre ces reporters qui racontaient que le N.P.D. «couchait dans le lit» des libéraux et qu'il était le «chouchou de PET»*. Il venait de se rendre compte qu'il avait soutiré tout ce qu'il pouvait du gouvernement — le récent Discours inaugural contenait peu de promesses nouvelles — et qu'il se retrouvait dans de mauvais draps pour avoir redoré le blason de Trudeau.

---

* *En anglais:* «PET's pet». *(N.D.L.T.)*

Tandis que la crainte d'une pénurie de pétrole s'estompait (Trudeau avait réussi, à force d'arguties, à arracher aux Premiers ministres provinciaux un prix de six dollars cinquante par baril), c'était la crainte de l'inflation qui lui succédait. En 1973, le taux avait été de 9,1 pour cent, le plus haut depuis vingt-deux ans. En avril 1974, il atteignit un terrifiant sommet de « deux chiffres ». D'un bout à l'autre du pays, les foules ovationnaient Stanfield quand il soutenait que seuls les contrôles pourraient juguler « la psychose de l'inflation ».

Pendant que Stanfield parcourait le pays, le sondeur attitré du parti libéral, Martin Goldfarb, tâtait le pouls de la population. Il constata qu'il battait de façon extrêmement irrégulière. Les citoyens affirmaient qu'ils étaient en faveur du contrôle des prix et des salaires. Ce qu'ils voulaient dire en réalité, c'est qu'ils étaient tout à fait en faveur du contrôle des prix ; quant à celui des salaires, ils n'avaient rien contre, du moment qu'il s'agissait du salaire du voisin.

Subitement, le 29 avril, Herb Gray, ministre de la Consommation et des Corporations, déposa un projet de loi assez inhabituel. Il l'avait baptisé : loi modifiant la loi relative aux enquêtes sur les coalitions en ce qui a trait aux pratiques abusives. En donnant au gouvernement le pouvoir d'annuler toute hausse des prix qui entraînerait « des bénéfices supérieurs à la normale », la loi empêcherait désormais que les consommateurs se fassent « estamper ». Elle prévoyait également une peine maximale de deux ans de prison pour les entreprises contrevenantes. Nulle part on n'aurait pu trouver d'émissaire plus parfait que Gray pour présenter une telle loi : c'était un ministre stable, solide, décent, d'un sérieux presque morbide ; il était également, comme le raconte un ancien collègue, « le seul d'entre nous qui prenait ça au sérieux ». (Le projet de loi disparut comme par enchantement dès la fin des élections ; et Gray disparut du cabinet.)

À l'époque, pourtant, cela semblait une bonne loi. Après trois jours de débats acrimonieux, le caucus néo-démocrate décida qu'elle était trop belle pour être vraie. Lewis déclara que c'était une « vraie honte » et qu'il voterait contre. Les jeux étaient faits ; il restait simplement à fixer la date et à choisir le prétexte.

Trudeau trancha les deux questions. Jusqu'à la dernière seconde, se souviennent ses collaborateurs les plus proches, il fut incapable d'admettre complètement qu'il pourrait se faire battre. Mais, le cas échéant, il ne s'en ferait pas. Il avait pour lui, comme le remarqua Davey, « la force du nombre ». Le prétexte était tout trouvé : le budget Turner, avec ses réductions de taxe, offrait de nombreuses échappatoires à la classe moyenne et augmentait les dépenses de 26 pour cent. Quant au moment choisi, il était parfait : Turner déposerait son budget le 6 mai, celui-ci serait rejeté et on pourrait convoquer les élections pour le 8 juillet, quelques jours à peine avant la date prévue pour la publication du rapport mensuel sur l'inflation de Statistique Canada et suffisamment longtemps après le dépôt de son rapport précédent. Le 8 mai, à la suite d'une motion de censure du N.P.D., Turner devint le premier ministre des Finances, au Canada, à voir son budget refusé. De la Galerie où il observait les débats, Keith Davey laissa échapper un soupir de soulagement.

*
*   *

Même si elle s'était avérée triomphale, les collaborateurs de Trudeau préférèrent, par la suite, garder le silence sur l'élection de 1974. Pour Trudeau, il s'agissait à la fois de la meilleure et de la pire de toutes les élections auxquelles il avait participé.

Toute sa campagne se déroula sous le signe d'une allégresse flamboyante sans précédent et inégalée depuis. Comme lever de rideau, il décida de chanter en compagnie d'un chœur de retraités, les *Gadabouts* de Kingston, dans le hall de la Chambre des communes. Et, pour la finale, on put les voir, lui et Margaret, manger des hot-dogs et des pizzas, lors d'un immense pique-nique organisé par les communautés ethniques dans l'île de Toronto. Entre les deux, il voyagea par train de Sydney, Nouvelle-Écosse, à Montréal, ce qui faisait penser aux campagnes épiques de Diefenbaker durant les années 50. Il monta dans une montgolfière. Il voyagea avec les journalistes dans un avion sans compartiments, il blagua avec eux, à l'heure du déjeuner il faisait la queue avec eux dans des cafétérias.

De nouveau, c'était le matin du magicien. « En 1972, ma campagne n'avait pas vraiment décollé. Mais, cette année, j'ai trouvé le secret. J'ai un train et j'ai Margaret ». Tout le monde savait qu'il avait raison. Tout tournait à son avantage : pendant que Stanfield ratait son fameux coup d'envoi lors d'un match de football, Trudeau escaladait, sans avoir l'air ridicule, une clôture en fer forgé de six pieds. Les reporters se plaignaient qu'il annonçait systématiquement ses politiques juste à l'heure de tombée, ce qui les empêchait d'écrire autre chose que des manchettes, faute de temps ; cela n'avait aucune importance puisque les manchettes paraissaient et que les journalistes pouvaient passer le reste de leur temps à recueillir toutes les anecdotes savoureuses dont ils avaient besoin pour nourrir « la Chèvre ».

Mais le grand atout, c'était Margaret qui avait décidé, de son propre chef, de participer à la campagne. Ahuris, Davey et Coutts pressèrent Trudeau de l'en empêcher ; il essaya mais, heureusement pour lui, n'y réussit pas. « C'est un homme superbe, déclara-t-elle, nerveuse et maladroite, devant deux mille cinq cents personnes, à Vancouver-Ouest. Il m'a tout appris de l'amour. » Le double sens involontaire provoqua des rires étouffés parmi la foule. Davey et Coutts frémirent en l'entendant et envoyèrent aussitôt Joyce Fairbain, l'une des adjointes, tenir la main de Margaret et, si possible, lui clouer le bec. Les journalistes commencèrent par glousser avant de découvrir, le lendemain, que le pays tout entier en était devenu amoureux. Du jour au lendemain, Margaret devint, elle aussi, une magicienne. Ainsi que cela se produit toujours avec les authentiques magiciens, chacun voyait en elle exactement ce qu'il voulait y voir : l'enfant-fleur, la femme libérée, la Colombine d'Arlequin, une mère dévouée qui allaitait ses enfants et avait gardé avec elle Sacha, alors âgé de cinq mois — fragile et nerveuse peut-être, mais si incroyablement belle et jeune et innocente. Elle fit sa propre campagne, depuis la Colombie britannique jusqu'à l'île du Prince-Édouard, en traînant avec elle Fairbain qui ne savait plus à quel saint se vouer.

Du début à la fin, depuis la comparaison qui faisait de Trudeau l'équivalent politique d'une superstar du rock jusqu'à la manipulation des médias, la campagne de Trudeau, en 1974, fut un exercice de stratégie politique comme on n'en avait plus vu depuis l'accession de John Kennedy à la présidence, en 1960. Cette stratégie était, politiquement parlant, presque géniale, et ce, pour deux raisons. Tout d'abord, Trudeau avait compris que le principal catalyseur du comportement de l'électeur moderne est le négativisme : celui-ci votera *contre* quelqu'un (Stanfield) et *contre* quelque chose (le contrôle des prix et des salaires) avec infiniment plus d'entrain et de conviction qu'il n'aurait voté *pour* quelqu'un ou quelque chose*. En se-

---

* *En réalité, les électeurs vigilants, qui pèsent soigneusement le pour et le contre, et dont on dit qu'ils décident du résultat de l'élection — dans la mesure où celui-ci n'a*

cond lieu, il avait reconnu — «C'est une question de leadership.» — la primauté du charisme sur le contenu. À la fin des années 50, des observateurs, dont Arthur Schlesinger Jr, avaient soutenu que le charisme était un phénomène dépassé dans les démocraties avancées; puis Schlesinger fit la connaissance de JFK. C'est Irvine Schiffer, un psychologue torontois, qui a le mieux décrit ce phénomène: «Tous les dirigeants, y compris ceux qui ont un certain charisme, sont, dans une importante proportion, des créations du peuple.» Et il ajoute: «Rien ne prouve que les rouages de la démocratie tournent à plein régime pour éclairer une société qui se choisirait des dirigeants transcendant l'éclat du charisme.» C'est uniquement lors des élections de 1972 et de 1979, quand il voulut substituer un contenu à l'attrait «hypnoïde» (selon le mot de Schiffer) du charisme, que Trudeau ne réussit pas à se faire recréer par la population.

Le côté sombre de la campagne de 1974 — le démon caché derrière le magicien — réside dans le fait que Trudeau, qui aurait gagné de toute façon, se laissa tellement emporter par son besoin obsessionnel de compétition qu'il façonna, à partir même de son triomphe, sa propre destruction ultérieure.

L'unique question en jeu durant la campagne était le contrôle des prix et des salaires. Stanfield réclamait l'instauration des contrôles tenacement, résolument, maladroitement, et finissait, malgré tout, par se mériter le respect des électeurs à cause de sa persévérance. (Dans les sondages sur le leadership, il était bon premier, avant Trudeau, pour la question «intégrité».) Stanfield expliqua, qualifia, rectifia, mais ne se détourna pas une seule fois de l'essentiel de sa politique.

Trudeau se lança sur la question des contrôles comme un terrier qui détale derrière un rat. «Nous montons à l'attaque, annonça-t-il aux libéraux, au tout début de la campagne. Je défie n'importe quel candidat de se battre plus durement que je ne vais le faire.» Pendant huit semaines, il tint parole. Chacune de ses attaques verbales était une trouvaille: «Allez, ouste, vous êtes gelés!» «Le gel de Stanfield s'est changé en slush.» «La seule chose que les contrôles contrôleront, ce sera vos salaires.» «Les contrôles ne donneront rien; un tiers de ce que nous consommons est importé, et qui pourrait contrôler

_____

pas été déjà déterminé des mois à l'avance — ont finalement moins de poids que les électeurs indifférents. Ceux-ci, qui, par définition, n'ont pas une confiance exagérée dans le processus politique, se laisseront convaincre beaucoup plus facilement de voter contre plutôt que pour quelque chose.

les importations?» «Un désastre confirmé en quête d'un nouvel endroit où se reproduire.» Comme Trudeau avait déjà prévu un dispositif de contrôle et qu'il savait fort bien qu'il pourrait devoir l'appliquer, chacune de ces envolées rhétoriques témoignait d'un manque de sérieux inadmissible — et frôlait le mensonge d'aussi près qu'un politicien pouvait se le permettre*.

Toutes les élections, en fin de compte, ne sont rien d'autre qu'une manifestation de confiance mutuelle, un pacte entre le dirigeant et le dirigé. Rares sont les électeurs capables de déchiffrer la complexité des questions en jeu; c'est d'une façon viscérale qu'ils décident quel candidat connaît le mieux ces questions, quel candidat est le plus apte à les résoudre et quel candidat est le plus digne de confiance.

En politique, si un candidat mord la poussière, c'est davantage à cause d'un mensonge qu'à cause d'un scandale, d'une gaffe, ou d'une politique malhabile. Dès qu'ils comprirent qu'il leur avait effectivement menti, les Canadiens cessèrent d'avoir confiance en Trudeau et le battirent à la première occasion. Sauf que Trudeau, avec la chance qui caractérise les véritables magiciens, trouva, par la suite, le moyen de re gagner la confiance des Canadiens en les amenant à croire que son adversaire en 1980 — «des promesses non tenues» — était encore moins digne d'être cru que lui-même.

*
*   *

Le 8 juillet 1974, les Canadiens rendirent toute leur confiance à Trudeau. Celui-ci venait de s'assurer de la première triple victoire jamais remportée par un Premier ministre depuis King. Son gouvernement était majoritaire. Avec 43 pour cent du vote, son pourcentage était à peine inférieur à celui de 1968 qui était de 45 pour cent. Il avait dominé partout, sauf dans l'Ouest («Laissons geler dans le noir ces bâtards de l'Est», tel avait été le slogan de l'Alberta pendant la guerre des prix, en

---

* *La série de discours que fit Trudeau à propos des contrôles était truffée de restrictions du genre «pas pour le moment». Étant donné qu'un politicien ne fait jamais un discours sans se ménager quelques portes de sortie qui lui permettront, par la suite, de nier avoir dit quoi que ce soit, on peut, à l'instar des foules qui l'écoutaient, ne pas tenir compte de cette prose bureaucratique puisque, sur le plan politique, elle n'a aucun fondement.*

1973-1974) où il avait quand même gagné une demi-douzaine de sièges supplémentaires.

Peu avant minuit, Trudeau arriva dans la salle de bal du Château Laurier où les libéraux et la presse étaient réunis. Il était accompagné de Keith Davey qui ne se tenait plus de joie à l'idée d'avoir enfin gagné et qui laissa simplement échapper cette remarque: «J'aurais aimé avoir pu le faire pour monsieur Pearson.» Dans la chaleur étouffante, Trudeau bondit vers les micros, au milieu d'une ovation interminable. Il félicita Stanfield pour son «courage». Puis il invita à le rejoindre, sous le feu des projecteurs, les deux personnes qui, plus que quiconque, l'avaient aidé à remporter une victoire d'une telle ampleur. L'une de ces personnes était Margaret. L'autre était John Turner.

Chapitre X

Le Roi-Soleil

Avec sa victoire du 8 juillet 1974, Trudeau entra d'office
au panthéon de la politique canadienne, aux côtés d'autres
géants: Macdonald, Laurier, King. Il était maintenant assuré
d'occuper son poste plus longtemps que tous les Premiers ministres qui s'étaient succédés depuis la Seconde Guerre mondiale. En outre, son propre pouvoir politique serait de beaucoup, supérieur à celui de ses prédécesseurs, à l'exception
peut-être — les comparaisons qui remontent aussi loin dans le
temps sont toujours boîteuses — de John A. Macdonald, durant
ses dernières années. Désormais, il pouvait tout se permettre,
aussi bien au pays qu'à l'étranger.

À l'étranger, Trudeau était maintenant le doyen des hommes d'État occidentaux. Ce fut autant à cause de sa réputation
personnelle qu'à cause de l'importance économique du Canada
que les démocraties industrielles qui tiennent chaque année
une réunion au sommet acceptèrent, de cinq qu'elles étaient à
l'origine, de passer à sept membres. (La France consentit à
l'entrée du Canada dans le club à la condition que l'Italie y
fût également admise.)

Au pays, Trudeau jouissait d'un prestige équivalent et, si
l'on veut être plus précis, d'une latitude sans précédent. Non
seulement les partis d'opposition avaient-ils perdu l'élection,
mais ils avaient également été décapités. Vaincu dans sa propre
circonscription, Lewis démissionna sur-le-champ. Stanfield, qui
en était à sa troisième défaite, annonça qu'il en ferait autant
moins de deux mois plus tard. Bientôt, il n'y eut plus qu'un

seul membre du cabinet (MacEachen) à avoir plus d'ancienneté que Trudeau et un autre (Dan MacDonald, des Affaires des anciens combattants) à être plus âgé. Les nouveaux venus qui s'asseyaient autour de la table ovale du Conseil des ministres étaient parfaitement conscients qu'ils devaient leur fauteuil, et même leur existence politique, à Trudeau. Les mandarins de la fonction publique qui, autrefois, intimidaient celui-ci étaient maintenant ses créatures ; c'était lui qui avait nommé tous les sous-ministres et, à la fin de 1974, il choisit comme greffier du Conseil privé — un poste qui les chapeautait tous — son ami et conseiller politique, Michael Pitfield, afin de mieux les surveiller. (Gordon Robertson, devenu entre-temps secrétaire des Relations fédérales-provinciales, continuait de recommander les candidats aux postes-clés, mais, comme il le confia à un ami, Pitfield avait acquis un « droit de veto ».) Parmi les onze Premiers ministres — une expression qui commençait tout juste à avoir droit de cité —, seul Alex Campbell, de l'île du Prince-Édouard, était en fonction depuis plus longtemps. Au Québec, la province dont Trudeau se souciait le plus, Bourassa, qui lui était inféodé, gouvernait en toute quiétude grâce à une majorité écrasante et parce que, pendant encore près de trois ans, rien ne pourrait le déloger de son poste.

Il ne restait plus que la Galerie de la presse pour faire office d'opposition. Dès le premier caucus post-électoral, Trudeau prévint ses députés que la presse s'attribuerait le rôle d'une opposition semi-officielle. Pourtant, il l'avait déjà humiliée et fait la preuve de son impuissance. Pendant la campagne électorale, il avait exploité — tout comme le F.L.Q., quelques années plus tôt — les « contradictions concurrentielles » des médias ; les journalistes n'avaient pu faire plus que de publiciser les messages politiques qu'il leur remettait ; ils s'étaient plaints de son refus de tenir des conférences de presse[*], mais en pure perte puisque, par définition, l'absence de nouvelles ne constitue pas une nouvelle. De toute façon, la population s'en moquait éperdument.

« Tout ce que mon regard embrasse j'en suis le souverain, et nul ne m'en contestera le droit. » Du haut de ce pinacle conquis au milieu de 1974, Trudeau, les épaules droites, la

_____

[*] *En fait, Trudeau tint, durant la campagne, deux conférences de presse qui furent délibérément mal organisées et données à la va-vite. Quand, à la mi-juin 1974, il voulut faire une mise au point à propos de la dernière hausse du taux d'inflation que venait tout juste d'annoncer Statistique Canada, Coutts, téléguidé par Davey, l'en dissuada.*

tête haute, redescendit tout droit vers les sables mouvants. Deux ans plus tard, en septembre 1976, les sondages Gallup lui accordaient le plus bas pourcentage jamais détenu par un Premier ministre depuis trente-cinq ans qu'ils sondaient l'opinion publique, c'est-à-dire 29 pour cent. Trudeau demanda à ses ministres de l'avertir s'ils voulaient le voir partir, plutôt que de manigancer son éviction dans son dos, comme cela s'était fait pour Diefenbaker.

Le 2 octobre 1975, Margaret lui donna un troisième fils, Michel Charles-Émile. Entre juillet 1974 et la fin de 1976, ce qui correspondait aux deux tiers du mandat normal d'un Premier ministre, ce fut l'unique événement heureux dont Trudeau peut se féliciter. Quant aux éléments négatifs, ils s'accumulaient.

— Trudeau dut changer de ligne de conduite sur la question du contrôle des prix et des salaires, se mettant ainsi en contradiction totale avec tout ce qu'il avait déclaré durant la campagne de 1974. En second lieu, l'application des contrôles se révéla complètement inepte parce qu'il ne pouvait se résigner à geler les prix d'emblée, comme Stanfield l'avait proposé, d'autant plus qu'il avait proclamé à tous les vents que cela ne donnerait rien.

— Il perdit Turner qui était, et de loin, le plus populaire de tous ses ministres. Par sa seule présence au sein du cabinet, celui-ci avait permis au monde des affaires et à la majorité du Canada anglais de reprendre confiance puisqu'il y avait au moins un type, à Ottawa, qui savait ce qu'il faisait. À la fin de 1976, Trudeau avait perdu cinq ministres — Turner, André Ouellet, Mackasey, James Richardson, Marchand —, davantage que n'importe quel Premier ministre depuis la Confédération*. Deux autres ministres, Drury et John Munro, démissionnèrent après avoir été impliqués dans des scandales.

— Son gouvernement connut les pires scandales depuis ceux qui avaient presque saboté l'administration Pearson, en 1964-1965: l'affaire Sky Shops, celle des juges, Harbourgate. Un ministre, Ouellet, fut condamné pour outrage au tribunal; un autre, Marchand, pour délit de fuite. Seule sa bonne étoile — entre 1974 et 1976, la presse ne releva pas les indices qui

---

* *Mackasey établit son propre record depuis la Confédération quand, en septembre 1975, il démissionna deux fois au cours de la même journée, mais sans avoir le moindrement l'intention de le faire; il voulait simplement voir Trudeau lui accorder plus d'attention.*

commençaient pourtant à s'accumuler — évita à Trudeau d'être éclaboussé par les scandales de la G.R.C. qui éclatèrent au grand jour en 1977-1978.

— L'économie était au bord du gouffre. Pendant les jours paisibles de la période 1973-1974 — pas de pénurie de pétrole, pas de récession —, les observateurs en étaient venus à penser que, comme Laurier l'avait prédit, le vingtième siècle pourrait bien appartenir au Canada*. Mais, en 1974 et en 1975, c'était le Canada qui, après l'Italie, détenait le record des grèves pour l'ensemble des pays occidentaux. En 1974, notre compte commercial international fut déficitaire pour la première fois depuis 1961. On s'habitua à voir un taux d'inflation à deux chiffres, pendant que celui du chômage atteignait près de 7 pour cent. Finalement, l'«indice du malaise» pour 1975-1976 (la somme des taux d'inflation et de chômage) dépassa l'indice de la Dépression pendant laquelle, malgré un chômage intense, les prix avaient tout de même baissé.

— Sa politique sur le bilinguisme se solda par un échec total. Keith Spicer, commissaire aux Langues officielles, déclara, dans son rapport de 1976, que l'institutionnalisation du bilinguisme préconisée par Trudeau avait «échoué» parce que trop peu, parmi les fonctionnaires anglophones qui avaient appris le français si péniblement et à un prix aussi élevé, avaient eu l'occasion de le parler en retrouvant leurs postes. Répétant ce que réclamaient les adversaires de Trudeau depuis des années, Spicer recommanda que les mêmes sommes soient plutôt versées aux écoles afin de faire de la génération suivante une génération bilingue. Au Québec, entre-temps, Bourassa parut tourner le dos au bilinguisme en faisant adopter la loi 22 qui rendait la province officiellement unilingue. Pendant l'été de 1976, lorsque les contrôleurs aériens et les pilotes de ligne se mirent en grève parce qu'ils s'opposaient à l'implantation d'un programme expérimental bilingue pour le contrôle de la circulation aérienne, presque tout le Canada anglais applaudit des deux mains.

Et la liste s'allongeait. Les Jeux olympiques de Montréal accumulèrent un déficit exorbitant de 995 millions de dollars et tous les Canadiens surent qu'il leur faudrait aider à le rembourser. L'aéroport de Mirabel s'avéra, dès son inauguration en 1975, un éléphant blanc et, là encore, les Canadiens anglais surent qu'il leur faudrait délier les cordons de leur bourse.

---

* *Laurier a dit: «Je pense que le vingtième siècle sera celui du Canada.»*

De toute façon, tout le monde se rendait compte à quel point les extravagances gouvernementales étaient en train de coûter cher. Les dépenses totales pour 1975-1976 s'élevèrent à trente-deux milliards de dollars au lieu des vingt-deux milliards prévus par Turner, un an plus tôt. Et, en même temps qu'il imposait un contrôle des prix et des salaires, Trudeau augmentait de 33 pour cent le traitement des parlementaires, y compris le sien. À la fin de 1975, soucieux de convaincre la population qu'il avait vraiment l'intention d'appliquer des restrictions, il réduisit de un milliard et demi les dépenses du budget suivant. Personne ne le prit au sérieux. Un an plus tard, les faits donnaient raison aux sceptiques. « Le Parlement — autant que le gouvernement — a perdu ou est sur le point de perdre tout contrôle efficace des fonds publics », déclara le Vérificateur général, James Macdonnell.

Mais ce n'était pas tout. Tandis que le pays en restait bouche bée et que lui-même en était mortifié, Trudeau vit son mariage s'en aller à la dérive. À la fin de 1974, Margaret avait été admise « sous observation » à l'hôpital Royal Victoria, de Montréal. Devant les journalistes, elle reconnut qu'elle avait fait une dépression nerveuse. À partir de ce moment, la situation ne fit que s'empirer : confessions télévisées (« Je suis d'un tempérament assez secret ») ; tentative avortée de devenir « reporter-photographe » ; au début de 1977, une escapade à Toronto pour aller entendre les Rolling Stones, suivie d'un « ultime voyage de liberté » à New York, lequel se solda par une entrevue pour la revue *People* et sa fameuse déclaration sur les « porte-jarretelles ». En mai 1977, la séparation devint inévitable.

Le 15 novembre 1976 éclata la pire des nouvelles. Au Québec, le parti québécois avait remporté la victoire. Loin d'être « mort » comme l'affirmait Trudeau six mois plus tôt, le séparatisme était bien vivant et au pouvoir.

Trudeau était devenu l'incarnation même de la loi de Murphy. Il s'était enfoncé dans les sables mouvants jusqu'au cou.

Moins d'un an plus tard, pourtant, il était de nouveau porté aux nues. Au cours de l'été de 1977, il grimpa à 51 pour cent lors d'un sondage Gallup ; s'il avait déclenché une élection surprise, comme ses conseillers le pressaient de le faire, il aurait probablement obtenu la plus grosse majorité de toute sa carrière. Ce fut là le plus magique de tous les tours de Trudeau. Tel un authentique sorcier, il amena ses adversaires à devenir ses apprentis: parmi ceux-ci, Lévesque et Margaret le coiffèrent d'une double auréole. Abracadabra! Trudeau apparut d'un seul coup a) comme un Messie national, b) comme un Parent unique incomparable. Mais ça, nous le verrons plus loin.

*
* *

Tandis que nous en observions le déroulement, l'histoire incroyable de la chute de Trudeau entre 1974 et 1976 semblait aussi indéchiffrable que des hiéroglyphes égyptiens: un géant malencontreusement fauché pour des raisons que personne ne pouvait définir. Le temps ayant passé, un incident, entre autres, devient très significatif. Il s'agit d'une entrevue télévisée au réseau CBC entre Trudeau et Barbara Frum qui eut lieu le 13 octobre 1976 pour marquer le premier anniversaire des contrôles. La partie de l'entrevue qui nous intéresse ici se déroula de la façon suivante:

Frum: C'est assez difficile à dire, monsieur Trudeau. Je ne sais pas si quelqu'un vous l'a déjà dit comme ça, carrément. Bon nombre de Canadiens pensent que vous ne les comprenez pas parce que vous êtes un privilégié, parce que vous vivez dans la sécurité. C'est là quelque chose qui vous isole des autres, en ces temps difficiles.

Trudeau: Eh bien... je... vous savez, un Premier ministre est toujours en sécurité. Il a des policiers pour le protéger, et une maison où vivre, et une voiture. En ce sens, tous les Premiers ministres ont connu la même sécurité que moi. Mais puisque vous parlez d'isolement, connaissez-vous un seul autre Premier ministre qui ait voyagé autant que moi à travers le pays et qui ait rencontré autant de groupes aussi souvent?

La partie la plus révélatrice de l'entrevue se déroula hors du champ des caméras. Une fois l'émission terminée, Trudeau se tourna, perplexe, vers Frum. Pourquoi, diable, lui avait-elle posé cette question? Ne vivait-elle pas dans l'abondance, elle aussi? Et pensait-elle vraiment que cela la mettait à part des autres? Quand Frum lui répondit que oui, elle le pensait et qu'elle en était constamment consciente lorsqu'elle travaillait, le regard bleu et froid de Trudeau se fixa sur elle, chargé d'une totale incompréhension.

*
* *

196

Scott Fitzgerald avait raison. Les nababs *sont* différents de vous et de moi. À cinquante-sept ans, après en avoir passé dix en politique, dont plus de cinq comme Premier ministre, se tirant constamment d'affaire, qu'il s'agisse de la Crise d'Octobre, d'un gouvernement minoritaire ou de trois campagnes électorales, Trudeau en connaissait toujours aussi peu sur la condition humaine qu'un trappiste.

Ou qu'un enfant gâté. Trudeau était incapable de se rendre compte que le luxe, le pouvoir, la richesse et la gloire avaient fait de lui un être complètement à part; qu'il vivait dans un monde étanche, sans contact avec ceux dont les vies, si elles n'étaient pas carrément déplaisantes, abrutissantes et brèves, n'en étaient pas moins monotones et prédéterminées.

C'est pourquoi il ne pouvait comprendre pourquoi les Canadiens se mettaient dans une telle colère quand, après leur avoir dit de «faire preuve de discipline» et de laisser tomber toutes ces babioles superflues comme les brosses à dents électriques, il s'envolait rejoindre l'Aga Khan dont le yacht croisait dans l'Adriatique. Il ne pouvait comprendre pourquoi Margaret, à la fois insécure et narcissique, s'était échappée avec fracas de la cloche de verre sous laquelle il la gardait depuis leur mariage, pour tenter puérilement, pathétiquement, maladroitement, de se forger une identité. Il ne pouvait comprendre que l'opposition au bilinguisme, même amplifiée par un fanatisme anti-francophone, n'était, au fond, qu'un réflexe à la fois défensif et agressif de la part de fonctionnaires anglophones dans la force de l'âge, inquiets pour leur sécurité d'emploi, et de la part de l'électorat bourgeois anglophone qui, habituellement silencieux, venait de comprendre qu'il était trop tard pour apprendre le français et que cette lacune risquait de peser lourdement sur leurs vies et leurs carrières.

Le «sentimentalisme» employé par Trudeau de préférence à la raison, pendant son administration minoritaire de 72-74, se révéla un simple ersatz dès qu'il eut reconquis sa majorité. Semblable aux Bourbon qui n'apprenaient et n'oubliaient rien, il se replongea aussitôt — l'habit fait le moine — dans ses frivolités et tout son tralala qui, dans une certaine mesure, étaient loin de déplaire aux Canadiens. Mais, cette fois, au lieu du manteau de cuir de l'aristocrate qui affichait une élégance désinvolte, il revêtit les toilettes rutilantes et chatoyantes d'un Roi-Soleil.

*

* *

Il y eut d'abord la piscine royale. Puis le carrosse. Puis la cour.

Le premier pas dans la mauvaise direction fut fait sur la pelouse du 24 Sussex, une quinzaine de jours avant les élections, tandis que Trudeau bavardait avec son ami William Teron, président de la Société centrale d'hypothèques et de logement. Ne serait-ce pas formidable d'avoir une piscine intérieure? Il n'en coûterait que soixante mille dollars environ, calcula Teron, et on pourrait la faire creuser facilement et sans histoire par les Travaux publics. Ce ne fut vraiment la faute de personne si la piscine finit par coûter plus de deux cent mille dollars — à cause de la roche, surtout — et si elle fut financée par de riches donateurs libéraux en échange de l'anonymat et de réductions d'impôt. L'idée, non plus, n'était la faute de personne. Mais ce qui donna tant d'importance à cette piscine, c'est qu'elle devint rapidement une métaphore pour parler d'un abus de confiance. Trudeau avait persuadé les Canadiens de lui accorder une seconde chance et il s'en était servi comme d'un visa d'entrée pour revenir à un style qu'ils avaient rejeté en 1972.

Après la piscine, ce fut le carrosse. C'était une Cadillac d'un gris argenté, blindée et qui pesait cinq tonnes. Elle coûta quatre-vingt mille dollars. S'il en avait besoin, expliqua Trudeau, c'était parce que la G.R.C. le lui avait dit. La G.R.C. l'avait effectivement affirmé. L'ennui, c'est que Trudeau aurait fort bien pu refuser, comme le fit Clark en 1979, puis lui-même en 1980 lorsqu'il donna l'ordre de reléguer l'auto au fond d'un garage.

Enfin, il lui fallait bien, puisqu'il était roi, un décor digne d'un roi. Tom Cossitt, un député conservateur zélé, se fit un point d'honneur de révéler au grand public la moindre des dépenses engagées pour rénover et remeubler le bureau de Trudeau, au parlement, et la demeure de Sussex Drive. La somme de 86 700 dollars que coûta le nouvel ameublement du bureau de la Colline parlementaire n'était qu'une bagatelle; les modifications apportées au 24 Sussex s'élevèrent à 250 000 dollars. Plus que le total, ce furent les détails qui scandalisèrent les Canadiens: 180 dollars pour six cendriers; 8 200 dollars pour un sofa; 62 dollars pour un porte-savon en marbre. Du temps où les Diefenbaker et les Pearson habitaient au 24 Sussex, on y menait la même vie sobre que dans un presbytère. Vers le milieu du règne de Trudeau, on n'y connut plus que la splendeur et le faste.

*
* *

En même temps que le Roi revinrent les courtisans. Quelques figures nouvelles, la même arrogance altière. Ivan Head, le prétendu « tranchant de la gauche » qui s'était fait émousser après 1972, donnait maintenant des ordres aux Affaires extérieures. Teron, recrue de plus fraîche date, avait déjà imposé la doctrine Teron selon laquelle tout fonctionnaire avait le droit d'apposer sur n'importe quel document le timbre CONFIDENTIEL. Pendant que Pitfield, rentré d'exil, s'installait en véritable byzantin dans le Bâtiment Est, les derniers mandarins de l'époque pré-Trudeau, qui avaient conservé leur indépendance d'esprit, pliaient leurs tentes et disparaissaient du paysage. Reisman, sous-ministre des Finances, partit à la fin de 1974 après avoir lu dans les journaux que Trudeau songeait à le déplacer. À son tour, Jake Warren, ancien sous-ministre devenu haut-commissaire à Londres, découvrit qu'on allait le faire sauter pour confier son poste au sénateur libéral Paul Martin. Selon l'aveu d'un ministre-clé, un loyaliste qui continue de faire partie du cabinet. « La fonction publique tout entière etait devenue un repaire de flagorneurs ». Le mot d'ordre « Voyez ça avec Michael » remplaça celui de 1968-1972 : « Voyez ça avec le Conseil privé. »

Sous Pitfield et, ce qui surprenait davantage, sous Robertson, gardien de l'antique conscience de la fonction publique, la ligne de démarcation entre le parti libéral et l'administration, jusque-là assez floue, disparut complètement. Trois des anciens collaborateurs de Trudeau — Jim Davey, Peter Roberts, Tim Porteous — furent parachutés dans la fonction publique ; puis ce fut un vieil ami du temps de *Cité libre,* Charles Lussier, qui se vit confier la direction du Conseil des Arts. Entre 1974 et 1975, le chef de cabinet de Trudeau fut Austin, ancien sous-ministre, tandis que Pierre Juneau, promu au rang de ministre en 1975 (mais défait dans une élection partielle, quelques mois plus tard), remplaçait Pelletier qui venait d'être nommé ambassadeur en France après avoir longtemps siégé au cabinet. Celui-ci succédait à un autre ex-ministre, Léo Cadieux, et fit ainsi son entrée dans le club des libéraux ambassadeurs où l'avaient précédé Martin à Londres, Jean-Louis Gagnon auprès de l'UNESCO à Paris, et Lucien Lamoureux à Bruxelles. Un autre collaborateur de Trudeau,

Henry Lawless, eut droit au poste convoité de consul général à Bordeaux.

À force de voir faire les politiciens, les fonctionnaires apprenaient comment violer les règles. Ils furent de plus en plus nombreux à profiter des pensions indexées, qu'ils s'étaient eux-mêmes fricotées, pour prendre une retraite prématurée. Puis, dans la majorité des cas, ils signaient illico un contrat avec leur ancien ministère ou, comme Reisman, mettaient à profit leurs relations et leur savoir-faire en faisant du lobbying ou plutôt, titre dont ils préféraient qu'on les pare, en agissant comme «consultants». Cette pratique, jusque-là inconnue, devint si courante que, en 1976, Trudeau dut émettre des directives enjoignant aux fonctionnaires retraités de «faire en sorte, par leur comportement, que l'objectivité et l'impartialité de la fonction publique ne puissent être mises en doute». Tout au bas de l'échelle, les fonctionnaires intermédiaires et subalternes prenaient exemple sur leurs supérieurs. Les anciens idéaux d'intégrité et d'économie s'étaient envolés.

Les seuls thèmes passionnants qui alimentent les conversations de votre fonction publique fédérale, écrivit Harry Bruce dans le *Toronto Star*, en 1975, sont les augmentations, les promotions, les mutations, les pensions, les reclassifications, le bricolage de postes parfaitement inutiles pour les petits camarades, les affectations minables, les bonnes planques, les bagnes départementaux, l'exploitation et les injustices quotidiennes, les extravagances, les stupidités et les absurdités flagrantes des tentatives entreprises pour rendre la fonction publique bilingue.

Au fur et à mesure que la cour se constituait, un fait s'en détacha avec de plus en plus de netteté. Ces courtisans admis pour des motifs strictement politiques commençaient à compter comme jamais auparavant. «Après 1974, dit Mitchell Sharp, monsieur Trudeau s'est remis lui-même entre les mains des politiciens professionnels. Leur influence a gagné tout le gouvernement.» Un collaborateur apolitique de l'époque explique cette transformation: «Au fond de lui, Trudeau n'avait jamais pensé qu'il remporterait les élections de 1974. On lui avait si souvent dit qu'il ne comprenait rien à la politique qu'il avait fini par le croire. C'est pourquoi il attribua sa victoire à la seule magie de Davey et de Coutts. Aussi les laissa-t-il diriger le parti et s'en remit entièrement à leur jugement.»

En août 1975, Coutts remplaça Austin comme chef de cabinet de Trudeau. Il occupe toujours ce poste et est encore plus proche qu'avant de son patron.* Et il détient autant de pouvoir, quoique dans un tout autre domaine, que Pitfield.

*

*   *

Coutts était et demeure un phénomène politique tel que le Canada n'en avait encore jamais connu : un Machiavel déguisé en chérubin. On est tout de suite porté à le comparer à Jack Pickersgill à cause de leur amour commun pour le parti libéral et de leur maîtrise du grenouillage dans le seul but de le maintenir au pouvoir, sans parler d'une certaine sensibilité masquée par leur inflexibilité. Mais alors que Pickersgill qui, avec Joey Smallwood, avait fait office de sage-femme lors de l'entrée de Terre-Neuve dans la Confédération était désireux de passer à la postérité, Coutts ne s'en souciait nullement ; ou, en tout cas, personne ne s'est encore aperçu du contraire. À quarante-deux ans, son influence occulte est supérieure à celle de n'importe qui dans toute l'histoire de la politique canadienne contemporaine ; plus que Tom Kent, disons, sous Pearson, plus que Lalonde durant le premier mandat de Trudeau. Mais il a utilisé son pouvoir avec beaucoup plus de désintéressement que ses prédécesseurs.

Aucun ministre, aucun fonctionnaire, aucun collaborateur de Trudeau ne se souvient, au cours des cinq années où il fut le conseiller politique le plus influent de ce dernier, de l'avoir entendu défendre un principe, une idéologie ou une conviction politique qui ne concernait pas la carrière de Trudeau, le parti libéral ou lui-même. Vers la fin du troisième mandat de Trudeau, en 1978-1979, les journalistes ne se servaient plus, pour le décrire, d'adjectifs comme « arrogant » ou « distant », mais de « cynique », « opportuniste », « manipulateur ». Quelles que fussent les circonstances — l'acceptation soudaine de Trudeau, vers le milieu de 1978, de sabrer dans les dépenses ou encore, vers la fin de la même année, son incertitude quant à la nécessité de tenir des référendums sur des questions controversées comme la peine capitale —, on pouvait retracer l'origine de ces revirements en remontant à Coutts et, au-delà de celui-ci, au plus récent sondage.

---

* À l'occasion des élections partielles du 17 août 1981, Jim Coutts quitta son poste de chef de cabinet pour se présenter comme candidat libéral dans le comté ontarien de Spadina. Sa défaite aux mains du néo-démocrate Dan Heap étonna ceux qui voyaient déjà en Coutts le successeur éventuel de Trudeau à la tête du parti libéral.

Les sondages constituaient, en effet, la plus évidente de toutes les modifications apportées par Coutts quand il se joignit à l'équipe Trudeau. Du temps de Jim Davey, le calendrier de Trudeau pour l'année en cours s'étalait dans ses moindres détails sur des organigrammes qui couvraient tous les murs de la « salle des stratèges», toujours fermée à clé. Coutts remplaça ces tableaux par les sondages mensuels que Gallup publiait depuis dix ans. Chaque mois, on comparait les résultats obtenus dans les 282 circonscriptions fédérales; puis, selon que les pourcentages étaient en hausse ou en baisse, les étiquettes passaient de « acquis au parti» ou de «à tendance libérale» à «douteux» ou encore «tendance conservatrice/néodémocrate». Ainsi, comme le remarquait l'un des cadres, «nous savions exactement, mois après mois, où nous en étions par rapport à l'électorat.»

Ses tableaux et ses graphiques avaient autant de prix aux yeux de Coutts que les photographies de sa femme et de ses enfants en auraient eu aux yeux d'un autre homme. « Le parti libéral est la vraie famille de Jim», a déjà dit l'un de ses amis. C'était le parti qui lui avait permis de sortir de l'ombre.

Coutts naquit en 1938 à Nanton, une petite ville grisâtre du sud de l'Alberta, à dix-huit milles de High River où Joe Clark, son éternel adversaire, devait naître l'année suivante. Il fit ses débuts en politique à l'âge de quatorze ans, comme travailleur d'élection lors d'un scrutin provincial. L'année suivante, il devint l'organisateur de la campagne d'un candidat fédéral, toujours pour le parti libéral — sans doute le plus jeune organisateur de toute l'histoire. À l'Université de l'Alberta, il fut chef de l'Opposition dans le Parlement étudiant, tandis que Clark était Premier ministre. Dès ce moment, davantage à cause de Coutts que de Clark, il faut bien le dire, une profonde rivalité s'installa entre eux. Coutts surnomma Clark « the Wimp»*, sobriquet que ce dernier traîna comme une meule à son cou durant toute la campagne électorale de 1980. Il n'avait jamais pu accepter le fait que Clark avait effectivement battu Trudeau en 1979 parce que, comme il le disait: «Pour jouer à ce jeu, il faut être un sacré enfant de salaud, et Joe ne l'est pas suffisamment.» (Coutts disait d'ailleurs de lui-même: «Je suis un enfant de salaud, d'accord, mais un enfant de salaud honnête.»)

---

* « The Wimp»: *allusion à Wimpy, personnage de la bande dessinée américaine* Popeye *et mangeur de hamburgers. (N.D.L.T.)*

En 1963, après avoir été repéré comme un favori par Walter Gordon, Coutts vint à Ottawa à titre de secrétaire d'agenda pour Pearson. Déjà, il ressemblait à un lutin mondain et plein d'entrain — court sur pattes, grassouillet, rouquin et constellé de taches de rousseur — que les hôtesses s'arrachaient ; c'était un compagnon de table aussi drôle et charmant que tout le monde, homme ou femme, pouvait le souhaiter. Il se gagnait le cœur des femmes en reconnaissant leur parfum et en le nommant. Il impressionnait les hommes par son adresse au poker qui rappelait le style des joueurs d'autrefois, à l'époque où les bateaux à aubes sillonnaient le Mississippi. A ses débuts comme encore maintenant, il lisait beaucoup, collectionnait des photos et payait ses paris politiques avec des bouteilles de Chivas Regal. En 1963, il partit pour Harvard afin d'ajouter une maîtrise en gestion à ses diplômes en droit et en lettres, puis s'installa à Toronto où il ouvrit un bureau de consultants, The Canada Consulting Group*. La richesse devint une corde de plus à son arc ; il rénova une vieille maison du quartier Annexe, dans le style audacieux et pétillant qui fait les délices des revues de décoration. et accumula une variété encyclopédique de relations dont les ramifications s'étendaient, bien au-delà de la politique, dans le monde des arts, la presse, le milieu des affaires.

Coutts ne rompit jamais le contact avec ses relations d'Ottawa, ce qui lui valut d'obtenir des contrats avec la Société centrale d'hypothèques et de logement (Teron), le Conseil privé (Pitfield), le Secrétariat d'État (Mike McCabe, ami et ancien attaché ministériel libéral). Mais, lorsqu'au début de 1972, Trudeau lui demanda de prendre en main la stratégie de sa campagne électorale, il refusa.

À cette époque, Coutts n'aimait pas tellement Trudeau. Il avait été sidéré de voir le peu de cas que le Premier ministre faisait des piliers du parti et furieux de la façon dont il avait mis Pearson au rancart, Pearson dont Coutts avait fait son idole. (À l'instar de Pitfield, Coutts a besoin d'adorer des dieux : d'abord Pearson, puis John Aird**, un éminent financier toron-

---

* *Dès son affectation au bureau de Trudeau, Coutts fut suffisamment avisé pour laisser tomber toutes ces histoires de gestion scientifique qu'il prêchait jusque-là. Il brouilla délibérément les organigrammes hiérarchiques de telle sorte qu'il était le seul à savoir qui était censé faire quoi, et il maintint une telle confusion dans son service que celui-ci était toujours déficitaire, ce qui lui permettait, pour balancer ses livres, d'aller se servir allègrement dans les budgets administratifs des autres ministères.*

** *En juin 1980, Aird a été nommé lieutenant-gouverneur de l'Ontario.*

tois, et, enfin, Trudeau.) En 1974, il participa à la campagne électorale pour organiser les déplacements, mais uniquement parce que Keith Davey l'en avait prié et par fidélité au parti. Vers le milieu de 1975, il devint le bras droit de Trudeau.

« Ce qui est ensuite arrivé à Jim, c'est le même vieux truc qu'à tout le monde, raconte un ami. Il s'est laissé saouler par le pouvoir. » La première manifestation en fut la façon dont il manipula les relations avec la presse durant l'élection de 1974. Mais c'est essentiellement lorsqu'il fut nommé chef de cabinet que Coutts commença vraiment à attirer l'attention.

Dès le premier jour, Coutts ne ménagea pas sa peine pour devenir, tout comme Pitfield, indispensable à Trudeau. Délibérément, il l'isola du reste du personnel. Il n'avait jamais fait grand cas du caucus libéral et il ne tarda pas à adopter la même attitude envers chacun des ministres, à l'exception de Lalonde, trop puissant et trop impitoyable pour se laisser ignorer, et de MacEachen au nom d'une même loyauté envers Pearson. (Pour sa part, MacEachen maintenait volontairement ses distances vis-à-vis de Coutts et s'arrangeait pour que leurs rencontres aient lieu dans *son* bureau.) Enfin, mis à part Pitfield et Robertson, il ignorait complètement l'existence des mandarins. En 1978, pendant la période de réduction des dépenses qui fit écho au sommet de Bonn, Coutts se conduisit en véritable sous-ministre des Finances à qui il ne manquait que le titre, et présida les réunions des hauts fonctionnaires chargés de voir où et comment effectuer les coupures exigées par Trudeau. Ce fut à la même époque qu'il évinça Davey, pourtant l'un de ses meilleurs amis. Maintenant, plus personne, ou presque, n'avait confiance en lui et les journalistes se racontaient mutuellement comment, et à plus d'une reprise, ils s'étaient fait berner par lui.

Tout intéressé qu'il pût être, le dévouement de Coutts envers Trudeau était aussi sincère et sans borne; c'était ce genre de dévouement sans faille que peut manifester un solitaire curieusement vulnérable, regrettant parfois d'avoir coupé tous ses liens avec l'Alberta et de n'avoir pu se refaire d'autres racines grâce à une femme et à une famille. Un jour, alors qu'il écoutait Trudeau faire un discours minable pendant la campagne de 1979, on vit des larmes couler le long de ses joues. Il suspendit, au-dessus de sa cheminée, un portrait à l'huile de Trudeau, œuvre de l'artiste torontoise Danae Chambers. Sous la lourde carapace politique de Coutts se cache une profonde générosité et même une certaine tendresse;

envers les artistes dont il a aidé la carrière ; envers des politiciens ayant du plomb dans l'aile ; envers de vieux amis dont la chance a tourné ; et envers Trudeau quand celui-ci était un perdant.

En échange, Trudeau s'appuie sur Coutts parce qu'il est d'une absolue loyauté, parce qu'il a du ressort et ne se laisse pas abattre, même durant les pires crises — une attitude héritée de Pearson —, parce qu'il est érudit et peut dire des choses comme « dans une situation comme celle-ci, Laurier a fait... », et enfin parce que — qualité politique que Trudeau admire entre toutes — il est *audacieux*. Suffisamment pour avoir manigancé avec MacEachen le coup de décembre 1979 qui renversa le gouvernement Clark ; suffisamment pour avoir, ce qui est moins connu, tenté de convaincre Trudeau de convoquer une élection surprise au *printemps* de 1977, immédiatement après la victoire du P.Q. Pour sa part, Trudeau sut payer de retour le dévouement de Coutts. Quand, en décembre 1979, des libéraux dissidents, membres de l'exécutif national, réclamèrent la tête de celui-ci, Trudeau les prévint qu'il ne reviendrait comme chef de parti qu'à la condition expresse de garder son bras droit à ses côtés.

Enfin, Coutts est indispensable parce que sa plus grande force réside justement dans ce qui constitue le grand point faible de Trudeau : la gestion et la manipulation des individus. Surtout depuis quelques années, Coutts est à la fois le dépisteur de Trudeau et son exécuteur des basses œuvres, se chargeant de tout ce que celui-ci ne peut ou ne veut pas faire lui-même. Il a été chercher Jack Horner, un député conservateur de premier plan ; mais en faisant, par son seul départ, une équipe unie du caucus conservateur, Horner a transformé ce succès éphémère en un échec retentissant. Il a tenté d'amener Ed Schreyer à faire partie du cabinet et y a presque réussi. Il a recruté John Evans, ancien recteur de l'Université de Toronto, une comète politique dont l'avenir s'annonçait prometteur jusqu'au moment où il fut battu lors de l'élection partielle de Rosedale, en 1978. Il a recruté, comme candidat libéral, Maurice Strong, l'ancien président de Pétro-Canada, mais ce dernier changea d'avis après s'être rendu compte qu'il n'était pas doué pour la politique. Il a fait nommer au Sénat trois têtes d'affiche des conservateurs — Claude Wagner, Jack Marshall et Bob Muir —, ce qui a permis de déclencher des élections partielles dans des circonscriptions presque gagnées d'avance.

Toutes ces sales besognes propres à la politique, Trudeau savait fort bien qu'il fallait les exécuter et il avait été ravi de voir Coutts s'en charger. Mais, ce faisant, il s'était sali les mains.

Les accusations de « cynisme » et d'« opportunisme » dont Trudeau ne s'est jamais débarrassé ne se sont précisées pour de bon qu'au début de 1977, lorsque Horner a annoncé qu'il traversait le parquet de la Chambre pour rejoindre ce même Premier ministre qu'il avait déjà comparé à Adolphe Hitler. Néanmoins, peu après l'élection de 1974, les Canadiens avaient tout de même commencé à se rendre compte, quoique pour d'autres raisons, que Trudeau, de nouveau majoritaire, n'était pas tout à fait le leader qu'ils s'imaginaient avoir réélu.

*

*   *

Tel que prévu par les stratèges libéraux, Statistique Canada annonça, le 10 juillet, le surlendemain des élections, que le taux d'inflation s'élevait à 11,4 pour cent, un nouveau sommet depuis la guerre de Corée. Toujours en juillet, la Banque du Canada porta le taux d'intérêt préférentiel à 9¼ pour cent, le double de l'année précédente. Au cours de l'hiver, le taux d'inflation dépassa 12 pour cent. Les travailleurs qui étaient coincés par des conventions d'une durée de deux et trois ans réclamèrent un rattrapage. À Montréal et à Toronto, les transports en commun furent paralysés par une grève, tandis que les manutentionnaires de grain de Vancouver et les professeurs d'Ottawa débrayaient à leur tour.

Le 30 septembre, le Parlement se réunit pour écouter un Discours inaugural qui, après avoir reconnu le caractère « sérieux et urgent » de l'inflation, resta complètement muet sur la question. Le 2 octobre, Trudeau fit son premier discours public depuis les élections, si on fait abstraction d'une brève apparition en juillet pour présenter son nouveau cabinet. (Gray n'était plus là ; MacEachen avait reçu, comme récompense, le porte-feuille des Affaires extérieures.) Trudeau parla pendant une heure vingt. Il parla du bilinguisme, de la réforme parlementaire, de la constitution. Sur l'inflation, il ne prononça qu'un seul et unique mot. Son discours prit fin avec la phrase suivante : « Il y a d'autres sujets dont je pourrais traiter. Les droits des autochtones... le statut des femmes... hum... l'inflation. » Puis il se rassit.

Ayant reconquis sa majorité, Trudeau se contenta de se baisser pour fermer le moteur gouvernemental. Pendant un an, c'est-à-dire jusqu'à la fin de 1975, il ne fit à peu près rien. Quand il se remit à la tâche, ce fut parce qu'il lui était impossible de faire autrement : la démission de Turner avait jeté les Canadiens, convaincus que leur économie était sur le point de s'effondrer, dans un état proche de la panique.

Trudeau adopta un comportement si bizarre et si catastrophique que les explications jaillirent de tous côtés, tandis que les libéraux, quand ils revinrent au pouvoir en 1980, étaient fermement résolus à ne pas répéter la même erreur.

Quelques bribes d'explication sautent aux yeux. Trudeau était mentalement et physiquement fatigué ; pendant dix-huit mois, il avait dû maintenir au pouvoir un gouvernement minoritaire et se lancer, du même souffle, dans une campagne électorale mouvementée. La plupart de ses ministres étaient épuisés, eux aussi, et le cabinet ne comportait que deux nouveaux venus dynamiques : Roméo LeBlanc aux Pêcheries et Barney Danson qui avait hérité des Affaires urbaines. Sur le plan concret, une imposante législation avait été déposée devant l'ancien Parlement — Pétro-Canada, loi sur les Dépenses d'élection , et il allait falloir passer à l'étape pénible des trois lectures.

Margaret aussi est un autre facteur d'explication. Il ne fait aucun doute que, à partir du milieu de 1974, l'échec de son mariage draina toutes les énergies de Trudeau et monopolisa son attention. Mais Trudeau applique, dans ses rapports avec les autres, le principe du cloisonnement, et ce, à un degré presque surhumain. Si son mariage s'en allait à vau-l'eau, sa paternité, par contre, ne lui posait aucun problème. Trudeau puisait chez ses fils le même genre de rajeunissement psychologique qu'il avait, jusque-là, trouvé dans la nature. Il avait pour Justin et Sacha, puis plus tard pour Michel, un amour d'autant plus démesuré qu'ils étaient arrivés tard dans sa vie. Quand ils étaient avec lui, il changeait du tout au tout : il se montrait tendre et joyeux, comme s'il ne pouvait croire en sa chance. À la maison, les petits prenaient toute la place, volant parfois la vedette à d'importants visiteurs, comme lors de cette réunion des Premiers ministres provinciaux où, sur le point de faire une déclaration capitale pour la survie de la Confédération, l'un ou l'autre d'entre eux sentait une petite main le tirer par son pantalon.

La meilleure explication du comportement bizarre de Trudeau — ou de son absence de comportement — réside peut-être dans le fait qu'il avait décidé que le temps était venu pour lui de retrouver sa liberté. Pendant six ans, il avait donné un bon gouvernement aux Canadiens, même si ceux-ci n'avaient pas su apprécier les bienfaits du rationalisme. Toute sa vie, Trudeau avait fait de la « liberté » son Saint-Graal ; la liberté de faire tout ce dont il avait envie, partir en vacances à l'improviste ou se plonger dans une activité intellectuelle qui, sur l'heure, l'intéressait.

Aussi le Trudeau d'après 1974 entreprit-il de retailler à sa mesure la tenue de Premier ministre. Il prit de plus en plus de plaisir aux privilèges attachés à sa fonction ; en 1975, il se rendit à bord d'un hélicoptère de la Défense nationale à un pique-nique politique. Il multiplia ses vacances quoique, maintenant, en les conjuguant à sa charge, elles se révélaient l'occasion de luxueux séjours à l'étranger. Ses visites officielles au Mexique, à Cuba et au Venezuela, au début de 1976, en sont un exemple. Et, enfin, il retrouva le grand amour intellectuel de sa vie : le jumelage de la rationalité et du gouvernement. Il leur montrerait qu'il avait raison.

*

*   *

Immédiatement après les élections, à l'insu de la population, Trudeau se lança dans la tentative la plus déterminée, la plus exhaustive, la plus mémorable jamais entreprise par un gouvernement, n'importe où, à n'importe quelle époque, dans n'importe quel pays, pour instituer un programme logique, systématique, rationnel, de priorités. Cela donna, à un degré cosmique, la gestion par objectif. En une première étape, le gouvernement déterminerait, selon un ordre de grandeur, une série de buts à atteindre, scientifiquement, objectivement. Ensuite il consacrerait le reste de son mandat à leur mise en œuvre.

Pour être bien sûr que le tout se déroulerait comme il faut et ne serait pas bâclé comme durant son mandat 1968-1972, Trudeau choisit, parmi son propre personnel et celui du Conseil privé, deux cracks : Mike Kirby et Hal Kroeker*.

---

* Respectivement, en 1975, secrétaire des Relations fédérales-provinciales et sous-ministre de l'Industrie et du Commerce.

Les ministres se virent intimer l'ordre de prévoir, dans leur emploi du temps, des moments pour participer à des entrevues avec Kirby et Kroeker. Trudeau reçut à déjeuner trente sous-ministres et leur ordonna d'en faire autant. Chaque sous-ministre passa la consigne à son sous-ministre adjoint. Et ainsi de suite, jusqu'au bas de l'échelle.

Pendant un an, Trudeau investit tout ce qu'il avait de mieux, en terme d'hommes et d'énergies, dans l'étude de ce qui devrait être fait, rationnellement. Les ministres furent interviewés au cours de séances qui duraient deux ou trois heures. Chaque ministère rédigeait des propositions, les soumettait, les recevait pour y apporter des corrections, les réécrivait, et discutait avec les autres des mesures à prendre. « Personnellement, je ne prenais pas cette histoire de priorités très au sérieux, se souvient Hugh Faulkner qui, à l'époque, était Secrétaire d'État. Mais il fallait s'y plier, sinon votre service était liquidé. »

L'exercice prit fin peu avant août 1975. Le document final — trente-quatre pages sur papier ministre — serait discuté par tout le cabinet, lors d'une réunion spéciale qui aurait lieu le 17 septembre, au lac Meach, juste au nord d'Ottawa. Très fiers d'eux, ses auteurs glissèrent à la presse les principales conclusions de ce qui constituait, après un an d'effort, la sagesse distillée des éléments les meilleurs et les plus brillants d'Ottawa. Les priorités d'action prévues par le gouvernement étaient les suivantes:

« Une société canadienne plus juste, plus tolérante

« Avec un meilleur équilibre des richesses entre et à l'intérieur des régions

« Qui fait un usage plus rationnel des ressources et se montre sensible à la qualité de l'environnement humain et naturel

« Qui accepte de nouvelles responsabilités internationales, particulièrement en ce qui a trait à l'aide aux pays en voie de développement

« Avec un État fédéral dynamique, capable de mettre en œuvre des politiques nationales efficaces, et un gouvernement ouvert et compétent à tous les niveaux. »

Ce qu'il importe de mentionner à propos de ce méli-mélo de vœux pieux, ce n'est pas tellement qu'un étudiant en première année de sciences politiques aurait pu faire pareil ou même mieux en une semaine. Ce n'est pas non plus qu'aucun ne vit jamais le jour (par exemple, le budget de l'ACDI fut réduit, quelque temps plus tard). Ce qui importe, c'est que le document reflète fidèlement le style politique de Trudeau. Livré à lui-même, il ne sait plus quoi faire et retombe dans des généralités abstraites; c'est seulement lorsqu'il y est forcé par les circonstances, comme quand il lui a fallu inventer à brûle-pourpoint une politique du pétrole en 1973, qu'il entreprend, habituellement de façon superbe, de «créer des contrepoids».

Il faut souligner, en outre, que le document reflète avec tout autant d'exactitude la tournure d'esprit particulière de Trudeau après 1974. Personne, en le lisant, ne pourrait s'imaginer, si peu que ce soit, qu'au moment de sa rédaction le Canada connaissait son pire taux de chômage et d'inflation depuis la Dépression, ni qu'on mettrait bientôt brutalement un frein aux dépenses gouvernementales, ni que l'industrie manufacturière canadienne entrait au même moment dans une longue et scandaleuse période de récession. Les revenus, les emplois, l'inflation n'étaient que des détails superflus sans aucun rapport avec cette version améliorée de la Société juste que le Roi-Soleil regardait se dessiner là-bas, à l'horizon.

Heureusement pour Trudeau, plusieurs de ses proches collaborateurs ne le prenaient pas au sérieux. Turner, par exemple. Quelques jours avant la réunion du lac Meach, celui-ci modifia l'établissement des priorités, qui avait pourtant duré toute l'année, en le réduisant à une pâle imitation du code d'Hammourabi. Il démissionna et, ce faisant, obligea Trudeau à sortir de sa torpeur pour créer des contrepoids.

Coutts aussi était assez sceptique. Au cours de l'été, il fit entreprendre une étude sur les attentes de la population, laquelle révéla, comme on pouvait s'y attendre, que les Canadiens se moquaient complètement des priorités de Trudeau et ne s'intéressaient qu'à l'économie et aux crimes sur la voie publique.

Pendant la réunion du lac Meach, personne ne discuta des priorités présentées dans le document. Au contraire, le cabinet passa toute la journée à parler de l'économie et des crimes sur la voie publique. Ron Basford eut droit à une promotion instantanée (il passa du Revenu national à la Justice), tout simplement parce qu'il avait prononcé cinq mots: «La paix et la sécurité», pour remplacer la formule populaire mais sinistre, «la loi et l'ordre». Le débat sur l'économie fut moins productif. La solution, tout le monde le savait, était le contrôle des prix et des salaires. Mais le problème inhérent à cette solution, comme tout le monde le savait sans avoir la grossièreté de le dire, c'était qu'un an plus tôt, à peine, Trudeau avait déclaré de façon répétée, définitive et irrévocable que les contrôles ne donneraient rien.

Chapitre XI

L'inflation au tapis

«Puisqu'on ne tient plus pour acquis que tout ce qui monte doit inévitablement redescendre, tout ce qui monte continuera probablement de grimper indéfiniment. »

Robert Heilbroner
New Yorker, 8 octobre 1970

De tous les combats singuliers livrés par Trudeau au nom des Canadiens, ceux qu'il a perdus de la façon la plus évidente ont toujours été d'ordre économique. Si l'on fait abstraction de Turner qui, parce que les Canadiens voyaient en lui le symbole même de la vertu économique, était justement l'adversaire le moins indiqué, Trudeau ne s'est jamais vu opposer, dans aucun de ces affrontements, un rival sachant maîtriser aussi bien que lui l'art du combat singulier. Et il s'est laissé prendre, à de nombreuses reprises, au piège de batailles qu'il ne pouvait gagner. En affirmant en décembre 1970: «Nous avons vaincu l'inflation», et en promettant durant la campagne de juin 1974: «Nous enverrons l'inflation au tapis», il a éveillé des attentes auxquelles n'aurait pu répondre même un Premier ministre qui aurait été à la fois l'incarnation d'Adam Smith, Ricardo, Marx, Keynes et Friedman.

Dans *Paradox*, Anthony Westell se livre à ce qui est peut-être la meilleure analyse, et certainement la plus pondérée, de la démarche économique de Trudeau. Par exemple, quand il étudie la première lutte menée par celui-ci contre l'inflation entre 1968 et 1970 (et son opinion s'étend à l'ensemble des décisions prises par Trudeau en matière d'économie), il remarque que les politiques de compression des dépenses et de resserrement du crédit, fondées sur la conviction qu'une hausse du chômage entraînerait une réduction de l'inflation, «n'étaient ni cruelles, ni scandaleuses, ni épouvantables, mais simplement conventionnelles». Après quoi, Westell prononce son épitaphe: « Ce qui est dommage, c'est qu'il n'ait pas été capable de sortir des sentiers battus et d'inventer une solution hétérodoxe. »

*
*   *

John Maynard Keynes avait prévu, entre autres choses, que les économistes finiraient par occuper dans la hiérarchie sociale un rang inférieur à celui des dentistes. Malheureusement pour Trudeau, ils étaient encore vénérés comme des grands prêtres dans l'Ottawa de la fin des années 60. L'Establishment économique de la capitale — Louis Rasminsky, gouverneur de la Banque du Canada, et Simon Reisman, sousministre des Finances, en étaient officieusement les présidents — croyait encore au « juste équilibre », c'est-à-dire qu'il croyait que le gouvernement pouvait tour à tour contrôler la récession et le chômage en multipliant les dépenses et juguler l'inflation en comprimant celles-ci et en resserrant le crédit. À dire vrai, les grands prêtres de l'Establishment croyaient surtout en euxmêmes.

Ce n'était pas le cas d'Eric Kierans. De 1968 jusqu'au début de 1971, il lutta contre l'Establishment économique d'Ottawa, ce qui lui valut de se faire bâillonner. Et il démissionna en avril 1971 quand Trudeau le prévint qu'il ne lui confierait jamais un portefeuille économique de quelque importance. Dans sa lettre de démission à Trudeau, Kierans écrivit — ou, plutôt, fit valoir l'argument suivant : « Si nous voulons que le Canada devienne une puissance industrielle au cours des années 80, il nous faut penser dès maintenant à ménager nos ressources et à déterminer les secteurs qui nous permettront d'être compétitifs sur le marché international, tout en organisant et en investissant les ressources à la fois humaines et physiques grâce auxquelles nous nous retrouverons en position de force. »

Aujourd'hui, alors qu'on assiste à la « désindustrialisation » de l'économie canadienne selon l'expression à la mode, rares sont ceux, si tant est qu'il y en ait, qui croient encore à la valeur du « juste équilibre » comme moyen de remettre l'économie sur pied et de la guérir de l'inflation. Rares sont ceux qui doutent encore que les causes profondes de notre marasme industriel sont, comme le pensait Kierans, soit « structurelles » soit « comportementales » ; structurelles : ce qui englobe à peu près tout, depuis notre incapacité à commercialiser les inventions scientifiques jusqu'à notre pénurie inexplicable de main-d'œuvre spécialisée, en dépit d'un chômage élevé et du système d'enseignement le plus coûteux du monde; comportementales: au fond, les Canadiens ne sont pas prêts à travailler aussi dur que les Sud-Coréens, par exemple, ou qu'à l'époque où ils voulaient acheter leur première voiture. Rares sont ceux qui pensent que, malgré leur utilité certaine, les tentatives de rafistoler l'économie (en jouant avec la masse monétaire ou les dégrèvements fiscaux) valent davantage que ce à quoi, finalement, elles se résument: du rafistolage. Et rares sont les citoyens, s'il en reste, qui s'étonnent encore de voir, en 1980, un taux de croissance nul s'accompagner d'un taux d'inflation de 10 pour cent.

En perdant Kierans, Trudeau perdit le seul de tous ses ministres qui possédait une pensée économique originale, sauf peut-être, même s'il est beaucoup moins intellectuel et n'a pas autant de panache, Herb Gray que Trudeau tira de l'oubli où il l'avait relégué depuis six ans*.

*
* *

Les positions économiques de Trudeau sont, à bien des égards, tout ce qu'il y a de plus conventionnel. Mais le monde des affaires était, à l'époque, d'un autre avis et le prenait pour un socialiste inavoué, surtout depuis la fameuse émission télévisée du 28 décembre 1975 au cours de laquelle il avait parlé de cette «Société nouvelle» où le gouvernement tiendrait un rôle important parce que «nous n'avons pas su le faire fonctionner — le système du marché libre».

En réalité, Trudeau admirait le système du marché libre grâce auquel son père avait si bien réussi dans la vie. À l'instar de Franklin D. Roosevelt qui, lui aussi, avait été pris à partie par les hommes d'affaires, il essayait tout simplement de protéger le marché libre contre lui-même.

Avant son arrivée à Ottawa, Trudeau avait très peu écrit sur l'économie. Si l'on exclut quelques phrases toujours citées hors-contexte et tirées de son article «La Pratique et la théorie du fédéralisme», rien de ce qu'il avait pu écrire n'était de na-

---

* Je me dois, ici, de préciser que, de 1968 à 1970, j'ai été l'adjoint administratif de Kierans.

ture à semer la panique dans les conseils d'administration du pays. Par exemple: «Il n'y a guère d'État qui puisse transgresser impunément les lois de l'économique et de la technologie. Celui qui tenterait de le faire, au nom d'objectifs sociaux louables, appauvrirait son économie et rendrait du même coup inatteignables ses objectifs sociaux.» Dans un autre passage que les banquiers, taxés un peu plus loin de «pires râleurs de tous», auraient dû considérer comme le corollaire politique le plus juste, il écrivit: «Mais ce qui importe, en fin de compte, c'est de s'assurer que le revenu per capita croîtra le plus vite possible. Pour cela, l'économie québécoise doit devenir extrêmement efficace, technologiquement d'avant-garde, passablement spécialisée et capable de mettre les meilleurs produits au meilleur prix sur tous les marchés du monde.» Très bon, ça; tout à fait dans la ligne du marché libre.

Si, sur papier, ce genre de théories s'énonce facilement, il en va tout autrement quand vient le temps de les mettre en pratique. La «réforme structurelle» est pénible. Quel Premier ministre voudrait donner l'ordre de fermer les industries textiles et du vêtement au Québec ou Chrysler Canada à Windsor? Qui voudrait menacer les intérêts solidement établis de telle ou telle profession — les avocats, par exemple, qui sont vingt-cinq mille au Canada et dix mille au Japon? Qui risquerait le prestige du gouvernement sur un seul produit, apparemment prometteur — pensons à l'avion ADAC —, alors que celui-ci peut, comme ce fut le cas avec l'auto Bricklin, engloutir des millions de dollars en pure perte?

Si, pendant ses trois premiers mandats, Trudeau n'osa pas parier sur l'hétérodoxe et le nécessaire, ce fut par manque de courage, d'imagination ou même — si l'on excepte Ian Stewart, du Conseil privé — de conseillers avisés et suffisamment audacieux pour l'y pousser. Aussi préféra-t-il se rabattre sur «le juste équilibre».

Pourtant, l'inquiétude des hommes d'affaires n'était pas dépourvue de tout fondement. Tout en étant un partisan convaincu du marché libre, Trudeau croyait aussi en un État fort, en l'«État-serviteur», intrinsèquement sage et bon. Il ne voyait aucun obstacle d'ordre philosophique à une éventuelle intervention gouvernementale dans le secteur économique. Ayant lu *Economics and the Public Purpose,* de John Kenneth Galbraith, et conseillé par Stewart, il se demandait sérieusement si la solution à l'inflation ne serait pas, plutôt qu'un «juste équilibre» ou des contrôles temporaires, l'institution de contrôles *permanents* imposés sur ce que Galbraith appelait « le secteur de planification » — c'est-à-dire ces grandes sociétés et ces syndicats qui, en raison même de leur importance, étaient à même de planifier leur avenir en manipulant les profits et les salaires presque comme bon leur semblait et en sachant fort bien que ce serait au consommateur de payer la note puisque, après tout, celui-ci ne trouverait nulle part un téléphone ou quoi que ce soit du genre à un prix inférieur. Mais lorsque Trudeau tenta, au cours d'une entrevue donnée en 1975, de susciter un débat public sur le sujet, il rata complètement son coup. En fait, il ne pouvait guère en être autrement parce que, à ce moment-là, il avait lui-même réduit sa crédibilité à néant : les Canadiens ne croyaient plus un seul mot de ce qu'il pouvait raconter et allaient continuer pendant encore longtemps de lui refuser leur confiance.

*
*   *

L'histoire de la première bataille que Trudeau livra à l'inflation en 1968-1970 peut se raconter en peu de mots. Il en sortit malheureusement vainqueur. Mais son succès fut moins une victoire à la Pyrrhus qu'un triomphe illusoire. Face à un taux d'inflation supérieur à 4 pour cent, Trudeau fit ce que lui dicta son Establishment économique : il gela les dépenses gouvernementales, diminua de cinq mille le nombre de fonctionnaires, équilibra le budget en 1969, ce qui n'avait pas été fait depuis plus de dix ans, et imposa un resserrement du crédit en même temps qu'il faisait décréter par la Banque du Canada une hausse soudaine de 7 pour cent du taux préférentiel. Pareille politique, il en était convaincu, accroîtrait inévitablement le chômage, mais se traduirait simultanément par une diminution de l'inflation. Effectivement, celle-ci baissa à 3,3 pour cent, ce qui était le taux le plus faible parmi les vingt et un pays membres de l'O.C.D.E.

En décembre 1970, Trudeau annonça : « Nous avons gagné la bataille engagée l'année dernière, celle contre l'inflation. » Sur ce, il entreprit de s'attaquer au chômage. Mais son analyse comportait une faille : rien ne prouvait que le chômage accru était directement responsable de la baisse de l'inflation. En réalité, c'était la situation économique prévalant au-delà de ses frontières qui était à l'origine de la crise inflationniste vécue par le Canada entre 1968 et 1970, c'est-à-dire la politique « beurreet-canons » adoptée par les États-Unis qui, tout en faisant la guerre au Viêt-Nam, avaient déclaré la guerre à l'inflation sur leur territoire. C'est pourquoi, en augmentant délibérément le chômage dans l'espoir (ou, pour mieux dire, avec la foi) qu'il en résulterait un recul de l'inflation, Trudeau ne fit que provoquer une diminution de la productivité ; le secteur industriel se trouvant, dès lors, coincé dans un goulot d'étranglement, l'inflation regagnerait inévitablement du terrain, un peu plus tard.

En 1974, manifestant toujours la même confiance en sa propre rhétorique, Trudeau déclara : « Nous enverrons l'inflation au tapis. » Mais déjà, l'économie était étranglée par l'inflation dont le taux annuel atteignit, au cours du dernier trimestre de 1974, un sommet sans précédent de 12,4 pour cent, pendant que, simultanément, le produit national brut accusait un net recul pour la première fois depuis dix ans. Et, en totale contradiction avec la théorie du « juste équilibre », le chômage continua, lui aussi, de grimper et dépassa 7 pour cent en mars 1975.

*

* *

Un mois après l'élection menée sous la bannière du « Allez, ouste, vous êtes gelés », soit en août 1974, le prestigieux C.D. Howe Research Institute pressa Ottawa d'instaurer « un contrôle des salaires et des prix, sans se laisser arrêter par les promesses électorales ». Toutefois, Trudeau et Turner préférèrent atermoyer pendant encore un an, dans l'espoir qu'un miracle leur sauverait la face.

Mais plusieurs événements se produisirent durant cette année perdue. Les syndicats conclurent des conventions records ; ce furent les employés du gouvernement qui menèrent la danse, et ce, dans tous les secteurs, depuis les facteurs et les postiers — « Au diable, le public », lança leur président, Joe Davidson — jusqu'aux professeurs d'Ottawa qui, beaucoup plus discrètement et avec infiniment plus d'efficacité, décrochèrent une augmentation de salaires de 34 pour cent pour *une seule* année. Durant le premier semestre de 1975, la hausse moyenne des ententes salariales fut de 18 pour cent, le double du taux enregistré aux États-Unis. Pour obtenir gain de cause, les travailleurs débrayèrent systématiquement : pendant les six premiers mois de 1975, il y eut plus de jours de travail perdus à cause des grèves et des locks-out qu'il n'y en avait eu, *au total*, de 1960 à 1965. Tant en 1974 qu'en 1975, la somme des grèves au Canada fut la pire de tout le monde occidental, à l'exception de l'Italie dont personne, d'ailleurs, ne tenait compte.

Du coup, la contribution de la main-d'œuvre au revenu national, qui était de 73,5 pour cent en 1972, tomba à 71,7 en 1973 et 1974, pour remonter à 73 pour cent en 1975. En fait, lorsque les contrôles furent finalement imposés, le monde du travail avait regagné tout le terrain perdu. Aussi, si les contrôles réussirent, ce fut paradoxalement parce qu'ils établissaient un seuil *inférieur* aux revenus de la main-d'œuvre syndicalisée. (Le gouvernement avait bien tenté d'imposer un «plafond», c'est-à-dire une augmentation maximale de 12 pour cent pour toutes les conventions régies par les contrôles, mais, comme d'habitude, les syndicats transformèrent ce plafond en plancher.)

Turner était presque aussi soucieux que Trudeau de sauver la face autant que l'économie. Pendant la campagne électorale, ses arguments furent à peine moins exagérés que ceux de Trudeau. «Ça ne marchera pas, disait-il à propos des contrôles. Le remède sera pire que le mal.» On remarquera qu'il avait entièrement raison. Si l'on veut s'attaquer aux causes mêmes de l'inflation, les contrôles temporaires sont toujours *inefficaces*. Tout au plus engendrent-ils une période de stabilité dont les gouvernements peuvent profiter pour mettre en place les réformes structurelles qui leur permettront de venir à bout de l'inflation. L'ennui, c'est que ni Turner ni aucun de ses successeurs n'ont eu la plus petite idée du genre de réformes qu'ils voulaient instaurer.

Même les effets bénéfiques des contrôles ont un prix. Les contrôles faussent l'économie du marché. Comme les investissements sont remis à plus tard, la production s'en trouve freinée et des emplois sont perdus. Au lieu d'abattre de la besogne, les entreprises gaspillent temps et talents à se battre contre la bureaucratie. Au bout du compte, tous ces coûts se traduisent par une *augmentation* du taux d'inflation.

Trudeau croyait en l'entreprise privée. Turner aussi, mais avec beaucoup plus de conviction. «Les gens ont toujours un meilleur rendement quand ils prennent leurs propres décisions», disait-il. Il était également en faveur de l'entreprise privée parce qu'elle «décentralisait» les processus décisionnels en les soustrayant à la mainmise des organes lourds et instables comme le gouvernement. Mais ce qui distinguait les deux hommes était moins leur attitude à l'égard du monde des affaires que leur conception du gouvernement. Consterné par le gaspillage que le Vérificateur général n'allait pas tarder à dénoncer, Turner doutait sérieusement que le gouvernement fût davantage capable que les hommes d'affaires de gérer l'économie. Quant à Trudeau, même s'il lui avait fallu longtemps pour admettre la nécessité des contrôles, il avait toujours cru que la chose était faisable. Après tout, l'«État-serviteur» ne pouvait agir à mauvais escient.

L'énigme dura encore tout une année. En novembre 1974, Turner commença par des exhortations: «Divers groupes (...) formulent des exigences qui dépassent de beaucoup les capacités de l'économie.» En avril 1975, il se résigna à proposer de négocier: «Nous devons en arriver à un consensus sur la nécessité d'appliquer des restrictions volontaires.» Il invita alors les syndicats à se serrer la ceinture de bon gré et à accepter 12 pour cent d'augmentation annuelle jusqu'à un maximum de deux mille quatre cents dollars. Puisque cela revenait à faire accomplir par les syndicats ce que le gouvernement n'était pas capable de réaliser lui-même par manque de volonté, le monde du travail rejeta la proposition de Turner après en avoir discuté pendant exactement cinq minutes lors d'une assemblée du Congrès du travail du Canada. Turner taxa alors les syndicats de «lemmings» courant à leur propre destruction. Non seulement sa réaction fut-elle loin d'améliorer la situation, mais elle révéla à quel point il avait perdu son sang-froid.

*
*   *

Trois possibilités s'offraient maintenant à Trudeau et à Turner: ne rien faire; revenir à «l'ancienne tradition» qui consistait à sabrer dans les dépenses gouvernementales tout en resserrant la masse monétaire, comme était en train de le faire le président Gerald Ford, aux États-Unis; imiter ce que la Grande-Bretagne et les États-Unis avaient fait plus tôt et imposer le contrôle des salaires et des prix.

Le premier choix comportait certains avantages. En effet, l'influence des ententes salariales sur la hausse de l'inflation était de peu d'importance (leur proportion n'avait pas dépassé, pour l'ensemble du revenu national, le niveau de 1973, année sans inflation); celle-ci était surtout le fait du prix élevé des produits alimentaires à cause des mauvaises récoltes qu'avaient connues la plupart des pays, d'une hausse du prix du pétrole et de l'augmentation soudaine des prix à la suite du boom mondial de 1972-1973. Aussi les contrôles constituaient-ils une solution sans grand rapport avec le fond même du problème. Bien plus, même si les causes de l'inflation avaient été nationales, ils n'auraient pu y changer quoi que ce fût; leur adoption revenait donc à appliquer un cataplasme sur les symptômes de la hausse marquée des prix et des salaires. Même le slogan «stopper les attentes inflationnistes» avait plus de résonance dans l'esprit des politiciens et des économistes sortis des grandes écoles que dans la réalité; il signifiait que les Canadiens avaient eu tort, après plusieurs années d'inflation, de se comporter comme si la situation devait se perpétuer. En fin de compte, les seuls Canadiens qui avaient vraiment souffert de l'inflation étaient ceux qui, par impuissance ou pour toute autre raison, n'avaient pas su se préparer à y faire face pendant une longue période.

On continua de tourner en rond jusqu'en septembre 1975: les contrôles ne donneraient rien, mais si on réduisait les dépenses et resserrait le crédit, ce serait le chômage qui augmenterait. Puis, le 10 septembre, Turner mit fin au débat. Il démissionna. Pour combler le vide politique créé par son départ, Trudeau n'eut d'autre choix que d'imposer les contrôles, un peu comme quelqu'un qui tenterait de colmater une brèche en y enfonçant maladroitement le poing.

*
*   *

Semblable à un petit Prince Charlie boudant un George II impossible à détrôner, Turner a contribué à la carrière politique de Trudeau d'une seule et unique façon: il a fait en sorte, par sa seule présence (aussi bien au sein du cabinet que dans le service du contentieux de McMillan Binch, à Toronto, où il se retira en exil), que, désormais, la couronne reposerait en équilibre instable sur la tête de son adversaire. Durant la majeure partie du temps que Trudeau a passé à la tête du pays, les sondages ont démontré que les Canadiens auraient préféré avoir Turner comme Premier ministre. Toujours populaire dans l'Ouest ainsi qu'au Québec, quoique ce dernier point ait rarement été admis, Turner aurait probablement pu devenir un véritable leader national, *a mari usque ad mare*, ce que Trudeau n'a jamais pu accomplir. Ce dernier le sait. Et s'il est resté si longtemps au pouvoir, c'est, entre autres choses, pour être certain que Turner ne pourrait jamais l'y remplacer. Comme tous les grands hommes, il n'a pas envie de voir lui succéder quelqu'un de plus populaire que lui.

L'extraordinaire popularité de Turner s'explique aisément, du moins en partie. Tout d'abord, il y a son magnétisme. Il a la beauté séduisante des acteurs chéris du public, avec l'air rassurant d'un banquier que lui confère sa chevelure argentée et l'agilité d'un ex-champion canadien du cent mètres. Ses yeux d'un bleu vif n'ont pas la froideur de ceux de Trudeau, mais sont d'une intensité presque aussi troublante. Sociable et prévenant, c'est un homme qui sécrète le charme par tous les pores de sa peau soigneusement frictionnée.

Ses antécédents sont tout aussi prestigieux. Ancien boursier Rhodes, il a également étudié à la Sorbonne. C'est la princesse Margaret qui a été la première à le mettre en vedette quand, en 1958, elle a insisté pour qu'il soit son chevalier servant lors d'un bal donné à Rideau Hall. Par son beau-père (son père, un journaliste anglais, mourut quand il avait deux ans), il est l'héritier d'une des «premières familles» de la Colombie britannique; il a épousé Geills Kilgour, des Kilgour de la Great-West Life, de Winnipeg.

Voyons maintenant sa carrière. Élu, du premier coup, député aux Communes à trente-trois ans, Turner devint membre du cabinet deux ans plus tard. À trente-huit ans, il posa sa candidature à la direction du parti libéral — et aurait fort bien pu l'emporter si Trudeau ne lui avait pas ravi les votes des délégués québécois et d'un bon nombre des plus jeunes qui s'étaient d'abord rangés dans son camp. Gratifié ensuite du titre d'héritier présomptif, il conserva l'affection de centaines de militants libéraux avec qui il maintenait un contact étroit grâce à son fameux fichier. (L'anecdote suivante nous donne une idée de l'efficacité légendaire de Turner: quand Jim Gillies, un député conservateur de premier plan, fut hospitalisé en 1976, la première carte de prompt rétablissement qu'il reçut était signée, non par l'un de ses proches ou de ses collègues, mais par Turner.)

De 1968 à 1972, Turner refusa de prendre au sérieux le «gouvernement rationnel» de Trudeau. Tout comme, après 1974, il refusa d'admirer son style de Roi-Soleil. Au fond, Turner était un parlementaire de la vieille école: il aimait le Parlement, les débats acharnés, la camaraderie exempte de rancune qui unissait des députés qui, en Chambre, n'hésitaient pas à se mettre en pièces.

Il respectait les fonctionnaires qui avaient conservé les manières d'autrefois et s'inquiétait de voir que Trudeau et Pitfield étaient en train de politiser l'administration. Il avait une conception particulière de la responsabilité qui incombait aux ministres à titre de «fiduciaires» des fonds publics.

Et puis, il y avait le style de Turner. Tout le monde, et à juste titre, le prenait pour un «tombeur». Il vouait un culte aux athlètes et adorait déjeuner avec les *Rough Riders* d'Ottawa. Il parlait encore l'espèce d'argot bizarre des années 50 et émaillait ses phrases d'expressions comme «bonhomme» et «nana». Il n'avait rien du bourreau de travail; selon lui, Dieu avait créé les après-midis pour jouer au tennis. Il trouvait complètement inutile de rédiger des rapports — ce qui était le comble de l'hérésie pour les trudeaucrates — et, pendant tout le temps où il fut ministre, il n'en écrivit effectivement aucun. Il préférait aller voir ses collègues: «Hé, bonhomme, j'ai un petit problème, tu ne me donnerais pas un coup de main?» En général, il ressortait de leurs bureaux, le sourire aux lèvres. Enfin, il n'hésitait pas à glisser des informations aux journalistes, ce qui constituait une autre hérésie aux yeux des trudeaucrates.

Pourtant, derrière cette apparence de Rock Hudson ministériel se cachait une personnalité infiniment plus complexe. Turner a lu beaucoup et bien: Dickens et Thackeray, Conrad et Faulkner, et, comme tout bon catholique, Graham Greene, Mordecai Richler et Leonard Cohen. Mélomane averti, il accompagnait Charles Munch à Tanglewood et comptait Maureen Forrester et Mstislav Rostropovich au nombre de ses amis. Au début des années 60, alors qu'il était encore un tout jeune député, il tenta de convaincre ses collègues du Parlement et les militants du parti de lire «ce type qui est vraiment très intéressant et connaît le Québec comme sa poche. Il écrit dans cette petite revue, vous savez, *Cité libre*, et il s'appelle Trudeau.»

Turner et Trudeau devaient fatalement s'opposer l'un à l'autre. Leurs rapports, raconte un Initié qui les connaît bien, «étaient bizarres et empreints de don-quichottisme». Ils étaient également asymétriques. Turner admirait et enviait Trudeau pour son intelligence. Trudeau enviait et admirait Turner pour son habileté politique: entre autres, l'adresse avec laquelle il fit passer la loi sur les Langues officielles et négocia l'accord sur les réformes constitutionnelles avec les neuf provinces anglophones, en prévision de la Conférence de Victoria de 1971.

Mais Turner aurait surtout voulu que Trudeau l'admirât pour son intelligence. Gagné par l'amertume, il confiait à ses amis: « Ces types-là me voient seulement comme un tombeur doté d'un certain charme politique. » Pourtant, il valait infiniment mieux que ça. Durant son passage à la Justice, il mit en œuvre autant de réformes que n'importe lequel de ses prédécesseurs, y compris celui-là même à qui il avait succédé, Trudeau: la Commission de réforme du droit du Canada; un projet de loi sur l'écoute électronique; d'autres sur l'accès à l'information et les droits de la personne; la nomination de Bora Laskin à la Cour suprême. L'« indexation » de l'impôt sur le revenu qu'il fit adopter en 1973, comme ministre des Finances, constitue l'une des plus importantes innovations des vingt dernières années en matière de fiscalité. Simultanément, Turner libéra les Canadiens de l'obligation de payer plus d'impôts du moment que leurs revenus se maintenaient en-deça du taux d'inflation et supprima le « dividende sur l'inflation » prélevé sur les augmentations statutaires et qui permettait à Ottawa de financer l'accroissement inconsidéré de ses dépenses.

Mais Turner n'avait pas la force de caractère de Trudeau. Il voulait devenir Premier ministre (sa mère lui avait dit que c'était là son devoir), mais il tenait également à sa popularité. Après sa démission, Geills, sa femme, déclara à un journaliste: « Est-ce que ça vous plairait de passer votre vie à dire non (aux demandes de crédits budgétaires des autres ministres)? » En réalité, si l'on fait abstraction de la bataille épique qu'il livra à Lalonde sur le coût de la sécurité sociale, en 1975 — et qu'il gagna —, Turner disait rarement non; au contraire, il préférait laisser le rôle du gros méchant à Simon Reisman, son sous-ministre. Toute sa vie, Turner avait souffert de cette étrange vulnérabilité qui contrastait si fortement avec l'assurance qu'il affichait. Déjà, à Oxford, ses camarades avaient remarqué son acharnement à toujours se conduire de façon irréprochable; plus tard, durant l'hiver 1975-1976, incapable de blesser ses amis libéraux, il ne put se résoudre à se présenter à la direction du parti conservateur — en dépit des pressions de plusieurs militants, dont Jack Horner —, alors que s'il l'avait fait, il serait peut-être Premier ministre à l'heure qu'il est.

En 1979, la malchance, symbolisée par le retour de Trudeau à la tête du parti, priva Turner de la couronne qu'il avait convoitée toute sa vie. Contrairement à Trudeau, et c'était là le grand défaut du gentil prince, Turner n'avait pas eu l'audace de se faire l'artisan de sa propre chance.

Après l'élection de 1974, Turner devint, mois après mois, de plus en plus inquiet. Il se demandait si son avenir n'était pas déjà derrière lui ; s'il n'allait pas devenir un autre Paul Martin à force d'avoir frôlé le pouvoir trop longtemps. Il aurait voulu les Affaires extérieures, mais ce fut MacEachen qui en hérita. Son isolement s'accentua. Le Supergroupe s'était reformé autour de Trudeau et Turner ne cessait d'être à couteaux tirés avec Pitfield. Puis Reisman, qui était l'un de ses meilleurs amis, démissionna. Quand Turner apprit par les journaux que Trudeau avait l'intention de former son propre groupe de conseillers économiques, ce qui aurait sapé l'autorité du ministère des Finances dont il avait la charge, il réussit à lui faire faire marche arrière — mais seulement après avoir menacé de démissionner. Le fait de n'être jamais invité au 24 Sussex le mortifiait également beaucoup ; il est vrai que les autres ministres n'y allaient pas non plus, mais ce qui le blessait surtout c'était de voir que la cohorte des adjoints — Pitfield, Head, Coutts — y avaient leurs entrées. Finalement, vers le milieu de 1975, Turner se rendit compte qu'il lui faudrait soit instituer les contrôles, soit arrêter d'en parler. Incapable de trancher, il demanda à Trudeau de lui retirer le portefeuille des Finances. Trudeau refusa. Alors, il démissionna.

*

* *

Par la suite, Trudeau avoua à ses collaborateurs qu'il avait fait une gaffe. Mais comme il ne s'excuse et ne s'explique jamais, la seule chose qu'il fut capable de reconnaître officiellement et sans aucune conviction fut : « J'aurais probablement dû faire sentir à Turner qu'on avait besoin de lui, qu'il était nécessaire, qu'on voulait qu'il reste. » Leur entrevue, pourtant cruciale, fut marquée par un manque total d'empathie.

Dès le printemps de 1975, Turner avait abordé avec Trudeau la possibilité d'obtenir un autre portefeuille. Troublé, Trudeau avait parlé de l'Industrie et du Commerce ou encore des Transports, deux ministères qui équivalaient à une rétrogradation. Turner passa l'été sur des charbons ardents. En août, au chalet familial du lac des Bois, il arrêta sa décision : ou Trudeau le nommait à un nouveau poste respectant son statut de prince héritier, ou il démissionnait. Un ami avec qui il en discuta se souvient que, pendant qu'il évoquait ses débuts comme député et les chaudes luttes qui, bien des années auparavant, se déroulaient aux Communes, Turner s'interrompit brusquement au milieu d'une phrase parce que les larmes coulaient sur ses joues.

Le 10 septembre 1975, juste après le déjeuner, Turner se rendit à son rendez-vous. Deux versions existent sur ce qui se passa alors dans le bureau de Trudeau, au parlement. Oubliant qu'il avait prévenu des amis comme Douglas Abbott, juge de la Cour suprême, et le journaliste W.A. Wilson qu'il allait remettre sa démission à Trudeau, Turner raconta, plus tard, qu'il s'était décidé seulement durant l'entrevue. Pour sa part, Trudeau admit d'abord avoir tout gâché pour, par la suite, reprocher à Turner d'avoir manqué de cran.

On peut supposer, en bonne logique, que Turner avait décidé de partir, mais qu'il aurait pu changer d'avis si un chef suffisamment perspicace avait su décoder ses signaux confus. Il ne fait aucun doute que, quand Turner lui déclara qu'il était temps pour lui de laisser les Finances, Trudeau fit preuve d'une extraordinaire maladresse en lui proposant l'Industrie et le Commerce et, pis encore, en lui parlant un peu plus tard, au cours de la même conversation, du Sénat. Après une discussion qui tourna au vinaigre, Turner quitta les lieux, fila à son bureau et dicta sa lettre de démission.

Avec le recul, deux remarques s'imposent presque d'elles-mêmes. Acculé à une décision cruciale qu'il n'avait pas le courage de prendre, Turner choisit de se défiler. Trudeau n'avait pas compris qu'il n'y avait rien de plus facile que d'accéder au désir de Turner: il suffisait de lui confirmer qu'il jouait un rôle essentiel et de reconnaître son statut d'héritier présomptif en le nommant Premier ministre adjoint — titre honorifique qu'il décerna à MacEachen. Enfin, il n'avait pas eu le bon sens, politiquement parlant, de prévoir les conséquences politiques du départ de Turner.

L'attitude de Trudeau durant cette discussion démontra qu'après dix ans de politique il n'y connaissait finalement rien: il n'avait pas compris que la politique concerne essentiellement les rapports entre les individus. Son caractère réservé constituait l'une des composantes du problème; l'autre était son égocentrisme. Trudeau exigeait de tous ceux qui l'approchaient qu'ils fussent à la hauteur de ses capacités intellectuelles; il n'a jamais pensé qu'il pourrait, lui, en faire autant au niveau des relations humaines. Pas une seule fois, au cours de cette même période, il ne demanda à Mitchell Sharp des nouvelles de sa femme condamnée par les médecins, ou à Donald Macdonald comment allait la sienne, Ruth, qui avait été opérée pour un cancer. Indépendamment du fait qu'il n'aimait pas les mondanités, il n'invitait jamais les autres ministres au 24 Sussex, notamment parce qu'il ne voulait pas les voir envahir son domaine: il était le Roi-Soleil, c'était à eux de courber l'échine. Même Dan MacDonald, un vieux routier et l'un des rares ministres à éprouver de l'affection pour Trudeau, reconnut un jour devant un collègue: «Quel dommage qu'il n'ait pas eu la fessée plus souvent quand il était petit. »

*
*   *

Dans sa lettre de démission qu'il dicta immédiatement après avoir quitté Trudeau, Turner ne donna aucune explication sur son départ, laissant ainsi la population et la presse libres de formuler les hypothèses les plus extravagantes. Le silence de Trudeau aidant, tout le monde finit par tenir ce dernier responsable de l'état de santé de l'économie. Alors qu'il ne s'y attendait pas du tout et qu'il ne savait pas trop quoi penser de la réaction de la nation, Trudeau se trouva engagé, à son corps défendant, dans un combat singulier contre un ennemi qu'il ne pourrait pas, cette fois, envoyer au tapis.

Pendant un moment, les rapports entre Turner et Trudeau demeurèrent froids, mais corrects. Turner n'assista pas au congrès libéral de novembre 1975 où le leadership de Trudeau fut remis en question (et fut tout de même contesté par 19 pour cent des délégués.) Il aurait pu se présenter à la direction des conservateurs, mais il laissa passer l'occasion. Enfin, en mars 1976, il démissionna de son siège de député aux Communes et entra chez McMillan Binch, à Toronto. À deux ou trois reprises, il décocha des flèches à l'endroit de la «Société nouvelle» de Trudeau: «Le Premier ministre nous a prévenus que nous devions changer les motivations des gens. Mais je doute fort que nous puissions changer quoi que ce soit à ces motivations, y compris au désir d'acquérir des biens matériels. »

Durant tout ce temps et contrairement à ce que pensaient quelques observateurs, Trudeau, comme le remarque l'un de ses collaborateurs, «n'eut pas une seule réflexion désobligeante à l'endroit de Turner». Ce furent plutôt leurs adjoints et leurs partisans respectifs qui s'en chargèrent : Sandra Severn et John de B. Payne pour Turner; Colin Kenny et Joyce Fairbairn pour Trudeau.

Le pacte tacite de non-agression prit fin en 1977. Selon les observateurs, ce fut à cause d'une série de «bulletins» publiés par McMillan Binch et signés, entre autres, par Turner; on y critiquait vertement le cabinet, et plus particulièrement le nouveau ministre des Finances, Jean Chrétien, pour avoir provoqué une «crise de confiance» avec son optimisme de mauvais aloi.

Mais si la froideur de Trudeau envers Turner se changea en colère blanche, ce fut pour un tout autre motif : en effet, Trudeau avait acquis la conviction que les Turner — l'une des meilleures amies de Margaret, Gro Southam, était également très liée avec Geills Turner — étaient à l'origine de quelques-unes des rumeurs les plus grotesques qui couraient sur le ménage Trudeau et dont le Tout-Toronto faisait des gorges chaudes.

Dès ce moment, leurs rapports s'envenimèrent. Au début de l'été 1977, Tom Enders, ambassadeur des États-Unis, invita Trudeau à une soirée à laquelle il comptait également convier Turner, mais il reçut le message suivant : si vous invitez Turner, ne comptez pas sur Trudeau. (Turner fut rayé de la liste des invités, mais Trudeau n'alla quand même pas à la réception.) Au cours de l'été 1979, Trudeau, alors chef de l'Opposition, participa à une excursion en canoë dans le Nord. Ayant appris que Turner avait déjà descendu la même rivière, il lança à ses compagnons, au moment où ils dépassaient un bras qui menait à des rapides meurtriers : «Dommage qu'il n'ait pas obliqué par là.»

Turner se montra beaucoup plus amer. Sa seule déclaration officielle se résuma à quelques mots : «Trudeau est le Canadien le plus remarquable de notre génération.» Dans l'intimité, il ne se gêne pas pour montrer qu'il le considère comme le plus détestable de tous les Canadiens depuis, disons, le jour où Jean Cabot découvrit le pays. Le fait qu'il ne fît rien pour dissimuler son amertume s'expliquait aisément. Des deux, c'était manifestement lui qui avait perdu leur combat singulier.

*
* *

Avec le départ de Turner, Trudeau se vit forcé de passer à l'action. Comme d'habitude, il revint à la vie sous la pression des événements. Son premier geste fut de jeter au panier le document sur les priorités qu'il avait fallu toute une année pour élaborer. En trois semaines, il avait remanié son cabinet et remplacé Turner par Donald Macdonald, l'un des ministres qu'il admirait le plus et l'un des très rares à oser lui tenir tête. Un jour, alors qu'il était encore à la Défense, Trudeau critiqua un projet qu'il venait de présenter au cabinet et il lui rétorqua: «Si ça ne vous convient pas, trouvez-vous un autre ministre de la Défense.» Macdonald n'accepta pas le portefeuille des Finances d'emblée; il avait caressé l'idée d'abandonner la politique pour se lancer dans une nouvelle carrière et pouvoir consacrer plus de temps à sa famille. Mais il finit par accepter, guidé par son sens du devoir. Et, bien qu'il y fût opposé sur le plan idéologique, il consentit à se pencher sérieusement sur la question des contrôles.

À ce moment-là, le ministère des Finances avait déjà en main un programme de mise en œuvre très élaboré, basé sur le travail effectué depuis 1972 par la Commission sur les prix et les revenus (alors volontaire). En bref, le plan prévoyait un gel total pendant trois mois, puis, durant deux ans, un contrôle général des salaires et des marges de profit, ce dernier point équivalant à un contrôle indirect des prix.

Trudeau refusa le programme lorsque Macdonald le présenta au cabinet. Il ne pouvait imposer un gel après avoir tant répété: «Allez, ouste, vous êtes gelés», sans devenir aussitôt la risée de tout le pays. C'est pourquoi il supprima l'élément le plus efficace de tout le programme de contrôle: une période de répit qui, au début, aurait permis à tous les participants de faire l'expérience d'une inflation nulle et d'apprécier ce qui pourrait être réalisé si tout le monde y mettait du sien.

Ce n'était pas là le seul facteur. Trudeau et le cabinet étaient alarmés devant les ententes salariales aberrantes qui étaient en passe de devenir la norme: des augmentations de 25 pour cent et plus pour des corps de métier qui s'étendaient des électriciens aux bouchers. D'un point de vue économique, ces ententes n'avaient aucun sens: pour les décrire, les experts inventèrent l'expression «inflation probabiliste». Si cette tendance se poursuivait sans qu'on y mette le holà, estimèrent les conseillers de Trudeau, la structure salariale de tout le pays finirait par échapper complètement à toute forme de contrôle*.

---

*   *Quoique réelles, les inquiétudes du cabinet étaient probablement sans fondement. Après quelques excès inévitables au début, le secteur privé fut inévitablement ramené à la raison par les lois du marché. C'était plutôt le secteur public qui était*

Tommy Shoyama, le nouveau sous-ministre des Finances, entreprit de mettre à jour le programme du ministère.

Mais il fallait encore décider de son étendue. Sinon, comme le déclara Andras par la suite, « le programme du ministère aurait contrôlé la moindre épicerie et le moindre salon de coiffure ». Or ni Trudeau ni Macdonald ne voulaient en arriver là; et personne n'arrivait à concevoir comment mettre le programme en pratique.

Au début d'octobre, Andras et Sharp assistèrent à une réception au Haut-Commissariat britannique. Ils en profitèrent pour discuter de la théorie des contrôles avec le haut-commissaire, Sir John Johnston. Au cours de la conversation, celui-ci leur apprit que, par une curieuse coïncidence, un expert britannique, spécialisé dans les contrôles, arriverait dans quelques jours à Ottawa: peut-être aimeraient-ils le rencontrer? Oui, acquiescèrent Sharp et Andras, ils en seraient ravis.

C'est ainsi que Londres tendit, par-delà les mers, une main secourable à son ancienne colonie. Le 6 octobre 1975, à midi, Edmund Dell, un jeune ministre qui relevait de Denis Healey, le Chancelier de l'Échiquier, franchit d'un pas alerte le seuil du 7 Rideau Gate, résidence des invités officiels du gouvernement, voisine de Rideau Hall. Trudeau l'y attendait, en compagnie de ses principaux ministres qui détenaient des portefeuilles économiques (Sharp, Andras, Chrétien; Macdonald se trouvait en voyage) et de ses bras droits (Pitfield, Stewart, Shoyama et Coutts). Après le repas, Shoyama résuma le plan conçu par le ministère des Finances. « Avec ça, vous courez tout droit à la catastrophe », commenta Dell qui s'était fait la main sur les programmes de contrôle instaurés en Angleterre l'année précédente. Il faudrait une armée de bureaucrates pour pouvoir tenir à l'œil toutes les entreprises du pays. Les règlements ne devaient viser que les grandes sociétés et les syndicats les plus importants: ils serviraient de modèles à tous les autres.

Dans l'après-midi du lendemain, soit le 7 octobre, le Comité de coordination des priorités et de la planification, élément-clé du cabinet, compara le projet du ministère des Finan-

---

le véritable problème parce que le gouvernement n'avait pas assez de volonté pour le tenir en bride par le processus habituel des négociations. Plus tard, les chiffres publiés par le Conseil économique du Canada démontrèrent que c'étaient les gouvernements provinciaux qui avaient déclenché la spirale ascendante en consentant à leurs employés des augmentations moyennes de 19,3 pour cent; le secteur privé suivait avec 14,7 tandis qu'Ottawa, qui subit les attaques les plus virulentes, n'accorda que 13,6 pour cent.

ces et celui de Dell, et fit son choix. Moins d'une semaine plus tard, le 13 octobre, jour de l'Action de grâces, Trudeau fit part de sa décision au pays: c'était le plan «Dell».

*
* *

Le discours que Trudeau prononça devant les caméras de télévision s'avéra décevant: «Nous allons devoir avaler une médecine de cheval. Nous devons absolument éteindre les foyers d'inflation.» Toutes les entreprises de plus de cinq cents employés — il y en avait mille cinq cents en tout — et tous les fonctionnaires seraient soumis durant trois ans au contrôle des prix et des salaires*. Le but visé était de ramener le taux d'inflation à 8 pour cent dès la première année du programme, puis à 6 au cours de la seconde, pour finalement le réduire à 4 pour cent pendant la troisième et dernière année. En outre, on mettrait sur pied une Commission de lutte contre l'inflation qui aurait pour mandat de mettre au pas les entreprises, les syndicats et les professions libérales, comme les médecins et les avocats qui, à l'instar de tous les travailleurs, seraient astreints à une augmentation maximale de deux mille quatre cents dollars durant la première année. Le président de la commission serait Jean-Luc Pépin, un ancien ministre libéral défait en 1972.

Pépin s'attela aussitôt à la tâche «comme Cincinnatus qu'on avait enlevé à sa charrue pour sauver la République» (déclara-t-il); il travaillait de neuf heures à minuit, six jours par semaine. Mais, très vite, il se heurta à des difficultés. Sans qu'il fût question de gel comme tel, sa première préoccupation était de ramener à un taux plus acceptable les ententes salariales déjà conclues, ce qui provoqua une levée de boucliers au sein du C.T.C. En outre, ce qui aggrava les choses, les prévisions du ministère des Finances se révélèrent irréalistes: au lieu de deux cents employés comme l'avait promis Trudeau, le personnel de la C.I.L. s'éleva, bien au contraire, à quelque mille personnes. Malgré tout, la commission réussit à faire circuler, on ne sait trop comment, la montagne de paperasses et à réduire l'ampleur des ententes salariales ainsi que, quoique beaucoup moins souvent, la montée des prix.

---

* Le cabinet ajouta une année aux deux ans prévus dans le projet afin de disposer, en quelque sorte, d'un rempart contre l'avenir politique.

En fin de compte, ce furent les Canadiens eux-mêmes qui se chargèrent de faire appliquer le programme. Deux semaines après le discours de Trudeau, un sondage Gallup évalua l'appui de la population à 62 pour cent, tandis que 27 pour cent seulement s'opposaient au programme. Ce pourcentage ne changea jamais beaucoup: 58,30 pour cent en mars 1976 (dont 52 pour cent dans les foyers «ouvriers»); 46,19 en avril 1977; 56,25 en juillet 1977*.

C'est assez triste à dire si on pense aux tergiversations de Trudeau, mais le fait est que les Canadiens ont toujours appuyé les contrôles, soit par respect de l'autorité, soit en une réaction axée sur le bon sens qui leur faisait préférer la «*dura lex*» des contrôles au fait d'avoir à se battre à coups de griffes dans la jungle inflationniste. Dès juin 1970, Gallup avait enregistré un taux de 60,31 pour cent en faveur des contrôles. La seule fois de toute la décennie où les Canadiens doutèrent du bien-fondé de ceux-ci, ce fut en septembre 1974, après que Trudeau eut passé les deux mois de la campagne électorale à les tourner en ridicule; il réussit alors à renverser le courant de l'opinion publique qui se divisa également pour un taux de 44,43 pour cent dans chaque camp.

Ainsi donc, la tâche dont Trudeau s'acquitta en ce jour d'Action de grâces 1975 était on ne peut plus simple. Tout ce qu'il avait à faire était de convaincre les Canadiens de croire en quelque chose en quoi ils croyaient déjà. Mais comme il lui fallait également reconnaître qu'il s'était trompé, son discours fut un fiasco.

*
*   *

La seule partie qui comptait vraiment dans le discours de Trudeau fut celle qu'il omit de lire. Depuis une semaine, ses conseillers étaient partagés: devrait-il déclarer, après l'annonce des contrôles, «Je m'excuse, c'était Stanfield qui avait raison»? D'après le souvenir d'un de ses collaborateurs: «Il savait qu'il

---

* *La population accepta d'autant plus facilement les contrôles que l'inflation ne la touchait pas vraiment. De 1970 à 1975, le revenu des Canadiens augmenta, en chiffres nets, de 5 pour cent annuellement, ce qui était le meilleur taux de tous les pays occidentaux et le double de celui des États-Unis. Les contrôles établirent donc un plancher inférieur aux gains et, ce qui est plus important, immobilisèrent tout le monde, au grand bénéfice de la classe moyenne qui avait commencé à perdre du terrain (les surplus de professeurs, par exemple) devant la montée des ouvriers spécialisés qui étaient très en demande depuis quelque temps.*

devait s'expliquer, il voulait le faire, mais Coutts l'en dissuada. »

Il s'agit très probablement d'un désir transformé en réalité par la nostalgie. Car ce n'est pas du tout dans le style de Trudeau de s'excuser. De tout ce qu'il possède, c'est son *amour-propre* qui compte le plus à ses yeux ; jamais il ne reconnaît s'être trompé. On devine bien que Coutts n'aurait eu aucun mal à lui faire suivre son conseil : ne dites rien du passé, parlez seulement du présent et de l'avenir ; de toute façon, la capacité mnémonique du public se mesure en mois.

Outre la lâcheté dont elle témoignait, la décision de Trudeau se révéla politiquement désastreuse. Pendant des années, par la suite, les Canadiens refusèrent de croire ce qu'il leur disait, que ce fût à propos du bilinguisme dans les airs perçu comme une menace pour l'unité nationale ou des coupures dans les dépenses gouvernementales. D'ailleurs, dans les jours qui suivirent, ils n'accordèrent aucun poids à ses premières déclarations sur le besoin d'acquérir de « nouvelles valeurs » en fonction d'une « Société nouvelle ».

*
* *

Après l'annonce des contrôles, Trudeau s'adressa aux Canadiens sur un ton qu'il n'avait jamais encore employé. Il leur communiqua sa vision économique : « Si la population ne modifie pas ses attitudes, l'inflation recommencera à frapper dès que nous aurons supprimé les contrôles, prophétisa-t-il à Hamilton, en décembre 1975. Avec les contrôles, nous ne faisons que gagner du temps, rien d'autre. Et nous devons en profiter pour extirper les racines du mal (...) cette attitude qui nous fait juger les gens, non d'après ce qu'ils sont, mais d'après l'épaisseur de leur portefeuille. » Quelques jours plus tard, il déclara, au cours d'une entrevue télévisée : « Si nous ne mettons pas ce temps à profit pour changer nos structures et nos valeurs sociales (...) les mêmes mécanismes économiques engendreront de nouveau l'inflation et le chômage. »

Même si elle attira l'attention, surtout après la mise en œuvre des contrôles, cette vision économique n'avait pas surgi spontanément dans l'esprit de Trudeau. Déjà, en janvier 1975, il avait étonné les libéraux en affirmant, à l'occasion d'un dîner-bénéfice qui se tenait à Montréal : « La violence est à nos portes. Non pas le genre d'affrontements que nous avons connus durant les années 60, mais une violence individuelle, plus subtile, moins organisée, moins collective. » En mars, conversant avec Lord Chalfont, de la BBC, lors d'une autre entrevue télévisée, il revint sur la question: il s'inquiétait de «l'ascendant du matérialisme» et était préoccupé par la nécessité d'«exploiter nos ressources avec un peu plus de sagesse; nous devons changer de valeurs et cesser d'amasser pour penser davantage à partager. »

Il est à noter que Trudeau fit cette remarque deux ans avant que Tom Wolfe n'invente l'expression «génération du Moi» en guise d'épitaphe pour les années 70. Déjà, à l'époque, il pressentait un grand changement social: le narcissisme était sur le point de succéder à un esprit de détermination collectif; les valeurs de la Génération altruiste seraient bientôt remplacées par les nouvelles normes de l'intérêt personnel. Non seulement Trudeau avait raison, mais il était convaincu de ce qu'il avançait. Mais les Canadiens ne le crurent pas. Et ce qu'il y a de tristement ironique dans ses rapports avec les Canadiens, ce qui en constitue le nœud tragique, c'est qu'ils avaient raison de ne pas le croire.

*

* *

À partir de 1975, le «partage» remplaça «la passion avant la raison» comme devise de Trudeau. Il en fit l'élément-clé du discours qu'il prononça en avril 1980, en réponse au discours du Trône. Malheureusement, Trudeau est l'apôtre, mais non le disciple. Il n'est pas très porté sur le partage. Il thésaurise comme un avare. Il se dit indifférent aux biens matériels, mais ceux auxquels il tient — ses vêtements, par exemple — étaient aussi coûteux et de bonne qualité après qu'avant 1975. Fidèle à la tradition de la famille Trudeau, il ne donne pas de cadeaux à Noël.

Plus sérieusement, il n'a pas mis à profit son pouvoir politique pour transposer dans la réalité ses idéaux abstraits. Sauf de façon tout à fait marginale, il n'a jamais utilisé les fonds publics pour soutenir la Société en faveur de la conservation, un organisme qui, pourtant, est celui qui observe le plus strictement les principes qu'il prône. En 1975, voulant faire les gros titres des journaux, il saborda la Compagnie des jeunes Canadiens qui, plus que tout autre programme, incarnait son idéal d'une Société nouvelle «où les gens partageraient et s'entraideraient ». Quand, durant la campagne électorale de 1980, il s'engagea à continuer de subventionner le prix du pétrole, il ne fit qu'encourager les consommateurs à continuer de gaspiller l'essence sans retenue. C'était ça, « l'exploitation un peu plus sage de nos ressources ».

Par nature, Trudeau est quelqu'un qui prend, mais qui ne donne pas. « Il accapare tout l'oxygène », disait l'un de ses amis cité au premier chapitre. Margaret avait elle aussi décelé ce trait de caractère dès le début de leurs relations : « Il y a, chez lui, quelque chose qui vous pousse à tout faire pour lui plaire, écrit-elle dans *À Cœur ouvert*. Il est difficile de ne pas sombrer dans la basse flatterie. »

La flatterie, que Trudeau avait pleinement conscience de susciter chez les autres, est à l'opposé du sens du partage. En même temps que, après 1975, Trudeau parlait de plus en plus souvent de partage, il fit de son gouvernement le plus flagorneur qu'ait jamais connu le Canada tout au long de son histoire. Aussi les Canadiens lui firent-ils savoir, à l'occasion de l'élection de 1979, qu'ils en avaient plus qu'assez des contradictions entre la rhétorique et la réalité.

*

*   *

Malgré les ratés du début, les contrôles fonctionnaient assez bien, ou du moins ils en donnaient l'impression. Le taux des augmentations de salaires diminua. Il en alla de même de l'inflation qui, en septembre 1976, à la fin de la première année, était tombée à 6,5 pour cent.

En réalité, cette diminution ne devait pas grand-chose aux contrôles. Tout à fait par hasard, les prix des produits alimentaires avaient baissé au même moment. Les pressions inflationnistes qui se faisaient sentir à l'échelle mondiale commencèrent à ralentir grâce à une réduction, en chiffres absolus, du prix du pétrole. Simultanément, le coût de nos importations diminua à cause de la valeur accrue du dollar canadien — quatre sous de plus, ce qui équivalait à 1,02 dollar US.

Le 14 octobre 1976, le Congrès du travail du Canada organisa une grève générale d'une journée pour marquer le premier anniversaire de l'entrée en vigueur des contrôles. Un million de travailleurs déposèrent leurs outils. Mais les journalistes eurent du mal à en trouver quelques-uns qui fussent réellement mécontents. D'une part, les ententes salariales, dont l'augmentation plafonnait à 10 pour cent, étaient supérieures au taux de l'inflation. De l'autre, l'inflation ne se faisait pas beaucoup sentir. À la fin de 1975, le Conseil économique du Canada constata, à sa grande surprise, que l'inflation n'avait pas entraîné une redistribution des revenus, et ce, «quelle que soit la catégorie d'âges ou de salaires». Enfin, en 1976, le Canada s'était hissé à mi-hauteur du tableau international des journées ouvrables perdues à cause des grèves.

À partir de l'automne 1976, Trudeau n'eut plus qu'un seul problème à résoudre, mais il était de taille: comment, en effet, mettre fin aux contrôles que la population soutenait si massivement. Mais, parce qu'ils décourageaient les investisseurs, ses conseillers économiques, ayant Macdonald à leur tête, l'exhortaient à les abolir rapidement. De leur côté, les conseillers politiques, dont Coutts était le chef de file, étudiaient les sondages et étaient d'un avis contraire. En fin de compte, Trudeau mit un terme au programme le 14 avril 1978, mais, en un geste purement politique, il enjoignit au Conseil économique de mettre sur pied un organisme de surveillance, lequel, toutefois, n'aurait aucun pouvoir. Mais, à ce moment-là, plus personne ne s'en souciait: l'inflation avait recommencé à grimper et l'inefficacité des contrôles ne faisait plus aucun doute*.

*
*   *

Pendant toute la durée des contrôles, Trudeau avait fréquemment répété que ceux-ci ne supprimeraient pas les causes fondamentales de l'inflation, mais qu'ils fourniraient simplement un «répit» que le gouvernement mettrait à profit pour trouver une solution définitive. Le 28 décembre 1975, pendant l'entrevue qu'il accordait chaque année au réseau CTV, Trudeau, qui était en compagnie des animateurs Bruce Phillips et Carole Taylor, livra son diagnostic et précisa le traitement. En substance, il déclara ce qui suit: «Le monde n'est plus le même, et on ne peut vivre dans un monde différent en conservant les institutions et les valeurs d'autrefois. Ils (les contrôles) constituent une sérieuse ingérence dans le pouvoir décisionnel des groupes économiques et cela revient à dire aux

---

* Une étude réalisée par le Conference Board in Canada en 1979 démontra clairement leur inutilité dans sa conclusion où on pouvait lire que le programme des contrôles appliqué de 1975 à 1978 n'avait eu qu'un «effet d'ensemble modeste sur le niveau des prix au Canada».

Canadiens que nous n'avons pas été capables de faire fonctionner le système du marché libre. Cela signifie que le gouvernement jouera dorénavant un plus grand rôle dans la conduite des institutions. (...) Cela signifie qu'il va y avoir plus de discipline dans nos vies. »

« Je n'ai, poursuivit-il, ni la sagesse ni l'expérience de Galbraith, mais il est incontestable que ses théories ont imprégné ma pensée. (...) Si, après trois ans, on constate que le secteur planifié de l'économie, par opposition au secteur commercial, s'apprête à renouer avec ses anciennes habitudes, on sera alors forcé de conserver les contrôles sous une forme ou sous une autre. »

À peine, ou presque, Trudeau avait-il fini de parler que le pays perdit la tête. Le président de la Chambre de commerce de Toronto, Ted Burton, le traita de « socialiste ». Celui du C.T.C., Joe Morris, déclara qu'il était un « Grand Frère à la Orwell ». Cliff Haughton, un homme d'affaires torontois, fit publier un placard dans les journaux: « Monsieur Trudeau, (...) vous n'êtes pas l'empereur. Nous ne sommes pas des fourmis. » Ce qui lui valut trente mille lettres d'approbation en moins d'une semaine. Les députés libéraux, eux, reçurent plus de lettres et de coups de téléphone à cause des élucubrations de Trudeau que pour tout autre sujet dont ils pouvaient se souvenir; tous, lettres et coups de fil, provenaient d'électeurs en colère. Comme, par pure coïncidence, Trudeau s'envola pour Cuba en février et eut la malencontreuse idée de prononcer un discours qui se terminait par les mots « Viva Castro », le monde des affaires y vit la preuve irréfutable qu'il n'était pas seulement un socialiste, mais bien un communiste à tous crins.

Un vent de folie collective soufflait sur le pays. Après avoir accusé Trudeau, dans la presse notamment, de vouloir faire du pays « un État à l'image des grandes sociétés », le C.T.C. adhéra aux théories de celui-ci ou, du moins, à l'idée d'une économie planifiée conjointement par le gouvernement, l'industrie et le monde du travail quand, lors de son congrès de mai, il adopta une résolution par laquelle il s'engageait à prôner le « corporatisme social ». Les délégués qui, de toute évidence, en ignoraient la signification votèrent en faveur de la proposition après avoir remplacé l'expression par « socialisme démocratique ». Dans la meilleure tradition du fouillis créateur, propre aux Canadiens, cela fut finalement interprété comme étant du « tripartisme »: les représentants gouvernementaux, industriels et syndicaux se réuniraient périodiquement pour échanger sur des généralités.

Tout au long de 1976, les ministres et les hauts fonctionnaires firent des mains et des pieds pour faire comprendre à la population que Trudeau avait simplement lancé quelques idées comme ça, pour qu'elle en discute, et qu'il n'essayait nullement de lui vendre un programme économique particulier. Ironiquement, ceux qui se montrèrent sceptiques à l'endroit des véritables intentions de Trudeau avaient parfaitement raison.

*

*　　*

Pendant ses vacances à la Jamaïque, en janvier 1975, Trudeau s'était installé sur la plage et avait lu le dernier ouvrage de Galbraith, *Economics and the Public Purpose*, où l'auteur soutenait que l'inflation était la conséquence des ententes « à l'amiable » conclues entre les grandes entreprises et les syndicats importants du « secteur de planification », ajoutant que seuls des contrôles *permanents* pourraient enrayer ce fléau. Alors qu'il dînait avec Turner qui était également en vacances, Trudeau lui demanda ce qu'il pensait des théories de Galbraith. Turner lui répondit que, pour lui, tout ça c'était de la bouillie pour les chats.

De retour à Ottawa, Trudeau ne tarda pas à découvrir son propre émule de Galbraith en la personne de son conseiller économique auprès du Conseil privé, Ian Stewart, un idéaliste à la fois brillant et dévoué qui avait travaillé d'abord à la Banque du Canada, puis au ministère de l'Énergie. Stewart était profondément convaincu que le système économique avait subi de profonds changements, que le « juste équilibre » était dépassé et qu'une orientation économique radicalement différente s'imposait si l'on voulait éviter de sombrer dans un marasme industriel. Les réflexions de Trudeau sur la « Société nouvelle » reprenaient, presque mot pour mot, les rapports que lui préparait Stewart.

Pendant un moment, Trudeau tenta de défendre son diagnostic. Lors d'un dîner-causerie organisé à la hâte pour le Canadian Club d'Ottawa, le 19 juillet, et où il était le conférencier invité, il baissa un peu le ton, mais ne réussit qu'à embrouiller encore plus son auditoire. En avril, il déclara à des libéraux réunis à Toronto: « Nous ne pouvons plus continuer à nous appuyer sur le système du marché libre. Il nous faut instaurer des règles, même si cela veut dire que, vous et moi, nous nous ferons traiter de communistes ou de socialistes. »

Mais les pressions, aussi bien politiques qu'économiques, étaient trop fortes. Le chômage augmentait, les investissements diminuaient. En octobre 1976, Trudeau déposa les armes. Il publia un document intitulé *La Voie à suivre* qui ne contenait que des platitudes rassurantes : « Les politiques gouvernementales ne devraient pas consister à diriger l'économie dans les moindres détails. (...) Les gouvernements risquent de devenir des acteurs trop omniprésents et trop tyranniques dans la vie quotidienne des Canadiens. » Plus loin, le document qualifiait le système du marché libre de « principal ressort de l'activité économique ». Par la suite, Trudeau fit ce que tout le monde — les économistes et ses conseillers politiques — lui disaient de faire. Il coupa dans les dépenses gouvernementales et comme, vers le milieu de 1978, elles continuaient toujours d'augmenter, il y mit carrément la hache à son retour du Sommet économique de Bonn. Au lieu d'essayer de réorganiser l'industrie, il la couvrit d'argent : subventions au secteur des pâtes et papier, aumônes à celui de l'automobile, politiques protectionnistes en faveur des secteurs « mous » comme le textile, le vêtement et la chaussure. Il s'avéra bientôt que les dépenses gouvernementales inquiétaient assez peu les hommes d'affaires. Ce qui les préoccupait bien davantage, c'était de voir que ce n'étaient pas eux, mais la population qui profitait des largesses du gouvernement.

*

* *

La tentative ratée de Trudeau de vendre sa vision d'une « Société nouvelle » constitue une tragédie au sens que l'on donnait à ce terme dans la Grèce antique. Et la cause s'en trouve, non pas dans quelque événement extérieur, mais bien en notre héros lui-même : l'orgueil démesuré de Trudeau, ou le *hubris* comme disaient les Grecs. Puisqu'il avait refusé de faire confiance aux Canadiens au moment des contrôles, ceux-ci refusèrent, à leur tour, de lui accorder leur confiance.

Le plus tragique dans tout ça, c'est que Trudeau laissa échapper sa seule chance de se montrer réellement créatif en matière de politique économique. En 1975 et en 1976, la population était vraiment au bord de la panique et aurait accepté sans mot dire les solutions les plus draconiennes. Et Trudeau avait trouvé la bonne solution.

En 1980, après cinq autres années d'une inflation implacable en dépit du resserrement du crédit et des taux d'intérêt élevés, en dépit, également, de la compression des dépenses gouvernementales et d'un peu de «juste équilibre» par-ci par-là, il est beaucoup plus facile d'apprécier la clairvoyance dont Trudeau avait fait preuve en 1975*. Lui-même, au niveau des généralités, ainsi que Stewart, pour ce qui était des détails, avaient devancé le fameux diagnostic de Robert Heilbroner: l'inflation est un phénomène systématique plutôt qu'aberrant; ce n'est pas une maladie qu'on peut guérir, mais une «condition» inhérente à notre système du capitalisme libéral parce que le parti-pris du gouvernement de se conduire en État-providence et de s'obstiner à sauver des industries déficitaires (Chrysler aujourd'hui, peut-être IBM demain) a pour effet d'empêcher définitivement une diminution des prix et des salaires, rendant ainsi l'inflation endémique.

Puisque, selon l'analyse de Heilbroner, il s'agit de changer une condition plutôt que de soigner une maladie, la seule solution réside en une transformation radicale de notre système économique, comparable au *New Deal* de Roosevelt, durant les années 30. En deux mots, Heilbroner propose le contrôle permanent des prix et des revenus, ou une politique du revenu.

C'est là exactement ce dont Trudeau parlait en 1975-1976. Mais personne n'avait voulu l'écouter parce qu'il avait lui-même réduit sa crédibilité à néant. De façon plus indulgente, on pourrait dire qu'il a peut-être simplement commis le péché, capital en politique, d'avoir raison avant son temps. Tout comme Turner avait raison en 1971, lorsque Trudeau ne voulait pas l'écouter.

---

* *Dans son rapport de 1977, le Conseil économique du Canada a prononcé l'épitaphe du «juste équilibre». Après avoir enfourné toutes les données économiques dans un ordinateur, on avait fait rentrer en ligne de compte toutes les variantes depuis le resserrement du crédit jusqu'aux réductions d'impôt en passant par une compression massive des dépenses gouvernementales, pour finalement découvrir que toutes les projections sur le rendement économique, le chômage et l'inflation s'étaient à peine modifiées. «Ces méthodes traditionnelles ne servent vraiment plus à grand-chose», déclara le vice-président du C.E.C., George Post.*

Chapitre XII

Une épine à sa boutonnière

«Je suis celle qui a souillé le mot liberté.»
Linda Griffiths
Maggie and Pierre
«La jeunesse se vend mieux que la vieillesse, la beauté se vend mieux que la laideur, la musique se vend mieux que la télévision, la télévision se vend mieux que le cinéma et la politique ne se vend pas du tout.»

Richard Stolley
Directeur administratif
People

Ce fut le 4 mars 1971 que Pierre Trudeau réussit le plus remarquable de ses tours de magie. Il épousa une enfant-fleur qui se révéla, à son tour, presque aussi bonne magicienne que lui.

Margaret semblait avoir appris au berceau tous les trucs des prestidigitateurs. Pendant un moment, elle fit croire aux féministes qu'elle était l'une des leurs — «Mes sœurs, nous devons enterrer le docteur Spock et revendiquer nos droits» —, ce qui lui valut de recevoir, comme preuve de son admission dans leurs rangs, une lettre d'approbation de Gloria Steinem. Elle cuisina des aliments naturels pour les membres du cabinet, se promena avec un seau rempli d'eau potable à travers les rues de Vancouver, interviewa Buckminster Fuller à la télévision et, du même coup, persuada brièvement les écologistes, les protecteurs de l'environnement et les futurologues qu'elle était, elle aussi, une passagère à bord du vaisseau spatial Terre. Elle voyagea dans le même autobus que les journalistes — «J'ai entendu dire que vous vous amusiez beaucoup ici» — et séduisit suffisamment longtemps les membres de la Galerie de la Presse pour en faire ses chevaliers servants et ses défenseurs face au protocole guindé d'Ottawa, aux «Mounties» au regard dur et à un Trudeau insensible et arrogant. Dans un article du *New York Times*, Gerald Clark la déclara «sacrée», tandis que le *Devoir* louait ses «connaissances intellectuelles».

Margaret semblait également posséder des dons de voyante. En 1974, ce fut son pronostic — 141 sièges pour les libéraux — qui se rapprocha le plus de la réalité (ils en rempor-tèrent 144), et non ceux de Davey, de Goldfarb ou de Coutts. Lors de l'entrevue accordée à *Playgirl* quelques jours avant l'élection de 1979, on trouve, perdue entre le récit horrible de l'avortement qu'elle subit à dix-sept ans et le compte rendu d'une conversation privée entre elle et Trudeau qu'en un geste encore plus horrible elle permit à la journaliste d'écouter, cette remarque surprenante : « Je prévois que le gouvernement de Joe Clark sera défait d'ici six mois (...) dans l'enceinte même de la Chambre des communes. »

Mais ce fut avec Trudeau — tour à tour partenaire affec-tueux et adversaire aigri — que Margaret devint une magicien-ne à part entière. En 1974, elle lui gagna probablement plus de votes que n'importe quel ministre ou conseiller en le présen-tant comme un « type très tendre », ce qui ne pouvait qu'adou-cir l'image de celui-ci. Par son départ scandaleux, en 1977, elle le coiffa de l'auréole de Parent unique exemplaire, deux ans avant que Dustin Hoffman ne donne au rôle un caractère my-thologique avec le film *Kramer contre Kramer*, et le fit progres-ser d'environ cinq points dans les sondages.

Au début de leurs relations et pendant les premières an-nées de leur mariage, Margaret avait, mine de rien, tissé un autre genre de charme. Elle avait convaincu l'esprit le plus cri-tique de tout le pays de prendre au sérieux ce que l'une de ses amies intimes appela « sa révolution foutaise », plus sérieuse-ment encore qu'elle-même n'aurait jamais eu l'idée de le faire. Faisant preuve d'une curiosité intellectuelle insatiable et pres-que sans le moindre sens du ridicule, Trudeau l'interrogea in-tensément et attentivement sur la jeunesse troublée, la paix, l'amour, la liberté, l'identité, l'alimentation naturelle et tout ce qu'on peut trouver dans le *Whole Earth Catalogue*. À un mo-ment donné, après s'être gagné l'appui de Hugh Faulkner, l'un des rares ministres à savoir ce qu'est le mantra, Margaret per-suada Trudeau de faire apprendre la méditation transcendantale à tout le cabinet. (Trudeau en parla avec deux ou trois de ses ministres-clés qui réussirent à le faire changer d'avis.)

Le dernier des tours de magie de Margaret est sans égal. De tous les adversaires qui se sont battus en combat singulier contre Trudeau, elle est la seule à lui avoir imposé un match nul. L'un et l'autre ont été profondément blessés, mais il l'a sû-rement été beaucoup plus qu'elle parce que, inéluctablement, il est plus âgé. Et Margaret le sait. Il n'y a pas si longtemps, elle lui a porté un coup meurtrier, le frappant au défaut de la cuirasse, parce que, comme il l'a reconnu plus tard devant des amis, il n'y avait rien à répliquer — «C'est moi qui gagnerai, en fin de compte, lui avait dit Margaret, parce que je vivrai plus longtemps. Quand les garçons auront grandi, moi, je serai encore là.»

Exception faite de la magie, la vérité à propos de Trudeau et de Margaret demeure intangible. L'histoire d'Arlequin — où la belle jeune fille innocente fait la rencontre d'un homme plus âgé, puissant et mystérieux — nous met sur la voie. Anna Karénine, l'héroïne dont Margaret se sent la plus proche — «moins parce qu'elle s'est enfuie avec Vronsky qu'à cause de cette horrible sensation d'étouffement, au tout début» —, nous fait progresser de quelques pas. On trouve dans leurs rapports quelque chose qui rappelle Daisy et Gatsby, Heathcliff et Cathy, le professeur Higgins et Eliza. Mais, finalement, la fiction ne nous est d'aucun secours. Margaret et Trudeau ont créé leur propre réalité, leur propre légende ; le type même de légende — l'amour, les larmes et tout le bazar — qui fera encore partie du folklore canadien* lorsque tout ce qui se rapporte au règne de Trudeau se résumera à un dossier poussiéreux (ou à un bouton rarement pressé dans un système de localisation des données). Car, incontestablement, l'élément le plus extraordinaire de cette saga tient au fait qu'elle s'est déroulée dans un pays aussi terne que le Canada.

À bien y penser, il vaut peut-être la peine de voir en Margaret la première héroïne canadienne vraiment érotique, l'élément qui faisait défaut dans notre littérature et que Margaret Atwood a défini comme «la Vénus absente», la première femme féconde et à la sexualité flamboyante parmi toutes nos Hagar Shipleys refoulées.

Il est peut-être aussi utile de se rappeler quelques précédents. Lady Caroline Lamb, par exemple, qui vivait à Londres au début du dix-neuvième siècle et qui abandonna Lord Melbourne, futur Premier ministre, pour Lord Byron «fou, méchant et dangereux à connaître», à qui elle envoya, lorsqu'il commença à se lasser d'elle, une touffe de ses poils pubiques. Le second exemple, plus proche de nous, est celui de Zelda Fitzgerald qui se jeta dans la fontaine située devant l'hôtel Plaza, en une tentative désespérée de découvrir sa propre identité comme écrivain. Bien sûr, Zelda était folle, tandis

---

* *Le prototype en est* Maggie and Pierre *de Linda Griffith, qui fut le clou de la saison 1980.*

que Margaret, même à ses pires moments, se conduisait volontairement comme une écervelée. Ce qui nous intéresse dans cette comparaison, c'est que Zelda, qui avait un talent fou alors que Margaret n'en a pas, luttait contre Scott Fitzgerald exactement comme Margaret le fit contre Trudeau, c'est-à-dire pour monopoliser l'attention du public*.

«Elle a la tête dure, vous savez», avait dit à Trudeau avant son mariage, James Sinclair, le père de Margaret. Mais Trudeau, qui avait alors cinquante et un ans, ne l'avait pas plus écouté que ne l'aurait fait n'importe quel futur marié. De toute façon, même s'il en avait tenu compte, il aurait eu autant de mal à comprendre Margaret que la nature féminine en général.

Trudeau voit les femmes à travers le prisme de sa mère, Grace Elliott, qui «ne nous a jamais imposé sa volonté» et qui était si raffinée, si délicate, si vivante, si féminine. Quand, au cours d'une entrevue, on demanda à Trudeau la qualité qu'il appréciait par-dessus tout chez une femme, il répondit avec ambiguïté: «La grâce.»

Trudeau exige une seule chose des femmes: qu'elles n'exigent rien de lui. Elles doivent donc être jeunes et le fait qu'il a maintenant plus de soixante ans n'a aucune importance. «Dieu merci, elle a vingt-deux ans», avait confié Marchand à un collègue en apprenant le mariage de Trudeau. Elles doivent aussi être belles, cela va sans dire, et réussir dans la vie parce que les femmes qui sont belles et font leur chemin n'ont pas besoin de chercher en l'homme un soutien affectif. «Il est absolument imperméable à toute forme d'intimité, dit l'un de ses amis. Il peut se montrer un interlocuteur merveilleux quand il s'agit de thèmes abstraits, mais tout ce qui touche à l'intimité est tabou.»

Si les précédents historiques s'appliquent plus ou moins à Margaret, il en est un qui va comme un gant à Trudeau. Nous avons déjà observé que le personnage auquel il ressemble le plus à bien des égards est Lord Curzon qui fut vice-roi des Indes au tournant du siècle avant de devenir secrétaire aux Af-

---

* *Tout comme Margaret, Caroline Lamb et Zelda Fitzgerald ont raconté leur mariage et leurs aventures subséquentes dans des livres.* Accordez-moi cette valse, *de* Zelda, *et* Glenarvon, *de Lady Caroline, sont des fictions à peine voilées. Conformément au style de son époque.* À cœur ouvert, *de Margaret, est une confession autobiographique.*

faires étrangères. La romancière Elinor Glyn*, qui fut l'une de ses maîtresses, écrivit à son sujet:

> Les femmes l'ont toujours aimé, mais il ne leur a jamais permis d'avoir la plus petite influence sur sa vie. (...) Il aime leur compagnie pendant les moments qu'il consacre à la détente. Il les aime à la façon dont d'autres hommes aiment les chevaux racés ou les bons vins ou toutes ces choses magnifiques qui donnent tout leur prix aux loisirs d'un homme, mais non comme des êtres égaux, dignes d'être pris au sérieux et en qui on peut se fier avec ce scrupuleux sens de l'honneur qu'il s'attend à trouver chez un homme. Elles appartiennent à une tout autre planète. Il veut être libre et sans attaches.

Glyn poursuivait:

> Il ne donne jamais un ordre à une femme et, pourtant, chacune sait qu'elle doit s'empresser d'obéir au moindre signe. C'est lui le maître et quand une femme lui appartient, il semble préférer lui offrir jusqu'au vêtement qui touchera sa peau et montrer par tous les moyens qu'elle est sa possession absolue, alors que, verbalement, il évite toute allusion à la propriété ainsi qu'à toutes les formes de liens et d'obligations. C'est extrêmement curieux.

Tel était Curzon, tel est Trudeau, à cette différence près que Curzon semblait beaucoup moins avare.

Trudeau «est incapable d'entretenir une relation avec une femme adulte», reconnaît l'un de ses amis les plus proches. Une fois passée l'époque de la première jeunesse, les femmes risquent de se montrer exigeantes ou refuser de «s'enliser dans la flagornerie», ce à quoi Margaret avait refusé de s'abaisser ainsi qu'elle l'écrit dans son livre. Et il ne faut pas oublier que, compte tenu du moment où Trudeau a décidé d'avoir des enfants, une femme d'un certain âge n'aurait peut-être pas été en mesure de lui en donner. On comprend alors pourquoi il a laissé tomber Madeleine Gobeil, un professeur d'université qu'on avait souvent vue à ses côtés et qui, tout au long des années 60, avait agi comme hôtesse à titre presque officiel. D'ailleurs, quand il s'est envolé pour Vancouver où il allait

---

* *Tout comme Margaret, Glyn connut la célébrité, ainsi qu'en témoigne cette ritournelle:*
  «Que diriez-vous de pêcher
  Avec Elinor Glyn sur une peau de tigre?
  Ou préféreriez-vous fauter avec elle
  Sur un autre genre de fourrure?»

épouser Margaret, il a chargé Pelletier de la prévenir à sa place parce qu'il n'en avait pas le courage.

Durant leurs fiançailles, Margaret s'était inquiétée un moment de la présence d'une autre femme plus vieille qu'elle, Barbra Streisand, que Trudeau rencontrait de temps en temps à New York et qui, au cours de l'hiver de 1970, avait pris l'avion pour venir passer un week-end à Ottawa. Elle n'aurait pas dû s'en faire. Trudeau était enchanté de se faire photographier avec Streisand, mais il trouvait sa conversation plutôt ennuyeuse. Streisand était dans une période de psychologie chromatique et passait son temps à déclarer à Trudeau que son aura était rouge ou bleue. (Petit problème supplémentaire, enfin : sa mère l'accompagnait comme chaperon.)

Avant d'épouser Margaret, Trudeau n'avait songé à se marier que deux fois. Alors qu'il était dans la vingtaine, il s'était brièvement engagé envers une femme qui était intellectuellement son égale et avait le même âge que lui. Prénommée Thérèse, elle enseigne maintenant dans une université montréalaise. Ce fut elle qui rompit leurs fiançailles. L'ennui avec elle, comme Trudeau l'expliqua à ses amis, c'était qu'elle n'aimait pas le voir disparaître aux antipodes à tout bout de champ. Elle confia à quelques-unes de ses relations qu'il lui serait impossible de vivre avec lui et leur raconta qu'un jour où elle avait été invitée à prendre le thé au 84 McCulloch il lui avait lancé à haute voix, en la voyant tendre la main vers une tranche de gâteau : « Si j'avais des hanches comme les tiennes, je ne mangerais pas de pâtisseries. » *

Peu de temps après, à l'époque où il était attaché au Conseil privé, Trudeau tomba profondément amoureux de la fille d'un diplomate suédois, mais celle-ci ne tarda pas à rentrer dans son pays. Autrement, mises à part Margaret et une femme légèrement plus jeune que lui, talentueuse et attrayante qui épousa un autre homme et vit maintenant à Ottawa, les relations que Trudeau a eues avec les femmes n'ont jamais porté à conséquence. Il adore les avoir autour de lui, mais si l'une d'elles disparaît de son cercle, il ne s'en formalise pas. Toute sa vie, il a eu avec elles la même attitude que l'âge n'a nullement altérée : « Un bouffon insaisissable qui nous défiait de l'attraper et se riait de nos efforts », écrivit Carole Treiser dans le *Sherbrooke Record*. L'ombre du *farouche* Peter Pan. Une pointe de cruauté. Une pointe d'ambivalence. Et, venant se greffer à tout

---

* *Trudeau n'a jamais parlé de ces fiançailles à Margaret. Elle ne l'a appris qu'en 1980 par une relation commune.*

ça, une qualité que Trudeau possédait même avant de devenir Premier ministre: l'auréole aphrodisiaque de la puissance.

Dire de Trudeau qu'il est un mâle chauvin équivaut à un cliché. Au fond, il se conduit envers les femmes comme un romantique de l'époque victorienne et ne peut s'empêcher de leur faire la cour. À peine est-il arrivé depuis cinq minutes à une réception qu'il a déjà repéré la plus jolie femme de l'assemblée, avec qui il passera le reste de la soirée. En avion, il fait du plat aux plus séduisantes des hôtesses. Et c'est comme ça tout le temps, du moment qu'il y a dans les parages des femmes qui sont à la fois jeunes et jolies. «Il est naturellement flatteur et charmant avec les femmes et, depuis le temps que je m'étais éloignée de ce genre de galanterie démodée, j'avais oublié combien cela pouvait être séduisant», écrit Margaret en racontant leur premier rendez-vous.

Dans ses rapports avec les femmes, Trudeau ne dépasse jamais ces limites qu'il détermine et contrôle. Sinon, il aurait l'impression de leur devoir quelque chose et aliénerait, par le fait même, un peu de sa liberté, y compris la liberté de se mettre en quête de la prochaine femme avec qui flirter.

*

*   *

Avec Margaret, Trudeau en apprit davantage sur les femmes que jamais auparavant. Il s'efforça de la comprendre et, au cours de deux ou trois entrevues remarquables par leur candeur, tenta avec la scrupuleuse honnêteté qui le caractérise d'exprimer ce qu'il avait appris: «Le mariage peut être une institution régressive, déclara-t-il lors d'une entrevue pour la BBC en mars 1975, peu de temps après la dépression nerveuse de Margaret. Vous êtes jeune, vous êtes libre, vous vous êtes enfin débarrassé de l'autorité parentale. Subitement, vous vous mariez et vous vous retrouvez soumis à une autre forme d'autorité. (...) C'est pourquoi cela peut s'avérer une institution régressive et, pour tous les couples mariés, devenir une expérience traumatisante. Je pense que les maris, surtout s'ils sont aussi occupés que je l'étais, sont moins attentifs qu'ils ne devraient l'être.» En octobre 1976, six mois avant leur séparation, il revint sur ce thème avec un animateur de Radio-Canada: «J'ai bien fait de ne pas me marier plus tôt, parce que j'étais très dominateur. Et j'aurais sans doute voulu faire mon épouse à mon image et à ma ressemblance, c'est-à-dire détruire sa personnalité à elle. Et c'est seulement quand j'ai pu accepter qu'une autre personne puisse être très différente de moi et que je puisse l'aimer quand même, que j'ai trouvé que je pouvais prendre la chance de me marier. Mais en ce qui concerne la femme, peut-être à cause de nos institutions, peut-être à cause de la société, elle reste toujours un peu subjuguée par le mariage (...). Je pense que les femmes commencent à sortir de cela maintenant. Mais cela exige une grande maturité chez elles, et aussi chez l'homme. »

Bien que Trudeau fût capable de rationaliser à propos de son mariage, il ne pouvait — même devant l'imminence de la rupture — rien faire pour le sauver. Encore aujourd'hui, il est difficile de trouver quelqu'un, parmi ceux qui les connaissaient bien tous les deux, qui soit prêt à reprocher à Margaret de l'avoir quitté, alors qu'aucun n'hésite à la critiquer durement pour la façon dont elle s'est comportée par la suite. «Il vivait totalement en dehors de la réalité. La seule chose qui m'étonne, c'est qu'elle ne soit pas partie plus tôt», avoue une femme qui, pourtant, aime bien Trudeau, tandis qu'elle ne pardonne pas grand-chose à Margaret. «Quand les choses ont commencé à aller mal, raconte une autre, il pouvait se montrer intarissable à propos de ses problèmes conjugaux, mais il n'a jamais parlé de Margaret comme d'une personne. Il parlait de lui-même ou, plus souvent, des femmes, mais d'un point de vue abstrait en s'en tenant à la question de la libération ou encore de l'identité des femmes.» Au début de 1975, peu après la dépression de Margaret, Trudeau voulut essayer de comprendre ce qui se passait dans la tête des femmes et, pendant ses vacances, entreprit de lire, pour la première fois depuis des dizaines d'années, un roman contemporain: *Fear of Flying*, de Erica Jong.

Avec un peu de recul, tout devient clair. Leur mariage n'aurait pu être sauvé. Il y avait trop d'incompatibilités entre eux, la différence d'âge étant la moins importante de toutes. C'était un solitaire et il l'est encore. Il est également peu communicatif, trouve ses motivations en lui-même, a énormément d'amour-propre et sa discipline personnelle est si forte qu'il ne gaspille jamais un seul instant au travail ou, en canoë, ne donne jamais un seul coup de pagaye de trop. En outre, c'est un homme chez qui le hasard n'a pas droit de cité: il parcourt très exactement quarante-quatre longueurs de piscine par jour et a déjà renvoyé une domestique qui avait osé modifier l'ordre immuable de sa brosse à dents, de son dentifrice et de son nécessaire de rasage. Margaret est impulsive, émotive, généreuse, gâtée, féroce, étourdie et frivole. Ils n'ont qu'un seul et unique point en commun: l'un et l'autre sont extraordinairement égocentriques; il est égotiste et elle est narcissique.

Néanmoins, Margaret est, par nature, davantage portée à donner qu'à prendre. Lui, avec tout le monde sauf avec ses fils, prend tout ce qu'il peut, sans vergogne. Margaret semble avoir compris pourquoi cela n'aurait jamais pu marcher entre eux lorsqu'elle remarque: «Il n'a jamais été mon *ami*. » Quand, durant l'été de 1974, elle s'envola toute seule pour Paris, elle l'en avisa dans l'espoir qu'il la retiendrait. Mais il se contenta de lui dire de faire comme bon lui semblerait. Toujours en quête d'elle-même, Margaret se jeta tête baissée dans de multiples entreprises, en une tentative éperdue de l'amener à lui conseiller quoi faire et comment se comporter. Mais il n'en fit jamais rien. Il ne lui donna strictement rien de lui-même parce, comme elle l'estime maintenant et très probablement à juste titre, s'il lui avait donné le moindre conseil, la moindre directive, il l'aurait alors prise en charge. Or, pour Trudeau, la liberté signifie qu'on est uniquement responsable de soi et envers soi.

Toujours à l'aide de la rétrospection, on constate que Trudeau n'a jamais été véritablement le mari de Margaret. Au contraire, il était son Pygmalion et, elle, sa Galatée. Ou, si l'on préfère une version moderne, il était Henry Higgins et elle Eliza Doolittle. «Il voulait s'insinuer en elle», dit un ami intime. Mais à l'instar de Higgins, il ne voulait pas «laisser une femme s'installer dans sa vie». Margaret aurait dû apprendre, par osmose, à devenir ce qu'il est — discipliné, rationnel, intellectuel. Pas plus qu'Higgins, Trudeau n'était le moindrement conscient qu'au fond de chaque enfant-fleur se trouve une femme.

*

*   *

La première chose qu'il importe de bien comprendre à propos de Margaret, c'est qu'elle n'a pas peur de partir. Avec n'importe qui, n'importe comment, n'importe quand.

Il est certain que sa magie découle, en grande partie, du pouvoir qu'engendre la beauté; et la beauté, qui serait ainsi l'équivalent érotique du Principe de Peter, l'a entraînée bien au-delà de ses compétences. Mais il est *faux* de croire, comme on l'a souvent suggéré, que si elle n'avait pas rencontré Trudeau à Tahiti durant les vacances du Nouvel An, en 1968, elle aurait suivi le schéma classique de la fin des années 60: la petite bourgeoise qui fait son numéro amour/paix/liberté/identité/révolution/macramé, puis tire le rideau en épousant un courtier et en se trouvant un petit emploi «intéressant». Même quand elle se tenait avec ses sœurs d'armes durant la contestation des années 60, plusieurs incidents donnèrent à penser qu'elle irait beaucoup plus loin que ça dans la vie: un avortement à dix-sept ans, cinq heures passées dans un arbre à se prendre pour un oiseau après avoir absorbé de la mescaline, six mois au Maroc en compagnie de hippies drogués jusqu'aux yeux.

Le style de Margaret traduit une certaine insolence envers la vie. «C'est un bandit, un délicieux petit bandit, dit l'un de ses meilleurs amis. Courageuse, frondeuse, drôle, brillante, provocante.» Puis il passe à l'autre côté de la médaille: «Elle est impitoyable, animée par un fort esprit de rivalité et narcissique. Qu'on cesse de parler d'elle au cours d'une conversation et on verra aussitôt son regard se figer.»

C'est de son père, qui fut ministre dans le cabinet Saint-Laurent avant de devenir un homme d'affaires prospère, que Margaret tient ce côté impitoyable et ce goût pour la compétition. En lisant *À cœur ouvert* entre les lignes, on constate qu'elle a pour lui une profonde antipathie. «La philosophie austère de l'Écossais presbytérien. (...) Cinq filles et un père dominateur; c'était suffisant pour faire naître la compétition.» En se fondant sur cet indice, il est facile de deviner qu'elle a passé la majeure partie de sa vie à se rebeller contre son père et ses substituts. Comme le fait remarquer un autre de ses amis: «Il y a, en elle, quelque chose qui la pousse à blesser les hommes énergiques vers qui elle se sent attirée.»

Sur le plan intellectuel, Margaret est, si l'on veut rester dans les limites de la politesse, tout à fait quelconque. Elle passe une bonne partie de son temps dans un monde imaginaire. Sauf quand il s'agit d'elle-même, on a souvent comparé sa force de concentration à celle d'un oiseau-mouche. Ses préférences vont vers *All My Children*, un feuilleton télévisé l'après-midi, et les romans d'horreur démoniaque de Stephen King. Pourtant, quand vient le temps d'observer la nature humaine, elle peut se montrer d'une étonnante perspicacité. «Elles vivent leurs fantasmes sexuels à travers moi», a-t-elle déjà dit des mères de famille pro-Volvo et pro-Montessori qui, à Ottawa, continuèrent de la fréquenter à l'époque où elle commettait ses pires frasques. Dans *À Cœur ouvert*, elle évoque merveilleusement bien l'emprise des manœuvriers à la cour d'un Roi-Soleil. Elle décrit ainsi le courtisan Ivan Head, durant la campagne électorale de 1974: «Il fit de son mieux pour me tenir à l'écart et créer l'impression que ma présence, dans ce voyage, était tout à fait inutile. Il était toujours en train de sourire et de chuchoter quelque chose à l'oreille de Pierre et il m'est arrivé de me sentir jalouse comme une enfant.» Trudeau lui-même a tracé un fort bon portrait de Margaret, lors d'une entrevue télévisée, en 1976: «Au fond, c'est une femme très terre à terre. Une femme sensuelle qui a les deux pieds sur terre. Une femme qui veut être une mère, une femme qui aime également faire la cuisine, s'occuper de la maison, ce qui ne l'empêche pas d'avoir la tête dans les nuages.»

Ses véritables qualités sont plus viscérales que cérébrales. Elle s'est lancée sans hésiter dans cette vie que Trudeau a étudiée avec tant de circonspection. Même dans l'effroyable entrevue qu'elle a accordée à *Playgirl* on trouve des remarques qui se détachent du reste comme des étendards, en loques peut-être mais provocants: «La vie n'est pas facile. Elle est facile si on s'en moque. Si on ne prend pas de risques. Si on se met des œillères. Si on se laisse étouffer par son propre ennui. Sinon, elle n'est pas facile.» Et ce commentaire au moment où elle parle de ses espérances pour sa fille si jamais elle en a une. «Elle *sera* blessée. Tout le monde l'est. Mais être blessé par *amour*. Pas en se faisant couillonner.»

Margaret peut se montrer calculatrice. Elle sait manipuler les médias. «Elle pense comme si elle évaluait l'angle d'une photo», dit un ami. Il est incontestable qu'elle est, dans la vie, une comédienne rusée et adroite. Néanmoins, elle fait preuve d'une certaine innocence qu'on retrouve chez les enfants, d'un manque absolu de perfidie. «Comme on sait qu'elle a fait toutes ces affreuses choses, on est d'abord furieux contre elle quand on la rencontre, reconnaît un ami de fraîche date. Mais on ne tarde pas à découvrir qu'il est impossible de ne pas l'aimer. On dirait qu'elle vient d'une autre planète.» Toutefois, c'est Margaret, elle-même, qui a vu le plus juste: «Je me suis attiré énormément d'ennuis au début de cette campagne parce que j'ai parlé de l'amour, ce que beaucoup ont interprété de façon erronée. Mais je ne *peux* parler que de ça.»

Leur amour était extraordinaire, c'était un merveilleux roman, une grande passion. Elle était si jeune et si belle. «Elle est incroyable, n'est-ce pas? répétait Trudeau à ses amis. Et ses yeux sont vraiment extraordinaires, non?» ajoutait-il avec insistance. Effectivement, elle *était* incroyable, à la façon d'Elizabeth Taylor durant le tournage de *Giant*, déployant la même énergie sexuelle provocante et arborant le même regard immense et séducteur, d'un bleu lavande.

Très tôt, tellement tôt, tout commença à aller de travers. En fait, si l'on excepte l'arrivée de Justin, Sacha et Michel, presque tout allait mal. Mais, pendant quelques mois précieux, Pierre et Margaret furent totalement et éperdument amoureux. Elle, si généreuse et si passionnée. Lui, tellement audacieux et tellement puissant. Lui qui, à cinquante ans, néophyte de l'amour, laissait tomber sa cuirasse devant sa spontanéité, son innocence, sa jeunesse; elle, exaltée et impressionnée par son prestige, son intégrité, sa discipline.

Malgré tout ce qui a pu se passer depuis, ils sont, l'un et l'autre, encore touchés par la grâce de cet amour. «C'est incroyable, mais elle continue d'exercer un certain charme sur lui, raconte un ami très proche. Essayez d'imaginer à quel point cela peut être humiliant, pour un homme aussi orgueilleux, de se rendre compte qu'après tout ce qu'elle lui a fait ses sentiments pour elle ne sont pas morts.» Au début de 1980, ils dînèrent ensemble au 24 Sussex: l'un des convives les observa, fasciné, tandis qu'ils flirtaient de part et d'autre de la table. Ensuite, Trudeau resta sur le seuil du 24 Sussex à regarder la voiture de Margaret qui disparaissait dans la nuit. Quand elle arriva chez elle, ses yeux brillaient, mais une amie la fit redescendre sur terre: «Quand il est bon, il est très très bon, et quand il est méchant, il est horrible»; ce à quoi Margaret acquiesça tristement. Depuis leur séparation, on a vu Trudeau en compagnie de nombreuses femmes, mais aucune n'a compté pour lui; après Trudeau, Margaret n'a cessé de lui comparer tous les hommes qu'elle a rencontrés, mais elle les a tous trouvés unidimensionnels.

On a raconté à maintes et maintes reprises l'histoire de leur mariage et de sa conclusion. À peine reste-t-il quelques lignes à remplir entre les pointillés. Dès leur retour, ou presque, au 24 Sussex après une lune de miel de quatre jours passés à faire du ski, leur amour commença à s'étioler. Tendrement, sans se rendre compte de ce qu'il était en train de faire, Trudeau l'installa sous une cloche de verre et la coupa de tout contact avec la vie. Puis, il entreprit de «s'insinuer en elle». Quelques jours après leur retour, il lui déclara: «J'ai passé énormément de temps à te faire la cour et, maintenant, je dois me consacrer à mes fonctions de Premier ministre. Tu dois faire exactement ce que tu veux. Tu peux faire tout ce que tu veux», ajouta-t-il.

L'ennui, c'est qu'elle pouvait difficilement faire ce dont elle aurait eu envie. Le *purdah* s'était refermé sur elle. Ainsi qu'elle le découvrit progressivement, Trudeau était un authentique solitaire qui se suffisait à lui-même. Il n'y avait pas un seul petit coin en lui où elle aurait pu s'insinuer, si ce n'est en lui donnant des fils. Il invitait très rarement des amis à venir les voir. Ils ne sortaient presque jamais, sauf pour des promenades ou des excursions en canoë, sans témoins, ou encore lorsqu'ils se rendaient à leur chalet du lac Harrington. Chaque soir, il rentrait à la maison, nageait quarante-quatre longueurs de piscine, enfilait un jean et un chandail, dînait avec elle puis se plongeait dans ses «maudites boîtes brunes». Durant l'automne de 1972, alors qu'ils n'étaient même pas mariés depuis deux ans, elle écrivit une note qu'elle oublia au fond d'un tiroir pour la retrouver presque cinq ans plus tard, quand elle fit définitivement ses valises. «Je suis tellement seule. Je devrais être heureuse. J'ai épousé un homme qui m'aime et j'ai un merveilleux bébé. Mais je suis terriblement malheureuse.»

L'ambiance protocolaire et guindée qui régnait à Ottawa n'était pas faite pour l'aider. Pas plus que Trudeau, d'ailleurs, avec sa conception du rôle d'une épouse. Quand Margaret parla de reprendre, à l'Université d'Ottawa, le cours de psychologie infantile qu'elle suivait avant son mariage, Trudeau s'y objecta: seules les épouses qui ne savaient pas quoi faire d'elles-mêmes retournaient à l'université. Lorsqu'une amie invita Margaret à Montréal pour y passer la journée à courir les magasins, il refusa de nouveau: les épouses doivent se trouver à la maison au moment où leur mari rentrent du travail. Mais le véritable problème était beaucoup plus profond. Trudeau trouvait en lui-même ses propres motivations. Il savait comment mettre à profit le moindre instant de liberté. Et le fait que Margaret eût besoin de stimuli extérieurs le déroutait totalement. Quand elle se plaignit de n'avoir rien à faire, il lui conseilla « de lire Platon » et fut irrité de voir qu'elle n'en fit rien. Si des amis francophones venaient dîner, il ne parlait qu'en français, souvent à leur grande gêne, parce qu'il savait qu'elle n'en comprenait pas un traître mot. Il tenait pour acquis qu'elle se mettrait d'elle-même à l'étude de cette langue. Lors de leur première apparition en public après leur mariage — c'était à une « partie de sucre », dans les environs de Montréal —, Margaret fit un esclandre en prétendant que quelqu'un lui avait pincé les fesses ; en réalité, elle avait simplement perdu la tête parce qu'elle ne comprenait rien de ce qui se disait autour d'elle et que, même si elle était l'épouse du Premier ministre, on l'avait laissée toute seule dans son coin pendant que lui se promenait partout, faisant tout ce dont il avait envie.

Au cours de l'élection de 1974, Margaret décida, de son propre chef, de briser la cloche de verre. Trudeau et ses conseillers n'étaient pas d'accord avec l'idée de la laisser participer à la campagne. Mais, instantanément, elle se révéla une vedette, une véritable magicienne. Du coup, elle crut que Trudeau la considérerait désormais comme une personne indépendante. Mais, au lieu de ça, elle fut de nouveau reléguée dans son rôle d'épouse-et-mère. Après les élections, personne ne prit la peine de la féliciter ou de lui dire comment elle pourrait mettre à profit son nouveau statut. « Quelque chose s'est brisé en moi, ce jour-là, écrit-elle dans son livre. J'ai eu l'impression qu'on s'était servi de moi. »

Une fois évadée de la cloche de verre, il n'était pas question d'y retourner. Elle partit précipitamment pour Paris, toute seule, sans son passeport, et disparut pendant une quinzaine de jours. Puis elle réapparut à l'hôpital Royal Victoria, à Montréal, où on la traita pour ce qu'elle qualifia plus tard de « sérieux stress émotif ». Elle parla de ses problèmes à la télévision : « Je suis d'un naturel assez secret. » Elle s'offrit un petit voyage de vingt mille dollars au Japon où elle baptisa un superpétrolier, ce qui lui valut de nombreuses critiques. Elle essaya ensuite de devenir reporter-photographe et rata son coup. Elle déclara aux épouses des Premiers ministres du Commonwealth qu'il fallait enterrer le docteur Spock, puis disparut de la scène pour donner naissance à son troisième fils, Michel, en octobre 1975. Quatre mois plus tard, elle réapparut en Amérique latine où elle chanta quelques mots, lors d'un banquet d'État, à l'intention de la femme du président du Venezuela et se promena à Cuba avec, sur le dos, un *T-shirt* portant le nom du parti libéral. Un peu plus tard, elle se présenta à la Maison-Blanche vêtue d'une robe qui ne respectait pas le protocole.

Puis, en mars 1977, ce fut l'ultime « voyage de liberté ». Délibérément, elle passa la soirée de son sixième anniversaire de mariage à Toronto où les Rolling Stones donnaient un récital, et se fit remarquer en train d'errer, dans une robe de chambre blanche, dans les couloirs de leur hôtel. De là, elle partit pour New York où *People* publia la fameuse entrevue (accordée en échange d'un contrat à titre de photographe) dans laquelle elle se répandait en éloges sur le physique de Trudeau — « Il a le corps d'un homme de vingt-cinq ans » — et racontait qu'elle trouvait « excitant » d'enfiler un porte-jarretelles. Enfin, elle y parlait de l'effet qu'avait sur les visiteurs officiels la vue de ses seins, libres sous sa robe. Lorsqu'elle revint au 24 Sussex où Trudeau recevait James Callaghan, Premier ministre de Grande-Bretagne, elle reçut — mais est-ce bien lui qui le lui donna? — un coup de poing dans l'œil.

*   *

Aussi bien pendant qu'après les mois qui précédèrent la catastrophe, Trudeau offrit au pays et même au monde entier une démonstration d'un genre qu'il était à peu près le seul à pouvoir réussir, celle d'une maîtrise surhumaine face à des pressions inhumaines. Jamais il ne se plaignit. Jamais il ne donna la moindre explication. Il défendit Margaret chaque fois que l'occasion s'en présenta. « Je ne suis pas de ceux qui condamnent par association », répondit-il, une fois, à une question sur les relations entre Margaret et les Stones. Comme le reporter insistait lourdement, il lui riva d'abord son clou: « Un homme bien élevé ne devrait pas poser ce genre de questions », et désamorça la situation en ajoutant sarcastiquement que, de toute façon, Margaret préférait les Beatles « quoique j'espère qu'elle ne commencera pas à sortir avec les Beatles ».

Quand ils repensent à ces deux années de tension permanente qui se soldèrent par la rupture, personne, parmi ses collaborateurs ou les membres du cabinet, ne se souvient d'avoir vu Trudeau laisser paraître ses sentiments si ce n'est un peu de fatigue lorsque Margaret avait insisté pour qu'il regarde avec elle le film de fin de soirée à la télévision. Simplement, vers la fin, quand la rumeur publique prétendit que Margaret lui faisait porter des cornes, il commença à avoir les nerfs à fleur de peau. «On pouvait lire dans son regard, dit un ancien adjoint, une expression troublée. Pour la première fois de sa vie, il se trouvait dans une situation qui le touchait directement et personnellement, et contre laquelle il était impuissant.» Néanmoins, continue ce collaborateur, 1977 n'était pas encore fini que Trudeau avait déjà retrouvé son sang-froid. Il avait déniché au fond de lui-même un recoin pour y enfouir sa peine. «Un déclic a dû se produire dans sa tête et il est retombé sur ses pieds.» Il reporta tout son amour sur ses fils et se consola auprès d'eux.

Le 27 mai 1977, le bureau du Premier ministre émit un communiqué qu'ils avaient rédigé ensemble:

Pierre et Margaret Trudeau annoncent que, conformément au désir de Margaret, ils vont désormais vivre séparément. Margaret renonce à tous ses privilèges comme épouse du Premier ministre et souhaite mettre fin à son mariage pour poursuivre sa propre carrière.

Pierre aura la garde de leurs trois fils et Margaret pourra les voir librement. Pierre se plie avec regret à la décision de Margaret et tous deux espèrent que leurs relations s'amélioreront à la suite de cette séparation.

*

*   *

Ce qu'il y a de tragique dans cet «ultime voyage de liberté» entrepris par Margaret, d'abord vers Toronto et les Stones, puis vers New York, Andy Warhol et le Studio 54, c'est qu'elle n'a jamais voulu le faire. Elle qui avait souhaité un ami s'était retrouvée, au contraire, en compagnie d'un étranger implacable et froid qu'elle combattit de toutes ses forces. Une fois, «incapable d'affronter sa logique et ses arguments rationnels, tremblante de rage», elle arracha les lettres composant la devise «La Raison avant la Passion» et cousues à la main sur une courtepointe, et les lui lança à la figure. Les Stones et le Studio 54 n'étaient rien d'autre que l'expression, au vu et au su de tous, de cette même rage.

Quant aux autres motifs plus ténébreux qu'on n'a cessé de prêter à Margaret pour expliquer son comportement, on peut carrément tracer un trait dessus. Il n'existait pas l'ombre d'une preuve qui aurait pu étayer, si peu que ce fût, les rumeurs de relations extra-conjugales qui commencèrent à circuler à Toronto, au début de 1977. Pas plus que l'idylle, abondamment commentée, entre Teddy Kennedy et Margaret n'a été à l'origine de l'effondrement de leur mariage. Même si, à l'époque, les amis de Margaret avaient les oreilles rebattues de l'«aura» de Kennedy, celle-ci n'en finit pas moins par le prendre plus ou moins pour une nouille. En réalité, ce fut d'un Canadien que Margaret devint amoureuse parce qu'il était tout ce que Trudeau n'était pas: drôle, généreux et, surtout, un *ami*. Même si tout est fini entre eux depuis longtemps, leur amitié, elle, persiste.

Pendant les deux ans qui suivirent la rupture, soit entre mai 1977 et l'élection de mai 1979, Margaret se conduisit systématiquement d'une façon scandaleuse. Elle abandonna ses enfants. Elle tourna deux ou trois navets, raconta au monde entier — de nouveau par l'intermédiaire de *People* — que «ce que j'ai de mieux, c'est mon derrière», et se fit photographier sans culotte par *Rustler*. En 1979, elle se retrouva à deux reprises en nomination pour les «Dubious Achievement Awards», décernés par la revue *Esquire* — un honneur dont seul Richard Nixon s'était prévalu jusque-là. En plein milieu de la campagne électorale de 1979, elle publia *À Cœur ouvert*. Le soir de la défaite de Trudeau, elle se laissa photographier en train de danser dans un pantalon «disco» au Studio 54. Quelques jours plus tard, ce fut la fameuse interview avec *Playgirl*. La rage, le désespoir, l'humiliation et, selon ses propres termes, «un retour à la révolte de (son) adolescence» étaient à l'origine de la plupart de ses actes, de même que, ce qu'elle ne nie pas, les aventures et la drogue. Ce n'était plus Trudeau qui en pâtissait, mais ses propres fils. Leurs camarades de classe, cruels comme le sont tous les enfants à cet âge, ne cessaient de les tourmenter à cause de la conduite de leur mère.

L'interview dans *Playgirl* qui coïncida avec la défaite de Trudeau et la perte simultanée, pour elle, de son statut de vedette mit fin à tout ça. Margaret revint à Ottawa, acheta une jolie maison du siècle dernier dans le quartier Nouvel-Édimbourg et, exception faite de la solitude, commença à mener la même vie que ses amies mères de famille, pro-Montessori et pro-Volvo: elle planta ses tulipes, suivit des cours de gymnastique, se promena au volant d'une Rabbit. À trente-deux ans, à peine plus rondelette, séduisante plutôt que radieusement belle, elle éprouve un vif remord en pensant à tout ce qu'elle a fait et surtout à l'entrevue parue dans *Playgirl* et qu'elle n'a jamais pu se résoudre à lire. Mais ses remords ne l'empêchent pas de ressentir une certaine fierté à l'idée d'avoir tenu tête à Trudeau. Elle lui avait déjà déclaré, un jour, qu'elle se rendrait célèbre pour l'avoir «défié», ce que l'intéressé n'avait pas du tout apprécié parce que cela impliquait au minimum un match nul. Parfois, un humour grinçant venait émailler ses souvenirs: ce distingué psychiatre canadien, par exemple, qui, après l'avoir interrogée sur son père, sa mère et tout le reste, lui demanda finalement: «Qui, d'après vous, succédera à Trudeau. Turner ou Macdonald?» Il faisait partie de ces centaines de personnes qui utilisaient Margaret et l'exploitaient, tout comme elle les utilisait et les exploitait.

Que ce soit ouvertement ou entre les lignes, Margaret se découvre telle qu'elle est dans son autobiographie, *À Cœur ouvert*. (En fait, ce fut la journaliste britannique Caroline Moorehead qui rédigea *À Cœur ouvert,* au fur et à mesure que Margaret lui racontait son histoire dans une suite du Savoy.) Rendu furieux par ce livre, Trudeau décida de convoquer les élections de mai 1979 deux mois plus tôt que ne l'auraient souhaité ses conseillers, essentiellement, comme le dit l'un d'eux, «pour faire voir à Margaret». Exception faite de quelques extraits, Trudeau n'a jamais lu le livre. Il aurait dû le faire. Car, quand on le lit en entier, on constate que Margaret fait preuve d'infiniment plus de tendresse et de lucidité à son égard que ne le laissaient supposer les extraits parus dans les journaux. «Pierre est un homme extrêmement aimable et un père très attaché à ses enfants, écrit-elle. Mais il est aussi terriblement timide, renfermé et tout à fait incapable d'exprimer ses sentiments de façon convaincante.» Ce que Trudeau, poussé par sa sœur Suzette, avait lu, par contre, c'était l'interview parue dans *Playgirl*. «Sur le coup, elle cessa d'exister pour lui, raconte un ami. Il n'avait plus confiance en elle.»

Si paradoxal que cela puisse paraître, ce fut pourtant dès ce moment que leurs relations se modifièrent et devinrent plus adultes. Quand Trudeau lui reprocha l'article de *Playgirl*, Margaret reconnut: «Je suis malade. Je sais maintenant qu'il y a des situations où je suis incapable de me dominer.» Et Trudeau admit finalement qu'elle n'allait pas bien. Pour lui qui est bâti à chaux et à sable, la maladie a toujours été synonyme de faiblesse. Un jour, alors que Margaret faisait une hémorragie à la suite d'une amygdalectomie, il refusa de déranger un médecin durant le week-end parce qu'il était convaincu qu'elle exagérait. Quand il se décida finalement, il était presque trop tard. Une autre fois où elle affirmait se sentir mal, il lui répondit : «Tu n'es pas malade du tout. Tu ne fais que camoufler tes péchés.» En revanche, Margaret entreprit de réaliser ce qu'aucun psychiatre n'avait été capable de faire, se guérir toute seule. Elle cessa de se droguer. Elle suivit un traitement à base de lithium qui lui fit prendre du poids tout en la maintenant dans un constant état de somnolence, et elle l'abandonna de son propre chef quand elle se rendit compte qu'elle n'en avait plus besoin.

Comme si le destin avait voulu rééquilibrer la situation, 1979 fut une mauvaise année aussi bien pour Trudeau que pour Margaret. La défaite du premier coïncida avec l'entrevue donnée par la seconde à *Playgirl*. Après avoir renoncé à sa vie tumultueuse, Margaret se retrouva à Ottawa, plongée dans la solitude parce que les quelques hommes qu'elle comptait parmi ses relations préféraient garder leurs distances. Peu après, Paddington Press, son éditeur qui lui devait cinq cent mille dollars en redevances, fit faillite et ne put la payer. Quant à Trudeau, devenu chef de l'Opposition et n'ayant plus la possibilité de s'évader dans le travail, il se laissa glisser dans une vague dépression et comprit peut-être pour la première fois de sa vie ce qu'était l'ennui. Aussi en vinrent-ils à se rapprocher très doucement l'un de l'autre, mais pas assez pour que Trudeau lui rendît sa confiance au point de la prévenir de son intention de démissionner ou, un mois plus tard, de revenir.

Pendant l'élection de 1980, elle se fit plus petite que jamais auparavant. Après son retour au 24 Sussex, Trudeau accepta de modifier l'entente relative à la garde des enfants : maintenant, Justin, Sacha et Michel passent alternativement une semaine chez l'un, une semaine chez l'autre ; les deux maisons ne sont d'ailleurs qu'à quelques rues de distance.

Le combat singulier entre Trudeau et Margaret est terminé. Il n'en reste que des cicatrices et une lutte dont l'enjeu est plus ou moins celui qu'on retrouve chez les parents séparés : l'affection de leurs enfants. Dans son livre, Margaret écrit : «Justin ressemble beaucoup à Pierre. Pour lui, il n'y a jamais de gris, tout est noir ou blanc. Sacha est un sage. Michel est un clown en perpétuelle bagarre avec la vie.» En ce qui a trait à leur avenir, Margaret a remporté une victoire décisive : ils ne seront pas éduqués chez les jésuites.

Dès qu'on les voit ensemble, comme pour la première communion de Justin, ou que la chronique mondaine d'un journal fait état de la présence de Margaret à une réception donnée au 24 Sussex, les sentimentaux parlent d'une éventuelle réconciliation. Rien n'est moins probable. Les blessures sont trop profondes. Maintenant qu'il n'y a plus risque de collision, leurs routes suivent des voies parallèles et ne se croisent qu'occasionnellement, à cause des enfants.

Pourtant, le souvenir de ces deux amants que furent Margaret et Trudeau demeurera. Ils ne furent ni Lancelot et Guenièvre, ni Héloïse et Abélard, ni même Scott et Zelda, car leur combat n'avait pas la noblesse de la tragédie. Tout bien considéré, ils étaient, l'un et l'autre, trop égocentriques pour devenir de véritables héros de tragédie. Et, qui plus est, en dépit des souffrances que leur a values leur rencontre, chacun y a gagné le genre d'immortalité qu'il avait toujours recherchée : lui, des enfants ; elle, la célébrité.

Lancelot et Guenièvre, Héloïse et Abélard, même Scott et Zelda, appartiennent tous à d'autres époques. L'élément caractéristique des années 70 que Trudeau et Margaret ont marquées de leur empreinte tient davantage du psychodrame que de la tragédie. Durant ces années, comme l'a souligné Stolley, le directeur de *People*, la jeunesse se vendait mieux que la vieillesse, la beauté mieux que la laideur, la télévision mieux que le cinéma, et la politique ne se vendait pas du tout.

À bien y penser, le don le plus précieux, quoique nullement intentionnel, fait par Margaret à Trudeau aura peut-être été de l'intégrer à son époque — non pas, comme il l'avait pensé au moment de son mariage, à celle des années 60 marquées par la contre-culture et l'impétuosité, mais à celle des année 70, à l'enseigne de l'égocentrisme et du psychodrame. Margaret a transformé le héros en un être humain, simplement parce qu'en le quittant, comme tant d'autres femmes, compagnes et maîtresses l'ont fait avant elle au nom d'une identité et d'une sexualité autonomes, elle l'a fait entrer au panthéon moderne du Parent unique. Après 1977, des millions de Canadiens purent s'identifier à Trudeau comme jamais auparavant : eux aussi avaient vécu, quoique à un niveau moins dramatique, ce qu'il venait de vivre.

En un mot, Margaret a fait de Trudeau un homme intéressant. Elle, elle le verrait plutôt comme un vieux bonze desséché avec un ordinateur à la place du cerveau et doué, tout à fait par hasard, de charisme. Si l'on ne tient pas compte des habituelles promesses électorales, l'une des raisons pour lesquelles les Canadiens ont réélu Trudeau en 1980, c'est parce qu'il était, disons, *intéressant*. On pouvait compter sur Margaret pour faire quelque chose de remarquable, ce dont Maureen McTeer, malgré tout son dynamisme, était incapable; de même qu'on pouvait compter sur Trudeau pour se faire photographier avec une blonde éblouissante à son bras, ce qui ne risquait pas d'arriver à Joe Clark.

Dans *Les Hauts de Hurlevent*, le plus percutant de tous les romans d'amour, Cathy s'écrie, sur un ton de défi empli de fierté: «Je *suis* Heathcliff.» En fin de compte, Margaret a autant le droit qu'elle de s'écrier: «Je *suis* Pierre Trudeau.» C'est, comme le relève Elinor Glyn, «extrêmement curieux». Mais la vie aussi est curieuse.

Chapitre XIII

Une politique dure à avaler

«Je parle, donc je suis.»
Albert Sorel

Pendant neuf jours, durant juin 1976, on ne vit, dans le ciel canadien, aucune de ces traînées de fumée qu'y laissent habituellement les avions à réaction. Tant que les deux mille deux cents contrôleurs de la circulation aérienne et les deux mille sept cents pilotes de ligne refusèrent de se présenter au travail, même des compagnies étrangères comme BOAC, Lufthansa ou Eastern annulèrent leurs vols. Un calme plat enveloppa le pays tout entier. Le 23 juin, Trudeau demanda aux grévistes, par l'intermédiaire du réseau national de télévision, de reprendre le travail. En vain. Le surlendemain, dans une intervention aux Communes, il qualifia la grève de «pire risque pour l'unité nationale depuis la crise de la conscription (de la Première Guerre mondiale)». Cela ne donna rien.

Bien au contraire, la population achetait dans des clubs d'aviation privés ou, sous la table, aux guichets de compagnies aériennes des *T-shirts* fraîchement imprimés. L'un des modèles demandait: «Où êtes-vous, général Wolfe, maintenant que nous avons besoin de vous?» Un autre, d'une morbidité repoussante, montrait un castor qui étranglait une grenouille. Un éditorial diffusé par une station radiophonique de l'Ouest débutait par ces mots: «Québec, va jouer dans l'trafic» et terminait en réclamant: «Je veux divorcer. Pas de torts. Pas d'action contestée.»* Vers le milieu de la grève, Pierre Deni-

---

* *En réalité, cet «éditorial» parut dans le* Daily Times *de Brampton, en Ontario, avant d'être repris par les stations radiophoniques de l'Ouest.*

ger, qui était l'un des bras droits du ministre responsable, Otto Lang, trouva sur son bureau un faux communiqué faisant état d'une collision survenue entre deux avions parce qu'un des pilotes avait communiqué en français avec la tour de contrôle ; dans « la liste des victimes » de l'écrasement, il y avait son nom.

La cause première de cette situation avait été la présentation par Trudeau, le 17 octobre 1968, d'un projet de loi qu'il qualifia de « choix conscient que nous faisons pour l'avenir du Canada ». C'était, selon son titre officiel, la *Loi concernant les langues officielles au Canada.* Huit ans plus tard, en appuyant massivement les contrôleurs aériens et les pilotes de ligne, les Canadiens anglais firent savoir à Trudeau qu'ils avaient rejeté son choix. Cinq mois après, les Québécois élurent le parti québécois.

Le rêve de Trudeau, son impossible rêve de transformer un pays on ne peut plus ordinaire, situé au nord du 43e parallèle, en « un outil génial pour façonner la civilisation de demain » ainsi qu'il l'avait écrit autrefois dans *Cité libre*, s'était changé en cauchemar.

Mais ce rêve n'avait pas disparu pour autant. Gagnés par un sentiment de culpabilité à l'idée de ce qu'ils avaient fait, les Canadiens anglais, à défaut d'adopter le bilinguisme, l'acceptèrent après 1976. Quant aux Québécois, ils n'avaient jamais rejeté la perspective bilingue de Trudeau (et ce, en dépit de l'unilinguisme de la loi 101 adoptée par le parti québécois). Grâce au bilinguisme, Trudeau réussit à conserver toute sa vigueur à « l'option canadienne au sein du Québec », selon l'expression de l'un de ses ministres, Hugh Faulkner. Et, toujours grâce à lui, le choix du français comme langue parlée demeura une réalité à l'intérieur du Canada. Autrement dit, il conserva le Canada en un tout.

*

*   *

Le bilinguisme, c'est le mot « Calais » imprimé dans le cœur de Trudeau. C'est la passion au-delà de sa raison, l'homme derrière le masque. Quand Trudeau parle du bilinguisme ou écrit sur le sujet, toutes ses inhibitions, toutes ses défenses disparaissent. Quelquefois, il se montre éloquent : « Les Canadiens contemplent le monde du haut d'un balcon franco-anglais, le meilleur qui soit. » En d'autres occasions, il laisse éclater sa colère : « Un péché contre l'humanité » est l'expression qu'il a déjà employée à propos de l'éventuelle séparation du Québec, et il a parlé de la loi 101 comme d'un «retour à l'âge des ténèbres». Il lui arrive aussi d'être inquiet: «La volonté nationale d'exister en tant que pays n'est plus très forte nulle part», déclara-t-il six semaines après la victoire du P.Q., lors d'une entrevue au réseau CTV.

Pendant le processus d'implantation du bilinguisme, Trudeau a commis plusieurs erreurs. Toutes pourtant, même les plus terribles, lui ont été dictées par son cœur. Jamais il n'a fait la seule faute qui aurait vraiment compté: perdre la foi. Pas plus qu'il n'a mutilé son rêve. Le bilinguisme est à Trudeau ce que le chemin de fer du Canadien Pacifique était à John A. Macdonald: un outil permettant de bâtir un pays grand comme un continent, à partir d'un groupe de provinces hétéroclites.

*

*   *

Au début, la conception qu'avait Trudeau du bilinguisme ne laissait guère prévoir le principe politique qui en émergerait au cours de ses quatre mandats. Quand il entreprit d'écrire sur le sujet au commencement des années 60, sa préoccupation première n'était ni la sauvegarde du Canada ni l'affirmation du Fait français, mais la libération de l'homme. À son avis, le bilinguisme était un droit fondamental qui ne différait en rien des autres droits comme la liberté de parole et qui servait le même but: libérer l'homme pour qu'il puisse se consacrer à la poursuite de l'excellence. Pour lui, le «fédéralisme pluraliste» était simplement une conséquence logique de l'application du rationalisme au processus gouvernemental.

Dans l'essai qu'il écrivit en 1962, «La Nouvelle Trahison des clercs», Trudeau reprit à son compte l'aphorisme d'Ernest Renan: «L'homme n'appartient ni à sa langue ni à sa race; il n'appartient qu'à lui-même car c'est un être libre, c'est-à-dire un être moral.» Et, en 1965, dans «Le Québec et le problème constitutionnel», il fit cette mise en garde: «À trop se préoccuper de l'avenir de la langue, un certain courant de pensée peut oublier celui de l'homme qui la parle. (...) Le français d'ici ne sera valable que dans la mesure où il sera parlé par un peuple qui se tiendra à l'avant-garde du progrès.»

Même à l'époque où il défendait vigoureusement l'égalité des deux langues, Trudeau le faisait de façon cérébrale: «En termes de *real politik*, ce qui fait l'égalité de l'anglais et du français au Canada, c'est que chacun des deux groupes linguistiques a le pouvoir réel de défaire le pays.» Il précisait plus loin que les «origines historiques» ne sont pas si importantes que ça; en fait, s'il y avait six millions d'Ukrainiens au Canada, «il est probable que cette langue s'imposerait avec autant de force que le français». Cette dernière allégation allait, plus tard, valoir à Trudeau de sérieuses difficultés: si l'égalité des Canadiens français devait être, non pas un droit inhérent à leur qualité de peuple fondateur, mais un privilège commandé par leur nombre, ce dernier leur serait retiré dès l'instant où, du fait de l'assimilation, leur population diminuerait. Au Québec, plusieurs perçurent l'analyse de Trudeau comme une menace; ailleurs au pays, les autres minorités y virent une occasion à ne pas manquer.

Le pouvoir a amené Trudeau à modifier ses vues initiales. Il a fini par comprendre que, en réalité, l'homme appartient irrévocablement à sa langue et à sa race. «La langue est à la vie d'une société ce que la respiration est à la vie elle-même. (...) Privé de tout moyen de communication, l'homme est seul au monde», peut-on lire dans le préambule de sa politique linguistique, *Un Choix national,* publiée en juin 1977.

Pourtant, il est un point crucial à propos duquel les idées de Trudeau sur le bilinguisme n'ont pas changé. Il a toujours conçu le choix de la langue comme un droit fondamental. Cela explique pourquoi — alors que ses conseillers auraient préféré le voir agir avec plus de retenue — il s'en est pris si durement à la loi 101. C'est aussi pourquoi, comme s'en souviennent plusieurs ministres, «le bilinguisme et les erreurs que nous avons commises lors de son implantation n'ont jamais pu être discutés au cabinet». Pour Trudeau, le moindre doute à propos de la politique sur le bilinguisme était moins une preuve de déloyauté, ce qui était l'opinion de Lalonde par exemple, qu'une *hérésie*. Il n'aurait pas plus accepté un compromis sur le bilinguisme à seule fin d'en retirer des avantages politiques qu'il ne l'aurait fait à propos de la liberté de religion ou de parole.

Il y a un autre point, plus concret, sur lequel les idées de Trudeau sont restées les mêmes. Dans l'un de ses essais qui date de 1962, on retrouve cet extrait qui est souvent cité et où il soutenait que, exception faite de Laurier, aucun des Canadiens français qui avaient siégé à Ottawa depuis la Confédération n'aurait pu être considéré «comme indispensable à l'histoire du Canada telle qu'elle s'est faite». Trois ans plus tard, Marchand, Pelletier et lui-même venaient à Ottawa pour y refaire l'histoire et, deux ans après, il devenait, toujours pour cette même raison, chef du parti libéral.

Une fois au pouvoir, il mit immédiatement ses idées en pratique. Et il dut, politiquement parlant, en payer le prix. Le *French Power,* selon l'expression popularisée par le chroniqueur Charles Lynch, fut mis en cause lors de l'élection de 1972. Toutefois, le jeu en avait valu la chandelle: à la fin de 1976, après la victoire du P.Q., Trudeau put affirmer: «Le Premier ministre est francophone, le Gouverneur général l'est également, de même que le commissaire de la G.R.C., le chef d'état-major de la Défense nationale et le directeur de l'Office national du film.» Rien ne pouvait désarmer davantage les péquistes, chaque fois qu'ils affirmaient qu'il n'y avait pas de place pour les Québécois au Canada, que le fait de se heurter à des Trudeau, Lalonde, Chrétien, Pépin, Bégin, de Bané.

L'énigme inhérente à la politique de Trudeau sur le bilinguisme est la suivante: comment quelque chose d'aussi nécessaire et d'aussi raisonnable a-t-il pu provoquer de tels conflits? La loi elle-même, finalement approuvée par le Parlement le 7 juillet 1969 (dix-sept conservateurs votèrent contre en seconde lecture), ne faisait qu'entériner les principales recommandations du rapport de la Commission royale d'enquête sur le bilinguisme et le biculturalisme — même pas toutes, d'ailleurs — et donnait force de loi à des règlements relatifs à la fonction publique et décrétés par Pearson en 1966. En fait, cela revenait à «institutionnaliser le bilinguisme». Tous les citoyens auraient le droit de communiquer avec le gouvernement fédéral dans la langue de leur choix et tous les fonctionnaires fédéraux pourraient travailler dans la langue de leur choix. Ottawa subventionnerait quelques-unes des activités culturelles mises sur pied par les minorités ainsi que des cours de langue seconde destinés à ces mêmes minorités. Diverses régions à travers le pays deviendraient des «districts bilingues» et le fédéral y dispenserait des services dans les deux langues pour toute population dont la minorité linguistique équivaudrait à 10 pour cent du total*. Mais ce serait uniquement au sein du gouvernement fédéral que l'anglais et le français «(seraient) sur un pied d'égalité». Même si Trudeau espérait que les provinces lui

---

* *La délimitation de ces secteurs «bilingues» s'accompagna de difficultés sans nom et, finalement, ceux-ci ne furent jamais établis.*

emboîteraient le pas, celles-ci n'étaient pas tenues d'appliquer la nouvelle politique. Enfin, comme le précisa Trudeau, tous ces mécanismes seraient mis en place en «un laps de temps raisonnable».

Et voilà. Pourtant, avant même la fin de 1969, Trudeau avait dû admettre: «En règle générale, notre politique sur le bilinguisme a été mal comprise. (...) Cela ne veut pas dire que chaque Canadien anglais devra apprendre le français.»

Le problème découlait du fait que, tout bien considéré, le bilinguisme signifiait l'égalité des deux langues, ni plus ni moins; pas plus qu'on ne peut être un petit peu enceinte, on ne peut être un petit peu bilingue. Le lendemain de l'adoption de la loi sur les Langues officielles, le *Calgary Herald* alla droit au but: «Dans le cas des postes les mieux rémunérés, on a fait du bilinguisme une condition *sine qua non*.» Au début, cette formule ne visait que le sommet de la hiérarchie, à Ottawa; mais, inévitablement, elle ne tarderait pas à englober les fonctions intermédiaires qui alimentaient le sommet, puis tout le secteur «parapublic», depuis l'Association des manufacturiers canadiens jusqu'au Congrès du travail du Canada, pour toucher, finalement, les sociétés qui faisaient affaire avec des francophones et même certains échelons à l'intérieur des administrations provinciales. À plus ou moins long terme, être unilingue et être condamné à garder le même emploi toute sa vie deviendraient synonymes.

Trudeau savait tout ça. Mais, la fin justifiant les moyens, il n'hésita pas à maquiller un tant soit peu la réalité. Encore en avril 1977, par exemple, il affirma à Winnipeg que le bilinguisme ne voulait pas dire «que beaucoup plus de Canadiens devront devenir bilingues», pas même «la plupart des fonctionnaires»; en fait, cette politique «évitera à la vaste majorité des Canadiens d'avoir à parler une seconde langue».

Tout politicien a facilement recours, sans qu'on lui en tienne rigueur, à ce genre de mensonges cousus de fil blanc. L'ennui, dans le cas de Trudeau, c'est que la vérité devait fatalement éclater. Même s'ils mirent du temps à comprendre ce qui se passait, de plus en plus de Canadiens anglais se rendirent compte qu'ils avaient perdu au change et ils commencèrent à réagir, certains de façon hostile, d'autres avec indifférence. En 1979, Dalton Camp, faisant preuve de perspicacité, écrivit dans *Points of Departure*:

La persistance et la pénétration croissante du bilinguisme avaient éloigné les Canadiens anglais de leur gouver-

nement fédéral et les avaient poussés à se tourner vers
les juridictions provinciales plus familières, plus proches
et plus compatibles. (...) Le gouvernement du Canada
avait perdu ses électeurs.

*
*   *

Sans électeurs, les gouvernements démocratiques ne sont
qu'une façade: leur autorité légale demeure, mais leur autorité
morale disparaît. En 1976, les deux moitiés du pays rejetèrent
le bilinguisme. Cet été-là, un sondage Gallup révéla que
l'appui populaire au bilinguisme « institutionnalisé » était tombé
à 37 pour cent, un chiffre sans précédent. Trudeau avait
perdu l'autorité morale qui lui aurait permis de mobiliser la
volonté nationale; le centre ne tenait plus.

Pour bien comprendre d'abord ce qui s'était passé puis ce
qui avait empêché la situation de *devenir* irréversible, il faut
voir le bilinguisme selon un angle beaucoup plus vaste que le
genre de réaménagement administratif auquel Trudeau l'avait
restreint.

À vrai dire, le bilinguisme n'était rien de moins qu'une
révolution sociale. À l'instar de l'apparition de l'État-providence
d'après-guerre, à l'instar de la contre-révolution culturelle des
années 60, il avait transformé de fond en comble le caractère
du pays. Mais, contrairement à ce qui s'était passé dans le cas
des autres phénomènes transformationnels, personne, parmi
les gens en place à Ottawa à la fin de la décennie et au
début de la suivante, n'avait soufflé mot de l'imminence d'un
tel changement. Dès que la loi fut adoptée, Trudeau cessa d'en
parler: à l'époque, il croyait encore qu'il lui suffisait de trouver une solution rationnelle à un problème pour que la population se mette à agir rationnellement et à applaudir. Une seule
et unique fois, le ministre Pelletier, chargé de l'implantation du
bilinguisme, fit le tour des provinces de l'Ouest pour expliquer
de quoi il retournait. Mal à l'aise avec la presse en dépit de son
propre passé de journaliste, mal secondé par des adjoints trop
zélés, Pelletier revint de sa tournée complètement ébranlé.
Quant aux gens de l'Ouest, ils n'en savaient pas plus long
qu'avant sur le bilinguisme, si ce n'est qu'il leur déplaisait
encore plus.

Comme toutes les révolutions, le bilinguisme impliquait
une transformation radicale de la structure du pouvoir au

Canada. Les Canadiens unilingues — dont, ce qu'on oublie trop souvent, trois Québécois sur quatre qui ne parlaient que le français — se verraient pénalisés pour une faute dont ils n'étaient pas responsables. Quant aux Canadiens bilingues, ils en sortiraient gagnants, mais davantage par chance qu'à cause de leurs mérites. La situation était sans issue: à la fin des années 60 et au début de la décennie suivante, *Les Bilingues* faisaient tous partie du même groupe spécifique: la grande bourgeoisie, soit francophone soit anglophone; dans ce dernier cas, ils étaient le plus souvent originaires de Montréal et devaient à la clairvoyance de leurs parents ou à l'orientation de leur carrière d'avoir pu apprendre le français de bonne heure. Comme autres exemples, il y a Keith Spicer, qui fut le premier commissaire aux Langues officielles, et son successeur Max Yalden; tous deux avaient appris le français en France. Peu à peu, la base géographique du bilinguisme s'élargit: en 1980, Calgary affirma que, proportionnellement, ses classes d'immersion comptaient plus d'élèves que toute autre ville. L'aspect socio-économique du phénomène demeurait inchangé. Pour la première fois de son histoire, le Canada était en train de former une élite sociale distincte, composée de jeunes diplômés bilingues issus de la grande bourgeoisie.

Ainsi donc, le bilinguisme devint synonyme d'élitisme, et ce, plus qu'il n'était nécessaire parce que Trudeau — «Nous n'avons pas le temps; le Québec n'attendra pas.» — s'opposait systématiquement à la solution plus lente et plus populaire des «écoles». Il voulait une victoire rapide et décisive au sein de la fonction publique sur laquelle il exerçait une emprise directe.

Les «révolutionnaires bilingues» d'Ottawa, pour reprendre l'expression imagée de Jean-Luc Pépin, étaient tous des révolutionnaires élitistes, avec les caractéristiques propres à cette catégorie. En tant que révolutionnaires, ils se montraient idéalistes, visionnaires et étaient très peu nombreux, une centaine en tout peut-être: des fédéralistes francophones comme Trudeau, Pelletier, Marchand, Lalonde, Chrétien, Pépin et leurs alliés anglophones qui comptaient des politiciens comme Donald Macdonald, Hugh Faulkner, John Roberts; des fonctionnaires comme Pitfield, Robertson, Spicer, Yalden et le président de la Commission de la fonction publique, John Carson; des adjoints comme Davey et Porteous; et, un peu en retrait, quelques intellectuels comme Paul Fox et Ramsay Cook. Ils devaient à leur côté élitiste d'afficher un pharisaïsme insupportable; l'extraordinaire facilité avec laquelle ils parlaient les deux langues les empêchait de voir à quel point la majorité des gens étaient découragés devant pareille aisance ; et parce que leurs carrières étaient couronnées de succès, la menace terrifiante que le bilinguisme représentait pour la sécurité d'emploi, aux yeux d'un très grand nombre, leur échappait totalement. Néanmoins, toute leur force, au même titre que leur gloire, découlait de leur idéalisme ; un réaliste aurait rapidement compris que la révolution qu'ils avaient amorcée n'avait pas la plus petite chance de réussir.

*
*   *

De toutes les questions politiques, la langue est de beaucoup la plus explosive, et ce, aux quatre coins de la planète. Les Basques sont prêts à tuer et à mourir au nom de l'Euskera, une langue mystérieuse et, pour ainsi dire, morte. En Union soviétique, au début de 1978, cinq mille étudiants géorgiens, désireux de retrouver et de préserver une langue peut-être encore plus oubliée, envahirent les rues de leur capitale, Tbilisi, pour forcer les autorités soviétiques à accorder au géorgien le statut de langue officielle dans les limites de leur république. Depuis 1925, année où l'Afrique du Sud donna à l'afrikaans un statut égal à celui de l'anglais, aucun pays occidental n'a réussi à instaurer le bilinguisme. La Belgique qui, jusqu'à ce que le Canada se mette de la partie, avait fait plus d'efforts que tous les autres, a lamentablement échoué. La Wallonie et les Flandres sont des ghettos unilingues où la loi empêche les parents de faire instruire leurs enfants dans l'autre langue aux frais de l'État.

Le bouclier canadien est l'un des territoires les moins propices qui soit pour y planter l'étendard du bilinguisme. En regardant les troupes dont il disposait de part et d'autre de la rivière Outaouais, Trudeau a parfois dû avoir envie d'invoquer les mânes de Wellington, tout en pensant que ses éventuelles recrues bilingues le terrifiaient davantage que l'ennemi le plus inimaginable. Les Québécois se cramponnaient à leur langue comme à une icône et la préservaient en s'aventurant rarement à l'ouest ou à l'est de leurs frontières qu'ils ne franchissaient qu'en direction du sud où ils s'entassaient dans des avant-postes estivaux comme Old Orchard, dans le Maine, ou la Floride.

Quant aux Canadiens anglais, lorsqu'ils étaient forcés de tenir compte d'autres langues que la leur, leurs principes linguistiques dominants étaient la suffisance, l'entêtement et, pour appeler un chat un chat, une stupidité aveugle. Après tout, leurs ancêtres soutenaient que la négritude commençait à Calais. Ils regardaient le Québec à travers une vitre opaque, obscurcie par le souvenir de Duplessis, des curés vêtus de bizarres soutanes et des «zombis» non combattants de la Seconde Guerre mondiale. Pour ce qu'en savaient les Canadiens anglais, les changements radicaux survenus au Québec pendant la Révolution tranquille auraient tout aussi bien pu ne pas se produire. Même les rares personnes qui avaient entendu parler de Gilles Vigneault, de Monique Leyrac, de Marie-Claire Blais et des autres fleurons de la renaissance culturelle ignoraient généralement un phénomène qui allait de pair: ils ne s'étaient pas rendu compte que la haute administration québécoise était maintenant capable de rivaliser avec n'importe quelle autre ; que, avec Trudeau, Lévesque, Pelletier, Lalonde, Parizeau, Claude Morin et, plus tard, Ryan, le Québec possédait maintenant une équipe de politiciens particulièrement habiles et dotés d'une grande finesse intellectuelle, comme on n'en avait plus vu au Canada depuis la Confédération. Les Canadiens anglais s'en tenaient obstinément au vieux postulat indéracinable: puisque tout le monde parlait anglais en Amérique du Nord, les Canadiens français devraient, tôt ou tard, se résoudre à en faire autant. En même temps, ils détestaient se sentir coupables de ne pas avoir le don des langues. Et la réaction la plus courante à la culpabilité est l'agressivité défensive.

La question du bilinguisme devait fatalement provoquer une explosion, à plus ou moins brève échéance. La manière dont celle-ci eut lieu fut la conséquence directe des erreurs commises par Trudeau dans l'implantation de sa politique.

*

* *

Trudeau avait pourtant commencé on ne peut plus judicieusement: en faisant appel au sens du franc-jeu, si cher aux Anglo-Saxons. Reprenant à son compte les constatations de la Commission sur le bilinguisme et le biculturalisme, il souligna le fait que les fonctionnaires francophones gagnaient en moyenne mille dollars de moins que leurs collègues anglophones et qu'ils ne constituaient que 10 pour cent des cadres de la fonction publique alors qu'ils représentaient 27 pour cent de la population.

Jusque-là, tout allait bien. Qui plus est, au tout début le bilinguisme était invisible. Même si quelques fonctionnaires rouspétaient contre «le bilinguisme de l'annuaire téléphonique» — un procédé qui permit à un nombre incroyablement élevé de candidats aux patronymes français d'être promus à des postes en vue —, le rythme de croissance de l'administration était suffisamment rapide pour que tout le monde y trouvât son compte. Quant à la population, à la fin des années 60, elle se moquait éperdument de ce qui pouvait se passer derrière les portes matelassées d'Ottawa.

Ainsi donc, pendant plusieurs années, le pays se préoccupa fort peu du bilinguisme. Quand le mot POLICE, au double emploi évident, remplaça l'insigne familier sur les voitures de la G.R.C., l'Ouest se mit dans une telle colère que le symbole fut rapidement restitué. Certains visiteurs s'irritèrent devant l'apparition de panneaux bilingues dans les parcs nationaux, mais sans plus. Le *French Power*, qui impliquait par définition un moindre accès au pouvoir pour les autres Canadiens, fut le grand thème de l'élection de 1972, mais, dans ce cas précis, les Canadiens, déjà furieux contre Trudeau, s'en prirent également ment à ses collaborateurs qui, tout comme les Texans qui entouraient Lyndon Johnson ou les Géorgiens proches de Jimmy Carter, firent office d'hommes de paille. En fait, après l'élection de 1972, tout le monde se sentit un peu coupable. Les farces sur le bilinguisme — comme celle du maître-nageur dont les clients s'étaient noyés parce qu'il avait obtenu le poste à cause de son habileté à conjuguer le verbe *nager* alors qu'il flottait comme un fer à repasser — étaient devenues socialement inacceptables; et, comme exutoire aux hostilités refoulées, tout le monde se rabattit sur les blagues de «Newfies», même Lalonde. En 1973, le pays tout entier applaudit Trudeau quand il déposa devant le Parlement une résolution qui réaffirmait les principes du bilinguisme, et hua les seize conservateurs qui votèrent contre. Et le pays applaudit de nouveau, l'année suivante, lorsque Stanfield expulsa du parti, au beau milieu de la campagne de 1974, le candidat Leonard Jones, maire de Moncton et adversaire déclaré du bilinguisme.

Mais la trêve était illusoire. Loin d'avoir acheté le bilinguisme, le Canada anglais l'avait seulement accepté à contrecœur, sur la base d'un bail temporaire. Déjà, le Québec commençait à faire route en sens inverse: en 1974, l'Assemblée nationale adopta la loi 22 qui faisait du français la seule langue officielle de la province.

Pendant ce temps, Trudeau, tout à la joie de batifoler dans sa piscine, ignorait à peu près tout de ce qui se passait là-bas. Lors de l'inauguration du Parlement, à la session d'automne 1974, il parla de tout ce dont il voulait parler — la constitution, rendre le bilinguisme «irréversible» —, mais ne dit pas un seul mot de l'inflation qui était la seule et unique chose dont les Canadiens voulaient l'entendre parler.

Or, ce qui ne pouvait que mettre de l'huile sur le feu, le bilinguisme était maintenant parfaitement visible. Les ménagères découvraient qu'elles ne comprenaient plus la moitié des directives inscrites sur les boîtes d'aliments surgelés et de céréales. «Regardez de l'autre côté», aurait, paraît-il, rétorqué Trudeau à sa propre belle-mère. Et de plus en plus de Canadiens anglais constataient que les postes «bien rémunérés» étaient effectivement attribués aux personnes bilingues ou francophones. À un moment donné, six des sept commissaires du C.R.T.C., étaient des Québécois bilingues, anglophones ou francophones. La réalité était claire, inéluctable: le bilinguisme signifiait une perte de pouvoir pour les Canadiens anglais unilingues.

Tout comme devenait évident le fait que, grâce à Trudeau, le bilinguisme à Ottawa avait donné naissance à une gigantesque machine à fabriquer des postes pour les petits camarades.

*

*   *

Quand il rédigea son rapport de mars 1976, Keith Spicer, commissaire aux Langues officielles, décida que le temps était venu de dire ouvertement ce que tout le monde savait déjà. Les cours de langue destinés aux fonctionnaires, déclara-t-il, «épuisent à la fois l'optimisme et le portefeuille». De tous les fonctionnaires anglophones diplômés d'une école de langues, seulement 11 pour cent parlaient français couramment; et, de retour à leurs postes, 80 pour cent «n'utilisaient le français pour ainsi dire jamais».

Les bonnes intentions du début s'étaient soldées par un gâchis incroyable. Si, durant l'élection de 1972, il y eut quelque part un retour de manivelle dû au bilinguisme, ce fut à Ottawa où, proportionnellement, les libéraux perdirent plus de votes que partout ailleurs. Pour apaiser les fonctionnaires anglophones qui craignaient pour leur sécurité d'emploi, Trudeau annonça, en juin 1973, une nouvelle politique. Tous les postes de l'administration qui nécessitaient un titulaire bilingue seraient identifiés comme tels. Les employés qui les occupaient déjà se verraient accorder un congé pour apprendre la seconde langue. Tous les candidats, issus ou non de l'administration fédérale, qui auraient obtenu de tels postes par voie de concours pourraient, eux aussi, s'inscrire à une école de langues. Trudeau estimait le nombre de ces emplois à quelque vingt-cinq mille — ou un dixième de la fonction publique fédérale.

En fin de compte, le nombre de postes bilingues plafonna à tout juste un peu moins de soixante-quinze mille. N'importe qui connaissant le moindrement la machine bureaucratique aurait pu prévenir Trudeau de ce qui allait arriver. «Nous savions mauditement bien qu'il fallait être bilingues si on voulait avoir des promotions, racontait, à l'époque, un fonctionnaire. Alors, on s'arrangeait pour que nos postes soient classifiés bilingues et, tant qu'à y être, ceux de tout le service. Comme ça, on avait tous le droit d'apprendre le français.» Inévitablement, le processus de classification, comme le releva Spicer dans son rapport, «n'avait à peu près rien à voir avec les exigences du poste, sauf en fonction de projections lointaines et souvent contestables».

À partir de 1974, plus de deux mille fonctionnaires envahirent quotidiennement les cinq écoles de langues ouvertes à Ottawa et à Hull, de l'autre côté de la rivière, où six cents professeurs les attendaient pour leur faire la conversation. Ils étaient parfois poussés au bord des larmes par de petites Québécoises qui étaient soit séparatistes soit féministes, ou encore les deux à la fois, et qui profitaient sans vergogne de cette occasion de se venger. Des sous-ministres adjoints, bien carrés dans leur cinquantaine, passèrent de peine et de misère à travers *Dialogue Canada*, un cours audio-visuel «structuro-global» qui racontait les aventures bilingues de Angus MacGregor, un corpulent petit personnage de bande dessinée, capitaine en retraite de la Cunard, originaire de Vancouver et qui sortait des expressions comme *Holy Sufferin' Catfish*. En fin de compte, du moment qu'ils avaient su faire acte d'humilité et éviter la dépression nerveuse, ils passaient leur Test de connaissance de la langue et gagnaient ainsi le droit, comme le prétendaient les cyniques, «de ne plus jamais prononcer un seul mot de français». Des hauts fonctionnaires vinrent passer avec leurs familles tout une année au Québec aux frais de la princesse ce qui comprenait les camps de vacances pour les enfants. «Afin de pouvoir seconder leurs époux dans leurs nombreuses charges», comme l'expliquait une directive de la Commission de la fonction publique, les femmes des grands administrateurs eurent droit, elles aussi, à des cours de français. Dans le cadre de ce qui se révéla probablement le plus incroyable de tous les scandales, le ministère de la Justice nolisa un avion pour permettre à vingt-neuf juges québécois, presque tous déjà bilingues, seize de leurs épouses et douze professeurs de passer onze jours à Vancouver, pour la somme globale de dix-huit mille dollars. «Les juges coûtent cher», expliqua un responsable.

*

* *

La solution privilégiée par Spicer pour mettre fin à tout ce cirque était «l'option des écoles». En imposant le français aux bureaucrates, on ne faisait que provoquer des «antagonismes linguistiques», ce qui ne risquait nullement d'aider les «parents qui voyaient leurs enfants, tout comme eux-mêmes trente ans plus tôt, souffrir d'un handicap au niveau de la seconde langue». Par contre, si on utilisait ces mêmes sommes pour instruire les enfants, ainsi que tant de personnes le réclamaient — y compris, au grand embarras de Spicer, le maire Jones —, «ce serait une façon à la fois gentille et démocratique de reconnaître que la population n'a pas toujours tort».

Mais Trudeau ne voulait rien entendre. Dans l'intimité, des ministres francophones traitaient Spicer de «traître»; pour sa part, Trudeau l'invita simplement à déjeuner au 24 Sussex et lui expliqua qu'il faisait fausse route. En public, il précisa pourquoi: «Nous ne pouvons pas dire au Québec: calmez-vous, les gars, dans quarante ans nous serons capables de vous parler. Nous pourrions économiser de l'argent, ajouta-t-il, mais nous ne pourrions sauver le pays.»

Ils étaient si peu nombreux, au début de 1976, à partager ce sentiment d'urgence qu'éprouvait Trudeau, si peu nombreux que c'en était pitoyable. Mis à part le Nouveau-Brunswick qui, tout bien pesé, n'en fit pas tant que ça, les provinces ne firent strictement rien. En fait, leur contribution au bilinguisme ne fut pas seulement inexistante, elle fut encore moins que ça. En un geste conscient d'irresponsabilité sociale, toutes les provinces autorisèrent leurs universités à supprimer la connaissance du français comme condition d'admission afin qu'elles aient moins de mal à trouver suffisamment de « corps à peine tièdes », selon l'expression de Spicer, pour remplir leurs salles de cours*. Puisqu'il était désormais inutile de savoir le français pour être admis à l'université, les étudiants furent de moins en moins nombreux à vouloir l'apprendre : entre 1970-1971 et 1977-1978, les inscriptions aux cours de français à l'extérieur du Québec baissèrent de 56 à 40 pour cent de l'ensemble de la population étudiante. Faisant preuve d'une irresponsabilité encore plus grande, comme le souligna la Fédération des francophones hors Québec dans son rapport de 1977, l'Ontario utilisa seulement la moitié des trente-six millions de dollars accordés par Ottawa pour favoriser l'enseignement du français ; pour sa part, la Manitoba ne dépensa que le tiers de sa subvention de quatre millions de dollars.

Sur le plan politique, l'option des écoles était assez séduisante. Elle aurait donné naissance à un électorat composé de parents favorables au bilinguisme parce qu'ils auraient pu juger de ses effets bénéfiques sur leurs propres enfants. Quant à savoir si c'était réalisable, c'est une tout autre histoire. Si on s'en tient aux faits, la réponse aurait probablement été négative. Pour rendre un pays bilingue, il n'y a guère d'autre solution que celle pour laquelle Trudeau risqua le tout pour le tout : traîner à sa suite ses concitoyens hargneux et récalcitrants et, ce qui comptait tout autant, faire du bilinguisme un atout négociable sur le marché du travail.

*

*   *

La débâcle à Ottawa était une chose. Celle qui se produisait à Québec en était une autre. Le problème de Trudeau, en 1976, tenait au fait que son peuple était en train de l'abandonner.

Ironiquement, c'était lui qui avait été le premier à pousser à la roue ; en octobre 1971, il avait déposé un projet de loi visant à faire du Canada « un pays multiculturel avec une armature bilingue ». Par conséquent, alors qu'il n'y aurait que

---

* *Sur l'insistance de Chrétien, le cabinet étudia la possibilité de couper les fonds de recherche aux universités qui refuseraient de faire du français une condition d'admission, mais il en arriva finalement à la conclusion que la discrétion politique serait plus profitable pour le bilinguisme.*

deux langues officielles, toutes les cultures se retrouveraient sur un même pied.

C'était à la Commission BB que revenait la paternité de cette idée. Il s'agissait, comme l'expliqua Trudeau, de «détruire les attitudes discriminatoires et les jalousies culturelles». Les Ukraino-Canadiens, les Italo-Canadiens, les Sino-Canadiens, et ainsi de suite, ne risqueraient plus de se sentir des citoyens de seconde classe parce qu'Ottawa reconnaîtrait officiellement leurs cultures et subventionnerait leurs activités. Mais si le multiculturalisme rendit le bilinguisme un peu plus facile à avaler et valut à Trudeau de nombreux votes au sein des communautés ethniques, il déplut également à bon nombre de Canadiens français. Cette politique «accélérera le repli des Canadiens français à l'intérieur du Québec, prévint Guy Rocher, vice-président du Conseil des Arts. Désormais, à l'extérieur du Québec, nous ne compterons pas plus que n'importe quelle autre minorité ethnique.»

Ce disant, Rocher touchait au fond du problème que Trudeau s'était lui-même créé. En effet, à force d'avoir rejeté, avec son habituelle rhétorique excessive, le concept des «deux nations» et de s'en être servi pour ridiculiser Stanfield pendant la campagne électorale de 1968, Trudeau n'avait plus d'autre choix que de reprendre à son compte le slogan de Diefenbaker, «Un Canada uni». Mais, pour bien des Canadiens de l'une et l'autre communautés linguistiques, «un Canada uni» signifiait implicitement un Canada unilingue.

Les francophones commençaient à prendre conscience que la bataille visant à faire de l'anglais l'unique langue officielle dans tout le pays n'allait pas tarder à être remportée. Eux qui, en 1971, formaient 27 pour cent de la population risquaient fort, selon les prévisions de Statistique Canada, de ne représenter qu'un peu plus de 20 pour cent en l'an 2000. Toutefois, seul le Québec avait de l'importance. Si la bataille pour le Fait français y était perdue, alors elle le serait inévitablement partout. Au Québec, et plus particulièrement à Montréal qui en était le centre nerveux, la politique de Trudeau sur le bilinguisme était complètement ignorée. Le bilinguisme avait fait d'*Ottawa* une ville bilingue; il soutenait les minorités francophones à l'*extérieur* du Québec. Mais, à Montréal, il n'avait eu strictement aucun résultat, si ce n'est de consacrer l'usage de l'anglais alors que le véritable problème tenait justement au fait qu'on y parlait trop peu français.

Grâce à la Révolution tranquille, les Québécois étaient incontestablement devenus *maîtres chez nous* dans de nombreux domaines. Mais à Montréal, les Québécois francophones étaient encore, au début des années 70, considérés comme des domestiques. Le centre commercial de la ville — Eaton, Holt Renfrew, Ogilvy — était anglais. Tout comme les rues : Drummond, Peel, Sherbrooke et surtout le square Dominion. Le monde des affaires parlait anglais, depuis la Sun Life jusqu'à la Banque de Montréal. C'était également le cas des journaux les plus prospères, le *Star* et la *Gazette*, et de la majorité des stations radiophoniques, sans parler de la meilleure université, McGill ; du meilleur hôpital, le Royal Victoria ; de la meilleure galerie d'art, le Musée des Beaux-arts de Montréal ; et des meilleurs clubs, le Saint James et le Mount Royal. La répartition des revenus entrait également en ligne de compte : selon une étude menée en 1971, 85 pour cent des employés des sièges sociaux, qui gagnaient plus de vingt-deux mille dollars par année étaient anglophones. Montréal semblait de plus en plus menacée de disparaître sous un raz-de-marée anglophone. Quatre immigrants sur cinq s'assimilaient aux Anglais, ce qui incita les démographes nationalistes à prédire (à tort et peut-être même frauduleusement) que la ville risquait d'être anglicisée à 40 pour cent avant la fin du siècle. Compte tenu du pouvoir d'assimilation, cela équivaudrait à 100 pour cent de ce qui comptait réellement à l'ouest du boulevard Saint-Laurent.

À Québec, le Premier ministre Robert Bourassa réagit en prônant un « fédéralisme rentable » et terne au sein duquel, affirmait-il, le Québec pourrait exercer sa « souveraineté culturelle », selon une expression qu'il avait forgée pour couper l'herbe sous le pied des péquistes qui commençaient à gagner du terrain. Pour donner plus de poids à ce concept — quelle qu'en fût la signification —, Bourassa fit adopter la loi 22. Le français devenait la seule langue officielle au Québec, théoriquement tout au moins. Avant d'être admis dans des écoles anglophones, les enfants des immigrants auraient à passer des tests pour prouver leur maîtrise de l'anglais. Les nationalistes dénoncèrent la loi parce qu'elle n'imposait aucune limite à l'usage de l'anglais ; les anglophones la détestèrent parce qu'elle restreignait leurs libertés.

Mais personne n'exécrait la loi 22 davantage que Trudeau. Dans un discours qu'il prononça à Québec le 3 mars 1976, il la qualifia de « stupidité politique ». Il aurait désormais beaucoup plus de mal à vendre le bilinguisme au reste du pays, expliqua-t-il. Et, du même souffle, sans qu'on pût comprendre pourquoi, il taxa Bourassa de « mangeur de hot-dogs » et exprima des doutes sur sa capacité à saisir tous les aspects équivoques du financement des Jeux olympiques.

*

*   *

Sur le moment, les observateurs pensèrent que Trudeau s'était levé du pied gauche. De fait, il avait de fort bonnes raisons d'être furieux, sauf que celles-ci n'avaient strictement rien à voir avec la loi 22. Dans la matinée du 3 mars, il avait rencontré Bourassa en tête à tête, officiellement pour discuter de la constitution. En réalité, ils avaient parlé de la Reine.

Un an plus tôt, Bourassa avait téléphoné à Trudeau, au nom du maire de Montréal, Jean Drapeau, pour lui demander d'inviter la Reine à inaugurer les Jeux olympiques. Enchanté de cette occasion de confier à Sa Majesté une mission touchant l'unité nationale, Trudeau s'empressa d'obtenir l'assentiment royal. Puis il chargea un comité fédéral-provincial d'établir un agenda qui fut approuvé d'abord par Bourassa et, un peu plus tard, par le Palais de Buckingham. Il en découlait que la Reine atterrirait à l'Ancienne-Lorette, l'aéroport de Québec, où Bourassa l'accueillerait au nom de la province avant qu'elle ne prenne la route de Montréal.

Il ne pouvait pas faire ça, déclara Bourassa à Trudeau. Il ne pouvait pas recevoir la Reine. C'était beaucoup trop risqué, politiquement parlant. Du coup, avec à peine trois mois devant lui, Trudeau allait être obligé de chambarder tout le programme*. Qui pis est, il lui faudrait téléphoner à la Reine et inventer un prétexte. Immédiatement après leur entretien, Trudeau, écumant de rage devant la lâcheté de Bourassa, prononça son fameux discours. Mais ne pouvant rien dire, il dut se contenter d'humilier Bourassa publiquement. Si les Canadiens anglais avaient appris l'affront que ce dernier venait d'infliger à leur Reine, ils auraient été capables de traverser les frontières du Québec, armés de piques et de hallebardes.

Indépendamment du conflit qui opposait les deux hommes, la loi 22 de Bourassa portait un coup mortel à la politique

---

* *En fin de compte, la Reine arriva à Halifax à bord du yacht royal, le* Britannia, *et passa la journée à visiter Fredericton, Chatham et Newcastle, au Nouveau-Brunswick, avant de se rendre à Montréal.*

sur le bilinguisme de Trudeau. Au moment même où les Canadiens anglais se voyaient obligés d'ingurgiter le français de force, ces Québécois à qui ils devaient de subir pareille indignité crachaient sur l'anglais. Il suffisait d'un rien pour changer cette frustration réprimée en un début d'agression. Ce fut le conflit sur le bilinguisme dans les airs qui en fournit l'occasion.

*

*   *

Les causes du conflit sont faciles à reconstituer. Après des mois d'escarmouches contre la tentative d'Ottawa de faire accepter l'usage du français d'abord pour le vol à vue dans les tours de contrôle de tous les aéroports québécois et, plus tard, pour le vol aux instruments, mais seulement dans les principaux aéroports du pays, les contrôleurs et les pilotes anglophones perdirent patience. Prétextant que la confusion qui en résulterait dans les tours de contrôle provoquerait des collisions en plein ciel, ils clouèrent au sol tous les avions du pays pendant neuf jours. Finalement, ils forcèrent le ministre des Transports, Otto Lang, à accepter un règlement humiliant en vertu duquel le gouvernement devrait démontrer «hors de tout doute raisonnable» que la sécurité serait respectée et devrait ensuite faire sanctionner sa décision par un vote libre du Parlement. En réaction à cette entente, Marchand démissionna; un peu plus tard, un second ministre, James Richardson, du Manitoba, démissionna également, convaincu que le pays partageait son refus du bilinguisme.

Durant la grève, personne, au Canada anglais, ne prêta la plus légère attention à ce que Trudeau put déclarer. Au contraire, seuls les pilotes, tout aussi puissants — «Papa va nous faire faire un tour en avion» —, retenaient l'attention. Au moins 90 pour cent des appels aux émissions de «lignes ouvertes» et des lettres aux journaux approuvaient la grève. Rapidement, les *T-shirts* se multiplièrent et tout l'Ouest s'enthousiasma pour l'éditorial diffusé par une station de radio: «Québec, va jouer dans l'trafic!»

Pendant l'été, Jean Cournoyer, ministre québécois des Ressources naturelles, parcourut le pays et déclara, à son retour: «À l'extérieur du Québec, personne ne veut plus entendre parler de nous. Ils ne nous considèrent plus comme des Canadiens.»

Les Québécois étaient du même avis. Les contrôleurs et les pilotes francophones s'étaient déjà regroupés au sein de l'*Association des gens de l'air* et exigeaient que le français devienne la seule langue du contrôle aérien dans le ciel québécois. D'un bout à l'autre de la province, on voyait aux boutonnières des macarons portant l'inscription «Il y a du français dans l'air». Sans connaître la même notoriété, une crise similaire éclata dans le secteur maritime ou, du moins, sur le Saint-Laurent. Les pilotes fluviaux francophones firent imprimer des macarons «Gens de la mer» et envisagèrent de débrayer pour protester contre un nouveau règlement fédéral qui aurait permis aux capitaines des navires étrangers de décider de la langue à employer pour les communications avec la terre. (La plupart auraient choisi l'anglais.) En peu de temps, le règlement, qui ne faisait pourtant que respecter les principes du bilinguisme en vigueur dans les services fédéraux, fut annulé.

Pendant ce cruel mois de juin, les «deux solitudes» canadiennes, selon l'expression de Hugh MacLennan, devinrent, pour reprendre celle de René Lévesque, «deux hostilités», chacune se retranchant dans sa forteresse et remplissant de vitriol le fossé qui les séparait.

*

*   *

Au cours de l'été, le climat politique s'apaisa — légèrement. Même s'ils n'eurent pas, tant s'en faut, l'éclat de l'Expo, les Jeux olympiques s'avérèrent un succès. La Reine arriva, s'acquitta gracieusement de sa tâche et nul ne soupçonna que Bourassa lui avait fait affront. Le 24 juin, lors du banquet d'État donné en l'honneur de la souveraine à Montréal, Trudeau déclara que le bilinguisme était beaucoup plus qu'une réussite, qu'il était le précurseur d'un nouveau Canada, intégré et homogénéisé. «Les cultures française et anglaise s'influencent tellement l'une l'autre qu'il n'y a pas vraiment de discontinuité entre elles, déclara-t-il. On peut les concevoir comme une seule et unique entité.»

Moins de quatre mois plus tard, le soir du lundi 15 novembre 1976, un Canada totalement différent se dressa sous les feux des projecteurs du Centre Paul-Sauvé, à Montréal. «Je n'aurais jamais cru que je pourrais être aussi fier d'être Québécois», lança René Lévesque devant quinze mille partisans euphoriques et incrédules, qui alternaient entre les larmes et les acclamations.

Depuis, quatre ans se sont écoulés et deux choses se sont produites. La politique de Trudeau sur le bilinguisme est née de nouveau. En même temps, un nouveau type de Canada a vu le jour.

Chapitre XIV

En ce petit coin de terre

Après leur première rencontre vers la fin des années 60, à un moment dont ni l'un ni l'autre ne se souviennent exactement, Lévesque avait dit de Trudeau : « Il a un talent inné pour s'attirer des gifles en pleine figure. » Ils s'étaient rencontrés dans les bureaux de *Cité libre* où Lévesque, qui était alors l'animateur de télévision le plus célèbre du Québec, était venu offrir sa collaboration. Trudeau avait discuté de ses qualifications avec d'autres cité-libristes et, bien que le sachant à portée de voix, avait laissé tomber d'un ton sarcastique : « Mais sait-il écrire ? »

Durant les vingt années qui ont suivi, ils se sont combattus avec acharnement. Néanmoins, à l'exception de deux engagements — la Crise d'Octobre 1970 et les suites immédiates de la victoire du parti québécois en novembre 1976 —, leur combat singulier a toujours été empreint d'une curieuse qualité qui n'est pas exactement de la circonspection, mais plutôt une sorte de réserve. Même si tous les deux voulaient passionnément gagner, aucun, au fond, ne souhaitait détruire l'autre. Pelletier parle d'un « respect à contrecœur ». Il y a une certaine noblesse dans leur inimitié.

Trudeau et Lévesque sont les héros de deux armées rivales. Quoique leurs moyens aient été diamétralement opposés, leurs fins, elles, étaient identiques. Chacun s'est battu pour son peuple, le Canada français, même si les francophones de Lévesque ne dépassent pas les frontières du Québec alors que la vision de Trudeau englobe tous les Canadiens dont la langue maternelle est le français. En étendant le Fait français à tout le Canada, Trudeau voulait l'empêcher de se retrancher à l'intérieur du Québec où, il en était convaincu, il se serait atrophié et aurait fini par disparaître. Pour sa part, Lévesque, convaincu que le Fait français dépérirait et mourrait s'il se dispersait trop, voulait le concentrer au Québec.

Leurs carrières politiques sont, elles aussi, curieusement symbiotiques. En proclamant en mai 1976, «le séparatisme est mort», Trudeau a aidé Lévesque à remporter l'élection qui a suivi parce que, si le séparatisme n'était plus vraiment en cause, les Québécois n'avaient plus qu'à décider qui, des libéraux ou des péquistes, formeraient «le meilleur gouvernement». La victoire de Lévesque a fait de Trudeau le Sauveur du Canada, ce qui a été démontré par les sondages Gallup: en moins d'un an, son taux de popularité était passé de 29 à 51 pour cent. De la même façon, la défaite de Trudeau en 1979 a effectivement nui à Lévesque qui, peu de temps après, a perdu quatre élections partielles consécutives et, durant les sondages préréférendaires, a tiré de l'arrière, passant de 52 à 41 pour cent. Nouveau coup de pouce, la victoire de Trudeau en 1980 a rétabli les chances politiques de Lévesque parce que des Québécois, rassurés, ont pu se permettre de voter «oui» au référendum. La première enquête effectuée après le triomphe de Trudeau a révélé que les forces du oui, dirigées par Lévesque, étaient en tête par 47 à 44, et que la popularité de celui-ci était grimpée à 65 pour cent. Ce paradoxe s'explique aisément. Les Québécois les aiment tous les deux, veulent les garder tous les deux et, surtout, se refusent à devoir choisir l'un au détriment de l'autre. Ensemble, Lévesque et Trudeau représentent toute la psyché du Québec: ses aspirations, ses peurs secrètes, ses rêves profonds. Trudeau qui, d'après les sondages, jouit constamment d'une plus grande popularité, symbolise aux yeux des Québécois, comme Laurier avant lui, ce qu'ils peuvent accomplir de mieux: il est le petit gars qui, sous les regards de ses voisins et de ses camarades, quitte le village pour partir à la conquête de la métropole et, finalement, du monde. Lévesque, aux défauts beaucoup plus évidents, mais qui est tellement plus humain, passionné et compatissant, représente, pour les Québécois, le meilleur élément de leur vie intérieure; tout comme la Némésis de Laurier, le journaliste-politicien nationaliste Henri Bourassa, il est le brillant petit gars qui est resté dans son village et qui, par le fait même, est incomparablement plus proche de ses changements d'humeur, de ses rythmes, de ses doutes.

Au fond, ils ont beaucoup de points en commun. Par exemple, chose qu'on voit rarement chez les politiciens démocratiques, ils font preuve d'une audace qui frôle la témérité; l'un et l'autre sont impitoyables, rusés et aiment la compétition. Enfants, ils se bagarraient dans les rues. Un peu plus vieux, ils sont devenus d'ardents internationalistes. Ils sont parfaitement bilingues. (Comme on aurait presque pu le prédire, le cabinet du parti québécois est, de tous ceux qu'a connus le Québec, celui dont les membres maîtrisent le mieux l'anglais quoique, fait révélateur, la plupart d'entre eux l'aient appris à Harvard et à la London School of Economics plutôt que sur l'une ou l'autre rive de l'Outaouais.)

Ce qui distingue essentiellement Lévesque de Trudeau n'est pas tant le fait qu'ils ont adhéré à des formes différentes de nationalisme — le nationalisme québécois et, dans le cas de Trudeau, le nationalisme canadien au fil de l'évolution de sa pensée —, mais le fait que Lévesque possède, à un degré extraordinaire, le seul don politique que Trudeau n'a pas.

Trudeau peut ensorceler son public; Lévesque sait le faire devenir partie de lui-même. Il émaille ses discours qui, plus souvent qu'autrement, ne sont qu'un flot décousu de phrases désordonnées, de silences que remplissent ceux qui l'écoutent; il personnifie le médium participatif, «froid», dont parlait McLuhan. Ses auditeurs peuvent ne pas saisir ce qu'il veut exprimer, mais ils sentent qu'il les comprend; ils savent qu'il éprouve la même chose qu'eux.

Ce fut comme animateur à Radio-Canada, durant les années 50, que Lévesque révéla son talent. Pendant son émission hebdomadaire, *Point de mire*, il traitait de sujets complexes, relevant surtout de l'actualité internationale, et le faisait d'une façon qui, comme le nota un critique, amenait «les téléspectateurs à se sentir eux-mêmes intelligents». Devenu politicien, il affina sa technique qui devint une sorte de mimique susceptible de lui rallier les sympathies. En faisant semblant (mais seulement jusqu'à un certain point) d'être vulnérable — le sourire enfantin qui surgit sans qu'on s'y attende, le haussement d'épaules par lequel il se désavoue lui-même, l'exploitation adroite de ses points faibles comme sa petite taille et son tabagisme —, Lévesque séduit ses auditoires, qu'ils soient francophones ou anglophones. Son véritable triomphe comme comédien tient au fait que ceux-ci savent pertinemment qu'il les séduit et ils participent joyeusement à leur propre séduction. Un jour, après un rassemblement organisé dans un quartier anglophone, un reporter se fit demander par une Westmountaise d'un certain âge, qui affichait un large sourire : « Pourquoi rions-nous ? Il est en train de nous insulter ! »

*
*   *

Lévesque est né à New-Carlisle, un petit village gaspésien comptant une majorité d'anglophones ; son père était un avocat de campagne aisé et qui avait tout du bourgeois d'une petite ville. Après avoir abandonné ses études de droit à Laval, Lévesque devint correspondant de guerre pour le U.S. Office of Wartime Information. Une fois la paix revenue, il entra à Radio-Canada et, lorsque la télévision devint la nouvelle fontaine publique de la petite communauté québécoise, il connut son heure de gloire. Son visage mobile et expressif, son étrange voix enrouée lui méritèrent les plus fortes cotes d'écoute pour une émission d'affaires publiques de toute l'histoire de la radio-télévision au Québec.

Ses débuts en politique datent de 1960, lorsqu'il adhéra au parti libéral. Rapidement, il devint le héros populaire, le pilier de la Révolution tranquille, l'artisan de la nationalisation des compagnies d'électricité qui a donné naissance à Hydro-Québec, la plus grande société que les Québécois aient jamais possédée. Il popularisa le slogan *Maître chez nous* grâce auquel les libéraux remportèrent l'élection de 1962. En juin 1963, Claude Ryan parla, dans *Le Devoir*, de son « extraordinaire intuition » qui « l'aide à discerner les attentes de la population ».

C'est à son expérience personnelle que Lévesque doit de pouvoir comprendre ces aspirations. En 1958, les réalisateurs de Radio-Canada s'étaient mis en grève et pensaient que leurs collègues anglophones les appuieraient. Mais ces derniers ne quittèrent pas leur poste et la grève fut perdue. Ce fut de la découverte que les Québécois n'avaient d'autre choix que de prendre eux-mêmes leurs affaires en main que naquit le nationaliste Lévesque.

Lévesque raconta plus tard aux journalistes qu'il était devenu séparatiste en 1963. À ce moment-là, le gouvernement de Jean Lesage était continuellement à couteaux tirés avec le cabinet nouvellement élu de Lester Pearson pour une question de juridiction. Les deux gouvernements étaient essentiellement activistes; à Ottawa, Walter Gordon était la réplique de Lévesque et se montrait tout aussi farouchement nationaliste.

Ce fut à cette époque que Trudeau, qui enseignait à l'Université de Montréal, commença à se mesurer avec Lévesque. Dans sa biographie, *René*, Peter Desbarats a brillamment décrit la nature de ces rencontres. Soir après soir, Lévesque se rendait chez Pelletier pour y retrouver un groupe qui comprenait Marchand, Trudeau et Laurendeau, afin de leur présenter son projet de nationalisation de l'électricité et de s'en faire des alliés. Trudeau réfutait systématiquement tous les arguments de Lévesque. Les sommes investies — environ trois cents millions de dollars — ne feraient qu'acheter au nom du Québec des biens qui y existaient déjà. Quant au symbolisme, les travailleurs ne mangeaient pas de symboles. À maintes et maintes reprises, écrit Desbarats, «le professeur, l'air de ne pas y toucher, décochait à Lévesque une épigramme venimeuse qui coupait court à son envolée et l'obligeait à redescendre sur terre, hors de lui». (Lévesque a dû bien rire dans sa barbe quand, des années plus tard, il a lu que Trudeau venait d'instituer Pétro-Canada.)

À l'époque, cependant, Trudeau écrivait dans *Cité libre* que le nationalisme mènerait inévitablement à la «stagnation». À la même époque, Lévesque affirmait que la Confédération était seulement «un marché (…) et que si le marché ne valait pas grand-chose, eh bien, c'était comme un couple: quand on ne peut plus dormir ensemble, il vaut mieux faire chambre à part».

La réponse de Pearson, face à un Québec qui exigeait continuellement plus d'argent et de juridiction, était le «fédéralisme coopératif». Le Québec pouvait se retirer des programmes nationaux, comme le Régime de pensions du Canada. Répété indéfiniment, releva Trudeau, ce «retrait» ferait du Québec d'abord une province «spéciale», différente des autres puis, tandis que le gouvernement provincial deviendrait le seul gouvernement de fait au Québec, indépendante dans tous les domaines sauf de nom. Mais en 1965, Marchand, Pelletier et Trudeau arrivèrent à Ottawa. Le fédéralisme coopératif disparut à tout jamais. Il fut remplacé par le fédéralisme dur: plus de conditions particulières pour le Québec.

La réaction de Lévesque était inévitable. Un bref moment, il adopta puis rejeta — ce fut le seul élément d'entente politique entre lui et Trudeau — l'option d'un statut particulier pour le Québec. Dès lors, il ne restait plus que la séparation. Même à

l'époque, Lévesque la présenta selon la formule de la
« souveraineté-association », un concept obscur qui, disait-il,
signifiait un Québec entièrement souverain et associé avec le
Canada au sein d'une union économique mal définie.

Depuis, Lévesque n'a jamais précisé plus avant la
« souveraineté-association ». Mais il n'a jamais, non plus, existé
de doutes sur ses sentiments. C'est en septembre 1967, juste
avant de quitter les libéraux provinciaux pour former son
propre parti, qu'il les a le mieux exprimés : « Nous sommes
Québécois. Cela veut dire, d'abord et avant tout — et totalement, si besoin est —, que nous sommes attachés à ce petit
coin de terre où nous pouvons être complètement nous-mêmes :
ce Québec, l'unique endroit où nous avons la conviction inébranlable que, ici, nous sommes vraiment chez nous. »

Tout ça, pour Trudeau, c'était du verbiage sentimental,
rien de plus. Quelques mois plus tard, il devint Premier ministre. Il entreprit de démontrer comment il fallait s'y prendre
pour faire les choses correctement. Le 17 octobre 1968, après
la formation du parti québécois, il déposa le projet de loi
sur les Langues officielles.

*
*   *

Durant les huit années qui suivirent, Lévesque et Trudeau
ne s'affrontèrent qu'une seule fois en combat singulier : pendant la Crise d'Octobre, lorsque Trudeau riposta au « complot
du gouvernement provisoire », qui était tout de même un peu
plus que de la fiction, et traita les séparatistes de terroristes.
Trudeau n'eut pas à entrer directement en conflit avec Lévesque. Son substitut, Bourassa, que Lévesque taxait évidemment
de « marionnette », s'en chargea pour lui. Lors des élections
provinciales de 1970 et de 1973, il écrasa les péquistes et
Lévesque, qui mordit personnellement la poussière les deux
fois, faillit quitter la politique et serait probablement retourné
au journalisme. Mais, à l'automne de 1974, il avait repris du
poil de la bête. Il ramena à la raison des péquistes gauchistes
qui contestaient son leadership et vendit au parti sa nouvelle
politique de l'« étapisme ». Plutôt que de s'engager à réaliser
la séparation, le P.Q. se contenterait de tenir un référendum
sur la question. Et ce serait seulement s'il en recevait le mandat qu'il passerait définitivement à l'action. Comme, si l'on se
fiait aux sondages, seulement 20 pour cent des Québécois

se disaient indépendantistes, Trudeau déclara que «le séparatisme (était) mort».

Par sa déclaration, Trudeau a peut-être convaincu les Québécois, dans une certaine mesure, qu'ils pouvaient se permettre de voter pour le P.Q., un peu comme un curé qui annoncerait à ses paroissiens que le diable est mort ne pourrait que s'attendre à les voir boire, manger et faire la noce. De toute façon, il importe peu de savoir si le coup d'envoi fut donné par Trudeau, la crise du bilinguisme dans l'air, l'humiliation publique qu'il infligea à Bourassa ou simplement le malaise croissant provoqué par les interminables scandales attribués aux libéraux, depuis celui de la viande avariée jusqu'aux syndicats corrompus. La seule chose qui compte, c'est ce qui s'est passé le 15 novembre 1976.

Quand il se rendit compte que les Québécois avaient effectivement osé voter pour le P.Q. malgré l'avertissement qu'un tel geste les mènerait à la ruine économique, Roger Lemelin, directeur du journal *La Presse*, raconta dans un article ce qu'il avait alors ressenti: «J'avais les larmes aux yeux et je n'aurais pu dire pourquoi.»

Des larmes de fierté, pourrait-on penser, puisque les Québécois venaient de vaincre la politique de la peur. Des larmes de joie devant le sentiment d'unicité qui les envahit ce soir-là et durant les semaines qui suivirent. Tandis qu'ils chantaient, dansaient et s'embrassaient dans les rues par cette froide nuit de novembre, ils savaient tous que leur histoire ne serait plus jamais la même.

*
*　　*

Durant les quelque huit mois qui suivirent la victoire du P.Q., Trudeau paya les Canadiens de retour pour tous les espoirs et toutes les attentes qu'ils avaient placés en lui depuis si longtemps. Il ne «sauva» pas le Canada. Il gagna plutôt du *temps* afin de permettre aux Canadiens et aux Québécois de s'en charger eux-mêmes. Il conserva toute sa vigueur à l'«option canadienne» au sein du Québec; et, ce qui s'avéra plus facile, il maintint en vie le Fait français à l'intérieur du Canada.

Après l'automne 1977, Trudeau n'aura rien de plus à offrir, et ce, jusqu'en mai 1980.

La victoire du P.Q. déçut Trudeau, mais ne le décou-
ragea pas, loin de là. «Cela l'a beaucoup moins secoué que
l'échec de la Conférence de Victoria, en 1971, dont il souhaitait
vivement la réussite», dit un ami. Le soir de l'élection, comme
il s'attendait tout au plus à une victoire minoritaire de Bourassa, il fit ses commentaires en termes choisis, quoique pru-
dents. Il qualifia le résultat de «victoire pour la démocratie»
puisque cela prouvait qu'au Canada même un parti politique voué à la destruction du pays pouvait agir pacifique-
ment et dans la légalité. Puis il en vint au fait: «Le parti québécois a reçu mandat de former un gouvernement provincial
et non de séparer la province du reste du pays. »

Un autre genre de séparation, toutefois, était inévitable.
En entendant les nouvelles, Margaret éclata en sanglots. Elle
venait de comprendre, comme elle le raconta plus tard, que
«maintenant, il n'abandonnerait plus la politique». Le printemps suivant, ils se séparèrent pour une période d'essai de
quatre-vingt-dix jours. Et le 27 mai 1977, les Trudeau annon-
cèrent que, désormais, ils vivraient «séparément».

Malgré le poids surhumain de ce double fardeau, jamais
Trudeau ne parut ébranlé. Les ministres et ses collaborateurs
le trouvèrent un peu plus irritable, un peu moins patient, mais
il montrait toujours la même précision et la même impassibilité
glaciale dans ses analyses. Fait assez étrange pour quelqu'un
d'aussi introverti dans l'intimité, Trudeau réagit beaucoup
mieux, en matière d'affaires publiques, lorsqu'il est soumis à
la pression d'événements extérieurs.

Après novembre 1976, ce furent les événements qui dé-
terminèrent les tactiques adoptées par Trudeau. D'un côté,
il lui fallait tirer le Canada anglais du sommeil où il s'était plongé dès qu'il était devenu évident que, P.Q. ou pas P.Q., le
soleil continuerait de se lever tous les matins; de l'autre, il lui
fallait retenir les Québécois qui se dirigeaient en dansant hors
de la Confédération. Enfin libérés de la certitude séculaire de
leur infériorité, ils étaient maintenant habités par un extraordinaire sentiment d'euphorie. La popularité de Lévesque
grimpa à 67 pour cent, ce qui n'était jamais encore arrivé.
Dès lors, il aurait pu prendre la chance soit de déclarer unilatéralement l'indépendance (comme la Rhodésie l'avait fait onze
ans plus tôt), soit de tenir aussitôt un référendum pendant
que les libéraux étaient à la fois démoralisés et décapités,
Bourassa ayant été défait dans sa circonscription de Mercier
par Gérald Godin.

Durant la semaine qui suivit le vote, Trudeau passa deux jours à Montréal où il s'entretint en tête à tête avec des politiciens, des hommes d'affaires et des intellectuels. Puis, le 24 novembre, utilisant tout ce qu'ils lui avaient dit, il prononça, au réseau national de télévision, l'un des discours les plus percutants de toute sa carrière.

La mise en scène fut aussi brillante que le discours lui-même. Assis dans un fauteuil plutôt que derrière un bureau, Trudeau parla d'un ton détendu comme s'il bavardait, se servant de notes au lieu de lire un texte. Mais pour souligner la gravité de ses propos, il ne portait pas de rose à la boutonnière.

Tout d'abord, il passa l'éponge sur ce que les Québécois venaient de lui faire. Après avoir été cantonné pendant dix ans dans une opposition d'où il semblait ne jamais devoir sortir, le P.Q. venait de remporter une victoire «comme on en voit peu, de nos jours». Puis il élimina l'éventualité d'un recours à la force pour garder le Québec au sein du Canada, éventualité qui avait fait couler beaucoup d'encre. «Le Canada ne peut, le Canada ne doit pas survivre par la force (...) (mais comme) une société civilisée.» Ceci dit, il s'engagea «à collaborer à tous les niveaux» avec le gouvernement que les Québécois venaient de se donner. On s'attaquerait aux problèmes concrets «de la langue, mais aussi à ceux, très importants, de la disparité régionale et de la justice sociale»; et on amorcerait des changements constitutionnels pour prouver qu'«il est possible d'être en même temps un bon Canadien et un bon Québécois». Pour terminer, Trudeau prit le ton du père magnanime tendant la main à ses fils égarés et aborda le chapitre sentimental: «Il existe un lien plus profond que celui du sang», dit-il. Un lien fondé sur «la fraternité, l'espoir et la charité au sens biblique des termes, car si la nation canadienne doit survivre, elle ne pourra le faire que dans le respect mutuel et l'amour du prochain». Rompre ce lien avec le Canada «serait un péché contre l'esprit, un péché contre l'humanité».

Le ton du discours de Trudeau — modéré, généreux, émouvant — prit Lévesque au dépourvu. Il percevait, commenta-t-il devant les journalistes, «une ouverture» dans les propos de Trudeau, même si c'était «peut-être trop peu et trop tard». Toute entente, quelle qu'elle soit, ne saurait être conclue que sur la base de «l'égalité des collectivités nationales».

En privant Lévesque d'une cible précise, Trudeau offrait aux Québécois la chance de redescendre sur terre, à leur propre rythme. Bien plus, il avait ouvert la voie à une nouvelle forme de Confédération au sein de laquelle les Québécois pourraient être en même temps des Canadiens «fraternels» et des Québécois pure laine.

Dans un effort pour retrouver son tempo, Lévesque piqua la fierté des Canadiens. Il annonça que le mot honni de «province» disparaîtrait des plaques d'immatriculation et que le mot «Confédération» ne serait plus employé dans les documents officiels. Pour la première fois depuis 1967, le Discours inaugural, à l'ouverture de la session au début de décembre, ne comportait pas un seul mot d'anglais. Mais le Canada anglais sommeillait et ne se réveillait que par moments, par exemple pour prendre note de certains incidents comme l'annonce faite par la Banque Royale qu'elle transférerait bientôt à Toronto deux cents des employés de son siège social.

Lévesque était désemparé. Il avait escompté une réaction du pays, provoquée soit par l'insulte soit par l'affolement — l'un et l'autre motifs servant également ses fins. À la mi-décembre, il participa à Ottawa à une Conférence des Premiers ministres et déclara que le résultat du 15 novembre était «irréversible». Mais cela ne rendit pas la conférence moins fastidieuse que toutes les autres et, comme le reconnut Lévesque devant les journalistes après sa clôture, il n'y avait pas eu d'«affrontement historique» entre lui et Trudeau.

En guise de réponse à la déclaration de Lévesque pendant la conférence, Trudeau se contenta de sourire calmement et de lire un exposé que peu d'observateurs canadiens-anglais se donnèrent la peine de diffuser, mais qui fut repris pendant des mois par la presse québécoise. «Quand je parle du Canada, dit Trudeau, je ne pense pas à une «identité» qui rivaliserait avec celle qui est si chère au cœur de tout Canadien français et de tout Québécois conscient de ses racines et de la spécificité de son histoire.» Il n'avait pas l'intention, poursuivit-il, de créer «une sorte de «personnalité» canadienne supérieure qui absorberait ou dépersonnaliserait» les cultures propres à chaque région ou province. Le bilinguisme ne signifiait rien d'autre qu'«une société politique dont les idéaux sont la liberté, l'égalité et, oui, la fraternité». En résumé, chacun pouvait être Canadien tout en restant lui-même*. Ce fut seulement un peu

* *Jusque-là, implicitement du moins, Trudeau avait vraiment voulu créer une personnalité canadienne distincte et «supérieure». Depuis 1968, l'expression Canadien anglais ou français avait été bannie des documents fédéraux et remplacée par Canadien anglophone ou francophone. Quand il prononça son discours lors du banquet offert en l'honneur de la Reine, en juillet 1974, il affirma que les cultures française et anglaise formaient «une seule entité».*

plus tard, à l'abri des regards, que les tensions éclatèrent, lors d'un dîner donné en l'honneur des Premiers ministres au 24 Sussex. Tout le monde avait bu un coup de trop, y compris Trudeau pour la première fois de mémoire d'homme, et les «va te faire foutre» volèrent de part et d'autre de la grande table.

Durant son entrevue traditionnelle de fin d'année au réseau CTV, Trudeau déclara mélancoliquement: «Je crains que la volonté nationale d'exister comme pays ne soit pas très forte au Canada.» Il poursuivit, d'un ton encore plus affligé: «Si les Québécois votaient massivement en faveur de la séparation, cela voudrait dire que j'ai échoué et je me retirerais alors sans mot dire, peut-être pour lutter dans un autre domaine.» Puis, semblable à la marée en morte-eau, la volonté de survivre que Trudeau avait si désespérément voulu provoquer commença à se répandre rapidement autour de lui.

Ce fut à Lévesque, plus qu'à n'importe qui d'autre, que Trudeau fut redevable de cette renaissance de la volonté nationale de survivre. Le 25 janvier 1977, Lévesque se rendit à New York où il déclara devant l'Economic Club que la séparation du Québec était aussi «naturelle et irréversible» que celle des Treize Colonies. L'analogie ne charma personne et, moins que quiconque, les banquiers new-yorkais. Mais leur réaction avait moins d'importance que celle des Canadiens anglais qui, eux, prirent enfin Lévesque au sérieux. Faire ce genre de déclarations devant ses concitoyens était une chose; mais les reprendre devant les banquiers new-yorkais voulait dire qu'il en était véritablement convaincu.

$$* \\ * \quad *$$

Durant la première semaine de février, soit immédiatement après le discours de Lévesque, Gallup constata que le pays s'était réveillé. Pour la première fois depuis plus d'un an, Trudeau menait par 41 pour cent contre 37. Durant février et mars, les lettres envoyées par les lecteurs au *Toronto Star* ne critiquèrent plus le bilinguisme. Les titres en résumaient le contenu: «C'est notre faute, pas celle de Trudeau»; «Il faut davantage de français en Ontario»; «Le Canada peut tout»; «Il est vital de garder le Québec»; «Pas de Canada sans le Québec».

Tandis que le printemps cédait la place à l'été, les Canadiens anglais s'éprirent, une fois de plus, de leur pays. L'ambiance de l'Expo était de nouveau dans l'air, assombrie cette fois par le remords, la culpabilité et le sentiment transcendant d'une perte imminente. En avril, quand Trudeau se rendit dans l'Ouest pour prêcher en faveur du bilinguisme, il fut acclamé à Winnipeg et fit salle comble à Saskatoon. Écoles, associations paroissiales, groupes, clubs philanthropiques, tous modifièrent des horaires préparés de longue date pour tenir des séminaires sur l'unité nationale. Les inscriptions aux cours d'immersion en français montèrent en flèche; les gens cessèrent de rouspéter contre les boîtes de céréales bilingues.

Lévesque n'arrivait pas à comprendre ce qui se passait avec ces Anglo-Saxons lourds, têtus et si souvent stupides. Pas plus, d'ailleurs, que Trudeau. C'est peut-être Abe Rotstein, nationaliste et économiste de l'Université Queen de Toronto, qui en a fourni la meilleure explication. Le nationalisme canadien-anglais, notait Rotstein, est dépourvu de toute dimension culturelle ou économique. Il est plutôt «territorial». Le Canada est un pays d'immenses étendues sauvages, qui s'étend *a mari usque ad mare*. De toutes les politiques mises en œuvre par Trudeau, celles qui l'ont rapproché le plus étroitement du Canada anglais ont été la législation sur l'environnement dans l'Arctique de 1970 et celle sur la limite des deux cents milles de 1977, dont les Canadiens pouvaient facilement saisir l'importance en regardant une carte. Et, toujours en s'aidant d'une carte, ils pouvaient comprendre l'importance de la séparation du Québec. Les expressions les plus employées pour qualifier cette scission étaient systématiquement de type territorial: le Canada serait «déchiré en deux», «divisé», «scindé», «fragmenté».

Lévesque finit par comprendre le message. Son objectif, se mit-il à expliquer à partir de la mi-1977, n'était pas de «détruire la Confédération», mais de négocier «une nouvelle entente», «une nouvelle association où les partenaires seraient égaux», même «une véritable Confédération». Pour sa part, Trudeau dut faire face à un nouveau problème: le temps aidant, les Canadiens anglais étaient de plus en plus nombreux à croire Lévesque et à penser que, du moment que les frontières dessinées sur la carte demeuraient inchangées, un pays pouvait fort bien exister au milieu du leur. Trudeau réagit en qualifiant le parti québécois d'«ennemi intérieur».

Pendant un certain temps, Trudeau et Lévesque tournèrent l'un autour de l'autre comme des adversaires qui seraient trop éloignés pour pouvoir se porter un coup mortel. Le 22 février, en guise de riposte au discours de Lévesque à New York, Trudeau s'envola pour Washington où, en une première historique pour un Premier ministre canadien, il prit la parole à l'occasion d'une séance spéciale du Congrès. La séparation du Québec, expliqua-t-il, serait «un crime contre l'histoire de l'humanité». Les sénateurs et les membres du Congrès firent la queue pour lui serrer la main. (Mais les journaux préférèrent faire leurs manchettes avec Margaret qui arriva à un dîner officiel, à la Maison-Blanche, avec une maille dans son bas.)

Lévesque revint à la charge. Annoncée le 11 avril, sa Charte de la langue française avait été conçue, à dessein, pour harceler Trudeau et le Canada anglais. Stratégiquement, le but de la charte était de transformer irréversiblement le caractère du Québec. «Il ne sera plus jamais question d'un Québec bilingue, peut-on y lire. Le Québec que nous avons l'intention de bâtir sera essentiellement français.» Le français deviendrait la seule langue officielle; l'anglais pourrait encore être utilisé, mais uniquement à titre de privilège. Le projet de loi qui en découlait fut déposé le 27 avril sous le titre de loi 1, puis, un peu plus tard, devint la loi 101; il abolissait l'usage de l'anglais à l'Assemblée nationale et, sauf dans le cas des individus, devant les tribunaux. Il obligeait également toutes les entreprises ayant plus de cinquante employés à demander un certificat de «francisation» pour pouvoir continuer leurs activités et forçait tous les enfants dont les parents n'étaient pas des anglophones nés au Québec à s'inscrire à l'école française.

Trudeau réagit exactement comme le P.Q. l'espérait, comme, en fait, il se devait de réagir s'il voulait sauvegarder le bilinguisme. Durant sa conférence de presse hebdomadaire, il qualifia le projet de loi de «rétrograde». Il combatterait «implacablement» toute atteinte aux libertés individuelles, telle que la suppression du droit pour les parents de faire instruire leurs enfants dans la langue de leur choix. Finalement, pressé par les journalistes, il explosa: «Le genre d'indépendance prônée par le parti québécois est un retour à l'âge des ténèbres, (...) au tribalisme, (...) à une société ethnocentrique.» Camille

Laurin, ministre d'État au Développement culturel et auteur du projet de loi, resta imperturbable. «Oui, admit-il, c'est ethnocentrique. Toutes les nations sont basées sur le principe de l'ethnocentricité.»

Une quinzaine de jours plus tard, Lévesque annonça aux journalistes, au sortir d'une réunion du cabinet: «Nous avons fixé la date du référendum, mais je ne vous la dirai pas.» En août, il déposa devant l'Assemblée un projet de loi qui l'autoriserait à tenir un référendum.

*

*   *

L'un des plus grands points d'interrogation de l'histoire du Canada concerne ce qui serait arrivé si Lévesque avait tenu son référendum à l'automne de 1977, avec la loi 101 comme enjeu. On ne peut extrapoler sur le résultat, mais il est évident que, devant la force des sentiments à l'égard de la langue, Lévesque aurait été beaucoup plus près de la victoire, même avec une question plus épineuse, qu'il ne l'a été en mai 1980.

De toute façon, même s'il avait eu l'intention de tenir un référendum à l'automne, il n'en aurait pas eu le temps parce que Trudeau lui coupa l'herbe sous le pied en se livrant à la plus difficile des manœuvres politiques: il battit en retraite sous le regard de la population.

Au cours d'avril, le cabinet avait étudié la possibilité de contester la constitutionnalité de la loi 101 devant les tribunaux; mais il avait finalement préféré la prudence à la vaillance, d'autant plus que, entre autres motifs, le ministère de la Justice n'était pas du tout certain de l'emporter. D'autre part, et cela comptait tout autant, Trudeau avait finalement admis avec réticence que la loi 101 était probablement la plus populaire jamais adoptée par un gouvernement québécois depuis la nationalisation de l'électricité. Même Claude Ryan qui, dans Le Devoir, avait déploré l'atteinte aux libertés civiles des Canadiens qui viendraient s'installer au Québec, était d'accord avec l'essence de la loi. L'unilinguisme, comme les Québécois francophones ne tardèrent pas à l'interpréter, signifiait que les anglophones s'en iraient en laissant derrière eux et des emplois disponibles et des maisons en vente à des prix d'aubaine. Cela signifiait que, après si longtemps, Montréal deviendrait réellement, visiblement, officiellement une ville française. Et cela signifiait surtout que les Québécois seraient enfin complètement maîtres de « ce petit coin de terre où nous pouvons être entièrement nous-mêmes ».

Ce fut par le biais d'un document publié en juin, *Un Choix national*, que Trudeau effectua son repli. Citant Northrop Frye, « le sentiment d'unité est l'inverse du sentiment d'uniformité », le document contenait de fort belles choses sur les différences culturelles et linguistiques. Mais il restait muet sur la question capitale du choix de la langue d'enseignement. Bien sûr, un tel droit devait exister, « sauf circonstances particulières qui justifieraient qu'on diffère l'application de ce droit ». Autrement dit, le bilinguisme si nécessaire, mais pas nécessairement le bilinguisme. Le 7 octobre, Trudeau annonça officiellement qu'il ne contesterait pas la loi 101 : « En toute franchise, je ne tiens pas à laisser à monsieur Lévesque le choix du moment et des armes. »

Lévesque avait gagné la partie. Au vu et au su de tous, Trudeau avait accepté sa conception du futur : le repli sur lui-même du Fait français précéderait son expansion à travers tout le pays.

Tout le monde était parvenu à la même conclusion à peu près en même temps. Les Canadiens anglais ne remettaient plus en question le droit du Québec d'être « aussi français que l'Ontario est anglais »* ; au contraire, ils commençaient à s'interroger sur l'intransigeance dont Trudeau faisait preuve à l'endroit de Lévesque — « l'ennemi intérieur » —, d'autant plus que le gouvernement du parti québécois se révélait incontestablement l'un des meilleurs du pays : il était démocratique, progressiste et avait été le premier à nettoyer le bourbier du patronage hérité de Duplessis.

*
*   *

Les escarmouches se poursuivaient entre les deux adversaires. Dans un discours qu'il fit à Montréal, Trudeau établit un parallèle entre « notre sainte mère l'Église » et « notre sainte mère la nation », de bien plus fraîche date. Lévesque proposa aux autres provinces le principe des « droits réciproques », en

---

* En 1980, dans un message adressé aux parlementaires libéraux qui participaient à la campagne référendaire au Québec, Trudeau parla de la possibilité pour le Québec d'être *« aussi français que l'Ontario est anglais » comme de l'un des avantages qu'il retirait de son appartenance à la Confédération.*

vertu duquel si elles fournissaient un enseignement en français aux Québécois qui s'installaient chez elles, il en ferait autant de son côté. Quelques Premiers ministres qui s'étaient dits intéressés par cette offre changèrent leur fusil d'épaule quand Trudeau accusa Lévesque de « prendre les enfants comme otages politiques ». Lors de leur rencontre annuelle qui eut lieu en août 1977, les Premiers ministres provinciaux s'engagèrent à faire « tout leur possible » pour promouvoir l'enseignement de la langue seconde « partout où le nombre le justifierait ». Ce serait, déclarèrent-ils avec emphase, « une étape historique ». Quelques mois plus tôt, Trudeau avait fourni une meilleure description de la situation du bilinguisme à l'échelle nationale : « Je suis tout aussi impatient à l'égard des Canadiens anglais que je le suis maintenant envers les Canadiens français parce que si les premiers ne s'étaient pas montrés aussi mauditement bornés, ils auraient compris ça il y a dix, vingt ou trente ans. »

*

* *

La bataille linguistique prit fin au cours de l'automne 1977. Lévesque avait gagné l'engagement, mais il avait perdu la première bataille du référendum. Il commençait à se heurter à des difficultés économiques — 10 pour cent de chômeurs et l'exode des sièges sociaux installés à Montréal. En outre, il dut faire face à un nouvel adversaire redoutable : en janvier 1978, Claude Ryan annonça qu'il se porterait candidat à la direction du parti libéral québécois. La Conférence des Premiers ministres, en février, refléta le changement d'humeur du pays. C'étaient les problèmes économiques qui étaient à l'ordre du jour et, pour la première fois, Lévesque passa au second plan. « Nous n'avons plus peur de Lévesque », déclara, par la suite, l'un des leaders provinciaux. Du coup, l'avance que les sondages accordaient à Trudeau commença à diminuer.

Au cours de décembre 1977, Lévesque et Trudeau se rencontrèrent en tête à tête pour la première fois depuis la victoire du P.Q. Pendant le repas qu'ils prirent dans le bureau de Lévesque, à Québec, ils discutèrent de choses et d'autres, telle une entente qui donnerait au Québec un droit de veto sur la sélection des immigrants. Lévesque raconta par la suite que, à un moment donné, il leva son verre rempli d'un Vosne-Romanée

1967 et porta un toast à Trudeau : « À vos malheurs. » Trudeau leva le sien à son tour et répliqua : « Et aux vôtres. »

*

*　*

À partir de ce moment, la langue cessa d'être un terrain de mésentente entre Lévesque et Trudeau. En fait, le bilinguisme commençait à s'implanter. Quand, en septembre 1979, la Commission royale d'enquête sur le bilinguisme dans le contrôle de la circulation aérienne, nommée trois ans plus tôt, déposa finalement son rapport et recommanda l'implantation du bilinguisme dans les aéroports québécois, le gouvernement Clark n'eut besoin que de vingt-quatre heures pour se rallier à ses recommandations. Ni Clark ni les journaux ne reçurent de lettres outragées.

Ce fut la journaliste Lysiane Gagnon, attachée à *La Presse*, qui résuma le mieux l'évolution des événements. Le français, écrit-elle, était devenu au Canada, non pas une langue « égale », mais une langue « normale ». L'aspect le plus intéressant de la campagne référendaire, en 1980, porta sur quelque chose qui n'eut pas lieu : pas une seule fois Lévesque n'invoqua le besoin de protéger la langue et la culture françaises pour justifier la volonté du Québec d'accéder à la souveraineté.

Ceci dit, le bilinguisme n'a pas évolué exactement comme Trudeau l'avait souhaité. Dans sa version finale, il se situe plus ou moins à mi-chemin entre l'espoir que nourrissait Trudeau d'un Canada véritablement bilingue avec le Fait français sain et sauf partout où il se serait implanté, et la vision de Lévesque d'un Québec « irréversiblement » français, tandis que les francophones des autres provinces devraient faire des pieds et des mains pour survivre.

Comme le déclarait, en 1978, le démographe Richard Joy à l'intention du C.D. Howe Institute, le pays est en train de se « polariser » le long des frontières linguistiques. Bon nombre d'anglophones ont quitté le Québec (près de cent mille entre 1977 et 1979), mais davantage pour des raisons économiques que pour des motifs culturels ; en fait, l'exode a débuté avant la victoire du P.Q. et l'adoption de la loi 101, le pourcentage d'anglophones dans la province étant passé, entre 1971 et 1976, de 13,1 à 12,7. Des sociétés anglophones comme la Sun Life ont déménagé, d'autres entreprises, comme le *Montreal Star*, ont dû fermer leurs portes, faute d'une clientèle suffisante.

La Commission des écoles protestantes du Grand Montréal prévoit qu'elle aura fermé près de la moitié de ses écoles d'ici 1984.

Le même phénomène se répète en sens contraire à l'extérieur du Québec. Selon une étude effectuée par la Fédération des francophones hors Québec, sur 1,4 millions de citoyens d'«origine ethnique» française, moins de la moitié parlent français à la maison. Pour sa part, l'Ontario Institute for Studies in Education en est arrivé à la conclusion, après diverses études, que les soi-disant écoles «bilingues» mènent à l'assimilation des élèves francophones parce que la culture anglophone domine dans les corridors et les cours de récréation : en un geste de défense on ne peut plus caractéristique, les Acadiens de Bathurst, au Nouveau-Brunswick, ont obligé la commission scolaire à faire de deux établissements bilingues quatre écoles unilingues ; à Penetanguishene, en Ontario, les francophones se sont battus avec acharnement et ont gagné le droit d'administrer leur propre école unilingue «parallèle».

On pourrait croire que le Canada est en train de devenir une sorte de Belgique et qu'on y retrouvera deux ghettos unilingues réunis par Ottawa qui, comme Bruxelles, sera l'unique chaînon bilingue. Le Nouveau-Brunswick est l'unique province à avoir été déclarée officiellement bilingue et, même là, «l'implantation nonchalante de la loi sur les Langues officielles contraste étrangement avec les remous du nationalisme acadien», remarquait Max Yalden, commissaire aux Langues officielles. Les universités continuent de courir après des «corps à peine tièdes» pour remplir leurs classes au lieu de faire du français ou de l'anglais l'une des conditions d'admission. L'Ontario poursuit sa résistance et refuse de se déclarer officiellement bilingue, ce que recommandait pourtant, il y a déjà une douzaine d'années, la Commission BB.

Néanmoins, le Canada n'est pas la Belgique. L'Ontario, dont la minorité francophone ne constitue, après tout, que 5 pour cent de la population, offre maintenant la plupart des services gouvernementaux, dont les services juridiques, dans les deux langues ; les Franco-Ontariens occupent 5 pour cent des postes de la fonction publique (alors qu'il n'en va de même que pour 2 pour cent des anglophones au Québec) ; TV-Ontario diffuse un cinquième de sa programmation en français. Finalement, le Premier ministre Davis en a fait autant pour les Franco-Ontariens que s'il y avait eu une loi sur le bilinguisme, et même probablement davantage puisqu'il a su éviter un retour de manivelle. D'autre part, les parents francophones de la Colombie britannique et de la Saskatchewan peuvent maintenant, grâce à une loi provinciale, faire instruire leurs enfants dans la langue de leur choix.

À l'intérieur du Québec, les anglophones ont fini par s'habituer à leur condition de minorité. Symbolisées par des organismes comme le Positive Action Committee, les attitudes ont changé, passant de la condescendance à l'incrédulité et au ressentiment, puis à un sentiment d'excitation à l'idée de vivre une gigantesque expérience sociale. L'expression «Anglo-Québécois» est de plus en plus employée avec fierté. Et, de plus en plus, «intégration» devient un mot passe-partout au sein de la communauté.

À l'extérieur du Québec, les inscriptions dans les classes d'immersion françaises ont grimpé à vingt-six mille en 1978-1979, alors qu'elles étaient de dix-sept mille, deux ans plus tôt. Dans les écoles primaires, 45 pour cent des élèves apprennent maintenant le français, comparativement à 28 pour cent en 1970, et, au niveau secondaire, le taux d'inscription s'est stabilisé à 41,5 pour cent.

Les parents de la classe moyenne n'hésitent plus à faire apprendre le français à leur rejetons, d'une part parce que cela fait chic («les gosses intelligents apprennent le français»), mais encore bien plus parce que cela constitue un atout précieux, compte tenu de la précarité du marché du travail.

Depuis le tout début, Trudeau s'est battu pour implanter le bilinguisme parce que c'était juste et bien. S'il est maintenant sur le point de toucher au but, c'est essentiellement parce que le bilinguisme est devenu commercialement rentable. Le Trudeau de 1968 aurait grimacé de dégoût devant une telle aberration. Celui de 1980 se contente d'un sourire mi-figue mi-raisin depuis qu'il a compris que le profit constitue un motif parfaitement rationnel.

*
*   *

La différence entre la Belgique et le Canada n'est peut-être rien de plus qu'un accident démographique. Contrairement au flamand, les deux langues officielles du Canada sont deux langues largement répandues et l'expression de deux des cultures les plus prestigieuses qui soient. Dans ce cas, *vive la différence.*

301

Le résultat du référendum nous a différenciés davantage de la Belgique tout en nous rendant plus semblables à nous-mêmes. Ce qui n'empêche pas que, même avant le 20 mai 1980, on a pu se rendre compte du changement profond survenu dans le caractère du Canada. Et Joe Clark avait vu juste : « Le Canada dont monsieur Lévesque veut se séparer n'existe plus. »

Chapitre XV

Le Canadien européen

«Le Canada pourrait être appelé à jouer un rôle de mentor, pourvu qu'il sache opter pour la grandeur.»
Pierre Elliott Trudeau,
Le Fédéralisme et la société
canadienne-française

De 1867 jusqu'au Centenaire, l'image de *tableau vivant* qui caractérisait le gouvernement du Canada demeura inchangée. Comme décor, la salle du cabinet située dans le Bâtiment Est, sur la Colline parlementaire. Comme premiers rôles, le Premier ministre, entouré des membres de son cabinet qui comptait de puissants lieutenants comme C.D. Howe, Jimmy Gardiner, Chubby Power ou encore, plus près de nous, Paul Martin.

C'est seulement sous le règne de Trudeau que cette image s'est modifiée. Exception faite de ce que l'on voit à la télévision, le *tableau vivant* nous ramène aux jours qui précédèrent la Confédération: «La Conférence de Québec de 1864», telle que nous la montre le célèbre tableau de Robert Harris et où l'on voit, au milieu de ces seigneurs de la guerre qu'étaient Charles Tupper, Georges-Étienne Cartier ou Alexander Galt, John A. Macdonald en train d'élaborer les grandes lignes de ce qui allait devenir l'Acte de l'Amérique du Nord britannique.

Aujourd'hui, le décor n'est plus planté sur la Colline parlementaire dont les couloirs de marbre et les gargouilles de pierre sculptée respirent l'histoire et la continuité; il s'est déplacé un peu plus à l'est, dans la salle du conseil à l'ambiance terne et au parquet recouvert de moquette du Centre des conférences intergouvernementales, remarquable par son style gothico-ferroviaire et qui était, autrefois, la gare de l'Union. Les principaux rôles ne sont plus tenus par les membres du cabinet et le Premier ministre, mais par ce dernier et les nouveaux seigneurs de la guerre: les chefs des législatures provinciales. Placés sur un même pied, ils constituent, tous ensemble, les *Premiers ministres* du Canada. Lors des conférences qui les réunissent, le chef du gouvernement fédéral s'assied au haut bout de la table en fer à cheval. Il préside les séances et prononce les discours d'ouverture et de clôture. Il est entouré des dix Premiers ministres provinciaux selon un ordre de préséance déterminé par la date d'entrée de leurs provinces respectives dans la Confédération, depuis l'Ontario (1867) jusqu'à Terre-Neuve (1949). La nature du nouveau gouvernement national est symbolisée par les drapeaux plantés sur l'estrade, derrière la table. Les onze étendards sont tous de la même grandeur, mais la hampe qui porte l'unifolié dépasse timidement les autres de quinze centimètres.

*
*   *

Trudeau arriva au pouvoir avec l'intention de changer le Canada en en changeant la constitution. Il fit deux tentatives forcées entre 1968 et 1971, puis entre 1976 et 1979, mais échoua complètement. Au moment de sa défaite, il en était venu à un accord avec les provinces sur un seul point: lors d'une réunion tenue en février 1979, tout le monde s'était entendu pour transférer aux provinces le Droit de la famille qui, jusque-là, relevait du fédéral.

Néanmoins, tandis que la constitution du pays ne changeait pas d'un iota, les structures politiques, elles, faisaient l'objet de sérieuses modifications. Souvent sans s'en rendre compte, Trudeau présida, jusqu'en 1979, à des changements du système politique national qui furent autrement plus importants que les plus innovateurs des amendements qu'il voulait apporter à la constitution. Le bilinguisme est un exemple de ces changements radicaux qui n'avaient rien à voir avec la constitution. Il en va de même de l'unilinguisme. La loi 101 de Lévesque, dont seulement un ou deux articles étaient contraires à la charte du pays*, s'avère la plus radicale des réformes jamais adoptées en matière de législation linguistique par un pays *indépendant* depuis la Seconde Guerre mondiale, à l'exception de la Belgique et de la Malaisie.

Les conférences fédérales-provinciales en sont un autre exemple, encore plus déterminant que les précédents: «Une il-

---

* *Selon le jugement rendu le 13 décembre 1979 par la Cour suprême du Canada.*

lusion grotesque, dépourvue de toute logique», disait d'elles, en 1947, feu le politicologue R. MacGregor Dawson. Cette affirmation demeure toujours valable, mais il n'y a personne, aujourd'hui, qui oserait faire preuve d'une telle insolence à l'endroit de ce qui constitue, depuis peu, le quatrième (et unique, compte tenu du contexte global) palier de gouvernement au Canada. Depuis la fin des années 70, les relations fédérales-provinciales se sont institutionnalisées en prenant la forme d'une pyramide hiérarchique: au sommet, la Conférence des Premiers ministres qui se réunissent au moins une fois par an; puis, au fur et à mesure qu'elle s'élargit vers le bas, elle englobe toutes les réunions (à huis clos, naturellement) de simples ministres, de sous-ministres ou même d'humbles fonctionnaires qui se retrouvent autour d'une même table pour discuter de tout et de n'importe quoi, depuis l'état des finances nationales jusqu'à une solution de rechange pour la culture des fraises dans les Maritimes. Tandis que ces rencontres se multipliaient comme des champignons, passant de cent dix-neuf en 1967 à cinq cent cinquante-six en 1976, la «diplomatie fédérale-provinciale», pour reprendre l'expression du politicologue de l'Université Queen, Richard Simeon, devenait la nouvelle industrie de pointe dans le domaine de la bureaucratie. On avait l'impression que les divers gouvernements ne pouvaient plus communiquer entre eux sans passer par l'intermédiaire d'un corps diplomatique interne. En 1970, la section d'Ottawa du Bureau des relations fédérales-provinciales (B.R.F.P.) ne comptait qu'une douzaine de fonctionnaires. En 1978, ils étaient quatre-vingt-dix. L'Alberta avait mis sur pied le FIGA (*Federal and Intergovernmental Affairs*); beaucoup plus élégamment, le Québec avait Affaires-Inter. C'était aux Affaires extérieures que la plupart de ces nouveaux courtisans avaient appris les bonnes manières diplomatiques.

Tout cela donna naissance à une nouvelle et mystérieuse forme de gouvernement *national* en vertu duquel Ottawa et les provinces dirigeaient le pays de concert — loin du Parlement et des législatures. Entre cet état de fait et le scénario du Premier ministre de Terre-Neuve, Brian Peckford, qui ramenait le Canada à «dix sociétés distinctes», il n'y avait qu'un tout petit pas à franchir. Le plus étonnant, c'est que cette métamorphose se produisit sous l'égide d'un Premier ministre qui avait été porté au pouvoir en clamant partout le slogan «Un Canada uni.»

Il est tout aussi étonnant de constater que, durant cette même décennie où Trudeau se faisait constamment traiter de centraliste « rigide/inflexible/partisan de la ligne dure », jamais, depuis la Confédération, le pouvoir n'avait été plus décentralisé.

De fait, à la fin des années 70, le Canada était devenu le plus décentralisé de tous les pays. Ottawa n'administrait plus que 40 pour cent de l'ensemble des dépenses publiques*, alors qu'aucun autre gouvernement central n'en gérait moins de 50 pour cent. (Au moment de l'arrivée de Trudeau au pouvoir, en 1968, la part d'Ottawa était de 55 pour cent). En 1977, en un geste caractéristique de ce nouvel état de choses, Ottawa céda aux provinces l'entière juridiction des programmes sur l'assurance-maladie, l'assurance-hospitalisation et l'enseignement supérieur qui, jusque-là, étaient à frais partagés et totalisaient quelque six millions de dollars. L'économiste Thomas Courchesne qualifia ce transfert de « substantielle délégation de pouvoir (...) un remaniement, *de facto*, de l'A.A.N.B. ».

Plus le pouvoir d'Ottawa diminuait, plus celui des provinces augmentait. Bien entendu, celles-ci l'utilisaient à leur propre avantage, mais aussi, le cas échéant, au détriment des autres Canadiens. En 1980, on aurait pu aisément démontrer qu'il y avait plus d'obstacles à la libre circulation des produits, des services et de la main-d'œuvre entre les provinces qu'entre les pays membres de la Communauté économique européenne. (Il était plus facile pour les médecins, les infirmières, les notaires, les architectes, les ingénieurs, par exemple, de circuler entre, disons, la France et l'Allemagne fédérale qu'entre la Nouvelle-Écosse et le Manitoba.) Dans certaines provinces, la vente de terre aux non-résidents était contingentée ; dans d'autres, c'était l'achat d'industries qui leur était interdit ; dans d'autres encore, ils n'avaient pas le droit de travailler. En outre, toutes, d'une façon ou d'une autre, pratiquaient des politiques d'achats discriminatoires.

Ce ne fut qu'à la fin des années 70 qu'on se rendit compte de l'ampleur du gâchis gouvernemental dont Trudeau s'était rendu responsable ou, en tout cas, qu'il n'avait pas su empêcher. Dans son rapport annuel de 1979, le Conseil économique du Canada estima qu'Ottawa avait perdu la haute main sur les finances à un point tel que « son impuissance augmentait cons-

---

* *Étant donné qu'Ottawa consacrait un cinquième de ses dépenses au seul remboursement des intérêts de la dette nationale, l'importance de sa participation aux programmes sociaux et économiques était proportionnellement moindre.*

tamment et que cela mettait en péril tout le pays, de même que le bien-être des Canadiens». Clark, qui succéda à Trudeau et avait la réputation d'être un «provincialiste» à tous crins, changea son fusil d'épaule après son élection et, en décembre 1979, lança l'avertissement suivant: «Le gouvernement fédéral n'a pas toute la latitude dont il aurait besoin pour gérer l'économie nationale, venir à bout des disparités régionales et diriger les politiques nationales.» Au début de 1980, un rapport du C.D. Howe Research Institute diagnostiqua un «processus de désintégration», du fait que les provinces s'étaient retirées du marché commun canadien pour se consacrer au développement de «leurs propres petites économies autonomes et équilibrées».

Il est vrai que les Canadiens réélurent Trudeau afin qu'il pût réparer les dommages qu'il avait causés au gouvernement central, mais ils le firent à la façon de quelqu'un qui, traversant un marécage, estime que son guide, même s'il s'est perdu, devrait pouvoir retrouver son chemin.

Tout au long des années 70, le pouvoir continua, inéluctablement, de passer entre les mains des provinces, ce qui fit que le processus décisionnel national devint progressivement de plus en plus ardu. Déjà, dans «La Pratique et la théorie du fédéralisme», un essai paru en 1961, Trudeau avait anticipé le nouveau slogan de l'heure, «Tout ce qui est petit est beau»: «À l'ère des sociétés de masses, ce n'est pas un mince avantage que de pouvoir stimuler le développement de collectivités quasi souveraines au niveau provincial, c'est-à-dire là où le pouvoir est beaucoup moins éloigné du peuple.»

À quelques exceptions près, le partage du pouvoir se résuma à des querelles mesquines sur les parts qui revenaient à chacun. En 1977, les quatre provinces de l'Ouest dressèrent une liste de cinquante-sept «intrusions» du fédéral dans des domaines qui relevaient de leur juridiction. Bon nombre des plaintes formulées par les gouvernements successifs du Québec s'avérèrent légitimes: un groupe d'étude formé de fonctionnaires attachés au cabinet de Trudeau reconnut, dans un rapport rendu public seulement après sa défaite: «Il semble y avoir eu relativement peu de cas où un organisme ou un ministère fédéraux aient été conscients des répercussions de leurs gestes sur le peuple québécois.»

Aussi étonnant que cela puisse paraître, Trudeau reconnut le bien-fondé de certaines de ces critiques. En 1979, il démantela son ministère des Affaires urbaines qui avait passé toute la décennie précédente à s'inventer des choses à faire et à piétiner les plates-bandes des provinces. Malgré ça, il se trouva fort mal placé pour se plaindre quand on lui rendit la monnaie de sa pièce. Par exemple, quand Blakeney nationalisa, en 1975, l'industrie de la potasse de la Saskatchewan, il ne se donna même pas la peine d'en parler à Ottawa, même si sa politique modifia sérieusement les attitudes des investisseurs étrangers à l'endroit de tout le pays.

L'accumulation de ces querelles engendra un profond malaise. Au cours des années 70, la psyché nationale changea de fond en comble, et plutôt pour le pire. Dans un ouvrage au ton virulent publié en 1979, *Point of Departure,* Dalton Camp exprima son inquiétude face à l'avenir. Selon lui, «l'esprit collectif de participation à une aventure peu commune» avait disparu. Un an plus tôt, Laura Sabia, ex-présidente du Conseil du statut de la femme de l'Ontario, qui prononçait un discours devant les membres de l'Empire Club à Toronto, avait décrit la situation de façon encore plus pessimiste: «Nous sommes maintenant divisés sur les plans régional, linguistique, ethnique, les Canadiens sont montés contre le Canada, les rancunes s'accumulent toujours davantage (...) et ainsi de suite, au point de se transformer en un cauchemar de divisions.»

Trudeau était partiellement responsable de la situation; vingt-trois millions de Canadiens étaient responsables du reste. D'une part, il fallait tenir compte de l'humeur de l'époque où, en même temps que l'expansion enivrante des années 60 cédait la place à une mentalité mesquine et méprisable, nos attentes économiques commençaient à se rétrécir. De l'autre, il fallait voir là l'influence des schèmes de pensée propres à la génération du Moi. De Saint-Jean à Victoria, nous avions réduit notre champ de vision à nos seuls horizons pour découvrir, en fin de compte, que nous n'en avions pas.

*

*   *

L'un des meilleurs témoignages sur les causes du déclin de l'esprit pancanadien se trouve dans *Grass Roots,* de Heather Robertson, paru en 1971. Elle y chante les louanges du fermier des Prairies qui ne sera bientôt plus qu'un souvenir, de l'authentique fermier qui vit toute l'année avec sa famille sur son lopin de terre au lieu d'aller passer l'hiver dans un bungalow à Regina, Edmonton ou même Hawaii. «Sa disparition progressive, écrit Robertson, ébranle notre sens de l'identité et nous fait remettre en question la valeur de notre histoire. Le fermier est le gardien du rêve de l'Ouest: sans lui, l'Ouest devient pareil à l'Est. »

Le fait est que, en dépit de tous nos beaux discours sur les différences régionales, les Canadiens forment, quand on les étudie en bloc, un tout étonnamment cohérent. Pour quelqu'un venu de l'extérieur, la différence entre un habitant de la Colombie britannique, par exemple, et un autre de la Nouvelle-Écosse est presque imperceptible, beaucoup moins marquée qu'entre un Californien et un Géorgien, un type du Shropshire et un autre du Lancashire, un Breton et un Alsacien. Exception faite des Québécois et, d'une façon un peu moins marquée, des Terre-Neuviens, nos porte-parole régionaux les plus authentiques ont presque tous le même accent. Et, toujours à l'exception des Québécois ainsi que des Terre-Neuviens, quoique, une fois encore, à un degré moindre, notre histoire est beaucoup trop brève et notre appartenance au creuset américain beaucoup trop profonde pour que nous ayons pu développer des particularités culturelles solidement ancrées. Le fossé qui sépare un Torontois d'un habitant de Calgary ou de Halifax, disons, est considérablement plus étroit qu'entre ce même Torontois et un fermier de l'est de l'Ontario.

Nous chérissons d'autant plus nos différences, qui sont au cœur même de notre mystique, qu'elles sont presque impalpables. Au cours des deux dernières décennies, la classe moyenne de l'arrière-pays, qui vivait à l'extérieur du Triangle d'or formé par Toronto, Ottawa et Montréal et prenait rapidement de l'ampleur grâce à une prospérité croissante et à l'expansion de l'enseignement universitaire, s'aperçut que sa propre mystique disparaissait à un rythme accéléré. Si la famille terrienne voyait s'éteindre son rôle de gardienne du rêve de l'Ouest, il en allait de même des pêcheurs côtiers de Terre-Neuve, par exemple, gardiens d'un autre type de rêve et qui étaient de plus en plus nombreux à déserter les baies ou à être relogés ailleurs. Ceux qui restaient se fondaient dans le moule — si l'Ouest est pareil à l'Est, l'Est devient pareil à l'Ouest —, sous l'influence de la prospérité, de l'éducation, des autoroutes, des communications aériennes et, par-dessus tout, de la télévision. Puisqu'ils n'étaient plus différents, ils n'avaient plus de raison de rester là où ils étaient et pouvaient tout aussi bien aller s'installer à Toronto, Ottawa ou Montréal.

Aussi, quand, en 1980, Brian Peckford, Premier ministre de Terre-Neuve, apparut comme le plus « nationaliste » des leaders provinciaux, cela n'étonna personne. Son comportement était la conséquence directe du renouveau culturo-nationaliste terre-neuvien du milieu des années 70 qui reflétait sur une plus petite échelle la renaissance culturelle qui, au Québec, avait accompagné la Révolution tranquille une dizaine d'années plus tôt. Maintenant, on voyait des individus et des groupes, appartenant pour la plupart, comme Peckford lui-même, à la première génération d'universitaires formés sur place, exprimer avec une éloquence indignée leur sentiment de perte et de trahison parce qu'ils se voyaient refuser la chance d'être d'« authentiques Terre-Neuviens» au même titre que ces pêcheurs côtiers qui, au fond de leurs baies, n'avaient jamais éprouvé le moindre doute sur leur identité: il y avait là des artistes comme Christopher Pratt et Frank Lapointe, des troupes de théâtre comme Codco et les Mummers, des porte-parole culturels passionnés comme Clyde Rose, du Breakwater Press, et Edythe Goodridge, directrice de la galerie d'art de l'Université de Moncton.

L'intransigeance et l'éternelle méfiance de Peter Lougheed envers l'Est s'expliquent tout aussi aisément. Il suffit de dire que l'Alberta, la plus urbanisée des provinces de l'Ouest, est, comme les autres, dominée par ce que le politicologue Larry Pratt a appelé «une nouvelle *bourgeoisie arriviste*» qui est bien résolue à posséder tout ce que l'Est possède déjà, et ce, sur son propre territoire; il s'agit d'une nouvelle classe moyenne qui, depuis quelque temps, en a plus qu'assez de devoir frapper aux portes des banquiers torontois et de se faire regarder de haut par les bureaucrates d'Ottawa.

Les premiers temps, cette nouvelle bourgeoisie de l'«arrière-pays» chérissait et glorifiait son passé folklorique ou se contentait de marmonner dans sa bière. Puis, tandis qu'au fil des années 70 elle devenait à la fois plus forte et plus sûre d'elle-même, elle entreprit de définir son avenir selon ses propres données. D'un bout à l'autre du pays, elle poursuivait le même objectif: elle ne voulait plus avoir à s'exiler en quête de ces emplois intéressants qui donnent du prestige et commandent des salaires élevés, sans parler des possibilités de s'amuser; non, elle voulait les trouver sur place. Deux obstacles, toutefois, se dressaient en travers de son chemin: l'hégémonie de Toronto en matière de commerce-finances-communications-culture; l'hégémonie politique d'Ottawa.

C'est d'Ottawa et de Toronto, dont les noms évoquent la hardiesse des coureurs des bois, que nous vient l'autre force historique et inexorable qui a marqué l'évolution du Canada des années 70 et qui nous a remodelés en un pays radicalement différent du « Canada uni » que Trudeau avait en tête au moment où il accéda au pouvoir. Si, d'un océan à l'autre, nos régions sont moins différentes que nous ne voulons bien l'admettre, nous sommes nous-mêmes, d'un océan à l'autre, moins canadiens que nous ne nous plaisons à l'imaginer.

L'idéal du « Canada uni » dura un peu plus d'une décennie — à partir de 1957, au moment où John Diefenbaker inventa l'expression, jusqu'aux environs de 1970, alors que le souvenir de l'Expo et du Centenaire était encore suffisamment présent pour que le slogan conservât sa pleine valeur quand Trudeau se l'appropria. Avant les années 40, la plupart d'entre nous tiraient leur identité de leur appartenance à l'Empire britannique ; et les Canadiens français étaient les seuls à se qualifier spontanément de *Canadiens*. Tout au long de notre histoire, les sources de notre sentiment d'appartenance avaient été soit « d'origine locale », selon l'expression de Northrop Frye, soit panaméricaines. Comme le savent fort bien les détenteurs de permis régionaux de télédiffusion et les propriétaires de journaux, leurs clientèles s'intéressent avant tout à ce qui est strictement local — soi-même ou le voisin d'à-côté — ou à *Dallas* et au « (real) Big Apple » * ; quand au reste du pays, il n'occupe, à mi-chemin entre les deux, qu'une place minime, un peu floue, d'où se détachent à peine Ottawa et Toronto.

Durant les beaux jours du « Canada uni », Toronto avait tout fait pour devenir l'« unique » capitale du Canada anglais dans les domaines du commerce-finances-communications-culture. Quant à Ottawa, qui dormait sur les lauriers qu'on lui avait décernés pour avoir gagné la guerre, dirigé le boom économique qui avait suivi et créé l'État-providence, elle tenait pour acquis qu'elle demeurerait éternellement la seule capitale politique du Canada.

À l'époque de son apogée, Toronto accomplit énormément de choses. Grâce à l'afflux d'immigrants qui avait suivi la guerre, l'étroite enclave « WASP » se métamorphosa en une

---

*   Big Apple : *New York* ; Real Big Apple : *Los Angeles. N.D.L.T.*

métropole cosmopolite qui s'imposa comme l'arbitre et le centre à la fois commercial et culturel du Canada anglais. Mais cette suprématie était condamnée dès le tout début. Toronto n'était et ne deviendrait jamais ce que Londres est à l'Angleterre, Paris à la France ou ce que sont New York/Los Angeles aux États-Unis. Toutes ces villes sont des foyers culturels et commerciaux naturels et sont reconnues comme tels par leurs habitants, même si cela leur vaut d'être détestées. Si importante et puissante qu'elle soit, Toronto n'en demeure pas moins un affluent du grand fleuve. Pour un artiste de Lethbridge, de Fredericton ou de tout autre endroit au Canada, les modèles culturels dominants proviennent de New York ou même encore de Londres, plutôt que de Toronto. (Si les artistes se rendent à Toronto, c'est pour y vendre et non pour y apprendre.) Quant au secteur commercial, la plupart des décisions qui incombent à l'entrepreneur de l'«arrière-pays» sont finalement déterminées, non pas à Toronto, mais à New York, Chicago ou Detroit, sans parler de Francfort et de Tokyo.

Toronto arriva au faîte de sa gloire à la fin des années 70, mais, pendant un moment, l'amorce de son déclin fut masquée par un déplacement latéral de l'activité commerciale en provenance de Montréal. Ottawa avait atteint son sommet beaucoup plus tôt ; le boycottage du pétrole qui, en 1973-1974, libéra l'Ouest de sa dépendance économique, marque le point de transition.

*

*   *

Le marasme qui frappait Ottawa ne devint pas visible tout de suite. Il fallut attendre 1979 et, même là, ce fut surtout parce que Joe Clark, devenu Premier ministre, avait si peu de panache à la télévision que la population en vint à s'inquiéter de la solidité du centre et, partant, de celle du pays.

Quelques observateurs avaient fait preuve de plus de prescience. Dès 1973, le politicologue John Wilson qualifiait le pays d'«ensemble instable d'au moins dix systèmes politiques» où Ottawa agissait «comme une sorte d'UNESCO canadien». Toujours en 1973, on pouvait lire dans un article non signé de la revue *Maclean's* :

> Il existe une différence fondamentale entre le pouvoir et l'image. L'image, c'est le fait de passer souvent à la télévision. Le pouvoir, c'est agir. La politique fédérale est l'image. La politique provinciale est le pouvoir. Au cours

des dix dernières années, nous avons tous regardé du mauvais côté. Nous croyions que c'était Ottawa qui dirigeait le pays. Eux (les Premiers ministres) avaient compris. Ottawa ne dirige que lui-même. Ce sont eux qui dirigent le pays*.

Cette analyse était on ne peut plus pertinente. À cause des coûts de télédiffusion et parce que la politique fédérale est, comme le dit Donald Smiley, «notre émission sportive préférée», c'étaient surtout les politiciens fédéraux qu'on voyait au petit écran; il était donc facile pour les Canadiens d'en déduire que seul Ottawa comptait, d'autant plus que la télévision est l'arbitre de tout ce qui a vraiment de l'importance. En vérité, la seule forme de centralisation un peu plus poussée que connut le Canada sous le règne de Trudeau eut lieu grâce à Pierre et Margaret qui jouaient dans un feuilleton aux épisodes sensationnels: «Y a-t-il moyen de sauver ce mariage?», grâce à Otto Lang et ses nounous volantes, Turner et sa raquette de tennis, Coutts qui complotait dans le quatrième box à droite, au Château Laurier Grill, grâce enfin à cette énigme palpitante où on attendait de voir si Maureen McTeer céderait enfin et consentirait à s'appeler Clark: Ottawa, alors, dans un triomphe de la forme sur le fond, s'était métamorphosée en la capitale nationale du commérage et du divertissement, tandis que le pays attendait l'épisode suivant en retenant son souffle. Les provinces construisaient des routes; Ottawa fabriquait du rêve. Ce n'était plus Athènes-sur-Rideau, mais *Dallas North*.

Si, pendant les années 70, le pouvoir échappa à Ottawa, ce fut pour le plus simple des motifs. Il n'avait plus rien à faire. À ce moment-là, la majeure partie des décisions importantes, à propos de la plupart des domaines de juridiction fédérale qui ne soulevaient pas de contestation — la défense, les affaires extérieures, le commerce, l'administration économique et financière —, étaient prises, non pas sur les rives de la rivière Rideau, mais sur les rives du Potomac. Si Washington dépannait Chrysler, Ottawa suivait le mouvement; quand les taux d'intérêt américains montaient ou baissaient, les nôtres leur emboîtaient le pas. Après la Seconde Guerre mondiale, Ottawa avait, selon l'expression consacrée, «finlandisé» le Canada, en bazardant nos ressources et nos industries afin de disposer de

---

* *Le ministre québécois des Finances, Jacques Parizeau, prétend que, dès 1968, il avait compris que le degré de faiblesse d'Ottawa frôlait la «démence»; le Canada n'étant plus gouvernable, le Québec devait donc se séparer s'il voulait éviter d'être pris dans le tourbillon.*

liquidités pour financer la croissance économique et l'État-providence. Après quoi, comme l'a écrit l'historien Garth Stevenson dans *Unfulfilled Union,* Ottawa « se retrouva privé, pour l'essentiel, de sa raison d'être initiale et, par conséquent, d'une bonne partie de son autorité et de sa légitimité ».

Si Trudeau eut conscience des forces historiques qui fragmentaient le pays, il n'en laissa rien paraître, sauf en de rares occasions. Il est frappant de constater que les amendements constitutionnels qu'il proposa en juin 1978 ne contenaient qu'une brève remarque sur la plus révélatrice de toutes les formes de morcellement national : il y déplorait le fait que « la libre circulation des produits, des services et de la main-d'œuvre n'était pas toujours assurée », mais il ne suggérait aucune solution*. Ce fut seulement à la toute fin de son troisième mandat qu'il parut se rendre compte à quel point le gouvernement fédéral était devenu marginal aux yeux de la plupart des Canadiens. À la fin de 1978, il lança son cri de guerre : « Qui parlera au nom du Canada ? » La veille du scrutin de 1979, tandis qu'il prononçait un discours à Vancouver, il affirma que si la décentralisation du Canada se poursuivait, « nous allons nous retrouver avec un territoire comportant dix principautés jouissant d'une demi-souveraineté, ainsi qu'un gouvernement fédéral qui aura les mains liées ».

Ce disant, Trudeau décrivait un Canada qu'il avait contribué à bâtir. Sa politique du multiculturalisme, par exemple, avait consacré l'émergence de nouvelles identités hybrides comme l'Albertain-Canadien ou le Terre-Neuvien-Canadien. Le style « consensuel » qu'il avait imposé au processus décisionnel avait émasculé ses ministres régionaux, de telle sorte qu'il n'avait plus personne qui, à l'instar des Jimmy Gardiner et James Isley d'autrefois, aurait pu servir ses fins en traitant d'égal à égal comme porte-parole régional avec les Premiers ministres provinciaux**. En privant le gouvernement fédéral d'un contact quotidien avec les Canadiens, il accéléra la frag-

* *Comme Trudeau finit par l'admettre quand il présenta, en 1980, ses amendements constitutionnels, le problème tient au fait que l'A.A.N.B. exige seulement que « les produits soient admis sans frais » d'une province à l'autre, mais n'impose aucune restriction aux barrières non tarifaires qui peuvent morceler le marché commun canadien beaucoup plus efficacement que des tarifs.*

** *Le processus prit véritablement naissance en 1973 lors de la Conférence de l'Ouest sur les perspectives économiques, où les quatre Premiers ministres provinciaux représentaient l'Ouest tandis que les propres ministres régionaux de Trudeau, comme Otto Lang, faisaient plus ou moins office de simples conseillers.*

mentation du pays en dix principautés. Moins d'un an après le retrait d'Ottawa, en 1977, des programmes de santé à frais partagés, Monique Bégin, ministre de la Santé, se plaignait amèrement d'être incapable de maintenir des normes nationales par suite de la non affiliation massive des médecins (18 pour cent en Ontario). À la fin de la décennie, la majorité des Canadiens ne faisaient affaire avec Ottawa qu'en ce qui avait trait aux moins séduisantes de ses activités, comme la livraison (toujours en retard) du courrier et la perception (rapide) des impôts; aussi le peu d'intérêt qu'ils manifestèrent quand Trudeau réclama, au moment de l'élection de 1979, un appui en faveur du renforcement d'Ottawa n'avait-il rien de surprenant.

*
*   *

La contradiction entre le motif officiel de la venue de Trudeau à Ottawa — «parce que j'estimais que le gouvernement central était trop faible» — et la réalité — qui se traduisait, après ses onze années au pouvoir, par l'effilochage du tissu national — est si flagrante que cela dépasse presque l'imagination. On peut tout de même y apporter certaines explications. Contrairement à la plupart des Premiers ministres, Trudeau était arrivé au pouvoir sans entretenir d'idées particulières à propos des questions sociales ou économiques; aussi ne s'était-il guère préoccupé de savoir si Ottawa était effectivement en mesure d'accomplir ceci ou cela. Il ne s'y intéressa qu'à partir du moment où l'apparente impuissance d'Ottawa commença à se révéler une menace pour la structure du fédéralisme proprement dit, ce qui est tout à fait autre chose. (À l'instar de n'importe quel politicien ou bureaucrate, il développa également un sens aigu de l'impératif territorial, mais il s'agissait moins de discernement que d'esprit de propriété.)

En second lieu, en décourageant le nationalisme canadien-anglais de peur de voir s'intensifier le nationalisme québécois, Trudeau priva Ottawa d'une bonne part des éléments qui légitimaient son autorité. Il fit bien quelques concessions ici et là le FIRA*, la suppression des avantages fiscaux dont jouissait le *Time* — comme autant d'offrandes déposées sur l'autel de la nécessité politique. Mais le cœur n'y était pas. Le fond du problème, c'est que si Ottawa n'adhère pas au nationalisme,

---

** *F.I.R.A.: Foreign Investment Review Agency (Agence d'examen de l'investissement étranger).*

il ne reste vraiment pas grand-chose à quoi il pourrait adhérer ; comme point de convergence d'une conscience pancanadienne, le bilinguisme n'est nettement pas suffisant. Fait on ne peut plus révélateur, Trudeau ne commença à adhérer aux politiques nationalistes qu'en 1980, *après* en être arrivé à la conclusion que le gouvernement fédéral n'avait plus l'autorité de « parler au nom du Canada ».

Troisièmement, Trudeau était convaincu que si Québec acquérait un « statut particulier », il deviendrait par la force des choses *le* gouvernement aux yeux des Québécois, ce qui conduirait inévitablement à la souveraineté pleine et entière. Afin de pouvoir accorder au Québec ce qu'il demandait tout en maintenant l'« équilibre » au sein de la Conféfération, Trudeau donna également à tout le monde. Par exemple, parce que le Québec administrait son propre régime de pensions, toutes les provinces se virent accorder un droit de gestion exclusif sur la part des fonds que leur remettait le Régime de pensions du Canada. Le transfert des points fiscaux en vue de la création de la Régie d'assistance publique du Canada en est un autre exemple. Ce faisant, Trudeau contribua à rendre toutes les provinces « particulières » ; il aida également à la formation de bureaucraties provinciales qui, comme il fallait s'y attendre, firent volte-face et mordirent la main qui les nourrissait en multipliant leurs exigences. Entre-temps, le Québec n'avait rien perdu de son désir d'obtenir un statut particulier.

La quatrième et dernière explication coule de source. Avant de faire le saut en politique, Trudeau avait profondément réfléchi à la constitution. Il avait une tournure d'esprit essentiellement juridique. Pour lui, le fédéralisme correspondait réellement à un idéal ; c'était, comme il l'avait déjà écrit, « l'ordre fondé sur la loi ». On n'aurait pu mieux dire, mais le système de l'Union soviétique est, lui aussi, fondé sur la loi. Sa Charte des droits de la personne est un splendide document. Mais il ne tient pas compte du fait que le fédéralisme canadien est un méli-mélo, l'ordre dans le désordre, qui s'appuie sur des sentiments qui ne dépassent pas le niveau des convenances politiques imprégnées de bon sens. C'est pourquoi, en dépit de toute leur valeur symbolique, les diverses tentatives de Trudeau pour amender la constitution n'avaient à peu près rien à voir avec la façon dont le pays fonctionnait réellement. En fait, si sa suggestion, en 1980, d'insérer une charte linguistique dans la constitution fit si peu de bruit, ce fut parce que, à ce moment-là, le bilinguisme était devenu une réalité politique.

Et les Canadiens avaient accompli à sa place ce qu'il avait tenté, pendant une décennie, de faire pour eux.

*

* *

Les efforts que fit Trudeau, en 1979, pour modifier la constitution donnèrent si peu de résultats que la tâche d'en faire la chronique reviendrait davantage à un archiviste qu'à un journaliste. Mais il n'en réussit pas moins à familiariser les Canadiens avec leur propre charte, ce qui, de façon tout à fait inattendue, suscita un vaste mouvement en faveur du changement. En 1980, en tout cas, une décennie de discussions sur le sujet avait convaincu tout le monde de l'absolue nécessité de tels changements, sinon dans un but précis, du moins pour les besoins de la cause en guise de contribution à l'édification de la nation.

En se lançant dans une telle entreprise, Trudeau faisait preuve d'une audace extraordinaire. Aucun pays, depuis plus d'un siècle — c'est-à-dire depuis la Suisse, en 1874 —, n'avait réussi à changer sa constitution, sauf s'il s'y était vu forcé par les impératifs d'une guerre, d'une guerre civile ou d'une lutte de libération nationale.

Les difficultés auxquelles se heurtait Trudeau furent brillamment résumées pendant la conférence fédérale-provinciale qui se tint en février 1969. L'orateur était Jean-Jacques Bertrand qui avait succédé à Daniel Johnson, également de l'Union nationale, comme Premier ministre du Québec: « Si le Canada traverse une crise, ce n'est pas parce que notre pays est constitué d'individus qui parlent des langues différentes ; c'est parce que le Canada abrite deux communautés, deux peuples, deux nations. » Entre cette conception de la Confédération et celle de Trudeau, il ne pouvait y avoir de compromis ni, par conséquent, de nouvelle constitution.

Puis, en 1970, le fossé qui séparait ces deux visions du Canada se rétrécit. Après Jean-Jacques Bertrand, les Québécois avaient élu le libéral Robert Bourassa qui prônait un « fédéralisme rentable », selon son expression, et qui mit fin aux tentatives de ses hauts fonctionnaires, comme Claude Morin, de faire pénétrer le Québec dans le sanctuaire du statut particulier par la porte de service de la diplomatie internationale.

Du coup, Trudeau revint à la charge avec ses propositions constitutionnelles, convaincu qu'elles avaient enfin une chance raisonnable d'être acceptées.

En juin 1971, la Conférence de Victoria, qui devait mettre un point final aux pourparlers, débuta dans une atmosphère de franche camaraderie. W.A.C. Bennett, qui était encore Premier ministre de la Colombie britannique, organisa un imposant défilé à travers les rues de la ville: Trudeau ouvrait la marche dans une énorme Cadillac, tandis que Alex Campbell, de l'île du Prince-Édouard, fermait le cortège au volant d'une Mustang. Vers le milieu de la conférence, tout le monde s'embarqua pour une promenade au clair de lune sur un traversier prêté par le gouvernement provincial; ceux qui, connaissant bien Bennett pour qui alcool rime avec péché, avaient pris la précaution d'apporter quelques bouteilles purent obtenir des autres n'importe quelle concession sur n'importe quelle clause de la constitution, en échange d'un verre d'alcool refilé en douce.

Le fait qui paraît le plus remarquable quand on considère les événements avec un peu de recul, ce n'est pas que Trudeau rata son coup, durant les débats en Chambre, mais bien qu'il fût si prêt de réussir en offrant si peu. La répartition des pouvoirs qui, depuis le tout début, avait autant d'importance que le Saint-Graal aux yeux des leaders provinciaux n'était même pas à l'ordre du jour. Les principaux points étaient le rapatriement de la constitution depuis Westminster et une formule d'amendement qui donnerait un droit de veto au Québec, à l'Ontario ainsi qu'une espèce de demi-droit à la Colombie britannique. Les provinces auraient également un tout petit mot à dire dans la nomination des juges à la Cour suprême. En échange, Trudeau obtiendrait sa bien-aimée Charte des droits de la personne (qui ne dépassait guère le stade des vœux pieux), la reconnaissance officielle du statut d'égalité entre l'anglais et le français — ce que cinq provinces étaient prêtes à faire respecter sur leurs territoires respectifs* —, et la reconnaissance permanente du statu quo juridictionnel.

En fait, c'était le ministre de la Justice, John Turner, plutôt que Trudeau, qui avait berné les neuf Premiers ministres anglophones: il leur avait fait accepter beaucoup *moins,* au niveau de leurs intérêts juridictionnels, que ce qu'ils refuse-

---

* Les cinq provinces sont: Québec, Ontario, Nouveau-Brunswick, Terre-Neuve, île du Prince-Édouard.

raient lors de la série ultérieure de pourparlers constitutionnels en 1978-1979.

Trudeau et Lalonde, qui était son principal conseiller, s'étaient fixé comme tâche d'obtenir l'accord de Bourassa. Ils y parvinrent presque. Pendant les conversations qu'il eut avec eux avant l'ouverture de la séance, Bourassa annonça qu'il était prêt à signer; durant la réunion, il déclara qu'il était sur le point de le faire. Après, il changea d'avis. Ou quelqu'un lui en fit changer. L'un de ses bras droits les plus persuasifs était Claude Morin, un haut fonctionnaire qui deviendrait ministre sous le gouvernement péquiste; il convainquit Claude Castonguay, le plus influent des ministres de Bourassa, que les propositions fédérales étaient inacceptables parce qu'elles ne cédaient aucune juridiction en matière de politique sociale. L'autre personnage qui avait beaucoup d'influence sur Bourassa était Claude Ryan, le directeur du *Devoir,* qui, à l'époque, était un partisan déclaré du statut particulier. Bourassa plia sous l'effet de cette double pression et, trois semaines après la fin de la conférence, annonça qu'il ne signerait pas la charte.

Deux ans plus tard, en 1973, Lalonde, devenu ministre de la Santé nationale et du Bien-Être social, accorda à Castonguay la juridiction qu'il réclamait et qui était d'une importance toute secondaire: celle-ci permettait au Québec et aux autres provinces de modifier les versements des allocations familiales. Si Lalonde avait fait cette offre en 1971, Bourassa n'aurait pu la refuser et Trudeau aurait eu sa fameuse constitution.

À l'époque, l'échec de la Conférence de Victoria fut qualifié de «tragédie» et d'«occasion ratée pour le Canada». Pourtant, la charte avait été conçue en fonction d'un pays qui, même alors, n'existait plus. Par exemple, on y tenait pour acquis que le gouvernement fédéral était *le* gouvernement de tous les Canadiens. On y affirmait également que le Québec était une province comme les autres, sans plus. Si la charte de Victoria avait été adoptée, elle n'aurait probablement pas duré plus longtemps que la première constitution du Canada, la Proclamation royale de 1763 qui fut remplacée en 1774 par l'Acte de Québec. On pourrait en dire autant de la seconde tentative de Trudeau pour obtenir une nouvelle constitution, quoique, cette fois, ce n'étaient plus les provinces qui étaient allongées dans le lit de Procuste, mais bel et bien le gouvernement fédéral, assiégé et à bout de ressources.

Quatre ans et demi s'écoulèrent avant que Trudeau n'amorçât une nouvelle tentative. Cette fois, il partit du mauvais pied. Le 5 mars 1976, alors qu'il se trouvait à Québec pour y prononcer un discours, il déclara subitement aux journalistes que s'il ne pouvait obtenir un accord des Premiers ministres sur une formule d'amendement, il rapatrierait la constitution «unilatéralement» et d'un seul coup. Cette menace surprit et contraria ses ministres et ses collaborateurs qui furent tous incapables d'expliquer pourquoi il avait vendu la mèche.

Trudeau n'en était pas plus capable qu'eux, mais pour des raisons complètement différentes. Ce matin-là, ainsi que nous l'avons vu au chapitre XIII, Bourassa lui avait confié, au cours d'un entretien privé, qu'il n'accueillerait pas la Reine au moment de son arrivée à Québec pour l'inauguration des Jeux olympiques. Mis hors de lui par une telle lâcheté politique, Trudeau s'en prit à Bourassa de toutes les façons imaginables, le traitant de «mangeur de hot-dogs» et dévoilant l'ampleur de son impuissance en menaçant de rapatrier unilatéralement la constitution.

Rien ne transpira finalement de tout ceci parce qu'en novembre Lévesque défit Bourassa et déclara immédiatement qu'il ne participerait pas aux discussions constitutionnelles tant que les Québécois n'auraient pas décidé de leur avenir lors d'un référendum sur la question.

Pendant un moment, Trudeau donna l'impression de se résigner à l'impasse. Peu après la victoire du P.Q., il lança une mise en garde contre la «panacée de la décentralisation» dont les observateurs avaient rapidement fait la plus populaire de toutes les ripostes à la menace que représentait, pour l'unité nationale, l'accession au pouvoir du P.Q. Vers le milieu de 1977, il tenta vainement d'amener Lévesque à accepter un amendement constitutionnel qui aurait obligé toutes les provinces à fournir un enseignement dans les deux langues officielles, à la demande de la population. (Lévesque ne démordit pas de ses «accords réciproques» de province à province, ce qui revenait à passer par-dessus la tête d'Ottawa.)

Ce fut seulement au cours de l'automne de 1977 que Trudeau nomma Marc Lalonde ministre d'État aux Relations fédérales-provinciales et que, secondé par celui-ci qui lui était entièrement dévoué, il s'attaqua sérieusement à la rédaction d'une nouvelle série d'amendements constitutionnels.

Ce retard d'un an qui suivait la victoire du P.Q. — l'éclatement de son ménage est la plus évidente des raisons de son inaction — coûta à Trudeau sa seconde et dernière chance (du moins le croyait-on, à l'époque) de redéfinir le Canada grâce à une constitution revisée. S'il était passé à l'action durant l'automne de 1977, il aurait probablement réussi ce qu'il tentait d'accomplir depuis déjà toute une décennie, et il aurait alors pu prendre sa retraite en toute quiétude. Il va de soi que Lévesque aurait tout fait pour lui mettre des bâtons dans les roues. Mais l'esprit qui prévalait au Canada anglais (une ferveur patriotique aiguillonnée par la panique) aurait fort bien pu être assez fort pour pousser les neuf Premiers ministres anglophones à accorder à Trudeau la majeure partie de ce qu'il réclamait; et celui-ci aurait pu ensuite brandir ces concessions comme la preuve d'un « fédéralisme renouvelé », en prévision du référendum québécois.

Quand, en juin 1978, Trudeau publia l'ensemble de ses propositions constitutionnelles d'abord dans son Livre blanc, *Le Temps d'agir,* puis dans un projet de loi détaillé, le bill C-60, la volonté politique de procéder à des changements s'était évaporée. Ryan était devenu le nouveau champion du fédéralisme au Québec. Rempli de gratitude, le Canada anglais était plongé dans une douce euphorie. Et, l'esprit ayant changé, les propositions constitutionnelles de Trudeau étaient perçues tout au plus comme une entourloupette électorale.

Une fois passé le flot de commentaires auxquels se livrèrent les éditorialistes, le seul aspect ou presque des propositions de Trudeau qui mit tout le monde en émoi porta sur ce que, croyait-on, il était en train de faire à la Reine. Par exemple, en faisant du Gouverneur général le « premier citoyen » du Canada qui inaugurerait et dissoudrait le Parlement en son propre nom plutôt qu'en celui de Sa Majesté, Trudeau donna l'impression de vouloir rabaisser celle-ci. Il protesta vivement de son innocence, mais, comme preuve de sa bonne foi, dut accepter de gommer de ses derniers amendements constitutionnels la moindre allusion à « Son Excellence » ou à « Sa Majesté ».

Un vent contraire soufflait toujours. Selon l'échéancier qu'il s'était fixé, Trudeau voulait en arriver à un accord sur le rapatriement de la constitution doublé d'une formule d'amendement pour le 1er juillet 1979 (faute de quoi, il agirait unilatéralement); ensuite, des discussions se poursuivraient avec les provinces à propos de la «répartition» des pouvoirs. Lors de leur conférence annuelle qui eut lieu au mois d'août, à Regina, les Premiers ministres formèrent ce qu'ils qualifièrent pompeusement de «front commun». Si Trudeau ne modifiait pas l'ordre du jour en mettant la répartition des pouvoirs en tête de liste, ils refuseraient de discuter *toutes* les autres questions.

L'imagination dont Trudeau faisait preuve dans certaines de ses propositions passa presque inaperçue au milieu des chamailleries politiques — le seul leader provincial d'allégeance libérale était Alex Campbell, de l'île du Prince-Édouard. Pourtant Trudeau voulait supprimer le Sénat et le remplacer par une Chambre des fédérations dont la moitié des membres serait nommée par les législatures provinciales afin de surveiller les intérêts de celles-ci au palier fédéral. La nouvelle constitution comporterait une charte des droits linguistiques pour les minorités, mais les provinces seraient libres de la mettre en pratique «sur-le-champ ou quand elles le jugeraient bon». Enfin, elles auraient un mot à dire dans la nomination des juges à la Cour suprême et dans le choix des titulaires des postes-clés au sein des organismes fédéraux réglementaires.

Trudeau semblait coincé entre l'indifférence de la population et l'opposition des provinces. Comme chaque fois qu'il avait le dos au mur, il contre-attaqua. Le 31 octobre 1978, soit le second des trois jours que dura la Conférence des Premiers ministres tenue à Ottawa, il étonna ses homologues provinciaux en les prenant au mot. S'ils suivaient son ordre du jour, il tiendrait compte des leurs. Pour prouver ses bonnes intentions, il établit une «courte liste» de sept points relevant de la juridiction fédérale à propos desquels il était prêt à lâcher du lest: cela allait de la limitation de l'emploi par Ottawa de ses pouvoirs d'urgence aux «situations où prime l'intérêt national» jusqu'au transfert de juridiction sur le Droit de la famille, en passant par une participation à la réglementation dans le domaine des communications. «Il se passe enfin quelque chose», déclara Lévesque.

«J'ai moi-même vidé presque tout mon sac», reconnut Trudeau lors de la conférence de presse de clôture. En effet, en échange de ses concessions sur des domaines de juridiction fédérale, les provinces s'engageaient uniquement à *examiner* ses projets d'amendements constitutionnels dont la plupart, comme celui sur la nouvelle Chambre des fédérations, se traduisaient par une expansion des pouvoirs des provinces. Un comité composé de ministres et de hauts fonctionnaires finit par en arriver à un accord unanime sur un seul point : le transfert de juridiction sur le Droit de la famille. Lors de la Conférence suivante qui eut lieu en février 1979, Trudeau se gagna un allié en la personne du Premier ministre de l'Ontario, Bill Davis, qui proposa « au moins de rapatrier la constitution au Canada » si tout le reste échouait ; mais il n'avait plus suffisamment d'autorité politique ni même assez d'énergie pour attirer tous les Premiers ministres dans son camp. C'est ainsi que prit fin sa seconde tentative. Peu après, les électeurs mirent fin à sa carrière politique.

Cette fois-ci, personne ne qualifia l'échec de Trudeau de tragédie. En un précédent paradoxal, cette étiquette aurait, au contraire, mieux convenu à sa réussite. En 1977-1979, il avait négocié en position de faiblesse et « vidé presque tout son sac » entre les mains des provinces. Si les Premiers ministres avaient signé sur la ligne pointillée, Trudeau aurait obtenu sa chère Charte des droits de la personne et le rapatriement de la constitution, mais ils auraient gagné pour eux-mêmes des pouvoirs accrus ; du coup, Ottawa aurait été émasculé, « incapable de faire face à une fragmentation régionale grandissante tandis que sa compétitivité au niveau international se détériorait de plus en plus », comme le releva le C.D. Howe Institute dans un rapport déposé en 1980. Ce furent donc les Premiers ministres qui, par leur inflexibilité, sauvèrent Trudeau malgré lui. Lorsqu'en juin 1980 celui-ci se lança dans une nouvelle tentative, il était en position de force grâce à sa réélection et au résultat du référendum. Lors du congrès libéral qui eut lieu en juillet, à Winnipeg, il déclara qu'il trouvait « déprimant et désolant » de voir que les provinces tentaient d'échanger des pouvoirs accrus contre une Charte des droits pour tous les Canadiens. Alors qu'il n'avait pas osé le faire en 1977-1979, il ajouta à sa propre liste de demandes les « libertés économiques » afin d'empêcher les provinces de devenir des « États autonomes » où les Canadiens des autres régions n'auraient pu venir travailler ou acheter des terres. Et en échange des droits qu'il céderait aux provinces, en matière de communications par exemple, il voulait maintenant un pouvoir fédéral accru dans le domaine de la gestion économique.

L'effet du référendum sur la bonne fortune de Trudeau met en lumière un autre paradoxe. Pendant des années, il avait tenté presque frénétiquement de changer la constitution, animé par la conviction que s'il ne prouvait pas que le fédéralisme pouvait être «renouvelé», le référendum serait perdu. Or, ce fut uniquement après la victoire du non que les Canadiens donnèrent à Trudeau le mandat de renouveler le fédéralisme en amendant la constitution, en partie pour mettre fin à des discussions interminables, mais surtout pour remplir le contrat implicitement signé par les Québécois quand ils avaient fait une croix sur leurs bulletins, le 20 mai 1980.

*

* *

Entre-temps, l'orgueil de Trudeau avait été piqué au vif à plus d'une reprise. Le Groupe de travail sur l'unité canadienne qu'il avait mis sur pied en 1977 et qui était présidé conjointement par l'ancien ministre libéral Jean-Luc Pépin* et l'ex-Premier ministre ontarien John Robarts déposa son rapport en février 1979. La principale conclusion du groupe portait sur le fait que le Canada était tombé de Charybde en Scylla à cause de ce que Trudeau avait ou n'avait pas fait, depuis l'implantation du bilinguisme institutionnel «coûteux et relativement peu efficace» jusqu'à son incapacité de reconnaître que les éléments caractéristiques du Canada étaient «la dualité et le régionalisme». Au niveau de la dualité, le groupe proposait d'accorder au Québec un statut, non pas particulier, mais «distinctif». Pour ce qui était du régionalisme, toutes les provinces devraient obtenir davantage de pouvoirs, depuis la responsabilité du «bien-être culturel et social» de leurs habitants, jusqu'au droit de négocier des traités dans des domaines relevant de leur juridiction.

Lévesque se dit heureux du rapport du groupe de travail qui «reconnaissait la dualité des deux peuples du Canada». Pour sa part, Lalonde donna libre cours à sa colère quand il rencontra les commissaires. Mais Trudeau se montra beau joueur et félicita le groupe pour la qualité de son travail.

Ce n'était pas tout. En janvier 1980, Trudeau vit s'éloigner encore un peu plus son idéal d'un «Canada uni» lorsque Ryan déposa son document constitutionnel, ou Livre beige: *Une Nouvelle Fédération canadienne*. Ryan s'y disait d'avis que le Québec possédait «toutes les caractéristiques d'une commu-

---

* *Pépin revint au Cabinet en 1980.*

nauté nationale distincte». Toutes les provinces devraient jouir de pouvoirs plus étendus (la juridiction sur la main-d'œuvre et l'assurance-chômage, par exemple). Et elles devraient pouvoir exercer un droit de veto sur les initiatives importantes du fédéral par l'intermédiaire d'un nouveau Conseil fédéral composé exclusivement de leurs représentants. Peu après, Peckford qualifia le gouvernement fédéral d'«agence des provinces, quelque chose que nous avons créé pour notre bien-être commun».

En 1980, la phrase répétée à satiété, «le statu quo est inacceptable», avait remplacé comme cliché national la «Démocratie de participation» de la décennie précédente. Le fait que le statu quo n'avait tout de même pas été statique pendant deux décennies, si on ajoute l'époque Pearson à celle de Trudeau, ne faisait pas la moindre différence. Les modifications constitutionnelles devinrent un but en soi, non plus comme un moyen de changer le pays qui, de toute façon, avait déjà changé radicalement et irrévocablement, mais comme une démonstration cathartique de l'harmonie nationale à laquelle il fallait procéder pour les besoins de la cause. Après que le résultat du référendum eut restauré l'harmonie nationale, les Canadiens donnèrent carte blanche à Trudeau pour accomplir le geste constitutionnel cathartique.

*

*   *

Un dernier point. Feu le Premier ministre de la Saskat-chewan, Ross Thatcher, avait déclaré, une fois, que s'il établissait les cent problèmes que sa province considérait comme prioritaires, «la constitution arriverait au cent unième rang». La majorité des Canadiens était de son avis. Néanmoins, durant toutes les années qu'il passa au pouvoir, Trudeau inscrivit la réforme constitutionnelle en tête de liste de ses priorités.

En un commentaire pertinent qui révèle un sens littéraire inattendu, Joe Clark a, mieux que quiconque, éclairci cette énigme: «Monsieur Trudeau est un Canadien européen plutôt qu'un Canadien nord-américain.*»

---

* Bien entendu, les libéraux tentèrent de faire croire que Clark avait mortellement insulté tous les immigrants et même tous les Canadiens, exception faite des Inuit et des Indiens.

Par son attachement à la loi plutôt qu'au bon sens inhérent au fouillis créateur, Trudeau est, en effet, plus européen que canadien. Il est également européen par son caractère, son goût pour la précision plutôt que pour le compromis, sa recherche incessante de l'excellence et son refus de se contenter de moins.

Le côté romanesque de son imagination nous ramène en d'autres temps et d'autres lieux où il apparaît alors moins comme un Européen que comme un Britannique de l'époque victorienne. Il nous ramène, en particulier, à George Nathaniel Curzon à qui Trudeau ressemble si étrangement. De l'avis de Trudeau, ce petit pays encore tâtonnant, en marge du monde occidental, pourrait fort bien « être appelé à jouer un rôle de mentor, pourvu qu'il sache opter pour la grandeur ». De l'avis de Curzon, l'impérialisme n'était pas de la domination, mais une association « bénie par la Providence, le meilleur moyen de faire le bien dont le monde ait jamais disposé ». Le chaînon intellectuel qui les unissait était Lord Acton que Trudeau citait si volontiers, quoique toujours un peu à côté du contexte puisque le fédéralisme prôné par celui-ci impliquait le regroupement de races inférieures vivant heureuses sous la protection du diadème impérial.

Quand on voit Trudeau immobile, semblable à un sphinx, puissant, dominer ses homologues du centre de la table en fer à cheval lors des Conférences des Premiers ministres, on ne peut s'empêcher d'évoquer James Morris quand il décrivait si merveilleusement Curzon entouré des princes indiens et des généraux britanniques, « avec une expression légèrement méprisante (...) dominant l'assemblée avec un rigorisme, une sagacité voilée qui les inhibaient tous, sauf ceux qui étaient très sûrs d'eux-mêmes ».

En 1980, Trudeau obtint une seconde chance magique de dominer. Et il s'en empara comme personne d'autre n'aurait pu le faire. S'il ne s'en était pas saisi, le crédit de ses réalisations dans la cause de l'unité nationale aurait été au moins balancé par le débit. Dans un des plateaux de la balance, le bilinguisme et le *French Power*. Dans l'autre, l'affaiblissement de la légitimité et de l'autorité d'Ottawa, l'accroissement de l'égocentrisme régional, l'éclatement de la conscience canadienne en une multitude de traits d'union.

L'énigme comporte une dernière variante. Si on considère son caractère et son intelligence, Trudeau est le moins canadien de tous nos Premiers ministres. Et parce qu'il a si peu compris la nature du pays qu'il gouvernait, il a commis des erreurs que n'aurait faites aucun autre leader. Mais les Canadiens avaient viscéralement compris que la vision du Canada qu'entretenait Trudeau dépassait celle de Laurier et même celle de John A. Macdonald. Aussi lui permirent-ils de dominer leur conscience comme personne, même pas Macdonald, n'aurait pu le faire. C'est pourquoi, quand l'occasion s'en présenta, les Canadiens lui accordèrent une seconde chance, sachant très bien que, même s'il n'en meurt pas, un peuple privé de perspectives dépérit.

Chapitre XVI

La ruée vers l'Ouest

«Ce n'est pas l'habitant des Prairies qui a inventé
l'univers insignifiant des hommes impuissants. Là,
on peut se sentir insignifiant et vulnérable, mais on
ne peut passer inaperçu. C'est un pays où même
la chute d'un moineau se remarque.»
Wallace Stegner
Wolf Willow

Il n'a jamais déclaré ouvertement à Edmonton, Winnipeg ou Regina: «C'est comme ça que nous faisons, nous, dans l'Est.» À part ça, on peut difficilement s'imaginer ce que Trudeau aurait pu dire de pire pour piquer au vif la susceptibilité des gens de l'Ouest. On ne compte plus les fois où il s'est comporté avec eux comme un brahmane parmi les intouchables, que ce soit quand il leur a demandé: «Pourquoi devrais-je vendre votre blé?», quand il a supprimé l'insigne familier sur les voitures de la G.R.C. dans le territoire même où les «Mounties» sont rois, ou encore quand il a traité de «fanatique» le Premier ministre de la Colombie britannique, W.A.C. Bennett.

Dans l'intimité, il conservait à leur endroit la même attitude négligente. À la lumière des trois incidents qui suivent, on comprendra mieux pourquoi les relations de Trudeau avec les gens de l'Ouest, qui avaient mal commencé, ne pouvaient qu'empirer.

— Au début de 1974, le décès d'un conservateur albertain entraînant la tenue d'une élection partielle, Keith Davey, en quête d'un candidat, téléphona à un ancien parlementaire libéral, Hu Harries, un conseiller en gestion bien connu à Edmonton qui était également propriétaire d'un ranch; Harries se déclara intéressé, mais ajouta qu'il se présenterait uniquement s'il était d'abord nommé au cabinet, une promotion qu'il était sûr d'obtenir s'il remportait l'élection partielle puisqu'il serait alors le seul membre du gouvernement à représenter l'Alberta. Davey le rappela quelques jours plus tard : le Premier ministre, lui dit-il, s'était imposé comme règle de ne jamais prendre dans son cabinet quelqu'un qui n'avait pas été élu par ses pairs, et il ne la transgressait jamais. Harries resta donc dans son ranch. De toute façon, les élections de juillet rendirent inutile la tenue d'un scrutin partiel. Un an plus tard, cependant, Harries apprit par le *Edmonton Journal* que le ministre des Communications, Gérard Pelletier, venait tout juste d'être nommé ambassadeur à Paris ; Trudeau lui avait choisi comme successeur le président du C.R.T.C., Pierre Juneau, qui tenterait de se faire élire à l'automne, au cours d'une élection partielle. (Juneau fut battu.)

— En 1976, Trudeau s'envola pour Vancouver afin d'assister à un banquet organisé par les libéraux de la Colombie britannique pour rendre hommage à l'un de leurs membres les plus éminents, le sénateur Arthur Laing ; celui-ci, un ancien ministre maintenant à la retraite, se mourait d'un cancer, ce que personne n'ignorait. Des têtes d'affiche, comme Ray Perrault et Diefenbaker, prononcèrent des discours qui étaient à la fois amusants et affectueux. Quand vint son tour, Trudeau n'eut pas un seul mot pour Laing ; au contraire, il lut un discours sur le « partage », préparé par un collaborateur. Après la réception, tandis qu'un adjoint essayait de se faire oublier, Margaret prit violemment Trudeau à partie dans l'ascenseur de l'hôtel : « Quel beau discours stupide à la Ivan Head que tu viens de faire là. » Trudeau rougit, fixa le tapis et ne pipa mot.

— Au début de 1977, au cours d'un congrès libéral qui se tenait à Toronto, Trudeau dîna en compagnie d'un groupe de militants des Prairies afin de prendre note de leurs griefs et de leurs suggestions. L'un d'eux suggéra justement qu'il devrait visiter l'Ouest plus souvent. Mais il s'y rendait régulièrement, protesta Trudeau. « Ça fait *deux ans* que vous n'êtes pas venu », répliqua le libéral. Tout le monde se tut, le temps de vérifier ses souvenirs. Mais le silence s'éternisa quand ils se rendirent compte, non pas tant que Trudeau n'était effectivement pas allé dans les Prairies depuis deux ans, mais bien plutôt qu'il n'avait même pas *conscience* de ne pas y avoir été.

S'il allait rarement dans l'Ouest, explique un collaborateur, c'était parce qu'il avait l'impression que « l'hostilité l'y entourait de toutes parts ». Mais il n'y avait pas là de quoi fouetter un chat puisque, à l'exception du Québec et des vastes étendues sauvages, Trudeau ne se sentait vraiment à l'aise qu'au Nouveau-Brunswick, la province qui correspondait plus que toute autre à son idéal du bilinguisme. Toronto était trop fébrile pour son goût et le sud de l'Ontario, trop fade. Quant à Terre-Neuve, il y était encore plus mal dans sa peau que dans l'Ouest; c'est que ces Terre-Neuviens étaient trop impertinents: «Il ne savait jamais s'ils étaient sérieux ou s'ils se payaient sa tête», dit un autre adjoint. Mais l'Ouest comptait pour beaucoup, ce qui n'était pas le cas de Terre-Neuve.

*

*   *

«Ils m'ont acclamé, mais n'ont pas voté pour moi», remarquait Wilfrid Laurier à la fin d'une tournée triomphale dans l'Ouest, en 1917. Les plumets blancs ont toujours trouvé difficile de se gagner l'approbation des stetsons* blancs. L'Ouest ne donna que deux sièges à Laurier, lors de cette élection; sauf en 1968, Trudeau ne fit pas beaucoup mieux, toute proportion gardée. En 1980, la part des suffrages qu'il obtint dans l'Ouest tomba à 22 pour cent, à peine plus que ce que le Québec avait accordé aux conservateurs. Néanmoins, tout comme ils l'avaient fait avec Laurier, les gens de l'Ouest n'hésitaient pas à l'acclamer, surtout ceux qui habitaient dans de petites villes comme Allan, en Saskatchewan, et Camrose, en Alberta, où sa maîtrise du français faisait beaucoup d'effet. Ce fut à Edson, en Alberta, en 1972, qu'il passa haut-la-main le test le plus difficile qui soit pour un étranger: il fit une blague et réussit à déclencher les rires: «Vous dites qu'on ne vous aime pas à Ottawa. Peut-être, mais c'est dans votre propre langue qu'on ne vous y aime pas.»

Il ne s'agissait là, cependant, que de brèves manifestations de la courtoisie propre aux petites villes; elles savaient gré à un personnage aussi important d'avoir bien voulu passer par chez elles. Ni l'empathie ni une certaine aisance et encore moins le sentiment d'une expérience partagée ne jetaient un pont entre les deux camps. C'était partiellement la faute de Trudeau qui se montrait si distant. En partie aussi celle des gens de l'Ouest à cause de leur caractère farouche. Et c'était surtout la faute de cet odieux territoire inerte dont Mackenzie King disait que nous en avions «beaucoup trop». Dans un pays qui s'étend d'un océan à l'autre comme un collier de perles,

---

* Stetson: *chapeau de cow-boy. (N.D.L.T.)*

il est normal qu'il y ait des failles, ici ou là. Trudeau colmata les fissures dans l'Est, mais certains des moyens qu'il employa pour ce faire en provoquèrent une nouvelle dans l'Ouest. À bien y penser, le *French Power* signifiait une diminution de pouvoir pour tout le monde : en 1980, un seul des trente-trois sous-ministres en poste à Ottawa venait de l'ouest de Winnipeg. À cause du bilinguisme, Ottawa, qui était déjà une ville où les gens des Prairies ne s'étaient jamais sentis chez eux (encore moins que les Québécois à l'époque où elle était une ville WASP et insipide), devint une capitale étrangère, lointaine, où ils se sentaient dépaysés et rejetés.

Trudeau comprenait assez bien les problèmes concrets de l'Ouest. Par exemple, quand il accorda une entrevue au journal *Le Monde*, en octobre 1979, il justifia son nouvel intérêt pour la côte du Pacifique en disant : « Si nous voulons prévenir un certain isolement de l'ouest du pays, nous devons adopter une politique plus énergique pour mieux répondre aux attentes des nations du Pacifique. » Il n'eut pas à combattre le handicap (de l'avis des gens de l'Ouest) d'être un nationaliste économique. En 1973, il donna le coup d'envoi de la Conférence de l'Ouest sur les perspectives économiques en déclarant que la vieille « Politique nationale » de John A. Macdonald sur les tarifs élevés ne devrait pas être appliquée dans cette partie du pays.

Par contre, la psyché de l'Ouest lui restait étrangère. Il y était aussi réceptif que Diefenbaker à l'égard du Québec, et ce, pour les mêmes raisons : rien, dans leurs expériences respectives, ne les avait préparés à faire face, une fois au pouvoir, au défi que posaient à la Confédération le nationalisme québécois dans le cas du premier et le régionalisme de l'Ouest dans celui du second. Avant d'entrer en fonction, Trudeau connaissait peu de Canadiens anglais et ceux-ci lui ressemblaient trop pour lui permettre d'acquérir une plus large vision des choses. (Au fil des années, il eut des adjoints qui venaient de l'Ouest — Head, Coutts, Fairbairn, Tom Axworthy —, mais c'étaient tous des déracinés qui s'étaient complètement intégrés à l'Est.) Il percevait les Canadiens anglais à travers le prisme de l'intellectualisme canadien-français, ce qui veut dire que, pour lui, ils étaient tous les mêmes. C'est pourquoi il fut aussi déconcerté par la réaction de l'Ouest à son concept du Canada uni que Diefenbaker l'avait été par celle des Québécois à sa théorie des « Canadiens sans trait d'union ».

Pareille réaction était inévitable, ce qui ne pouvait qu'accentuer les tensions à l'échelle nationale. Mais Trudeau jeta de l'huile sur le feu comme aucun autre chef — Stanfield, Turner, Clark — n'aurait pu le faire. À cause de son inaccessibilité. De sa combativité. Même à cause de sa fleur à la boutonnière qui, aux yeux des gens de l'Ouest, faisait de lui l'incarnation même du type de l'Est, supérieur et aux manières doucereuses. Il était le moins canadien de tous nos Premiers ministres. Pour les Québécois, cela n'avait pas d'importance puisqu'il était des leurs; mais, pour les habitants des Prairies, il semblait venir d'un autre monde, un monde auquel ils ne voulaient pas appartenir.

Ce qu'il y a de plus triste dans tout ça, c'est que Trudeau et les gens de l'Ouest appartiennent, au fond, au même moule: ils sont pleins de confiance en leurs capacités, individualistes, énergiques et enthousiastes. Et ce qui est encore plus triste, c'est que les gens de l'Ouest correspondent, à bien des égards, au Canadien idéal dont rêve Trudeau. Durant toutes ces longues décennies où les habitants de l'Est (et ceux de la Colombie britannique) se concevaient comme des Canadiens «britanniques», seuls les Québécois et les gens des Prairies s'affirmaient comme des Canadiens tout court. Sauf que le peuple des grandes plaines ne pouvait l'articuler et même s'il l'avait pu, personne ne l'aurait écouté.

*
*   *

La principale différence entre la région des Prairies et le reste du pays, c'est que les Prairies se sont faites elles-mêmes. L'ancien Canada de l'Empire du Saint-Laurent avait colonisé son propre arrière-pays du nord de l'Ontario et du Nouveau-Québec, et établi des avant-postes en bordure du Pacifique. Mais l'immense territoire qui va de la pointe des Grands Lacs jusqu'aux Rocheuses était *sui generis*. L'Est lui avait fourni un chemin de fer, quelques prêts bancaires, un peu de poisson salé durant la Dépression; tout le reste, les habitants des Prairies l'avaient réalisé eux-mêmes.

Au début, isolés dans cette incroyable immensité quasi désertique, ces pionniers, dont beaucoup étaient des exilés d'Europe de l'Est ou venaient du sud de la frontière, avaient créé une société marginale basée sur les dérivés des chars à bœufs et des cabanes en terre battue. Plus tard, quand les tracteurs et les moissonneuses-batteuses succédèrent à la sécheresse et à la Dépression, ils édifièrent leur propre civilisation qui était simple et étriquée, bien sûr, parce que la terre et le climat étaient tellement durs et qu'on n'y pouvait rien, pas plus qu'on ne pouvait faire pousser le blé quand la pluie ne tombait pas ou qu'on ne pouvait le vendre quand les marchés mondiaux étaient saturés; mais c'était tout de même une civilisation avec, de Winnipeg à Edmonton, ses propres villes d'une certaine envergure, ses propres universités et sa propre classe moyenne en plein essor.

Ce que l'Ouest commença à souhaiter vers les années 50 était exactement ce que réclamait le Québec, à peu près à la même époque: du respect, de la compréhension, un sentiment d'appartenance. Pendant six années magiques, Diefenbaker donna l'impression aux gens de l'Ouest que le gouvernement national était leur gouvernement national. Puis Dief fut renversé, les libéraux revinrent au pouvoir et tout le monde, aux Communes comme au téléjournal national, ne parla plus que du Québec. Malgré ça, en 1967-1968, les gens de l'Ouest furent aussi fascinés que n'importe qui par l'Expo et par Trudeau. Après quoi, sans même s'en rendre compte, ce dernier les relégua de nouveau à leur condition d'exclus.

La chance délaissait Trudeau. Sa Conférence de l'Ouest sur les perspectives économiques, tenue en juillet 1973, semblait devoir colmater la brèche quand la guerre sur le prix du pétrole, qui éclata à l'automne, fit tout rater. D'autre part, de tous ses ministres originaires des Prairies, Otto Lang était le seul à se mériter le respect de ses concitoyens.

Curieusement, Trudeau n'essaya pas de recruter dans l'Ouest l'équivalent des trois Colombes que Pearson avait été chercher au Québec; il y eut bien Jack Horner après 1977, mais celui-ci n'avait pas besoin d'être mis en lumière et, de toute façon, il était arrivé trop tard. Aussi les gens de l'Ouest, redevenus des exclus, se tournèrent-ils de plus en plus vers leurs gouvernements provinciaux, et ce, pour la plus naturelle des raisons: chaque fois qu'ils se tournaient vers Ottawa, ils n'y voyaient aucun des leurs. En revanche, ils entendaient, venant d'Ottawa, la voix caustique de leur Premier ministre.

La gaffe que fit Trudeau en traitant de «fanatique» Bennett, de la Colombie britannique, est un exemple frappant. Ce faisant, il consacra par le prestige de sa charge la conviction propre aux gens de l'Est que, à partir des Grands Lacs, tout le monde avait l'esprit obtus. Bien sûr, il y avait des esprits bornés*, quoique, dans les régions rurales habitées par les Fondamentalistes, les papistes étaient plus souvent la cible de leur suspicion que les francophones. Mais l'hostilité des gens de l'Ouest face à l'implantation du bilinguisme dans les Prairies était fondée sur un sentiment de perte. Beaucoup, pour devenir Canadiens, avaient abandonné leur langue ancestrale, qu'il s'agisse de l'ukrainien ou de l'allemand; maintenant, on leur disait que pour être de vrais Canadiens, il leur fallait apprendre la langue d'un peuple avec lequel ils n'avaient jamais eu le moindre contact et qui n'avait joué aucun rôle dans l'édification de leur civilisation. Ce fut seulement à partir d'avril 1977 que Trudeau leur parla du bilinguisme dans un lagage qu'ils pouvaient comprendre: «Les Québécois, comme les gens de l'Ouest, trouvent qu'ils ne participent pas pleinement à la société canadienne, déclara-t-il à Winnipeg. Réfléchissez à ceci: le nombre des Québécois qui ne parlent que le français équivaut à la population totale des trois provinces des Prairies.»

Sa boutade, «Pourquoi devrais-je vendre votre blé?», qu'il lança à Winnipeg au cours de l'été de 1969 est un exemple encore plus significatif**. Les fermiers des Prairies savaient pertinemment qu'il ne pouvait, personnellement, vendre leur blé alors que le marché mondial était saturé. Mais ce que Trudeau semblait leur dire par son attitude insolente, c'était que leur Premier ministre ne comprenait pas ce qu'ils étaient en train de vivre et qu'il ne s'en préoccupait pas. Car ce que les gens de l'Ouest étaient en train de vivre, durant les toutes premières années du mandat de Trudeau, c'était le retour à une société marginale.

*

*   *

---

* Ces «fanatiques» vivaient invariablement aux antipodes de ceux qui parlaient d'eux. Keith Spicer, par exemple, en avait long à dire sur leur compte à l'époque où il était commissaire aux Langues officielles, à Ottawa. Toutefois, après avoir déménagé à Vancouver, il ne fit jamais état, dans ses articles, d'entrevues de première main avec ces fanatiques.
** Désireux de réparer les dégâts, Head publia le texte intégral du discours de Trudeau dans son ouvrage paru en 1972, Conversations with Canadians. Plus qu'autre chose, cela permet de comprendre la colère des fermiers des Prairies parce que Trudeau continua en leur demandant, dans le plus pur style socratique, s'ils souhaitaient que le gouvernement «s'en mêle, mette la main sur leurs fermes et les engage comme métayers».

À la fin des années 60, tandis que gratte-ciel et boutiques poussaient comme des champignons à Montréal, Toronto et Ottawa, la société des Prairies, elle, s'effritait. La Saskatchewan voyait sa population la déserter, un traumatisme dont aucune autre province n'avait souffert depuis la Confédération, sauf le Manitoba pendant un bref moment. Le blé se vendait à moins de deux dollars le boisseau; en 1969, le revenu net d'une ferme avait dégringolé au niveau de 1942. Le pétrole se faisait de plus en plus rare. Aucun gisement digne de ce nom n'avait été découvert depuis plus de cinq ans. Celui rencontré à Prudhoe Bay, en 1968, avait entraîné l'industrie de prospection vers le nord. Entre 1969 et 1971, le forage sauvage effectué en Alberta tomba de 421 à 256 puits; en même temps, les sociétés multinationales commencèrent à rappeler à Houston leurs cols blancs en poste à Calgary.

L'envergure de la situation échappait à Trudeau. Intellectuellement, il savait ce qui se passait. Mais il restait froid devant la frustration et la fierté meurtrie des gens de l'Ouest à cause de leur impuissance face aux forces incontrôlables de l'économie internationale et du climat.

Seuls ceux qui vivaient sur la frontière pouvaient comprendre de tels sentiments. Trudeau qui, à l'époque, était enfoncé jusqu'au cou dans le «gouvernement rationnel» ne montra d'aucune façon qu'il essayait de les comprendre. Comme la plupart des gens de l'Est, il tenait pour acquis que le Canada était composé de deux nations économiques, soit un centre urbain et industrialisé au Québec et en Ontario qui se prolongeait, à l'est comme à l'ouest, par une périphérie économiquement dépendante. Cette dichotomie était immuable: après tout, cela faisait plus de cent ans que ces deux nations conservaient la même position relative. La politique gouvernementale — par exemple, la nouvelle politique de Trudeau sur l'expansion économique régionale — pourrait améliorer quelque peu la situation de l'arrière-pays, mais elle ne pourrait rien changer à la géographie.

Toutefois, lorsque le Premier ministre de l'Alberta, Peter Lougheed, déclara devant sa législature, en 1974: «Les années 70 marqueront l'avènement de l'Alberta dans la Confédération. Nous verrons se réaliser notre rêve de l'Ouest nouveau», personne ne mit en doute le bien-fondé de son affirmation. À ce moment-là, comme l'OPEP avait irréversiblement modifié les relations entre les démocraties occidentales qui formaient le cœur du monde industrialisé et le Tiers monde qui était son «arrière-pays», le rapport des forces entre le cœur du Canada et son arrière-pays en avait également été modifié.

*
*   *

À l'exception du Manitoba, tout l'Ouest s'est transformé depuis le milieu des années 70. Des quatre provinces, c'est naturellement l'Alberta qu'on choisit comme exemple type. À cause du pétrole, elle est la plus puissante et la plus attirante ; elle est aussi la plus différente et l'a toujours été : quand les Eskimos d'Edmonton vinrent à Toronto, en 1952, pour représenter l'Ouest lors du championnat de la Coupe Grey, ce qui était un précédent, l'équipe apporta dans des contenants spéciaux ses steaks de l'Alberta, son pain de l'Alberta et son eau de l'Alberta.

Jusqu'à ce qu'on découvrît du pétrole à Leduc, en 1947, l'Alberta avait beaucoup ressemblé aux autres provinces des Prairies, sauf en ce qui avait trait à la tradition romantique du «ranching» dans sa zone sud-ouest d'une beauté spectaculaire. En un mot, donc, l'Alberta était sans intérêt. Elle produisait des céréales, ce sur quoi il n'y a pas grand-chose à dire. Et son histoire, comme celle de l'ensemble des Prairies, avait été beaucoup trop brève et beaucoup trop paisible pour éveiller l'attention.

Malgré ça, l'Alberta demeurait particulière. Contrairement au Manitoba, relié à l'Est par Winnipeg qui était le point de rencontre des deux cultures, et contrairement à la Saskatchewan, contaminée par le concept britannique du socialisme, elle était la seule de son genre. La théorie du Crédit social, qu'elle avait fait sienne, avait pris naissance dans le populisme du Middle West américain. Ses universités étaient conçues selon le modèle des collèges américains construits sur des terrains donnés par l'État. Au début, son commerce du bétail suivait l'axe Nord-Sud. Puis l'arrivée massive des Américains qui traversèrent la frontière pour devenir ranchers ou travailler dans l'industrie pétrolière dota la province d'un esprit d'entreprise sans pareil. Sa seule véritable ressource, dont elle avait des surplus en quantités surabondantes, était l'énergie humaine.

Les Albertains, au même titre que tous les autres habitants des Prairies, compensaient la rudesse de leur vie quotidienne en détestant l'Est. «Maudit C.P.R.», s'exclamaient, raconte-t-on, les fermiers de la région quand il grêlait. Ils ne cessaient de récriminer contre les frets discriminatoires et les tarifs répressifs qui les obligeaient à acheter les produits du Québec et de l'Ontario à prix fort alors qu'ils auraient pu se procurer ceux des États-Unis ou de l'Asie à bien meilleur marché.

En fait, les Albertains s'en prenaient à la mauvaise cible. «Le problème fondamental réside dans le fait d'être petit et isolé plutôt que dans le fait d'être victime de discrimination de la part des transporteurs (ferroviaires) ou du gouvernement central», soutenait l'économiste Kenneth Norrie, de l'Université de l'Alberta, dans un essai paru en 1976 dans *Canadian Public Policy*.

À dire vrai, la centralisation qui faisait tant fulminer les Albertains était essentiellement financière : tous les sièges sociaux des banques se trouvaient à Montréal et à Toronto ; les Albertains étaient donc obligés de prendre l'avion, les yeux rougis, pour venir frapper à leurs portes, en quête de prêts. La centralisation culturelle entrait, elle aussi, en ligne de compte : les nouvelles et, par conséquent, les modes et les styles se déplaçaient uniquement d'est en ouest.

Par contre, la centralisation politique, qui soulevait le plus l'ire des Albertains, était justement celle qui les touchait le moins. Il est vrai que l'Ontario et le Québec dominaient les gouvernements fédéraux, les uns après les autres. Mais Ottawa était pratiquement impuissant dans les domaines qui comptaient le plus pour l'Ouest : le prix international des produits de base et la qualité des récoltes. Ce fut seulement au moment de la guerre sur le prix du pétrole, en 1980 (celle de 1973-1975 avait été plus apparente que réelle), que le centre fit réellement pencher les plateaux de la balance politique en y mettant le poids de sa population.

Une fois que l'OPEP eut doublé le prix pétrolier, aucune de ces forces centralisatrices ne put continuer plus longtemps de maintenir l'arrière-pays sous son joug. Les statistiques parlent d'elles-mêmes : le rendement économique de l'Ouest qui équivalait à 60 pour cent de celui de l'Ontario passa, entre 1970 et 1980, à 85 pour cent de celui-ci et devrait l'avoir dépassé avant la fin du siècle. En 1977, la population des Prairies dépassa, pour la première fois depuis la Confédération, celle du Québec. On estime que, pendant les années 80, près de un demi-million de personnes déménageront d'est en ouest. En 1979, il s'est construit, à Calgary, pour 1,3 milliards de dollars de nouveaux édifices, deux fois plus que dans le Toronto métropolitain, pourtant six fois plus grand. À cause de la potasse et de l'uranium, Saskatoon a entrepris la construction d'autant d'édifices à bureaux que durant toute son histoire. Calgary a délogé Montréal et Vancouver pour devenir le second centre financier du pays; sa population et celle d'Edmonton sont sur le point d'atteindre le million d'habitants.

Dès 1975, le Conseil économique estimait que le revenu per capita de l'Alberta était supérieur de deux mille dollars à celui de la Suède ou de l'Allemagne fédérale, sans parler de l'Ontario. Chaque année, depuis, l'Alberta connaît la croissance la plus rapide de tout le pays, le taux de chômage le plus bas, les taxes les plus faibles. En 1980, son Heritage Fund a dépassé la marque de six milliards de dollars; entre-temps, la Saskatchewan a mis sur pied son propre Heritage Fund.

L'Est, en contrepartie, est en perte de vitesse. Le C.D. Howe Research Institute pense que Montréal risque de devenir un « gros Milwaukee ». Entre 1976 et 1978, le revenu moyen de l'Ontario est tombé de 13 518 dollars à 12 916 dollars; l'Ontario est pratiquement devenue une province «défavorisée». En 1979, elle a perdu au profit de l'Ouest environ trente mille habitants et trois milliards de dollars en investissements industriels et commerciaux. Des sièges sociaux, comme celui de Imperial Oil, ont transféré leurs installations à Calgary et la Banque de Montréal y a déménagé son président.

Si le pétrole et le gaz naturel sont grandement responsables d'un tel changement, ils n'en sont pas les seuls facteurs, loin de là. De cinq cent millions de dollars qu'il était en 1973, le revenu que l'Alberta retire de ses hydrocarbures a grimpé à un milliard et demi en 1974 et atteindra quatre milliards d'ici la fin de la décennie. Ce à quoi s'ajoutent les sables bitumineux, le charbon, l'uranium, la potasse, le blé à cinq dollars le boisseau, le bœuf, ainsi que les minéraux et le bois de la Colombie britannique. Ce à quoi s'ajoute également, pour accentuer le contraste encore plus, la «désindustrialisation» de l'Est.

Maintenant que l'Ouest possédait subitement tout, il devenait de plus en plus difficile de déterminer ce qu'il voulait véritablement. La bataille sur le partage des revenus pétroliers, en 1980, n'était guère difficile à comprendre. Pas plus que l'inquiétude de l'Alberta qui voyait que son pétrole brut conventionnel, dont les réserves allaient en diminuant, était vendu au rabais. Mais, de toute évidence, ce que l'Est, au comble de son machiavélisme, et Trudeau, au comble de son insensibilité, pouvaient faire de pire, c'était de laisser l'Ouest devenir riche seulement comme Crésus et non comme Midas.

Ce fut le Premier ministre de la Saskatchewan, Allan Blakeney, qui cerna le mieux la nature du problème : « L'aliénation de l'Ouest est réelle, elle est profonde, elle est croissante, déclara-t-il en janvier 1974, dans le cadre de la Conférence des Premiers ministres sur le prix pétrolier. Nous nous sommes sentis négligés. Nous n'avons plus l'intention d'être les dindons de la farce. »

Trudeau écouta Blakeney et répondit que l'aliénation de l'Ouest était effectivement devenue « une menace plus grave que le Québec pour la Confédération ». Plus tard, il démontra qu'il avait écouté, mais d'une oreille distraite. À l'automne, lors de son premier discours à l'ouverture du Parlement, après l'élection, Trudeau ne parla pas du tout de l'aliénation des gens de l'Ouest ; en fait, il ne parla de rien d'autre que du bilinguisme et de la constitution.

*
*   *

L'histoire du Canada contemporain aurait peut-être suivi un tout autre cap si, au lieu de l'Alberta, c'était la Saskatchewan qui produisait 90 pour cent du pétrole du pays. Les Saskatchewannais n'aiment pas précisément l'Est, mais ils le comprennent plus aisément. Le N.P.D. sert de trait d'union. Plusieurs politiciens de cette province — Jimmy Gardiner, John Diefenbaker, Tommy Douglas — sont devenus des personnalités éminentes à l'échelle nationale, ce qui n'avait pas été le cas pour l'Alberta avant l'arrivée de Joe Clark.

Étant donné que la géologie est immuable, une hypothèse plus plausible consiste à tenter de deviner ce qui serait arrivé si, au lieu de quitter sa Nouvelle-Écosse natale pour Regina, Blakeney s'était installé à Edmonton, s'il avait, politiquement parlant, tourné à droite et non à gauche, et s'il était devenu un leader conservateur à la place de Lougheed.

Blakeney irritait Lougheed, et non sans raison. Il se battait avec autant d'acharnement pour défendre les intérêts de la Saskatchewan que Lougheed le faisait pour l'Alberta, au point d'accuser une fois la Cour suprême d'être partiale, ce qui n'empêcha pas la presse nationale de le proclamer un véritable pancanadien. D'autre part, contrairement au récalcitrant Lougheed, Blakeney avait la répartie presque aussi vive que

Trudeau, ce qui rendait les Conférences des Premiers ministres plus animées. Mais la principale différence entre les deux hommes découlait du fait que Blakeney était intrinsèquement un authentique pancanadien, à la fois parce qu'il était néo-démocrate et parce qu'il était originaire des Maritimes.

Tous ceux qui rencontrent Blakeney gardent le souvenir d'un homme à la fois cérébral et détendu ; il s'habille simplement, mais en suivant la mode ; il rit d'un rire sonore qui vient de la poitrine et non du ventre, a un goût prononcé pour les parties de poker qui durent jusqu'aux petites heures et porte ses cheveux courts comme ceux d'un banquier ; il répond à toutes les questions, mais avec prudence. La qualité dominante qui se cache derrière son calme n'est pas la passion, mais plutôt une forme de bienveillance née de cet attachement à une cause qui caractérise les néo-démocrates et de la vieille tradition des Maritimes où la politique est considérée comme un service public. Quand il diagnostiqua les maux dont souffrait la Confédération, Blakeney le fit avec calme et bienveillance. «Le fait que nous n'ayons ni mythes ni symboles canadiens auxquels nous pourrions greffer un certain sentiment d'identité canadienne a laissé le champ libre à l'épanouissement de l'identité régionale des Canadiens français», affirma-t-il en septembre 1977. «Tout semble indiquer que nous avons négligé la prémisse selon laquelle, si nous voulons développer une identité canadienne plus forte, il nous faut avoir la haute main sur notre économie, reprit-il lors d'un séminaire sur la Confédération, organisé en mars 1978 par la Canada West Foundation. Comme nous sommes devenus naïfs et peu clairvoyants, ajouta-t-il. Comment pouvons-nous espérer l'émergence et l'épanouissement d'une identité canadienne alors que les Canadiens ont si peu à dire dans la gestion de leur propre économie ?»

Blakeney étaya sa théorie avec des propositions concrètes : «On peut bâtir une nouvelle forme de Confédération», suggéra-t-il en 1974, lors d'une tournée de conférences à Toronto, Montréal et Halifax, à condition que les Canadiens mettent eux-mêmes en valeur leurs ressources énergétiques «dans le cadre d'une stratégie nationale qui pourra s'appliquer plus tard à d'autres secteurs de l'économie comme le fer, l'acier, les institutions financières et d'autres industries de base». Pendant la Conférence des Premiers ministres qui suivit, il lança un appel en faveur d'«un fonds national de l'énergie» dans lequel tous les gouvernements pourraient réinjecter certains des bénéfices fortuits provenant du pétrole, en vue du développement de nouvelles sources d'énergie par l'entremise de sociétés mixtes appartenant aux Canadiens.

Tout le monde l'écouta poliment, puis on revint au problème de l'heure : la fixation d'un nouveau prix pétrolier. « Ce n'était tout simplement pas réaliste, a dit, depuis, Donald Macdonald qui était ministre de l'Énergie à l'époque. Lougheed n'aurait jamais permis au gouvernement fédéral de mettre son nez dans l'industrie pétrolière de l'Alberta. »

C'est bien possible. Mais le contraire est également plausible. Quoi qu'il en soit, ni Lougheed, ni les Albertans, ni les gens de l'Ouest dans leur ensemble ne furent invités à prendre part à une entreprise énergétique qui aurait contribué à l'édification de la nation.

Ainsi donc, chaque province fit bande à part. Blakeney nationalisa l'industrie de la potasse en 1975 et, par l'intermédiaire de la nouvelle Saskatchewan Potash Corporation, récupéra les postes de recherche et de gestion que s'étaient appropriés les États-Unis. De son côté, Lougheed employa des mécanismes similaires, comme la Alberta Energy Corporation, pour développer ses ressources par et pour ses concitoyens.

L'une après l'autre, les provinces se chargèrent de combler le vide créé par l'incapacité d'Ottawa de mettre au point une stratégie industrielle nationale et de faire preuve de discernement au niveau de l'économie nationale. En avril 1980, le C.D. Howe Research Institute déclara que l'économie canadienne subissait « un processus de désintégration » parce que « toutes les provinces riches se désintéressent de l'édification de la nation et tentent de créer leurs propres petites économies équilibrées et autonomes ». La meilleure description de ce qu'a coûté au Canada l'incapacité de Trudeau à amener les gens de l'Ouest à se percevoir comme des partenaires à part entière au sein de la Confédération vient du ministre de l'Énergie, Lalonde, qui, en 1980, avertit que le Canada était en train de devenir « dix États économiquement souverains réunis par une association politique ».

D'une façon ou d'une autre, ce processus de désintégration aurait tout de même eu lieu. Mais pas complètement. Ce qui est sûr, c'est que quand Blakeney proposa à Trudeau, en janvier 1974, une solution susceptible de contribuer à l'édification de la nation, il reçut pour toute réponse un regard incompréhensif, aussi chargé d'incompréhension que celui qu'avait reçu la Commission BB, en 1965, lorsqu'elle avait affirmé que le Canada « traversait la crise la plus grave de son histoire ».

Ceci dit, peu importe ce que Blakeney aurait pu proposer et ce que Trudeau aurait pu accepter ; c'était à Lougheed qu'appartenait le dernier mot.

*
*   *

De temps en temps, Peter Lougheed déclare, en une sorte d'incantation rituelle, qu'il est « d'abord Canadien ». Puis il recommence aussitôt à parler de ce dont il veut réellement parler. En 1976, il déclara, à propos de la victoire du P.Q. : « Les Québécois veulent être maîtres chez eux. C'est un sentiment que je comprends parfaitement. » Puis, le 21 mai 1980, au lendemain du référendum, il affirma : « Nous ne devrions pas nous laisser entraîner inconsidérément dans des discussions constitutionnelles, basées sur une sorte de canadianisme euphorique issu de la décision d'hier. »

Lougheed soutenait que ce n'était pas *contre* le Canada qu'il se battait (quoiqu'il s'opposât à ce qu'il décrivait comme « l'Establishment Toronto-Ottawa »), mais *pour* un Canada d'un type différent. C'est dans son document sur la constitution, *Harmony in Diversity* paru en 1978, qu'il a développé ses théories. Cela revenait — comme Lalonde l'avait prévu — à dix entités économiques souveraines réunies au sein d'une vague association politique, c'est-à-dire l'inverse du scénario de Lévesque. Dans cette nouvelle Confédération, chaque gouvernement provincial serait le représentant de ses commettants au palier national. Pour donner plus de poids à son argumentation, Lougheed annula, en 1978, la participation de l'Alberta à une série d'études « sectorielles » sur l'industrie, entreprises conjointement par le gouvernement fédéral, les provinces, l'industrie et le monde du travail, sous le prétexte que seule l'Alberta devrait représenter son secteur industriel dans l'élaboration d'une économie nationale planifiée. Lors de la Conférence des Premiers ministres de novembre 1978, il rejeta la proposition de Trudeau de limiter le recours qu'Ottawa pourrait faire de ses pouvoirs déclaratoires aux seuls cas « où prime l'intérêt de la nation », maintenant que le fédéral ne devrait agir qu'en des cas d'« une extrême urgence à l'échelle nationale » ; ce faisant, il retirait à Ottawa tout pouvoir d'intervention, au nom du pays, dans le domaine de l'industrie pétrolière et du gaz, sauf lorsque tous les Canadiens vivant à l'extérieur de l'Alberta seraient en train de geler dans le noir.

Si Trudeau et Lougheed s'affrontent en public, par contre ils ne se heurtent pour ainsi dire jamais dans l'intimité. Lougheed agit avec timidité en présence de Trudeau qui, lui, est impressionné par l'obstination inflexible de son adversaire. Les autres Premiers ministres ont remarqué qu'à table, lors des rencontres sans cérémonie au 24 Sussex, ils s'en prennent rarement l'un à l'autre.

C'est que Lougheed n'est pas facile à vivre. Les esprits romanesques prétendent que sa brusquerie date de son enfance, au moment où, son père ayant bu la fortune familiale, il vit vendre pour presque rien la magnifique propriété, *Beaulieu*, qu'avait fait construire son grand-père, Sir James Lougheed, qui fut lui aussi Premier ministre de l'Alberta. Ils la rattachent même à sa volonté de restituer à sa famille son faste patricien, fait de bonnes, d'argenterie fine, de cristal taillé et de visites du Prince de Galles. Les pragmatiques, eux, l'attribuent à la décision prise par Ottawa, en 1974, de donner le feu vert à l'usine de Petrosar, à Sarnia, qui utilise le brut albertain pour faire concurrence à la propre industrie pétrochimique de l'Alberta. Lougheed, qui est tout aussi réservé que Trudeau, a tout mis, une fois, sur le compte de sa mère. «Elle nous a appris à aimer la compétition, à lutter contre nous-mêmes.»

Lougheed réussit à surmonter un handicap physique (il est petit) pour devenir (qui l'eut cru?) un joueur de football professionnel. À l'Université de l'Alberta, il devança d'une longueur, dans la course à la présidence des étudiants, Ivan Head, pourtant beaucoup plus articulé. Plus tard, il devint le conseiller juridique de la compagnie de construction Mannix, plutôt coriace en affaires. Ensuite, il reprit en main le parti conservateur de l'Alberta, qui était presque anéanti, et en fit la plus solide de toutes les formations politiques du pays, à l'exception des libéraux fédéraux du Québec. Il hérita d'une administration moribonde et en fit la plus efficace de tout le Canada, en même temps que la plus dépourvue du sens de l'humour. L'envers de la médaille, c'est que Lougheed n'a pas de pire ennemi que lui-même. Il se dégage de toute sa personne une sorte de lourdeur encombrante; il fait preuve d'une méfiance à la fois morbide et déprimante à l'égard de ses adversaires et en particulier des gens de l'Est, ainsi que d'une hypersusceptibilité maussade devant les critiques. Ses propres collaborateurs, obéissant à une règle tacite, s'interdisent de faire allusion à sa petite taille.

Malgré son manque de délicatesse, Lougheed sait témoigner d'une attention égale à celle de Blakeney, quoique l'étendue de ses préoccupations soit beaucoup plus limitée.

«Si vous voulez voir ce qui se passe lorsque l'industrie pétrolière déménage, allez à Tulsa. C'est une ville morte», déclara-t-il, une fois, à un journaliste du *Toronto Star*. Le but qu'il s'est fixé pour l'Alberta est simple et il l'a poursuivi avec une opiniâtreté sans pareil. «L'économie de cette province est trop vulnérable, elle dépend trop profondément de ces ressources non renouvelables que sont le gaz et le pétrole pour pouvoir jouir d'une prospérité permanente», constata-t-il devant la législature albertaine, en janvier 1974. «Combien de temps cela pourra-t-il durer? Peut-être encore dix ans tout au plus, à moins que nous ne soyons capables de développer une économie mieux équilibrée en prévision du jour inévitable (...) où la production commencera à diminuer et nos revenus énergétiques à disparaître», insista-t-il, devant cette même législature, en octobre 1976. L'objectif en matière d'économie, poursuivit-il, devait consister en «un changement radical au sein de l'économie canadienne, un changement qui déplacerait vers l'Ouest, et plus particulièrement vers l'Alberta, l'ensemble des processus décisionnels». À la fin des années 70, comme en témoignent les statistiques et la vision de Calgary dominant les Prairies comme un mini-Manhattan, Lougheed avait atteint son but. S'il n'a pas encore pris sa retraite, c'est uniquement parce qu'il s'est lancé, en 1980, dans une seconde bataille contre Trudeau à propos du partage des revenus issus du pétrole.

*
* *

Malgré tout le bruit et la fureur que Lougheed a partiellement provoqués au cours des sept dernières années — menaces de rompre les discussions et d'agir unilatéralement; chevauchement des impôts prélevés simultanément par les gouvernements fédéral et provincial jusqu'à ce que l'industrie les force l'un et l'autre à accepter un compromis en déménageant ses exploitations vers le sud; les collants fixés sur les pare-chocs albertains qui disaient: «Laissons geler dans le noir ces bâtards de l'Est», sans parler des accusations de «cupidité» et de «non-Canadiens» lancées aux Albertains —, la plupart des batailles qui ont opposé Edmonton et Ottawa n'étaient finalement que de la frime. D'un côté, il y avait Macdonald qui, préoccupé par les bénéfices providentiels qui s'amoncelaient dans les coffres des sociétés multinationales, poussa, à la fin de 1973, son homologue albertain à augmenter leurs redevances. De l'autre, il y avait Lougheed qui devait l'idée de mettre sur pied un Heritage Fund à nul autre que Trudeau. Au début de 1974, en effet, celui-ci s'était rendu compte que les revenus exhorbitants de l'Alberta menaçaient dangereusement la base financière du projet des paiements de péréquation élaboré par Ottawa à l'intention des provinces; il suggéra donc à Lougheed de conserver une partie de ses revenus (qui, à la longue, représenta un tiers) sous forme de capital-actions et, ainsi, de soustraire ces sommes du régime des paiements de péréquation.

Le seul aspect de la guerre du pétrole de 1973-1975 qui importe réellement aujourd'hui, c'est le fait que Lougheed avait gagné et que Trudeau avait perdu. Mais ce résultat, enterré à l'époque sous le jargon fiscal et comptable, ne devint évident qu'en 1979. Ce fut l'ayatollah Khomeini qui permit aux Canadiens de faire cette découverte. Quand le Shah fut renversé en janvier 1979, le prix pétrolier mondial grimpa en flèche pour finalement doubler et atteindre trente-cinq dollars le baril. Si l'on rapprochait le prix canadien (qui était alors de treize dollars cinquante) du prix mondial, même en respectant une marge raisonnable, le Alberta's Heritage Fund gonflerait à près de cent milliards de dollars avant la fin du siècle; du coup, la Confédération, qui consistait jusque-là en une agglomération de nantis et de déshérités, se transformerait en une hiérarchie de deux provinces incroyablement riches — l'Alberta et la Saskatchewan — et de huit cousines indigentes. Quant à Ottawa, il se serait écroulé depuis longtemps sous le poids de ses multiples fardeaux financiers comme, entre autres, l'obligation de compenser le prix du pétrole importé dans les cinq provinces de l'Est.

Après deux ans de querelles, Lougheed et Trudeau conclurent, en 1975, une entente dont l'essentiel tient à la formule de répartition des nouveaux revenus générés par le pétrole: l'Alberta touche 45 pour cent, de même que l'industrie qui a mis ces largesses à profit pour doubler ses avoirs depuis 1973, lesquels ont ainsi atteint trente milliards de dollars. Quant à Ottawa, il obtient, au nom des neuf Canadiens sur dix qui ne vivent pas en Alberta, seulement 10 pour cent du total. Ce qu'il faut retenir ici, c'est qu'à l'époque Ottawa était convaincu d'avoir réussi un coup de maître. Par exemple, on peut lire dans le document fédéral de 1976, *Stratégie de l'Énergie pour le Canada*, que, sans l'accord de 1975, la part des revenus pétroliers due à Ottawa serait tombée « à 9 pour cent, alors qu'on en espérait 18 pour cent ». De toute façon, Ottawa se retrouva quand même au fond du baril à cause d'une série de « dépenses fiscales » ou subventions aux sociétés pétrolières qui, en 1979 par exemple, totalisèrent 750 millions de dollars sur les 850 millions que l'industrie consacra à la prospection et à l'exploitation. D'ailleurs, les experts du ministère de l'Énergie calculèrent, en 1980, que même en haussant le prix du baril jusqu'à vingt dollars, Ottawa ne toucherait pas un sou de plus, puisque les sociétés pourraient utiliser ce qu'elles auraient dû payer en taxes supplémentaires pour accroître leurs activités.*

Ainsi donc, Lougheed gagna le maximum possible sur les deux tableaux. Il obtint tous les revenus qu'il pouvait administrer et même davantage, six milliards pour le Heritage Fund et deux autres milliards planqués dans d'autres comptes. En même temps, le niveau artificiellement bas du prix du pétrole lui permit de se vanter ouvertement d'avoir fait une contribution majeure à la Confédération en renonçant, entre 1973 et 1979, à l'équivalent de vingt milliards de dollars en revenus. (Les Albertains ne cachent pas qu'ils seraient enchantés de vendre leur pétrole à l'Ontario au prix de 1973, à condition, toutefois, que les Ontariens leur cèdent leur or à trente-cinq dollars l'once.)

Pour sa part, Trudeau avait perdu sur les deux tableaux. Il ne le reconnut qu'en 1979 et, après l'élection de 1980, entreprit de réduire ses pertes. Le bas prix du pétrole favorisait la consommation d'une ressource non renouvelable et privait Ottawa des revenus dont il aurait eu besoin pour financer le programme qu'il avait élaboré pour subventionner le coût du pétrole importé dans les cinq provinces de l'Est et dont la facture grimpa en 1980, en même temps que les prix mondiaux, à 3,7 milliards de dollars. Le déficit d'Ottawa s'aggrava d'autant plus qu'il lui fallut subventionner l'industrie pétrolière, par le biais de dépenses fiscales, en guise de compensation pour la

_____

* *Entre 1974 et 1978, l'industrie pétrolière diminua de moitié son taux réel d'imposition, le faisant passer de 37 à 18 pour cent, et ce, en dépit de profits records. En 1978, Gulf trouva le moyen de ne pas payer un seul sou au fisc.*

hausse des prix auprès des consommateurs. En échange de tout ça, Trudeau trouva le moyen de soulever la colère de tous les Albertains à son endroit et, ce qui complétait la polarisation, de rendre bon nombre de Canadiens furieux contre les Albertains.

*
* *

En février 1980, la politique pétrolière adoptée par Clark lui valut d'être battu aux élections. Ce qu'il y a d'ironique dans tout ça, c'est que celle-ci n'était rien d'autre qu'une version améliorée de la politique appliquée par Trudeau durant les cinq années précédentes. Plus que toute autre, cette politique illustre l'une des principales contradictions inscrites au bilan de Trudeau, pendant son mandat comme Premier ministre: en effet, celui-ci n'hésite pas, au niveau du style et du langage, à se montrer intransigeant; en revanche, ses actions sont souvent marquées par l'incertitude. Et jamais, dans le domaine des affaires publiques, il ne s'est montré aussi timoré qu'à propos de l'énergie.

La consommation subventionnée constitue le fondement de la politique énergétique de Trudeau. Avec l'équivalent de soixante-quatre barils de pétrole per capita, comparativement à soixante et un barils aux États-Unis et moitié moins dans les pays d'Europe occidentale, les Canadiens sont les consommateurs d'énergie les plus prodigues du monde. Nous subventionnons notre consommation à coups de bas prix: quand Trudeau quitta son poste en 1979, le fossé entre le prix canadien et le prix mondial par baril était plus large que lorsque, au milieu de 1976, il s'était engagé à rapprocher les prix canadiens des «niveaux mondiaux». En chiffres absolus, le prix de l'essence était plus bas, compte tenu de l'inflation, qu'au cours des années 50 et 60. L'une des conséquences de cet état de choses fut qu'en 1979 la consommation canadienne d'essence augmenta de 4 pour cent, alors qu'elle diminuait de 7 pour cent aux États-Unis. La seconde, c'est que, depuis le début de l'hiver 1980, les automobilistes américains traversent la frontière pour faire le plein avec de l'essence canadienne meilleur marché, et que les avions étrangers atterrissent dans les aéroports canadiens parce que le kérosène y est moins cher.

Pendant que notre consommation augmentait, nos réserves, elles, diminuaient. La production de brut conventionnel en Alberta qui, au milieu des années 70, atteignait un taux de «productivité» (ou rendement maximum) de deux millions de barils par jour tomba, en 1980, à 1,2 millions; et on s'attend à ce que, d'ici 1990, elle ne soit plus que de cinq cents mille barils. Par ricochet, notre dépendance à l'égard des importations augmentera, estime-t-on, de trois cent mille barils quotidiennement, en 1980, à environ six cent cinquante mille barils d'ici 1985. Après avoir affirmé en 1973 que nous atteindrions l'autosuffisance pétrolière «avant la fin de la décennie (1980)» Trudeau modifia ses prévisions au cours de la campagne élec- torale de 1980 et dit alors espérer que cet objectif serait réa- lisé, «je l'espère (...) d'ici la fin du siècle».

En se préoccupant exclusivement du *prix* du pétrole et non des *réserves*, Trudeau n'a réussi qu'à retarder, tant au niveau industriel qu'à propos du mode de vie, des ajustements qui étaient déjà chose faite dans la plupart des pays occidentaux, tout comme il a retardé le développement d'une industrie énergétique canadienne d'envergure. En même temps, oubliant que sa formule du partage des revenus était dans une bonne mesure à l'origine de leur opulence, les gens de l'Ouest de- vinrent de plus en plus enragés contre Trudeau parce qu'ils estimaient que sa méthode de fixation des prix menaçait leurs droits sur leurs ressources.

Après l'élection de 1980, Trudeau choisit le membre le plus coriace de toute son équipe, Marc Lalonde, pour livrer bataille en son nom, en qualité de ministre de l'Énergie. «Les Albertains devront donner davantage», déclara Lalonde. «Nous n'accepterons aucune diminution des bénéfices nets», rétorqua Lougheed qui poursuivit en lançant une mise en garde: «Ottawa ferait bien de ne prendre aucune décision uni- latérale à propos de nos ressources, sinon il devra s'attendre à un terrible retour de manivelle. Les gens en place à Ottawa n'ont pas la moindre idée de la profondeur des sentiments qui animent ceux de l'Ouest du Canada.» Comme s'ils avaient voulu lui donner raison, deux députés provinciaux de la Saskat- chewan formèrent, après l'élection de 1980, un nouveau parti séparatiste dans l'Ouest et Lougheed lui-même se dota d'un nouvel outil législatif qui lui donnait un droit d'interven- tion sur les quantités de pétrole qui quittaient sa province. Quant à ce que l'Ouest pensait de Trudeau, il le lui révéla quand, au moment du scrutin de 1980, il lui donna en guise de cadeau d'adieu seulement 22 pour cent de ses suffrages et deux de ses soixante-dix-sept députés.

La faille qui divise l'Est et l'Ouest est maintenant presque aussi large que celle qui séparait autrefois le Québec du reste du pays. Avant que l'Ouest ne puisse réintégrer totalement la Confédération, il faudra un autre Premier ministre canadien qui sera libéré du fardeau des malentendus du passé, ainsi qu'un autre Premier ministre en Alberta.

L'entourage de Trudeau estime qu'il faut imputer une bonne partie de tout ce qui s'est passé à la situation du parti libéral dans les quatre provinces de l'Ouest; en effet, quand Trudeau en hérita, celui-ci avait dégénéré en un groupuscule composé de quelques avocats patronneux et de vieillards bedonnants, membres du Vancouver Club. Aussi Trudeau n'était-il finalement pas en mesure d'intégrer des représentants de l'Ouest au sein de ses cabinets successifs et les gens avec qui il pouvait parler des Prairies dans un langage compris de part et d'autre se comptaient sur les doigts de la main — Coutts, Lang, son ancien collaborateur Gordon Gibson, son ami Arthur Erickson.

Tout ça c'est vrai, comme il est également vrai que l'incapacité de Trudeau à mettre en valeur le potentiel humain est le point noir de sa gestion. Mais ça, c'est une autre histoire. Le fond du problème tient au fait que Trudeau ne s'intéressa jamais à l'Ouest. Il le considérait comme un problème avec lequel il fallait composer plutôt que comme un défi à relever. C'est pourquoi il ne comprit jamais que pour «le pays de demain», comme l'Ouest aime s'appeler, les ressources, qui sont son unique chance de devenir le pays d'aujourd'hui, sont aussi indispensables à la définition de son identité que la langue l'est pour le Québec. Pas plus qu'il ne comprit qu'il devait se préoccuper de l'Ouest. Il perdit donc l'occasion d'attacher «l'extrémité constructive du Canada», selon l'expression de Joe Clark, au reste du pays, dans le cadre d'une nouvelle édification collective de la nation.

Lors d'un discours qu'il prononça en 1978, Blakeney, qui a à la fois le sens de l'humour et celui de l'histoire, trouva au fond de sa mémoire une citation qui décrivait le genre de Canada motivé et sûr de lui, bref le modèle de Canada cher à l'*Ouest* et pour l'édification duquel il avait déjà demandé à Trudeau de lui accorder son aide. «Les Canadiens anglais devraient bâtir un pays et peut-être alors aurons-nous envie d'en faire partie, cita Blakeney. Soyez créatifs, ayez confiance en vous-mêmes et peut-être alors aurons-nous, nous aussi, confiance en vous. »

Blakeney révéla ensuite l'identité de l'auteur de la citation : c'était Pierre Bourgault, le pionnier du séparatisme québécois.

Chapitre XVII

Un atout inestimable

«La dernière chose que nous devrions faire, nous les
Canadiens, serait de nous enfermer à l'intérieur de
nos provinces, de notre pays, de notre continent. Si
nous voulons servir le monde, nous-mêmes et notre
destinée, si nous voulons trouver notre juste place au
soleil, nous devons dépasser nos limites locales ou
nationales. »

Lester Pearson ¦,
Words and Occasions, *1970*

La plus grande preuve d'intelligence, écrivait F. Scott
Fitzgerald, réside dans la capacité de concevoir deux idées
contraires en même temps et de demeurer capable d'agir. Trudeau n'a jamais mieux déployé cette habileté que dans le domaine des affaires extérieures. Ceci explique pourquoi, durant
son mandat, les Canadiens en tant que nation se coupèrent
progressivement du reste du monde. La seule chose qui comptait vraiment, pour la plupart d'entre nous, c'était le fait que
notre Premier ministre jouissait d'une excellente réputation à
l'étranger. Et Trudeau, moins dans le style d'un magicien qu'à
la façon d'un Canadien qui n'a *pas* l'air d'un Canadien, avait
vraiment fière allure.

Les deux idées contraires qui dominaient la politique
extérieure de Trudeau étaient «l'intérêt national» et «l'éthique
globale du partage». La première posait comme prémisse que
le but de notre politique était de promouvoir et d'accroître la
«souveraineté» canadienne. La seconde prônait un nouvel
ordre économique international qui subordonnerait, à divers
degrés, les intérêts économiques des pays riches, y compris le
Canada.

Durant son premier mandat, soit de 1968 à 1972, Trudeau
poursuivit simultanément ces deux objectifs contradictoires.
Au cours de cette période, sa théorie officielle en matière de
politique extérieure était fondée, tel qu'on peut le lire dans son
Livre blanc de 1970, sur «l'intérêt national» par opposition à
la politique du style «dépanneur de service» mise de l'avant

par Lester Pearson. Cette coupure avec la tradition contraria énormément de gens, dont Pearson lui-même. Néanmoins, elle catalysa les initiatives diplomatiques les plus créatrices des vingt dernières années.

Parallèlement, Trudeau fit preuve de générosité envers les pays en voie de développement. Il intensifia, d'année en année, notre programme d'aide à l'étranger. En 1971, il mit sur pied Jeunesse Canada Monde, un organisme idéaliste dont il confia la direction à son vieil ami Jacques Hébert; depuis la fondation du mouvement, celui-ci, grâce à un système d'échanges, a permis à sept mille jeunes du Canada et du Tiers monde de mieux se connaître.

Vers 1972, Trudeau cessa d'employer l'expression «intérêt national». En 1974, il déclara, à l'Université Duke: «S'il me fallait définir le seul critère par lequel j'aimerais qu'on juge la présence du Canada dans le monde, je souhaiterais que ce soit pour son humanisme.» Lors d'un discours prononcé en 1975 à Mansion House, à Londres, et qui fit couler beaucoup d'encre, il énonça sa nouvelle doctrine du «partage global». Trudeau était poussé à adopter une telle attitude et par son caractère et par sa tournure d'esprit. En même temps, il devint prisonnier d'un mythe. À l'instar de nombreux Irlandais, par exemple, qui se comportent comme ils s'imaginent que les Irlandais doivent se comporter, Trudeau, en matière de politique extérieure, en vint à agir de la façon dont les Canadiens, ainsi qu'il l'admit finalement, étaient *censés* agir: la façon «pearsonienne».

*

*   *

La diplomatie «pearsonienne» — qui était un mélange de l'identité née durant l'après-guerre et d'un zèle de missionnaire néophyte — ajouta, au cours des années 40 et 50, un nouvel élément à la politique internationale: les puissances moyennes jouaient un rôle de médiateur; le Canada agissait en arbitre innovateur. Quand Trudeau arriva au pouvoir en 1968, cela faisait déjà plus de dix ans que cette formule avait perdu de son utilité. L'Europe avait repris le dessus; les anciennes colonies d'Asie et d'Afrique avaient acquis leur indépendance. Avec la guerre du Viêt-Nam, la Diplomatie tranquille paraissait désormais tristement inefficace; les épreuves de force qui sévissaient dans tous les coins de la planète faisaient qu'il ne restait plus de place, nulle part, pour les courtiers honnêtes. Le «pearsonianisme» dégénéra en une sorte de «pseudo-pearsonianisme», tandis que nous cherchions désespérément une mission de paix à laquelle nous joindre ou des initiatives qui se dérouleraient sous l'égide de l'ONU, à seule fin de nous prouver à nous-mêmes que le monde avait encore besoin de nous. «Aussi vrai que les Hollandais font du fromage et que les Danois fabriquent des meubles en teck, les Canadiens, eux, sont supposés faire régner la paix», soutenait un haut fonctionnaire des Affaires extérieures.

Cependant, une fois qu'ils se sont solidement implantés, les mythes ne meurent jamais. Tout comme il importe peu de savoir si le Roi Arthur et la Table ronde ont réellement existé puisque la magie du conte enflamme quand même notre imagination, ainsi le souvenir de l'âge d'or de la diplomatie pearsonienne — le nœud papillon, l'allure effacée, le prix Nobel de la Paix — était-il devenu partie intégrante du mythe qui nous soutenait. Refusant de voir que le monde avait changé, nous continuions de vouloir être glorifiés pour notre rôle de «dépanneur de service». Peu à peu, le mythe déteignit sur Trudeau. Il se révéla donc un dépanneur de service aussi optimiste que Pearson avait jamais pu l'être; simplement, son compas était fixé sur un axe Nord-Sud, alors que celui de Pearson suivait la direction Est-Ouest*.

Le point qui différenciait essentiellement les deux hommes tenait au fait que même si Trudeau entretenait un idéal aussi noble que celui de Pearson — le partage international succédant à la sécurité internationale —, il n'avait jamais pu amener les Canadiens à le partager. Il n'avait jamais su communiquer à son propre peuple cette impression de participer et cette exaltation que Flora MacDonald avait su transmettre durant son bref mandat comme ministre des Affaires extérieures, lorsqu'elle prononça devant les Nations Unies, en septembre 1979, un discours grandiloquent mais efficace sur la défense des droits humains ou quand, un peu plus tôt au cours du même été, elle fit de grands plaidoyers passionnés en faveur des réfugiés cambodgiens. Trudeau n'a pas su, dans le cadre de sa politique extérieure, créer un nouveau mythe qu'il aurait pu transmettre à son successeur.

---

* Vers la fin de sa vie, comme en témoigne le rapport qu'il prépara en 1969 pour la Banque mondiale, Pearson avait modifié son orientation, s'intéressant désormais à la dichotomie riches-pauvres, Nord-Sud.

C'est aux Canadiens qu'il convient d'imputer la majeure partie du blâme. Vers la fin des années 1970, nous étions probablement devenus le plus isolationniste de tous les pays, continuellement fascinés par nos problèmes, totalement indifférents à ceux des autres. Seul un groupe de plus en plus restreint de diplomates retraités et d'intellectuels vieillissants maintenait en vie des institutions comme l'Institut canadien pour les affaires internationales. Les universités annulaient l'une après l'autre les cours de politique internationale. Les journaux rappelaient leurs correspondants à l'étranger : la Presse canadienne qui avait dix employés en poste à Londres n'en garda plus qu'un seul. Quand, en décembre 1977, les Communes entamèrent un débat sur la politique extérieure, ce fut pour la première fois depuis *dix-sept ans*.

Mais Trudeau, lui aussi, avait droit à une partie du blâme. Dans *Canada's Search for New Roles*, paru en 1972, Peter Dobell soulignait avec sagacité que Trudeau « s'intéresse habituellement aux affaires internationales seulement lorsqu'il se trouve à l'extérieur du pays ». Autrement dit, quand il occupe toute la scène.

Les années passant, Trudeau acquit de plus en plus d'expérience et son intérêt pour l'actualité internationale s'accrut en proportion. Si chargé que pût être son calendrier, il prévoyait toujours un moment pour accueillir à Ottawa tout visiteur jouissant d'une audience internationale, et son expérience lui valait de recevoir des coups de téléphone de personnalités prestigieuses, depuis le Sheik Yamany jusqu'à « Sonny » Rampal, le Secrétaire général du Commonwealth. Toutefois, il avait une façon assez curieuse d'utiliser cette expérience. En 1979, par exemple, alors qu'il était chef de l'Opposition, il accusa Clark de « faiblesse et d'indifférence » parce qu'il n'avait rien fait pour amener nos partenaires du « Sommet économique » à signer une déclaration commune en vue de faire pression sur l'Iran et de hâter la libération des otages américains ; pourtant, une fois redevenu Premier ministre, il n'en fit pas davantage. Son style est fondamentalement *personnel*, comme lorsqu'il s'envola pour la Laponie après le Sommet économique de Venise, en 1980, afin que Justin et lui-même pussent voir le soleil de minuit, ou comme lorsqu'il inondait la Jamaïque de subventions et de prêts assortis de conditions de faveur, uniquement parce qu'il s'entendait si bien avec Michael Manley.

Dans le même ordre d'idées, si on remonte à l'époque où Trudeau prêchait la doctrine du «partage global», on a du mal à trouver des cas où il aurait mis ses idées en pratique. C'est ainsi que nous avons contingenté les importations de vêtements, de textiles et de chaussures provenant des pays en voie de développement. En 1977-1979, durant les négociations sur l'Accord général sur les tarifs douaniers et le commerce (GATT), nous avons laissé passer l'occasion de nous faire les champions, au nom des pays du Tiers monde, de l'élargissement du commerce. Pendant les conférences sur le Droit de la mer, nos interventions ont été aussi égocentriques que celles de nos interlocuteurs. Elles l'ont même été davantage parce que nos revendications ne se limitaient pas à la zone de deux cents milles en matière de ressources maritimes ou même, au-delà de celle-ci, au plateau continental, mais parce qu'elles voulaient bel et bien englober un secteur beaucoup plus étendu*.

Exception faite de petits groupes d'idéalistes concentrés au sein de mouvements animés par les Églises ou d'organismes comme SUCO, bien peu de Canadiens en exigent davantage de Trudeau. En fait, il répond parfaitement aux attentes de la population uniquement en étant ce qu'il est — «un atout inestimable pour le monde industrialisé», disait le vice-président américain, Walter Mondale. Trudeau est l'ami hautement admiré de presque tous ceux qui comptent sur le plan international: depuis Fidel Castro, à gauche, jusqu'au roi Hussein de Jordanie, à droite; depuis Helmut Schmidt parmi les riches, jusqu'à Nyerere, de Tanzanie, et Manley parmi les pauvres. En une époque de médiocrités internationales, lui, Castro, Anouar El Sadate, ainsi que l'ayatollah Khomeini — mais ce dernier, d'une façon plus démente — sont parmi les rares personnalités qui suscitent de l'intérêt au-delà de leurs propres frontières.

En éveillant l'attention lorsqu'il voyage à l'étranger, Trudeau renforce l'estime que nous nous portons et que, à la façon des Japonais, nous évaluons d'après celle que nous portent les autres. La véritable politique extérieure de Trudeau — le style plutôt que la substance — est exactement le type de

---

* *Lors de la discussion sur la propriété des ressources minières sous-marines, nous qui sommes l'un des plus importants producteurs de minéraux comme le nickel, par exemple, nous nous sommes retrouvés, par un curieux concours de circonstances, en train de jouer le rôle d'un pauvre petit pays sous-développé.*

politique que veut la majorité des Canadiens. Le malheur, c'est qu'il aurait pu en faire davantage — tout comme nous.

*
*   *

Durant sa phase « Citoyen du monde », en 1948, Trudeau avait goûté de la prison à Belgrade pour avoir, par défi, franchi la frontière sans visa et il avait déchargé du riz au Bengale; il entrait donc en fonction en en sachant davantage sur le reste du monde que n'importe quel autre premier ministre canadien, et probablement plus, d'ailleurs, que tout autre leader occidental contemporain. Il avait roulé sa bosse autour du monde en suivant l'itinéraire de Marco Polo, mais avec un œil infiniment plus curieux. « C'est le voyageur par excellence, dit Hébert*, qui éprouve un intérêt insatiable pour les gens, les coutumes, les édifices, les monuments, l'histoire. » Il a été en Russie. Il a été deux fois en Chine et, après son second séjour, a publié en collaboration avec Hébert *Deux Innocents en Chine rouge*, paru pour la première fois en 1961; il s'agit d'un carnet de voyage pétillant, rempli d'anecdotes comme le récit de la dégustation de limaces de mer, « un ver gras et brunâtre, couvert de protubérances », mais qui contient également des balourdises monumentales, par exemple, quand il dit que, comparativement au nouveau régime, « la Chine précommuniste était excessivement bureaucratique ».

Il y a un autre trait de caractère qui fait de Trudeau un être à part parmi les dirigeants contemporains: il est intrinsèquement indifférent aux distinctions de race, de couleur ou de culture. Aucun élève du père Bernier n'a autant pris à cœur la maxime « Tous les hommes sont frères ». De tous ceux qui connaissent Trudeau, personne ne se rappelle l'avoir jamais entendu reprendre même le plus anodin des stéréotypes culturels — comme « tous les Allemands sont efficaces » ou « tous les Chinois sont indéchiffrables » —, et encore moins faire des blagues à caractère ethnique. Au sens fondamental du terme, Trudeau *est* véritablement un Citoyen du Monde.

L'ennui, c'est que toutes ses connaissances sont personnelles et désordonnées, glanées au hasard. Quand vint le temps de traiter avec la *realpolitik* des affaires internationales, Tru-

---

* *Hébert et Trudeau rivalisent entre eux pour savoir qui, des deux, a visité le plus de pays. Hébert, qui rentre de l'île Maurice que Trudeau ne connaît pas encore, affirme qu'il a une longueur d'avance.*

deau se révéla d'une ignorance presque complète. Avant son arrivée au pouvoir, il ne s'intéressait, tout compte fait, qu'au Québec, au bilinguisme et à la constitution. Au tout début, les journalistes spécialisés dans l'actualité internationale remarquèrent que, alors qu'il était incroyablement documenté sur tous les pays qu'il avait visités, il détournait la conversation dès qu'ils abordaient des questions touchant les affaires extérieures.

Ainsi qu'il le faisait si souvent durant ces premières années, Trudeau dissimulait son ignorance en adoptant une attitude désinvolte. Durant la Conférence du Commonwealth, en 1969, il glissa le long de la rampe d'escalier. Il laissa tomber: «Où ça se trouve, le Biafra?» et déclara: «Notre seule politique extérieure d'envergure est celle qui est déterminée par l'OTAN.»

C'est pourquoi les rapports préparés simultanément sur la politique extérieure des années 68-70 et sur celle de l'OTAN pour l'année en cours avaient été conçus de façon à permettre à Trudeau de se familiariser avec des sujets que la majorité des Premiers ministres connaissent assez bien au moment de leur entrée en fonction. Émaillés du jargon de l'époque — «cadre conceptuel», «paramètres» —, ces rapports, où toutes les options politiques concevables et même inconcevables, comme une déclaration unilatérale de la neutralité canadienne, avaient été analysées, aboutissaient, en fin de compte, à des conclusions qui étaient prévisibles dès le tout début.

Mais parce qu'ils étaient nouveaux, ces jeux intellectuels suscitèrent beaucoup de *Sturm und Drang*. Le ministre de la Défense, Léo Cadieux, par exemple, en vint à croire que «l'objet de cet exercice (le rapport sur l'OTAN) (...) était le retrait de notre participation à l'OTAN», ainsi qu'il le confia à Peter Stursberg, qui était en train d'écrire *Lester Pearson and the American Dilemma*. Cadieux démissionna six mois plus tard pour devenir ambassadeur à Paris; Paul Hellyer, qui résilia ses fonctions à peu près en même temps mais non pour une question de politique extérieure, acquit néanmoins la conviction que le pays était dirigé, au mieux, par des globe-trotters inavoués.

Pearson lui-même fut encore plus contrarié, mais pour de tout autres raisons. Le Livre blanc de juin 1970 sur la politique extérieure affirmait en toutes lettres: «Le Canada doit désormais élaborer ses politiques extérieures de façon cohérente.» Cela signifiait que toutes les politiques adoptées par Pearson avaient été incohérentes. (C'était effectivement le cas d'une certaine façon, quoique cette façon se fût révélée singulièrement créatrice.) Toute la diplomatie pearsonienne fut balayée d'un revers de la main avec l'expression méprisante : «dépanneur de service». Hors de lui, Pearson donna libre cours à sa colère dans un rapport de vingt pages, après quoi il se rendit compte qu'il n'y avait personne à qui il aurait pu l'envoyer. Atténué, ce rapport devint le chapitre «La souveraineté, ce n'est pas suffisant» de ses *Mémoires**.

Mais l'imbroglio ne s'arrêta pas là. Comme premier objectif, le rapport sur la politique extérieure mentionnait «la stimulation de la croissance économique». Le critique aux affaires extérieures du N.P.D., Andrew Brewin, le qualifia «d'abandon de l'engagement, d'inspiration idéaliste, envers le reste de la planète». Hâtivement, les porte-parole gouvernementaux expliquèrent que les six priorités contenues dans le document, y compris celle intitulée «Instaurer la paix et la *sécurité*», étaient toutes d'un même niveau ; on eut beau les presser de questions, ils demeurèrent incapables d'expliquer comment six priorités pouvaient être simultanément égales et prioritaires. Histoire de clarifier la situation, Head réaffirma, dans un article pour la prestigieuse revue *Foreign Affairs Quarterly*, l'intérêt passionné que portait le Canada à «la qualité de la vie».

Finalement, tous les critiques, y compris Pearson, se rendirent compte que bien peu de choses, au fond, avaient changé, une fois qu'on avait supprimé le jargon, les priorités et les choix politiques à la mode. L'essentiel de la politique extérieure canadienne — l'appartenance à l'OTAN et à l'Alliance atlantique — demeurait rigoureusement intact.

Le rapport sur l'OTAN illustre parfaitement la situation. À l'époque, il avait soulevé bon nombre de commentaires hostiles, y compris l'accusation, formulée par le ministre britannique de la Défense, Denis Healey, que «le Canada est en train de nous refiler le problème» ; le rapport recommandait en effet le retrait de la moitié des dix mille soldats canadiens cantonnés en Europe. En réalité, c'était au ministère de la Défense, à court de fonds, que revenait la paternité de cette suggestion. Le seul changement politique substantiel qui eut lieu

---

* *Après la publication du rapport sur la politique extérieure, Pearson rencontra Trudeau une seule fois pour en discuter, lors d'une entrevue organisée par Mitchell Sharp. L'entretien fut complètement stérile parce que Trudeau s'obstinait à discuter sur la base des faits (tels qu'il les concevait), sans se rendre compte que l'argumentation de Pearson était fondée sur l'intuition et les sentiments.*

à la suite du rapport concerna la « dénucléarisation » de nos intercepteurs en Europe ; plus précisément, il eut lieu après que le conseiller aux affaires extérieures de Trudeau, Ivan Head, eut publié une brillante analyse dans laquelle il démontrait que le rôle *offensif* de nos intercepteurs était purement préventif : si les Russes attaquaient, leurs missiles atteindraient nos pistes de décollage en Allemagne de l'Ouest, avant même que nos avions aient pu prendre l'air.

Quant au Livre blanc de 1970 sur la politique extérieure, son trait le plus marquant résidait dans l'absence d'éléments nouveaux. Comme le souligna Bruce Thordarson, dans *Trudeau and Foreign Policy,* Trudeau avait formulé toutes ses soi-disant nouvelles théories « réalistes » deux ans plus tôt et avait déjà entrepris de les mettre en pratique.

*

* *

Parce qu'il avait été énoncé au plus fort de la trudeaumanie et des petits baisers à droite et à gauche, l'exposé que fit Trudeau, le 29 mai 1968, sur la politique extérieure (le seul d'une certaine ampleur qu'il ait d'ailleurs jamais fait) passa presque inaperçu. Pourtant, il représentait la quintessence même de Trudeau qui en ressortait indubitablement, non pas comme l'internationaliste qu'il avait toujours prétendu être, mais comme un internationaliste *nationaliste*.

« Le suprême intérêt » du Canada dans le domaine des affaires extérieures consistait, déclara Trudeau, à « assurer la survie du Canada en tant qu'État fédéral et bilingue ». Nous devrions « faire preuve de réalisme dans la perception que nous avons de nous-mêmes ». Au lieu de « partir en croisade à l'étranger », nous devrions « mobiliser chez nous nos aspirations, nos énergies et nos ressources ».

Autrement dit, le Gentil Dépanneur avait fait son temps. Maintenant, c'était : le Canada d'abord. En France, au Japon ou en Grande-Bretagne, par exemple, où l'on estime qu'en matière de politique extérieure charité bien ordonnée commence chez soi, ce genre de déclaration aurait été qualifié de lapalissade. Mais au Canada, cela signifiait l'abandon radical de la tradition d'altruisme international établie et appliquée avec tant de succès d'abord par Saint-Laurent et Pearson, puis, de façon beaucoup moins fructueuse parce que le monde avait changé, par Howard Green et Paul Martin.

Trudeau reconnut l'ampleur de ce changement. «Nous ne devrions pas essayer de diriger le monde, affirma-t-il, mais tenter plutôt de faire de notre pays un endroit où il fait bon vivre.» Et: «Je m'inquiète moins de ce qui peut se passer de l'autre côté du mur de Berlin que de ce qui pourrait se produire dans nos grandes villes, ici au Canada.»

Les belles théories sont une chose. Les politiques dont dépendent leur mise en œuvre sont quelque chose de tout à fait différent. Au moment de son entrée en fonction, en 1968, Trudeau avait découvert que ces politiques voyaient le jour à l'endroit même où il n'aurait jamais cru les trouver: au ministère des Affaires extérieures.

*

* *

À la fin des années 60, les Affaires extérieures étaient beaucoup plus qu'un simple ministère. C'était *le* ministère — ou, tout simplement, les Affaires — à côté duquel tous les autres départements avaient l'air de pauvres minus, de moins que rien. L'ambiance qui régnait aux Affaires, derrière les grandes portes matelassées, était délibérément celle qu'on retrouve dans des petits bureaux minables; on discutait de questions hautement politiques en mangeant un sandwich au thon dans la cafétéria située au sous-sol du Château Laurier; on se rappelait les matches de base-ball avec le Département d'État, on prenait un verre avec Scotty Reston, du *New York Times*. Car les Affaires avaient été créées à l'image de Lester Pearson, ce qui donnait, comme le releva Charles Ritchie, «une poignée d'hommes extraordinairement doués qui étaient convaincus que le Canada avait un rôle à jouer dans le monde et partageaient une même conception de la nature de ce rôle». Pour toute une génération de nos jeunes les plus prometteurs, la perspective d'être, un jour, admis aux Affaires resplendissait comme le Saint-Graal. «C'était un peu comme entrer dans les ordres», se souvient une recrue du milieu des années 50.

Mais les Affaires, tout comme la diplomatie pseudo-pearsonienne, avaient maintenant fait leur temps. La raison en était simple: il n'y avait plus assez de travail pour occuper tous ces brillants jeunes gens que le département avait attirés; les démissions étaient si nombreuses que, au début des années 70, un sous-ministre fédéral sur trois était un ancien diplomate. Ceux qui restaient en fonction étaient semblables aux gardiens d'un vieux domaine encore majestueux mais menaçant ruine, ce qu'ils ne savaient que trop bien. D'ailleurs, sans craindre de mettre de l'huile sur le feu, Trudeau ne cessait de souligner la désuétude du ministère par des déclarations du genre: «toute la conception de la diplomatie actuelle est complètement démodée», ajoutant parfois qu'il en apprenait bien plus dans «n'importe quel bon journal» que dans toutes les dépêches expédiées par ses diplomates*.

Si la branche maîtresse était en train de flétrir, en revanche de nouvelles pousses sortaient de terre. Vers la fin des années 60, on vit apparaître une jeune génération post-pearsonienne, convaincue que le moment était venu de rompre avec le passé et d'adopter une nouvelle ligne politique privilégiant l'intérêt national. Son chef de file était Allan Gotlieb qui, à l'époque, dirigeait le contentieux. Individu brillant, doté d'un esprit critique exceptionnel, Gotlieb avait passé huit ans à l'extérieur du ministère, d'abord comme sous-ministre des Communications, puis comme sous-ministre de la Main-d'Oeuvre. Il était revenu aux Affaires en 1977 à titre de sous-secrétaire.

Trudeau et Gotlieb s'étaient connus à l'époque où le premier détenait le portefeuille de la Justice, tandis que le second faisait partie de son équipe de conseillers en matière constitutionnelle. Quand Trudeau interrogea Gotlieb sur sa conception de la politique extérieure, il reçut, en guise de réponse, un long rapport dont il se servit pour élaborer les grandes lignes de sa déclaration officielle de 1968.

Bien sûr, les idées de Trudeau allaient changer. Mais pendant près de quatre ans, il prêcha et mit en pratique la doctrine de l'intérêt national. Comme d'habitude, il poussa sa théorie jusqu'à son extrême logique: si nous voyons d'abord à nos propres intérêts, nous ne pourrons que respecter ensuite les intérêts particuliers des autres nations. En mai 1971, quand, dans l'avion qui les ramenait d'une visite officielle en Union soviétique, les journalistes insistèrent pour savoir s'il était intervenu auprès des autorités russes en faveur de la libération des nationalistes ukrainiens, Trudeau ne mâcha pas ses mots: «Quiconque viole la loi pour affirmer son nationalisme ne doit pas s'attendre à beaucoup de sympathie de ma

---

* Au cours d'une rencontre mémorable avec les hauts fonctionnaires des Affaires extérieures, Bruce Rankin déclara à Trudeau: «Vous avez foutu en l'air le moral du service diplomatique le plus efficace du monde.» Mais Trudeau ne lui en tint pas rigueur et, par la suite, Rankin fut nommé ambassadeur au Japon.

part. Je n'ai pas éprouvé la moindre envie de soulever cette question; du reste, si je l'avais fait, messieurs Kossyguine ou Brejnev n'auraient pas manqué de me demander: «Pourquoi auriez-vous le droit de mettre vos révolutionnaires en prison et nous, pas?»

Même durant ses plus beaux jours, l'intérêt national, en tant que fer de lance de la politique extérieure, était déphasé: c'était une sorte de contrepoids à l'esprit généreux qui avait prévalu durant les années 60 et dont on voyait encore quelques rares manifestations. Quand, plus tard, Trudeau adopta la doctrine du «partage», il se retrouva, une fois de plus, à contrecourant: les Canadiens s'étaient repliés sur eux-mêmes. L'ironie de toutes ces «Affaires», c'est que, durant l'époque où nous avons privilégié nos intérêts nationaux, nous avons accompli davantage sur le plan international qu'à tout autre moment au cours des deux décennies précédentes.

Par exemple, nous avons établi des relations diplomatiques avec la Chine en octobre 1970. Nous étions le deuxième pays occidental d'importance à le faire depuis la guerre civile qui avait sévi dans ce pays, le premier étant la France. L'année précédente, nous avions nommé notre premier ambassadeur au Vatican, «le poste d'écoute le moins cher du monde», comme l'expliqua Trudeau. En Europe, nous avons réduit notre participation à l'OTAN en fonction de nos possibilités financières. Dans le Pacifique, nous avons fait pour la première fois figure de grande puissance dans cette région du monde, quand, en 1970, Trudeau promena l'unifolié du Japon à l'Australie en passant par la Malaisie.

La seule et unique fois où notre souveraineté a été vraiment menacée, nous avons réagi avec adresse et rapidité. La provocation était survenue en 1969, quand le superpétrolier américain, le *Manhattan*, avait traversé nos eaux territoriales de l'Arctique sans en demander l'autorisation; nous avons riposté en étendant de deux à douze milles notre zone de mer territoriale, ainsi qu'en décrétant une zone de contrôle sur la pollution de cent milles. Les États-Unis ayant nié notre prétention à la souveraineté dans les deux cas, nous avons annoncé que nous ne nous soumettrions pas à la juridiction de la Cour internationale de justice de La Haye. (La déclaration unilatérale du Canada, en 1977, sur une zone de pêche et de ressources de deux cents milles représente l'aboutissement logique de ces politiques.)

Mais surtout, nous nous sommes adressés au monde avec une autre voix, une voix qui parlait français. Nous avons étendu notre représentation diplomatique à tous les pays francophones d'Afrique occidentale. Un modeste programme d'aide pour ces pays s'est soudain transformé en une manne de cent millions de dollars, ce qui a permis à Ottawa de se gagner des alliés outre-mer lors de ses interminables accrochages avec la France à propos des aspirations du Québec à un statut international. Toujours dans cette même optique, nous avons adhéré à la moindre organisation internationale francophone ayant pignon sur rue et sommes devenus l'un des membres fondateurs et même l'un des principaux architectes de la *Francophonie*, l'équivalent du Commonwealth pour les pays de langue française*.

Vers le début de 1972, toute cette activité commença à ralentir. Dès lors, Trudeau se préoccupa essentiellement de se faire réélire et, après l'élection, de se maintenir au pouvoir. Lorsqu'il s'intéressa de nouveau aux affaires internationales, notre Premier ministre avait une nouvelle idée en tête...

*
*   *

Cette nouvelle idée fut baptisée la Troisième Option. Les Canadiens en prirent connaissance par un article publié dans le numéro d'automne 1972 du magazine *Perspectives internationales*, sous la signature de Mitchell Sharp, ministre des Affaires extérieures. Sharp aurait souhaité tirer un livre blanc de son projet et obtenir ainsi l'imprimatur gouvernemental, mais, bloqué par ses collègues des Finances et du Commerce, il décida de faire cavalier seul**. Dans son article, il soulevait l'hypothèse d'une Troisième Option «pour réduire la vulnérabilité de l'économie canadienne face aux facteurs extérieurs, y compris et plus particulièrement l'influence des États-Unis***

---

* *À un moment donné, les Secrétaires généraux des deux organismes étaient deux Canadiens: Jean-Marc Léger et Arnold Smith.*

** *En réalité, l'article fut rédigé par Klaus Goldschlag, un haut fonctionnaire exceptionnellement doué qui fut nommé ambassadeur en Allemagne fédérale en 1980. Il était également l'auteur du discours que prononça Trudeau sur le désarmement aux Nations Unies, en 1978, et qui fut très applaudi.*

*** *Notre vulnérabilité à l'égard des États-Unis a été démontrée de façon éloquente en juin 1971 quand le président Nixon imposa, sans consulter Ottawa, une surtaxe de 10 pour cent sur les importations manufacturées, ce qui menaça alors entre quarante et cent mille emplois au Canada. Supprimée en décembre suivant dans le cadre*

(...) pour renforcer un sentiment d'identité nationale». (Les autres alternatives mentionnées par Sharp étaient le statu quo et «un mouvement délibéré vers une plus grande intégration».)

À l'époque, tout ceci avait l'air de broutilles préélectorales destinées à calmer les nationalistes inquiets. Mais, en décembre 1974, une fois sa majorité retrouvée, Trudeau revint à la charge et promit de réduire nos liens économiques avec les États-Unis «en intensifiant nos échanges commerciaux avec d'autres pays». En février 1975, il gratifia la Troisième Option de sa sanction personnelle et philosophique en disant que cette nouvelle politique avait pour objectif de «créer des contrepoids».

Afin de multiplier les débouchés, Trudeau se rendit en Europe, ce mois-là, pour négocier ce qu'il qualifia de «lien contractuel» avec la Communauté économique européenne. Pour sa part, Stanfield déclara que, tout ça, c'était «du vent»; l'un des collaborateurs de Trudeau avoua que les nouvelles «Affaires» le faisaient penser à «une espèce de grosse saucisse allemande». La suite des événements prouva que l'un et l'autre auraient pu se montrer plus durs. Après 1975, la proportion de nos échanges commerciaux avec les États-Unis était inchangée et correspondait toujours à 75 pour cent de toutes nos activités. Lors des entretiens du GATT, en 1977-1979, notre seule réalisation substantielle fut une entente avec les États-Unis en vertu de laquelle les tarifs douaniers seraient annulés pour 80 pour cent des imports-exports.

Dans ses efforts pour développer de nouveaux liens avec l'Europe afin de faire contrepoids à ceux qui nous liaient trop étroitement aux États-Unis, Trudeau trébucha à plusieurs reprises dans ses propres traces, dont certaines étaient déjà anciennes et d'autres plus récentes. Il découvrit, par exemple, que l'Europe ne lui avait pas pardonné d'avoir réduit, en 1969, le contingent canadien au sein de l'OTAN. Quand l'Inde, utilisant du plutonium produit par un réacteur canadien, fit exploser un «engin nucléaire», il imposa des restrictions à nos exportations d'uranium, la seule de nos ressources qui intéressait réellement l'Europe. Malgré ça, de nouveaux liens politiques et commerciaux furent noués, en particulier avec l'Allemagne fédérale, tandis que les relations franco-canadiennes s'amélioraient de façon marquée.

---

d'une entente internationale, cette surtaxe mit en relief le fait que notre fameuse «relation particulière» avec les États-Unis ne nous avait pas donné droit à un traitement de faveur.

L'ennui, pour les «Européanistes» d'Ottawa, c'était que Trudeau avait déjà tourné son attention vers autre chose. À la fin des années 70, il avait supprimé «la Troisième Option» de son vocabulaire, tout comme, quelques années plus tôt, il avait laissé tomber «l'intérêt national». Ceci explique pourquoi, en 1978-1979, les «Européanistes» furent incapables de persuader le gouvernement d'amener Air Canada à acheter l'Airbus de fabrication européenne — une commande de trois milliards de dollars — plutôt que le Boeing 767, ce qui aurait pourtant eu pour effet de donner sa pleine valeur à la Troisième Option.

Quant aux raisons qui incitèrent Trudeau à modifier son optique, on peut seulement supposer qu'il ne tenait pas plus à la Troisième Option qu'à aucune autre des grandes idées qu'il s'était amusé à lancer, depuis la «Démocratie de participation» jusqu'à la «Société nouvelle». Sur le front intérieur, entre-temps, d'autres aspects de notre politique soulevaient la colère des États-Unis, comme l'Agence d'examen de l'investissement étranger et la suppression des privilèges fiscaux dont jouissait le *Time*, sans parler du «Viva Castro» lancé par Trudeau en 1976* et de la nationalisation de la potasse par la Saskatchewan. En 1975, l'influent hebdomadaire financier *Barron's* avertit ses lecteurs de se tenir sur leurs gardes face à «l'anti-américanisme ou au nationalisme ardent» qui sévissait au nord de la frontière. En décembre de la même année, l'ambassadeur américain William Porter, dont le mandat était terminé, étonna un groupe de journalistes invités à un cocktail en leur énumérant une liste de «gestes inamicaux» que le Canada avait faits à l'encontre des États-Unis.

Mais ce désaccord ne dura pas longtemps. En 1977, le nouvel ambassadeur américain, Thomas Enders, put affirmer ouvertement, et sans se faire siffler, que la «convergence» des deux grandes économies nord-américaines serait une bonne chose. Quant à l'Agence d'examen de l'investissement étranger, elle autorisa tellement de mainmises que *Barron's*, satisfait, put déclarer à ses lecteurs: «La seule entreprise étrangère qui ne serait pas la bienvenue au Canada serait Murder Inc.» Plutôt que le lien contractuel, ce fut le continentalisme qui devint la nouvelle doctrine de l'heure et ses propagateurs se partagèrent les postes de commande au sein du cabinet: Jamieson aux Affaires extérieures, Chrétien aux Finances, Jack

---

* *Cette forme de salutation était tout à fait conventionnelle et avait été ajoutée au discours original par un spécialiste du département des Affaires latino-américaines.*

Horner au Commerce et à l'Industrie. Bien malgré eux, les détracteurs de Trudeau cessèrent de taxer celui-ci d'«anti-américanisme».

Quand, en février 1980, à la fin de la campagne électorale, Trudeau apparut subitement comme un nationaliste économique nouvellement converti, le fait le plus marquant fut que, cette fois, tout le monde s'entendit pour reconnaître que son objectif était bel et bien pro-canadien. Néanmoins, personne ne prit sa nouvelle doctrine au sérieux. Quelque dix ans auparavant, Trudeau avait précisé en ces termes pourquoi il n'avait pas de politique canado-américaine: «Je pense que le problème de la domination économique (américaine) est, en quelque sorte, inévitable, avait-il déclaré lors d'une interview accordée au *New York Times*, en novembre 1968. Ça fait partie des choses de la vie et je ne m'en fais pas pour ça.»

*

*   *

Si, pendant un moment, Trudeau se vit taxer d'«anti-américanisme», ce fut, entre autres raisons, parce que, pendant beaucoup plus longtemps, on l'avait accusé de faire preuve de «mollesse à l'endroit du communisme».

Dès le tout début, Trudeau avait clairement laissé entendre que, à son avis, la Russie ne constituait plus une menace militaire pour l'Europe. Lors de l'invasion soviétique de la Tchécoslovaquie en 1968, il avait réagi calmement: «Il ne faut pas sauter aux conclusions (...) que notre participation à l'OTAN devrait nécessairement être renforcée.» Une douzaine d'années plus tard, quand l'Union soviétique envahit l'Afghanistan, il réagit tout aussi calmement: «Ce n'est pas avec les Jeux olympiques que nous tordrons la queue de l'ours soviétique.»

Tout ce qui concernait les questions militaires laissait Trudeau parfaitement froid. L'intérêt qu'il éprouvait pour les Forces armées était aussi considérable que celui qu'il ressentait pour le service postal. D'ailleurs, l'un de ses meilleurs discours sur la politique extérieure traita du désarmement. Lors de l'unique visite qu'il fit à l'ONU à titre de Premier ministre, le 26 mai 1978, il s'envola pour New York avec l'intention de proposer, lors d'une séance spéciale, une politique de «dés-escalade» de la course aux armements; il s'agissait de mettre fin aux recherches visant la fabrication de nouvelles armes ainsi qu'aux expériences nucléaires et à la production de matières fissibles.

Mais, quatre jours après son discours devant les Nations Unies, il prit part, à Washington, à une décision de l'OTAN en faveur d'un programme de réarmement; à la suite de quoi, nous nous lançâmes dans les plus importants achats d'armes de toute notre histoire. Après l'élection de 1980, nous ne nous contentâmes pas de boycotter les Jeux olympiques de Moscou; pour bien montrer que nous ne badinions pas, nous annulâmes également la série de hockey Canada-Russie.

Le portrait qui ressort des faits est celui d'un pragmatique. Le seul aspect légèrement gauchisant qu'on pourrait relever chez Trudeau, et qui est un vestige de toutes ces conférences de la London School of Economics, c'est qu'il est probablement d'accord avec la prémisse selon laquelle le socialisme constitue la meilleure solution pour les pays en voie de développement. Quoi qu'il en soit, il est naturellement beaucoup trop pragmatique pour l'admettre officiellement. Simplement, il a une affinité toute particulière avec les dirigeants socialistes: Nyerere, Manley et Castro (bien qu'en un paradoxe caractéristique il soit également fasciné par l'Arabie saoudite). La séduction que la Chine, où il s'est déjà rendu quatre fois, exerce sur lui est bien connue. Et même la Russie semble l'attirer de façon peu commune, quoique ce soit surtout par son côté Notre-sainte-mère-la-Russie. Il peut réciter de longs extraits de Dostoïevski et de Tolstoï et il est revenu de son voyage de 1971 en se disant sidéré par l'immensité du pays.

En fait, si Trudeau fait preuve de mollesse à l'égard de quelque chose, ce n'est pas envers le communisme, mais bien à l'endroit du *partage*.

*
*   *

Depuis la fin des années 70, Trudeau a tenté de substituer l'éthique du «partage» au bilinguisme pour en faire le mortier qui maintiendrait la Confédération en un tout. Et il applique le même concept à la planète tout entière, dans l'espoir de l'empêcher de voler en éclats.

«Jamais dans toute l'histoire de l'humanité la disparité entre le riche et le pauvre, le nanti et l'affamé, n'a été aussi grande», déclara-t-il le 13 mai 1968 à l'Université de l'Alberta qui lui décernait un doctorat *honoris causa*. Pareille affirmation était on ne peut plus conventionnelle; mais la solution que Trudeau proposait, en devançant les événements d'au moins cinq ans, n'avait absolument rien de conventionnel. «L'aimable philanthropie» de l'aide extérieure, poursuivit-il, devait «prendre une autre forme (...) (celle) des accords commerciaux préférentiels».

Malheureusement, Trudeau était en avance sur son temps. Substituer la poignée de main des ententes commerciales à la main tendue de l'entraide internationale impliquait, comme il le déclara à l'époque, «la compétition». Et la compétition était exactement ce que ni les manufacturiers canadiens ni Trudeau, en tant que politicien pragmatique, ne pouvaient se permettre.

Afin de pouvoir employer son propre remède, Trudeau choisit de garnir généreusement notre caisse de bienfaisance. Notre programme d'aide extérieure s'accrut régulièrement d'année en année pour, finalement, atteindre un milliard en 1976; cela faisait de nous le cinquième pays donateur aussi bien en chiffres absolus que sur une base proportionnelle (à peine moins de 0,6 pour cent de notre produit national brut, comparativement au taux de 0,75 pour cent suggéré par Pearson dans le rapport qu'il adressa en 1969 à la Banque mondiale). Mais, après 1976, les restrictions budgétaires entraînèrent une interruption du programme qui fut finalement supprimé en 1978.

À ce moment-là, de toute façon, la nature du commerce mondial s'était modifiée. Tout d'abord, il y avait eu, en 1973, le boycottage pétrolier. Aussitôt après, le Moyen-Orient commença à pomper des pétrodollars dans les goussets de l'Occident. Ensuite, lors de la session de l'ONU durant l'automne 1974, l'Algérie lança un appel en faveur d'un «nouvel ordre économique international». Mais comme les politiciens et les banquiers occidentaux s'acharnaient à trouver un moyen de remettre ces pétrodollars en circulation, son appel fut aussi peu entendu qu'un cri dans le désert.

Toutefois, Trudeau y répondit à Londres, le 13 mars 1975, en prononçant à Mansion House l'un des discours les plus percutants de toute sa carrière. Son allocution constituait la première tentative d'un dirigeant occidental pour répondre aux soudaines exigences stridentes et impérieuses du Tiers monde en vue d'une nouvelle entente. Elle marquait également le moment où Trudeau cessa d'être un internationaliste nationaliste pour devenir l'interlocuteur du dialogue Nord-Sud. C'est ce qui lui vaut d'être inscrit sur la courte liste de candidats susceptibles de succéder à Robert McNamara à la présidence de la Banque mondiale.

Tout bien considéré, déclara Trudeau, les « libertés positives » comme les libertés de parole et de réunion étaient désormais solidement acquises. « Nous sommes maintenant engagés dans une lutte pour consacrer avec autant de force les libertés « négatives », celles qui consistent à se libérer « de quelque chose » : se libérer de la faim, de la maladie, de l'holocauste nucléaire, de la dégradation de l'environnement. »

Mais pour livrer cette nouvelle bataille, il faudrait en arriver à « l'acceptation de l'interdépendance de tous les pays et de la corrélation de tous les phénomènes. Bref, l'acceptation du fait que nous sommes tous frères. » Ceci, poursuivit Trudeau, « va beaucoup plus loin que le simple rafistolage du système actuel. Les processus nécessaires devront relever d'une perspective globale et avoir une application universelle. (...) Nous ne devons viser rien de moins qu'une répartition acceptable des richesses de ce monde. »

Depuis 1975, Trudeau ne se trouvait pas en meilleure position pour appliquer son remède aux maux de la planète qu'il ne l'avait été pour substituer le commerce à l'entraide. En fait, sa situation était même pire. Peu de temps après, ce fut la récession économique. Nous imposâmes des quotas aux importations de textiles, de vêtements et de chaussures. Nous nous appropriâmes le maximum lors des entretiens du GATT, tout en réduisant nos engagements au minimum. Nous en fîmes autant lors des conférences sur le Droit de la mer. Et les Canadiens applaudirent parce que, maintenant que nous souffrions légèrement, nous nous moquions bien de savoir si les autres, aux antipodes, souffraient beaucoup ; en réalité, nous ne voulions pas le savoir.

Il n'existe aucun moyen de découvrir dans quelle mesure Trudeau croyait *personnellement* en son idéal du « partage global », par opposition à une conviction intellectuelle, selon la méthode propre aux intellectuels. Bien des années plus tôt, alors qu'il se trouvait à Rome en compagnie de Claude Ryan, celui-ci lui avait suggéré de se défaire de sa fortune s'il voulait réellement s'engager à fond. Trudeau lui avait répondu de façon évasive. Au moment où il prononçait son fameux discours à Mansion House, il était à l'apogée de sa période Roi-Soleil ; d'ailleurs, la piscine était presque terminée.

Il est difficile de trancher. Son conseiller, Head, qui rédigea le discours de Mansion House ainsi que celui qui prônait le commerce plutôt que la charité, se comportait indubitablement en véritable idéaliste dès qu'il s'agissait de trouver des solutions à la pauvreté dans le monde. Lors des réunions du cabinet, Trudeau s'était progressivement résigné à entendre justifier des politiques sous prétexte qu'elles étaient « politiquement nécessaires ». Mais, dans le cas de la politique Nord-Sud, il exigea que tous les arguments fussent fondés sur « le droit », même si les discussions, imprégnées de nobles sentiments, se soldèrent par des décisions qu'on n'aurait pu distinguer de celles qui étaient politiquement nécessaires.

Pourtant, Trudeau ne fit pas grand-chose pour rallier les Canadiens à sa théorie du « partage ». Même après Mansion House, ses discours n'en parlèrent pas plus qu'avant. Au contraire, il devint un acteur solitaire en matière de politique internationale. Un artiste plein de panache, semblable à ces vedettes qui brillent davantage lorsqu'elles sont seules.

*

*　　*

Exception faite de Castro, Sadate et Khomeini, personne, en politique internationale, ne peut rivaliser avec Trudeau pour ce qui est du prestige. À Cuba, les foules rassemblées par Castro en son honneur formaient, le long des trottoirs, une haie profonde de cinq rangs. Aucun visiteur étranger n'a eu droit à tant, sauf Leonid Brejnev qui, après tout, règle les factures de Castro. Les Européens font parfois preuve d'un certain scepticisme à son endroit et le prestigieux hebdomadaire britannique, *The Economist*, peut même se montrer mordant. Richard Nixon l'a déjà traité de « trou-du-cul », expression originale qu'il croyait avoir murmurée à l'intention exclusive du micro de son Bureau ovale et qui, a-t-il affirmé par la suite, avait dépassé sa pensée.

Autrement, Trudeau ne s'attire que des éloges. « Un atout inestimable », disait Mondale. « Peut-être le plus doué de tous les dirigeants », selon le journaliste américain Joseph Kraft. « Le Sauveur du Commonwealth » (Singapour, 1971 ; il régla le différend qui opposait les nations africaines à l'Angleterre, celle-ci ayant recommencé à vendre des armes à l'Afrique du Sud). « L'interlocuteur du dialogue Nord-Sud » (après la rencontre de Mansion House). « La vedette du Sommet » (Bonn, 1978 ; à son instigation, les sept pays membres adoptèrent une position commune contre la piraterie aérienne).

Comme toutes les vedettes, Trudeau prend bien garde de pas laisser se ternir son image. Il consacre beaucoup plus de soins à la préparation de rencontres internationales, comme les sommets économiques, qu'aux événements internes, à l'exception des Conférences des Premiers ministres. Il accorde des entrevues aux journalistes étrangers plus volontiers qu'aux reporters canadiens. Habilement, il s'arrange pour que la plupart des nombreux liens d'amitié qu'il a noués avec les grands de ce monde restent de nature personnelle plutôt que diplomatique : par exemple, il n'a jamais voulu exposer son exceptionnelle amitié avec Castro en tentant d'amener celui-ci à limiter ses activités militaires en Afrique.

De tous nos Premiers ministres, seul Pearson avait su mériter, pour son propre pays, un tel concert de louanges de la part des autres dirigeants. Mais il y a une différence dans la qualité de ces compliments. Pearson les devait à ses actes ; Trudeau les doit à sa personnalité. Peut-être cette distinction est-elle du même ordre que celle qui sépare le style généreux des relations internationales au cours des années 40 et 50 de celui, plus théatral et légèrement artificiel, des années 70 et 80. Et, ce qui importe peut-être davantage, Trudeau a parfaitement saisi cette différence.

Chapitre XVIII

Le déclin et...

« Quand on a roulé une fois derrière une escorte de motards, on n'est plus jamais le même ensuite. »

Herbert Lehman, sénateur des États-Unis,
expliquant pourquoi il sollicitait
un nouveau mandat.

Pendant les dix-huit mois que dura son troisième mandat, Trudeau accomplit moins de choses que n'importe lequel de ses prédécesseurs d'après-guerre en un même laps de temps, sauf peut-être Louis Saint-Laurent entre 1955 et 1957, alors que les effets de la vieillesse commençaient à se faire sentir. Entre l'automne de 1977 et sa défaite de mai 1979, le peu qu'il fit se révéla, en majeure partie, complètement néfaste. Pendant que la crise de l'unité nationale s'aggravait et que l'économie s'effondrait, Trudeau employa son énergie déclinante à la réalisation d'un seul et unique but qui tenait presque de l'obsession: remporter les prochaines élections. Son désir de gagner tint littéralement lieu de tout: de substitut à une politique ou à des intentions politiques; de justification pour vider les banquettes de l'Opposition d'une demi-douzaine de parlementaires en nommant ceux-ci au Sénat ou à des postes administratifs inoffensifs, ou encore pour trahir les meilleurs moments de son passé en déclarant que la peine capitale, si fortement réclamée par la population, pourrait bien être restaurée à la suite d'un référendum national.

On pourrait penser au capitaine d'un paquebot secoué par une tempête qui, au lieu de se tenir sur le pont pour diriger les manœuvres, resterait dans sa cabine à s'inquiéter de l'accostage après son entrée dans le port. On pourrait aussi penser au capitaine Queeg devant cette légère paranoïa: « D'où vient cette hostilité qui veut que tout ce que le gouvernement fait soit fatalement mauvais? » avait demandé Trudeau, d'un ton plaintif, à des libéraux torontois, en novembre 1978. Ensuite, il identifia les médias comme faisant partie des «ennemis» du gouvernement, au même titre que l'Opposition.

Son début de mégalomanie, qui se développait à l'insu du public, faisait également penser à Queeg. Le dimanche 30 juillet 1978, Trudeau convoqua ses principaux adjoints à une séance de travail au 24 Sussex. Il les accueillit dans une djellabah chatoyante, en soie blanche brodée de fils d'or, qui l'enveloppait jusqu'aux chevilles; tandis que le soleil se couchait sur la rivière Outaouais, il resta debout devant la fenêtre, «semblable à T.E. Lawrence et le sachant pertinemment», raconta, par la suite, l'un de ses collaborateurs. Plus tard, pendant ses voyages à l'étranger, il porta de nouveau la djellabah pour de bizarres séances d'information qui avaient lieu au moment du petit déjeuner, dans sa suite d'hôtel; il avalait ses œufs brouillés et son pain grillé, pendant que les ministres et les fonctionnaires, qui étaient censés s'être levés plus tôt et avoir déjà déjeuné, s'installaient un peu partout dans la pièce et le mettaient au courant de tel ou tel point à l'ordre du jour — mais sans perdre de temps, parce que le premier qui bafouillait n'était plus invité.

Le pouvoir est un aphrodisiaque, a dit Henry Kissinger. Ce que Kissinger a tu, mais que Lord Acton a dit, c'est que le pouvoir affecte profondément celui qui le détient. Le pouvoir moderne, impérial, a moins pour effet de corrompre un dirigeant que de le gâter. Trudeau en était arrivé à se complaire dans les privilèges tangibles de sa charge: la procession quotidienne proconsulaire entre le 24 Sussex et la Colline parlementaire, dans son énorme Cadillac encadrée par les voitures officielles de la Gendarmerie royale; les voyages outre-mer ou à l'intérieur du Canada en JetStar ou en Boeing 707; le nombreux personnel prêt à satisfaire ses moindres désirs. Puisqu'il gouvernait depuis une décennie, il lui était facile de croire qu'il était le seul à pouvoir diriger le pays; et parce qu'on le lui répétait si souvent et si servilement, il lui était encore plus facile de s'imaginer que lui seul était capable de le sauver.

Au fond, Trudeau était drogué par le pouvoir. Son intoxication, conséquence de tant de compromis anodins par-ci et de l'acceptation de tant de petites faveurs par-là, s'était développée si progressivement qu'il ne s'était même pas rendu compte qu'en y cédant il sacrifiait le plus sacré de tous ses biens: sa liberté personnelle. Toute sa vie, il l'avait jalousement protégée contre tous les ennemis possibles, depuis l'alcool et le tabac jusqu'à l'asservissement aux biens matériels. À partir de 1978, le pouvoir était devenu son maître. Il l'enveloppait aussi complètement que sa djellabah; avec douceur, séduction, par osmose, comme une toile d'araignée légère et translucide.

Mais Trudeau n'avait pas complètement renoncé à son allure de magicien. Quand, au printemps de 1978, la revue *Weekend* lui consacra plusieurs pages à l'occasion de son dixième anniversaire au pouvoir, il choisit, faisant fi de l'avis de ses conseillers, une photo qui le montrait dans une pose théâtrale : debout dans son bureau, en bras de chemise, les jambes écartées, les pouces passés dans sa ceinture. Lors d'un congrès du parti libéral qui eut lieu un peu plus tard, à Ottawa, il recommença à jouer les «pistoleros», les pouces toujours accrochés à sa ceinture, seul devant son micro, sans notes et sans estrade, le vrai cow-boy intellectuel à la John Wayne, le héros existentiel et solitaire luttant pour sauver le pays malgré lui. De tous les politiciens, il était le dernier à demeurer au centre même de la conscience nationale : maintenant, les Canadiens le détestaient plus qu'ils ne l'aimaient, mais ils continuaient de parler de lui, de discuter à son sujet, de se demander ce qu'il pouvait bien fabriquer quand il n'apparaissait pas sur les écrans de télévision.

Mais Trudeau avait trop fait le même numéro et celui-ci, ce qui était pire, n'avait plus rien de secret. Il ne pouvait plus retenir l'attention des masses en manipulant des pièces de monnaie, des cartes ou des boules de billard; il lui fallait désormais des accessoires beaucoup trop évidents, comme ce micro planté là, tout seul sur la scène, et cet unifolié symbolique, stylisé, qui l'accompagnaient partout, d'estrade en estrade. Ou bien, il tâchait de s'en tirer avec des discours grandiloquents : à Vancouver, juste avant l'élection de 1979, il taxa Lougheed et Blakeney d'«ennemis de la Confédération» parce qu'ils réclamaient des pouvoirs plus étendus. Puis, comme les électeurs des provinces visées se replièrent en une attitude défensive autour de leurs dirigeants respectifs, il dut déclarer que les mots avaient dépassé sa pensée.

L'accoutumance, chez les Canadiens, avait engendré l'ennui, pour ne pas dire le mépris. Chez Trudeau, elle se traduisait par de l'épuisement. La fatigue physique se lisait sur ses traits creusés et les poches sous ses yeux; subitement, il portait son âge. Sa fatigue intellectuelle transparaissait dans ses écarts de langage. Poussé à bout par des étudiants de Toronto qui s'inquiétaient de leurs perspectives d'avenir, il leur suggéra d'« émigrer dans un autre pays ». Pendant la campagne électorale, il commit la gaffe impardonnable de confier à quelques reporters qui voyageaient dans son avion que, même s'il obtenait moins de sièges que les tories, il tenterait peut-être de conserver le pouvoir en concluant une alliance avec le N.P.D. Enchanté, Clark l'accusa de « s'accrocher au pouvoir » ; et les Canadiens furent encore plus nombreux à vouloir le débarquer.

*

* *

« Nous étions à bout de souffle, à court d'idées, dit Donald Macdonald qui quitta Ottawa en septembre 1977. Des décisions étaient prises avec lesquelles je n'étais pas d'accord. » (Plus précisément, Macdonald aurait voulu voir les contrôles abolis un an plus tôt que ce ne fût le cas. La décision de les maintenir avait été purement politique — ils plaisaient aux Canadiens — et avait coûté très cher au chapitre des investissements perdus et du ralentissement de la croissance économique.) Un autre ministre-clé, partisan de Trudeau et défait en 1979, confie : « Pendant les deux dernières années, Trudeau et le gouvernement échappaient à tout contrôle. »

Le commentaire de Robert Andras est le plus imagé : « Pour paraphraser Woodward et Bernstein, une sorte de cancer se développait autour du Premier ministre. Personne ne nourrissait de mauvaises intentions et, pourtant, il y avait là une sorte de tumeur bénigne. L'ennui, dans ce boulot impossible, c'est qu'à force de passer ses journées noyé dans la paperasse, on en vient à trouver plus facile de s'accrocher à ceux qui sont près de soi, aux collaborateurs et aux fonctionnaires qui parlent le même jargon décisionnel et dont on sait que si on leur demande : « Apportez-moi le document qui traite de telle ou telle question », ils tendront le dossier qui correspond exactement au genre de décision qu'on a l'intention de prendre. Par conséquent, on finit par s'éloigner de plus en plus de ce qui n'est pas familier, du véritable monde extérieur, de la population. »

Pourtant, quand il parle de Trudeau, en se référant à cette même période décadente, Andras soutient : « Il est l'être le plus passionnant, le plus intelligent, le plus fort que j'ai jamais rencontré. »

L'ennui, c'est que ce qui faisait la force de Trudeau faisait également sa faiblesse. Même à ses pires moments, il était, visiblement, incontestablement, le meilleur de tous. Il tint la vedette au Sommet économique de Bonn, en juillet 1978. Il éblouit les banquiers et les hommes d'affaires de l'Economic Club de New York, quand il alla les voir au printemps. Il domina la conférence constitutionnelle de novembre 1978, où il harcela les Premiers ministres conservateurs qui ne cachaient pas leur méfiance et obligea Lévesque à reconnaître qu'«il se passe enfin quelque chose» — alors que c'était loin d'être le cas. Nez à nez avec Clark dans les sondages sur le «leadership», il vit ses points de pourcentage demeurer à peu près intacts, tandis que l'avance globale des libéraux s'amenuisait de mois en mois, à partir de la fin de 1977. «Ce que les Canadiens veulent véritablement, déclara Clark avec sagacité et tristesse, c'est Pierre Trudeau sans fard et sans parure.»

Cette faiblesse tenait au fait que Trudeau était devenu le parti libéral, le gouvernement, l'État. Quand un député libéral d'arrière-banc, Hal Herbert, dit du cabinet de 1977 qu'il était «le plus faible depuis la Seconde Guerre mondiale», il ne faisait qu'exprimer l'évidence. En 1979, un ancien directeur national du parti, Blair Williams, taxa les ministres d'«inutiles» et, rompant en un geste sans précédent avec la solidarité du parti, en imputa la responsabilité à Trudeau pour «son attitude distante, son insensibilité et son manque de jugement». Les réunions du cabinet étaient devenues un cirque, au même titre que les séances du caucus. En août 1978, Trudeau imprima un virage à 180 degrés à toute la politique économique du pays, sans consulter d'autre ministre que Andras, du Conseil du Trésor, et ce, uniquement parce que cette nouvelle politique entraînerait une réduction massive des dépenses. Ce fut par les journaux que les membres du cabinet apprirent son intention de tenir des référendums sur des questions litigieuses, comme la peine capitale — c'est-à-dire tous les membres, sauf Otto Lang qui, de concert avec Coutts, avait inventé cette nouvelle façon de procéder afin de rassurer ses électeurs de Saskatoon.

Un jour qu'un ministre se tenait sur le seuil du Club Rideau qui donne sur la Colline parlementaire, on lui demanda ce qu'il regardait si fixement: «D'ici, je peux voir les fenêtres du bureau du Premier ministre et j'essaye, en lisant sur leurs lèvres, de comprendre ce que Coutts et Pitfield sont en train de lui dire afin d'avoir une idée de ce que seront nos prochaines politiques.»

En réalité, Pitfield avait commencé à s'éloigner légèrement de Trudeau. Il devenait, comme le précise un ministre, « moins le porte-parole attitré de Trudeau auprès de la fonction publique que le représentant de celle-ci auprès du Premier ministre. » Pitfield avait pris de l'assurance et voulait laisser sa marque. Il voulait également survivre à la venue d'un gouvernement conservateur. Très peu, cependant, s'étaient rendu compte du changement qui s'opérait en lui ; de toute façon, le Conseil privé, avec son système décisionnel centralisé qui était son œuvre, restait le fief bureaucratique de Trudeau.

« Surtout, n'allez pas croire un seul instant que Trudeau est moins brillant, moins lucide et moins souple qu'auparavant, affirma un adjoint à un reporter. Mais, mon Dieu, qu'il est isolé. »

Coutts, en effet, avait coupé toutes les voies de communications entre Trudeau et le personnel de son cabinet, et était le seul à avoir un contact direct avec le Premier ministre. À la fin de 1977, il avait même écarté le plus proche de ses amis politiques, Keith Davey, qui, désormais, devait passer par lui chaque fois qu'il avait quelque chose à dire à Trudeau. Infatigable, ingénieux, batailleur, d'une loyauté absolue qui n'avait d'égal que sa dépendance envers Trudeau pour ce qui était de son propre avenir politique, Coutts s'était imposé comme l'*alter ego* idéal, irremplaçable, d'un grand homme : il était l'instigateur qui, le regard étincelant, brillait en coulisse ; l'apprenti qui vérifiait s'il y avait bien un lapin dans le haut-de-forme du magicien et qui obligeait le public déconcerté à applaudir en commençant lui-même. Quant aux autres collaborateurs immédiats de Trudeau, ils aimaient se voir comme « une garde prétorienne », selon l'expression de l'un d'eux, comme une élite dont les membres étaient prêts à mourir jusqu'au dernier pour défendre le bunker.

Les seules personnes que Trudeau voyait, qu'il avait envie de voir ou dont il tenait compte étaient, parmi ses ministres, Lalonde, Lang, MacEachen, maintenant vice-Premier ministre, et, parmi ses conseillers, Coutts, Pitfield et Robertson. Drury et Sharp, ses fidèles vétérans, n'étaient plus là. Pelletier se trouvait à Paris. « Je serais resté s'il me l'avait demandé », confia-t-il à un ami. Marchand avait été nommé au Sénat et devenait chaque jour plus amer à l'idée d'avoir été relégué sur une voie de garage. « Trudeau correspond vraiment à ce que j'ai toujours pensé de lui, mais il est moins généreux que je ne me l'étais imaginé », dit-il maintenant. Margaret était partie.

Quand elle revenait, frivole et insouciante, elle perturbait les enfants qu'elle laissait, ainsi que Trudeau, blessés et déconcertés.

Trudeau vivait à l'écart du monde. Il vivait à l'écart de la vie. Maintenant, il vivait même à l'écart des idées. Ainsi que l'a relevé Kissinger, les chefs politiques sont tellement écrasés par les événements quotidiens et par la paperasse qu'ils doivent puiser dans les réserves intellectuelles qu'ils avaient accumulées avant d'entrer en fonction. Durant ses deux premiers mandats, soit jusqu'au moment de ses réflexions sur la « Société nouvelle » de 1976, Trudeau avait une prédilection pour les idées nouvelles qu'il lançait dans le public pour le simple plaisir de voir où elles atterriraient. Mais vers la fin, il arrêta de lire, exception faite d'extraits d'articles et de notes informatives rédigées dans une prose administrative on ne peut plus terne. Après le décès de sa mère, il déménagea tous ses livres de Montréal au 24 Sussex ; ils restèrent là, dans leurs boîtes de carton qu'il n'ouvrit même pas, jusqu'au moment où, après l'élection de 1979, il les emporta avec lui dans sa résidence de Stornoway.

Si l'on fait abstraction de sa réputation internationale qui demeurait le pilier de l'amour-propre canadien, Trudeau n'avait plus rien à donner. Lorsqu'éclata la crise de l'unité nationale, une cause qui lui tenait tout particulièrement à cœur, il se révéla autant la source du problème que son éventuelle solution, à cause de ses différends personnels avec Lévesque et de son manque d'empathie pour l'Ouest. Tandis que les difficultés économiques du pays continuaient de s'aggraver, il était incapable de trouver un moyen de les résoudre. Pendant six mois au cours de 1976, un groupe formé des dix conseillers économiques les plus éminents, les « dix-SM » (dix sous-ministres), se réunit chaque semaine mais ne put trouver une seule suggestion concrète. La « dénationalisation », ou le fait de bazarder au secteur privé des biens appartenant à l'État, devint l'expression à la mode ; malheureusement, personne n'avait la moindre idée de ce qu'on pourrait bien vendre, ni à qui. La « déréglementation », où l'État ne se mêlait plus de ce qui se tramait dans les conseils d'administration de la nation, était également sur toutes les lèvres ; l'ennui, c'est que les citoyens directement concernés risquaient de ne pas préférer une augmentation de la pollution à une hausse des emplois. Aussi le Conseil économique fut-il chargé d'étudier la question, dans le cadre d'une enquête qui s'échelonnerait sur trois ans.

Plus personne ne croyait au «juste équilibre». De toute façon, on ne disposait plus des fonds nécessaires à sa réalisation. Le déficit budgétaire annuel était de l'ordre de dix milliards; sur cinq dollars perçus en taxe, il y en avait un qui allait directement au remboursement des intérêts de la dette nationale. À la fin de 1978, le dollar dégringola et atteignit son taux le plus bas depuis la Dépression: 83,89 cents, tandis que, cette même année, l'inflation grimpait à 9 pour cent. Le taux de chômage se maintenait à 7 pour cent, le déficit de la balance des paiements était de six milliards de dollars et celui des importations, par rapport aux exportations de biens manufacturés, atteignait la somme exorbitante de douze milliards.

Toute notre politique économique d'après-guerre était en panne. «À cause de la structure même de l'économie de filiales, écrivirent James et Robert Laxer, dans *The Liberal Idea of Canada*, le Canada est parvenu à une croissance économique sans aucun développement.» Selon les conclusions d'une étude menée par le Conseil des sciences, les sociétés étrangères qui envahissaient tous les secteurs nous avaient fait perdre deux cent mille emplois, en particulier dans des catégories hautement rémunérées comme la gestion, l'administration, les sciences, le génie et la technologie. (Aux États-Unis, des entreprises comparables employaient deux fois plus de techniciens et de spécialistes.) Qui pis est, ou bien ces filiales faisaient leurs valises et rentraient chez elles, ou bien elles fermaient carrément leurs portes devant la compétition qui venait de pays nouvellement industrialisés comme la Corée du Sud ou Taiwan.

Le cas de Chrysler ne s'était pas encore présenté. Néanmoins, tout le monde savait que, tôt ou tard, quelque chose du genre se produirait fatalement. Il était facile de cerner le problème — «une économie tronquée», selon l'expression imagée du Conseil des sciences: on avait, tout en haut, des bureaucrates en abondance, tout en bas, des ressources tout aussi abondantes, mais pas de secteur industriel compétitif entre les deux. Personne, cependant, ne trouvait de solution ni avait le courage d'amorcer des changements socio-économiques qui faisaient froid dans le dos (si on fermait des usines textiles, on fermerait, en même temps, des villes entières au Québec). Certains soulevaient l'hypothèse du protectionnisme. D'autres, comme le Conseil des sciences, suggéraient de se concentrer sur des technologies privilégiées à l'échelle mondiale, comme les communications et l'énergie nucléaire. D'autres encore voulaient instaurer le libre-échange avec les États-Unis, et l'ambassadeur américain Thomas Enders ne se faisait plus huer quand il parlait d'une politique de « convergence » entre les deux économies.

Pour sa part, Trudeau ne proposa rien et ne fit pas grand-chose. Dans un geste quasi-désespéré, il mit sur pied vingt-trois groupes d'études « sectoriels » où se retrouvaient le monde des affaires, celui du travail et le gouvernement ; ceux-ci, pour la plupart, recommandèrent que le gouvernement leur versât davantage de fonds. (C'était comme ça que le monde des affaires manifestait son opposition aux dépenses gouvernementales.) Afin de sortir du marasme des secteurs « mous » comme le textile, le vêtement, la chaussure, il imposa des quotas sur les importations et, ce faisant, accentua l'inflation. Pour en aider d'autres à se tirer d'affaires, il leur distribua des subventions : 68 millions de dollars à Ford, 235 millions à l'industrie de la pulpe et du papier. En novembre 1978, le ministre des Finances, Jean Chrétien, accorda des dégrèvements d'impôt de l'ordre de un milliard de dollars au secteur industriel. Tout de suite après, une analyse publiée dans le *Journal de l'Association canadienne d'études fiscales* conclut qu'« il n'est pas du tout évident » que les adoucissements fiscaux consentis à l'industrie depuis 1963 aient donné le plus petit résultat.

Mais il y avait plus grave que notre déclin économique ; c'était notre déclin spirituel. Le malaise que connaissait Trudeau était symptomatique de celui qui affectait le pays tout entier. Nous étions en train de perdre rapidement, si ce n'était pas déjà fait, le sens du dévouement et du devoir public, ce que Daniel Bell appelle « le sens civique ».

*

*   *

À la fin de chaque année, chaque décennie ou chaque siècle, les grands manitous protègent généralement leurs paris en affirmant que l'année, la décennie ou le siècle en question a été « à la fois le meilleur et le pire de tous les temps ». Mais quand les années 70 se terminèrent, tout le monde fut unanime à déclarer qu'elles avaient été pires que tout.

Les experts n'arrivaient pas à se mettre d'accord sur les causes — la télévision, la prospérité, la permissivité, le féminisme, la rancune accumulée devant la constatation que les promesses des enivrantes années 60 n'avaient pas été remplies, la conviction muette qu'une autre Dépression était inévitable —, mais ils s'entendaient tous sur un point : les conséquences en étaient uniformément lamentables.

Se penchant sur notre vie publique, les observateurs se livraient à une surenchère pessimiste. Outre Bell, Daniel Yankelovitch parla d'une «crise de légitimité morale». Dans le *New Yorker*, William Pfaff se dit d'avis que «la Théorie américaine sur les possibilités illimitées et la transformation de l'humanité n'était plus soutenable». La Commission trilatérale soutint que les démocraties étaient devenues ingouvernables, surtout parce que les gouvernements élus ne se résignaient pas à appliquer les solutions économiques douloureuses qui s'imposaient pourtant, parce que leurs électeurs les mettraient dehors. Et, surmontant le tout, il y avait la crainte non formulée de devoir donner raison à Oswald Spengler ; l'Occident était épuisé et était condamné à se faire damer le pion par des races plus résistantes, venues de l'autre côté de l'Oural, du Moyen-Orient ou des rives de l'Asie.

Tout le monde, non sans raison, accusait le libéralisme. L'«État-nounou», d'après la merveilleuse expression de Barbara Amiel, avait engendré, à partir d'un enseignement supérieur généralisé, une race d'analphabètes languissants ; et, ce qui était pire, il continuait de produire autant de pauvres qu'avant*. Aussi, tout le monde arrêta de se sentir coupable à propos des jeunes, des vieux, des pauvres, des femmes, des autochtones, des Canadiens français, et le libéralisme fut privé de sa force motrice. À sa place, on vit s'installer, au son des tambours et des trompettes, le néo-conservatisme.

Nos vies privées étaient tout aussi ternes. L'expression à la mode était «le nouveau narcissisme». Cela impliquait la discothèque de Régine, Cuisinart du Canada, les jeans haute-couture, les souliers Gucci, le bain sauna au lieu de la douche froide, les cosmétiques pour hommes qui devenaient la nouvelle industrie de pointe, et les psychiatres qui, invités à

---

* *Entre 1959 et 1979, la répartition du revenu demeura inchangée ; elle était de 4 pour cent du total pour le cinquième qui était à la base de la pyramide et de 40 pour cent pour le cinquième qui se situait au sommet. Il est vrai que les pauvres recevaient davantage d'allocations sociales, mais les riches avaient plus d'échappatoires fiscales et se tiraient fort bien d'affaire sans la sécurité sociale : presque un quart des allocations d'assurance-chômage étaient versées à des familles ayant un revenu moyen de trente mille dollars. Seule l'assurance-maladie et, dans une moindre mesure, les subventions pour le logement eurent une influence significative sur la répartition du revenu.*

des « talk shows », parlaient de l'anorexie sexuelle au lieu de la frigidité (durant les années 50) ou de l'impuissance (thème du début des années 70).

Les titres des best-sellers résumaient la situation : *Comment vaincre grâce à l'intimidation*, *Soyez votre meilleur ami*. Succédant aux « hommes de l'organisation » qui, tout au moins, se souciaient de leurs entreprises et renonçaient à leurs plaisirs personnels pour les faire progresser, on vit apparaître les joueurs bureaucratiques qui excellaient dans l'art de manipuler les réunions et les relations en se moquant carrément de tout, sauf de leur prochain poste.

Et ainsi de suite. Dans *The Culture of Narcissism*, Christopher Lasch parla de notre « superficialité protectrice dans les relations affectives » et, citant Fromm, de « la déroute des sentiments ». Ne pas avoir d'enfants était le dernier caprice de l'heure, tout comme le divorce constituait le nouveau contrat social, parce que, dans les deux cas, celui qui voyage seul voyage plus vite. Les couples ne se « quittaient » plus ; ils « s'éloignaient » à la façon de danseurs qui cherchent par-dessus l'épaule de l'autre qui sera leur prochain partenaire.

Cela ne pouvait pas durer éternellement. L'affirmation de soi, l'actualisation de soi, la conscience de soi et l'épanouissement de soi qui tenaient lieu d'impératifs au niveau du comportement personnel ne pouvaient conduire, au bout du compte, qu'au désespoir intérieur. Quand la famille, qui constituait le dernier rempart social contre nos démons intimes, commença à s'effriter, on vit s'amorcer dans notre société, comme partout ailleurs dans le monde occidental, un mystérieux retour vers l'équilibre, on vit surgir la reconnaissance anarchique mais spontanée que la mesure était comble. Mais en attendant que le pendule finisse par se stabiliser, nous allions parcourir un bon bout de chemin ; ce serait le rock punk et le massacre de Jonestown, ainsi que S & M qui créait des accessoires dernier cri.

*

*   *

Au milieu de cette misère publique et personnelle, affective et intellectuelle, Trudeau était à la fois le paratonnerre et le miroir. Autant que Narcisse, il se vouait un culte : pour Narcisse, un étang à la surface réfléchissante ; pour Trudeau, sa piscine. Sa propre famille, pendant que Margaret dansait au

Studio 54, était dans un état pitoyable qu'on n'aurait trouvé chez personne d'autre. Son gouvernement était devenu le gouvernement du Moi, la gigantesque machine ayant été démantelée et remontée afin de servir un seul et unique but : sa réélection.

Trudeau était également devenu — à un point qui était déjà ridicule à l'époque et qui semble comique avec le recul des années — le bouc émissaire des sentiments d'hostilité que chacun entretenait à l'endroit de forces incontrôlables. Il était responsable de la baisse du dollar et de la hausse de l'inflation, du nombre insuffisant ou exagéré des avortements. Sans parler des boîtes de céréales bilingues, du séparatisme qui gagnait du terrain au Québec et de la disparition de la potence. Même le mauvais temps était de la faute de Trudeau : il avait chambardé toutes les notions des Canadiens en remplaçant l'échelle Fahrenheit par l'échelle Celsius et les milles par les kilomètres. Il doubla ses torts d'un affront : il alla jusqu'à enlever aux collectionneurs d'armes à feu des fusils de chasse du dix-neuvième siècle et des fusils à pierre du dix-septième.

S'il était un point qui caractérisait la décennie du Moi, c'était la négation de toute responsabilité au niveau individuel. La presse jetait de l'huile sur le feu ; mais ce n'était pas parce qu'elle rapportait toutes les mauvaises nouvelles, ce qui aurait dû être son travail ; non, c'était parce que, dans le plus pur style disco du journalisme contemporain, elle privilégiait la forme sur le fond, substituait les commérages à la recherche et plus encore, personnalisait tout. Sans exagération, quiconque regardait la télévision ou lisait les journaux à la fin des années 70 devait en arriver à la conclusion que tout ce qui se passait était, d'une façon ou d'une autre, de la faute de Trudeau.

*

*   *

À l'instar de tous les chefs politiques quand ils ont le dos au mur, Trudeau recevait à coups de fusil les messagers des médias qui lui apportaient de mauvaises nouvelles. « L'écrasante majorité des employés de Radio-Canada est de tendance séparatiste », affirma-t-il en février 1977 et il obligea le C.R.T.C. à effectuer une enquête qui, évidemment, n'aboutit à rien. Le ministre de la Justice Ron Basford intenta une poursuite contre le *Toronto Sun* pour avoir violé la loi sur les secrets officiels, après que le journal eut publié des extraits d'un rapport de la Gendarmerie royale sur l'espionnage soviétique. Trudeau taxa les médias d'« ennemis » et les traita comme tels, en les rembarrant durant les conférences de presse et en se permettant des gestes arbitraires comme la fois où, après avoir interdit à son premier secrétaire, Jack Austin, de participer à un petit déjeuner non officiel organisé par des journalistes, il s'y rendit à sa place et se montra grincheux et taciturne, comme toujours en début de matinée*.

Mais tout ça n'était pas nouveau. En 1968, dans l'introduction de son ouvrage *Le Fédéralisme et la société canadienne-française,* Trudeau avait qualifié la presse d'« instrument de l'oppression » parce qu'elle véhiculait l'erreur, disait-il ; en 1969, il avait traité de « salauds » les journalistes qui l'avaient accompagné à Londres, simplement parce qu'ils avaient interviewé une blonde à la langue bien pendue avec qui il avait déjeuné. Vers la fin de son mandat, il affirma à ses collaborateurs : « La presse a essayé de me détruire en 1972 et en 1974, et elle a échoué. Elle va certainement le tenter de nouveau. »

Pour Trudeau, la majorité des journalistes ont toujours été des « salauds », collectivement et individuellement. Exception faite de certaines femmes journalistes qu'il admirait pour de tout autres raisons, la liste des reporters dont il parlait en bons termes dans l'intimité était brève : George Radwanski, son biographe, Bruce Phillips, du réseau CTV, dont il aimait l'entrevue traditionnelle de fin d'année, et Jim Munson, un reporter radiophonique avec qui il s'était déjà colleté dans les couloirs du Parlement, mais qu'il avait ensuite qualifié de « petit gars qui a beaucoup de cran ». Il lui arrivait de se montrer sensible et d'une candeur peu commune avec une poignée d'animateurs de la télévision reconnus pour leur sérieux : Pat Watson, du réseau CBC, et son correspondant occasionnel attaché à Londres, Robert Mackenzie (un vieil ami de l'époque de la London School of Economics) ; Peter Desbarats, de la chaîne Global, Alain Stanké, de Télé-Métropole à Montréal, et, surtout, Lord Chalfont, de la BBC. Comme il savait qu'il passait très bien à la télévision, il accordait rarement des entrevues

---

* *Vers la fin de sa période « L'État, c'est moi », Trudeau interdisait à tous ses collaborateurs de parler à qui que ce fût. Il défendit même à Pitfield — qui, d'ailleurs, n'en mourait pas d'envie — de se présenter devant un comité parlementaire, sous prétexte que c'était « inconstitutionnel ». Quand, en 1979, Clark se présenta devant ce même comité en compagnie de Marcel Masse, greffier du Conseil privé, les députés libéraux ne surent pas quoi lui demander ; personne, en tout cas, ne prétendit que la constitution avait été violée.*

aux journalistes de la presse écrite, sauf à ceux de la presse étrangère. (Le nombre de ses entrevues pour la période 1976-1978 se répartit comme suit: presse électronique, cinquante-trois; presse écrite nationale, treize; presse écrite étrangère: quinze.)

Mais il détestait le troupeau. « Je sais que je vous en ai fait voir de toutes les couleurs, déclara-t-il à l'un de ses attachés de presse qui le quittait, mais je ne peux absolument pas sentir ces types-là. » En Chine, en 1973, après un banquet d'État au cours duquel Chou En-lai l'informa qu'il aurait un entretien avec Mao, Trudeau prévint ses adjoints d'annuler une conférence de presse, « comme ça, ça emmerdera les journalistes ». Et parce que les courtisans obéissent toujours au doigt et à l'œil, ministres, collaborateurs et hauts fonctionnaires se comportaient comme Trudeau voulait les voir se comporter. L'attitude de son gouvernement envers l'information se caractérisait par l'obsession et l'esprit de propriété — pour obtenir une loi sur l'accès à l'information, le Canada devrait attendre l'arrivée au pouvoir des conservateurs.

Les reporters, tout comme, d'ailleurs, les attachés de presse de Trudeau, se cassaient la tête pour trouver des raisons qui expliqueraient son attitude; la plus courante voulait qu'il n'ait jamais pardonné à la presse sa complaisance durant le règne de Duplessis. En réalité, même à l'époque, il lisait très peu les journaux et ne pouvait donc pas juger en connaissance de cause jusqu'où le quatrième pouvoir s'était abaissé*.

La véritable explication est beaucoup plus simple. Trudeau déteste qu'on le critique. Et la presse le faisait constamment comme elle le fait de tous les Premiers ministres, d'une part parce qu'elle est convaincue que tel est son devoir, de l'autre parce que ce genre d'articles est beaucoup plus facile à écrire. Étant donné qu'il ignorait les règles du jeu, Trudeau prit au sérieux ses différends avec la presse. Quiconque le critiquait tombait immédiatement et irrévocablement en disgrâce. Desbarats, par exemple, qui avait pourtant déjà obtenu de lui plusieurs entrevues remarquables, l'attaqua durement durant la campagne de 1979; du coup, Trudeau commença à se montrer aussi violent envers lui qu'à l'endroit des autres journalistes de

---

* Premier ministre, il aimait déclarer qu'il ne lisait jamais les journaux. Mais s'il avait beaucoup trop le respect de lui-même pour les lire à la façon avide des politiciens qui mesurent leur importance à la longueur des articles qui les concernent, il n'en parcourait pas moins quotidiennement un dossier de presse préparé par son adjointe, Joyce Fairbairn.

la presse écrite, une vengeance que lui inspirait une aversion sans nuance. Et, durant la campagne électorale de 1980, Desbarats eut toutes les peines du monde à décrocher une entrevue avec lui*. Un autre élément qui explique l'attitude de Trudeau est son esprit de rivalité qui le pousse à ne jamais céder un millimètre de terrain. Il prenait grand plaisir aux joutes verbales où il entraînait les journalistes et gagnait systématiquement, sans le moindre effort. « Ils m'amusent en ce sens que je trouve ça divertissant, reconnut-il au cours d'une entrevue donnée en 1972. Ils essayent de me coincer et j'en fais autant. » Pendant son séjour dans l'Opposition, il négligeait d'aller à ses conférences de presse hebdomadaires et demandait à ses collaborateurs de s'en occuper; ceux-ci expliquaient alors avec ménagement qu'il n'avait plus grand-chose à dire. Mais Trudeau était furieux de voir que la presse avait toujours le dernier mot. « Il n'a jamais pu s'habituer au fait qu'il était incapable de la dominer », dit l'un de ses bras droits.

En réalité, c'était Trudeau qui tenait le gros bout du bâton dans ses relations avec les médias, et ce, le plus aisément du monde. En 1968, ils courbaient l'échine devant lui; en 1974, il les menait par le bout du nez. Né des résultats de 1979, le mythe du « pouvoir de la presse » fut rapidement dégonflé par ceux de 1980. Le hasard avait fait qu'en 1979, comme les événements le démontrèrent, la population et les média avaient partagé un même parti-pris contre Trudeau; quand leur accord cessa en 1980, Trudeau et le pays gagnèrent dans un fauteuil.

Seuls les politiciens qui se sentent pris au piège et quelques intellectuels accordent du crédit au soi-disant pouvoir des médias. Un exemple éloquent de leur impuissance nous vient des années 70 où, alors que la majorité des éditorialistes et la presque totalité des journalistes étaient en faveur de l'abolition de la peine de mort, les Canadiens, fidèles à eux-mêmes, avaient réclamé à cinq contre un le retour de la potence. Ce n'est pas sur l'opinion que les médias ont de l'influence, mais sur *la programmation des affaires publiques*. Sans la télévision, les hommes politiques et les questions d'intérêt public cessent tout simplement d'exister. Elle accorde la priorité aux sujets qui ont un contenu spectaculaire, affectif et anecdotique, ainsi qu'aux politiciens qui ont l'esprit vif, un physique imposant et

---

* *À peine a-t-on besoin de rappeler qu'à l'époque où Trudeau écrivait dans* Cité libre, *il ne se faisait pas faute de malmener les politiciens — traitant, par exemple, Pearson de «défroqué de la paix» — de la même façon, très exactement, que les journalistes le font avec lui.*

sont d'habiles comédiens. Autrement dit, des politiciens comme Trudeau. Des magiciens.

Trudeau fut beaucoup mieux traité par la presse que ses adversaires: Clark, «trop mou»; Stanfield, «il parle en pauses de trente secondes»; Diefenbaker, «trop bouillant»; Broadbent, «trop strident». Les journalistes ne l'aimaient pas particulièrement (si Clark était le «Wimp», il était «l'Affreux»), mais ils lui savaient gré de leur fournir régulièrement leur ration d'anecdotes et de commérages dont ils avaient besoin pour nourrir «la Chèvre». Ce fut seulement au moment de son déclin puis de sa chute, soit entre 1977 et 1979, que les commentaires à son endroit se changèrent en accusations acerbes: «cynique», «opportuniste», «manipulateur». Mais, sauf durant les toutes premières années, la presse fit toujours son éloge du bout des lèvres.

C'est quelqu'un qui n'est pas du métier qui a le mieux su expliquer pourquoi et comment l'histoire d'amour entre Trudeau et les médias tourna au vinaigre*. Dans *Maggie and Pierre,* la satire théâtrale de Linda Griffiths, le journaliste «Henry» et Trudeau vocifèrent à qui mieux mieux, et Henry met fin à leur prise de bec en hurlant: «Vous nous avez trahis. Vous avez fait de nous des idéalistes. Vous nous avez fait croire que le système finirait par changer et puis vous avez tout fichu en l'air. Ça, vous allez devoir le payer. Vous nous avez personnellement trahis.» Trudeau voyait les choses sous le même éclairage, à cette différence près que c'était lui l'idéaliste; et les journalistes qui le critiquaient étaient les «ennemis».

Contrairement à ce que croient les inconditionnels de Trudeau, ce n'est pas un journaliste canadien, mais un reporter britannique qui a porté le jugement le plus dur et le plus perspicace. «C'est un homme totalement dépourvu de principes, au sens courant du terme, déclara Malcolm Muggeridge, dans une entrevue pour la revue *Weekend.* Il a compris que, dans la forme contemporaine de gouvernement, on peut très bien ne rien faire et ne pas avoir d'idées. Tout ce qu'il faut, c'est posséder une personnalité qui soit immédiatement saisissable.»

Muggeridge avait fait ce commentaire en 1974, alors que Trudeau avait le vent dans les voiles. S'il l'avait observé durant la période 1977-1979, il y a fort à parier qu'il serait demeuré sans voix.

---

* *Un documentaire télévisé de la CBC traitant des relations entre Trudeau et la presse portait, en sous-titre: «L'Histoire d'un amour non partagé».*

Chapitre XIX

La chute

«Fortune, bonne nuit... »
William Shakespeare
Le roi Lear

Avant Trudeau, on n'avait encore jamais vu un Premier ministre, sauf peut-être Mackenzie King, s'acharner à gagner une élection en y consacrant tant de temps ou en faisant preuve d'une détermination qui avait finalement tourné à l'idée fixe. Les motifs des deux hommes se ressemblaient; tout comme King, Trudeau était convaincu que le choix n'existait pas: c'était lui ou le chaos.

La fièvre électorale avait débuté dès la fin de 1976, immédiatement après la victoire du P.Q. Coutts et Davey avaient alors insisté pour que Trudeau se présentât devant l'électorat au printemps suivant; ils soutenaient que celui-ci pourrait prolonger son mandat au-delà de celui de Lévesque et profiter du fait que la crise nationale pousserait la population à se serrer autour de son chef. Mais, privé de ses moyens par l'échec de son mariage, Trudeau n'était plus en état de faire campagne.

Toujours à cause de la dépression où il glissa après sa séparation, il laissa passer une seconde « ouverture » électorale, à l'automne de 1977. Forts des résultats d'un sondage exclusif selon lesquels Trudeau menait par la marque incroyable de 56 pour cent — ce que, même au sommet de sa carrière, Diefenbaker n'avait pu accomplir —, Coutts et Davey étaient revenus à la charge. Quand Lévesque déposa, durant la dernière semaine d'août, son projet de loi référendaire, le caucus libéral québécois pressa à son tour Trudeau de déclencher des élections et de faire du référendum son cheval de bataille. Finalement, Trudeau se rangea à l'avis du président du parti, Al

Graham, d'après qui une élection prématurée passerait pour de l'«opportunisme» aux yeux des militants canadiens-anglais. En fait, les Initiés estiment que si Trudeau fit cas des conseils de Graham, c'était simplement parce qu'ils justifiaient une décision qu'il avait déjà prise.

Dès ce moment, tout le monde conclut que Trudeau en appellerait au peuple en juin ou juillet 1978, après avoir complété un mandat normal de quatre ans. De fait, Trudeau commençait les habituels exercices d'échauffement — il afficha son nouveau style «pistolero» lors du congrès libéral de février et, en mars, souleva l'admiration des banquiers de l'Economic Club de New York devant qui Lévesque avait pris la parole l'année précédente. En avril, un sondage Gallup lui accorda une confortable avance de 11 points de pourcentage. Mais, le 11 mai, Trudeau déclara devant les Communes: «J'ai finalement décidé (...) que nous resterions dans cette Chambre.»

C'était le comité politique du cabinet qui, une semaine plus tôt, avait tranché pour Trudeau. Réunis pour entériner la décision, prise de longue main, de tenir les élections en juillet, ses membres avaient passé toute une matinée à contempler d'un air morne les tout derniers résultats de Gallup: libéraux, 41 pour cent; conservateurs: 41 pour cent. Étant donné que les immenses majorités qu'ils accumuleraient au Québec seraient annulées par la quantité de votes qu'ils perdraient ailleurs, les chiffres laissaient présager une défaite retentissante à l'échelle nationale. Davey résuma les recommandations du comité: «Nous venons d'éviter de perdre une élection que nous n'avions pas encore déclenchée.»

Durant la réunion, deux adjoints, Coutts et Colin Kenny, avaient soutenu que les chiffres de Gallup étaient erronés. Ils avaient effectivement raison. En juin, l'agence de sondage redonna à Trudeau une avance de 4 points qui, en juillet, monta à 6. Aussi, si celui-ci s'en était tenu à son projet initial, il aurait sûrement été vainqueur avec, au pis aller, un gouvernement minoritaire. À l'époque, son refus de tenir compte de l'avis de Coutts et de convoquer des élections qu'il aurait gagnées à coup sûr en 1977, et fort probablement au printemps de 1978, fut simplement perçu comme l'une des nombreuses fausses manœuvres qui parsèment la carrière de tout chef politique. Mais les détails de ces événements restèrent gravés dans sa mémoire, précise comme un ordinateur, pour en surgir aussitôt quand, deux ans plus tard et dans des circonstances tout à fait différentes, Coutts le pressa d'abord de renverser le gouvernement, puis de jouer le tout pour le tout en revenant à la tête du parti en prévision du scrutin subséquent.

L'indécision dont il avait fait preuve en mai 1978 avait privé Trudeau de son aplomb. Clark se moqua de lui, affirmant qu'il avait «peur d'affronter la population». Ravie, la presse se demandait s'il s'accrocherait jusqu'à la fin de son mandat de cinq ans, comme l'avait fait R.B. Bennett pendant la Dépression, et s'il subirait le même sort ou s'il tenterait d'y échapper en démissionnant. La suite des événements confirma que, pour une fois, la presse avait vu juste — et dans les deux cas.

*
*   *

À l'époque, les électeurs étaient moins en quête de quelqu'un qui sauverait le Canada que de quelqu'un qui sauverait l'économie et, pour commencer, la soustrairait des mains de Trudeau. Tout au long du printemps de 1978, le dollar n'avait cessé de diminuer de jour en jour, atteignant 86,93 cents à la mi-avril; chaque décimale perdue provoquait des manchettes grosses comme ça, du genre «Le plus bas taux depuis la Dépression». Les gros titres se multipliaient. Le chômage culminait à 8,6 pour cent, ce qu'on n'avait pas vu non plus depuis la Dépression. Les experts s'inquiétaient de voir que le déficit de la balance des paiements se chiffrait à cinq milliards de dollars, et encore plus en constatant que le déficit budgétaire de onze milliards et demi équivalait au quart de tous les revenus touchés par Ottawa.

Puis, en juin, les Californiens montrèrent aux Canadiens la voie à suivre. En proie à une colère noire, ils votèrent pour la Proposition 13. Le gouverneur Jerry Brown déclara qu'une réduction de taxes de 7 milliards de dollars entraînerait la ruine de l'État. Puis il reconnut que l'électorat avait raison: le gigantisme gouvernemental était en train de tout détruire.

Inutile de dire que notre gouvernement était plus gros que celui de la Californie. Entre 1970 et 1976, tandis que la population augmentait de 8 pour cent, la bureaucratie fédérale grimpait de 30 pour cent et le nombre de hauts fonctionnaires connaissait une hausse de 127 pour cent. En juillet, Gallup constata que, pour la première fois, les Canadiens étaient aussi nombreux à blâmer le gigantisme gouvernemental que les syndicats, éternels boucs émissaires, pour leurs difficultés*. Coutts parla à Trudeau. Docile, celui-ci emboîta le pas à Brown sur le chemin de Damas et annonça à la télévision, le 1er août, un vaste programme de compression des dépenses gouvernementales. Deux semaines plus tard, le 16 août, Andras précisa que les coupures seraient de l'ordre de deux milliards et demi de dollars.

Mais le fond de l'histoire était tout de même un peu plus compliqué. Pendant des mois, Andras, qui était alors le président du Conseil du Trésor, avait passé son temps à faire ce dont Turner s'était contenté de parler: dire «non» à ses collègues du cabinet. Malheureusement, les factures accumulées durant une décennie de «oui» arrivaient toujours à pleins sacs. Faisant feu de tous bords, Trudeau ordonna à ses ministres de lui soumettre des suggestions afin de ramener les coupures à cinq cents millions de dollars: au moment de l'échéance, en juin, la moitié des ministères étaient restés muets, tandis que les sacrifices consentis par les autres totalisaient à peine dix-huit millions. Du coup, Trudeau comprit à son tour ce que tout le monde répétait depuis des années: la bureaucratie, sa bureaucratie, avait échappé à toute autorité. En d'autres termes, son cher «État-serviteur» était devenu le maître.

En juillet, Trudeau partit pour Bonn où se tenait le Sommet économique des pays occidentaux; il s'y fit remarquer par ses interventions sur les mesures à prendre pour mettre un terme aux détournements d'avions et en se permettant un geste obscène devant la presse internationale. Au cours d'entretiens privés, le chancelier Helmut Schmidt le chapitra sur le laisser-aller du Canada dans le domaine économique. Après quoi, Trudeau partit en vacances au Maroc, acheta la djellabah de soie blanche, nagea et se dora au soleil. Puis, le mardi 27 juillet, il reçut un coup de téléphone qui le fit rentrer au pays en quatrième vitesse.

Coutts était au bout du fil. Le tout dernier sondage de Gallup venait d'arriver. Les augures favorisaient une élection. Trudeau écouta Coutts jusqu'au bout et lui donna le feu vert. Lui-même rentrerait par avion le dimanche 30 juillet et annoncerait la dissolution de la Chambre le lendemain.

---

* *Dans son rapport de mars 1979, la Commission Lambert entérina tout ce que les Canadiens répétaient depuis toujours à propos du gâchis entretenu par Ottawa. Elle constata qu'«un profond malaise (a) gagné l'administration gouvernementale» par suite d'une «abdication presque totale à tous les paliers de responsabilités».*

Le samedi 29 juillet, le comité de stratégie électorale des libéraux se réunit dans une suite à l'Auberge des Provinces, à Ottawa, afin de mettre au point les grandes lignes de la campagne. Les plans de stratégie et l'itinéraire de Trudeau étaient prêts, mais personne ne les regarda. Coutts avait en main les derniers «bons numéros» de Goldfarb et ceux-ci ne laissaient rien présager de bon. De ce fait, la réponse du Canada à la Proposition 13, ou «l'exercice économique de l'après-Bonn» comme on finit par l'appeler, devenait l'unique solution possible. Le dimanche après-midi, tandis que Trudeau se faisait photographier en djellabah avec le coucher de soleil en arrière-plan, Coutts, Pitfield et quelques autres collaborateurs entreprirent de déterminer la marche à suivre.

Rarement aura-t-on vu, dans toute l'histoire de la politique canadienne, un si petit groupe prendre des décisions économiques d'une telle importance au milieu d'une pareille confusion. La population fut complètement mystifiée par la soudaine conversion de Trudeau aux objectifs du néo-conservatisme: réduction des dépenses et suppression de postes dans la fonction publique (environ cinq mille par année), «le retour au secteur privé de certaines responsabilités gouvernementales» et l'adoption de nouvelles mesures stimulantes afin d'«assurer notre prospérité continue». Le cabinet était tout aussi mystifié. Le seul ministre dans le secret était Andras que Coutts rejoignit alors qu'il disputait une partie de golf, pour lui demander l'importance des coupures que Trudeau allait annoncer. (Au cours de leur conversation, Coutts laissa entendre qu'il faudrait envisager six milliards, au bas mot, pour mettre fin au tollé général.) Chrétien, le ministre des Finances, qui était en vacances à Shawinigan, apprit la nouvelle d'un collaborateur qui, comme tout le pays, venait d'être mis au courant par son appareil de télévision. Il voulut démissionner et l'aurait sûrement fait si son départ n'avait pas risqué de nuire gravement à la cause du fédéralisme au Québec. Néanmoins, cette atmosphère de crise stimula les imaginations. Monique Bégin, ministre du Bien-Être social profita de l'occasion pour modifier de façon originale la politique sociale et, prenant aux riches pour donner aux pauvres, fit adopter un régime de crédit d'impôt pour enfants de deux cents dollars par année. Enfin, le gouvernement trouva le moyen de juguler ses propres dépenses: pour la première fois, les dépenses de l'exercice suivant, 1979-1980, furent maintenues à un niveau de «croissance nulle».

Néanmoins, le déficit budgétaire de cette même année n'avait pas bougé d'un pouce et était toujours de 11,8 milliards de dollars. Aussi les observateurs commencèrent-ils à se demander si, au lieu des dépenses gouvernementales trop élevées, ce ne serait pas plutôt les recettes fiscales trop basses qui seraient à l'origine de la situation. (En effet, le volume des dépenses du Canada était parmi les plus bas des démocraties industrielles.) L'exercice de l'après-Bonn avait été conçu dans le but de faire valoir Trudeau comme un Chancelier de fer économique, un Helmut Schmidt d'outre-Atlantique. Mais ce fut l'image d'un opportuniste politique qui, au contraire, s'en dégagea. Chrétien et d'autres ministres organisèrent à la hâte des conférences de presse pour expliquer ce qui se passait, mais, comme ils n'en savaient à peu près rien eux-mêmes, cela ne donna pas grand-chose. (À un moment donné, les experts ne s'étaient pas encore mis d'accord sur les budgets qui seraient alloués à de nouveaux programmes, moins d'une heure avant d'en faire part à la presse.) De toute façon, étant donné que Trudeau avait déclaré, deux ans plus tôt à peine, « le gouvernement va devoir en faire davantage », personne ne le prit au sérieux quand il affirma, ou parut affirmer, que le gouvernement allait maintenant devoir en faire moins.

L'exercice fit tomber Trudeau directement dans un piège politique. En appliquant des mesures de restrictions, il souleva la colère de tous les électeurs qui en pâtirent, une leçon de *realpolitik* que les conservateurs allaient apprendre de façon encore plus douloureuse, un an plus tard. Tandis que la date du scrutin approchait et que les libéraux le pressaient de distribuer les habituels « bonbons » électoraux, Trudeau ne pouvait ni se permettre d'avoir l'air de changer d'avis une fois de plus, ni de rompre la promesse qu'il avait faite à Chrétien. Celui-ci, en effet, avait consenti à revenir sur sa démission à la condition expresse que Trudeau lui accordât un droit de veto sur tous les nouveaux programmes de dépenses; et, pour restaurer sa crédibilité comme ministre des Finances, Chrétien rejeta systématiquement tous les projets qui lui furent soumis, y compris une allocation « protectrice » pour les propriétaires de maison; or les stratèges libéraux avaient prévu s'en servir pour contrebalancer la promesse faite par les conservateurs d'accorder un crédit d'impôt hypothécaire, qui avait été très bien accueillie par la population.

Aussi, en un geste d'abnégation qui, tout involontaire qu'il fût, constituait un précédent de la part d'un homme politique canadien, Trudeau traversa toute la campagne de 1979 sans faire une seule promesse électorale qui aurait entraîné des dépenses. Tout de suite après la défaite, l'exécutif national du parti diagnostiqua que la principale cause de la situation incongrue où se retrouvaient les libéraux, c'est-à-dire à l'écart du pouvoir, tenait au fait que Trudeau n'avait pas réussi à séduire les électeurs sans les acheter. Trudeau écouta, comprit et passa à l'action. Pendant son séjour dans l'Opposition, il imprima au parti un virage à gauche. Pendant la campagne électorale de 1980, il attaqua les conservateurs sous prétexte qu'ils tentaient de restreindre les dépenses gouvernementales et adopta comme slogan : « un gouvernement, non pas moins, mais plus efficace ». Ce qui ressort d'intéressant de la campagne de 1979, c'est qu'il s'agit, avec celle de 1972, des deux seules élections où Trudeau ne s'est livré à aucun tour de passe-passe ; chaque fois, il a été chassé de la scène.

*

* *

La première amende que Trudeau eut à payer pour le gâchis de l'après-Bonn fut de laisser passer une autre « ouverture » électorale. Il dut plutôt affronter quinze élections partielles, accumulées depuis un an et demi et qui étaient toutes prévues pour le 16 octobre. Il les perdit toutes sauf deux au Québec, ce dont personne ne tint compte ; ceci constitua la plus sévère raclée jamais essuyée par un Premier ministre depuis la Confédération, entre deux scrutins généraux. Rompant avec la tradition, il fit campagne personnellement et dut écouter les Canadiens lui dire que son temps était révolu. « Je vous respecte et je sais que vous êtes mon Premier ministre, (...) mais je crois qu'il est temps pour vous de passer la main et de donner sa chance à un autre », lui déclara un Italo-Canadien, tremblant devant sa propre témérité, lors d'un rassemblement à York-Scarborough. « J'ai tellement de questions à poser, mais je n'ai plus confiance en vous comme dirigeant », bégaya une adolescente, au cours du même rassemblement.

Les Canadiens voulaient que Trudeau s'en aille. Mais ils voulaient qu'il le fasse dignement, en choisissant lui-même le moment de son départ, sans qu'ils soient obligés de le mettre dehors.

Trudeau entendit le message. Comme d'habitude, il n'en admit rien en public. « Si l'on tient compte des alternatives, j'estime être le meilleur », affirma-t-il lors d'une conférence de presse, en décembre. Quand, en privé, des collaborateurs lui dirent que, malheureusement, les Canadiens ne voulaient plus entendre parler d'unité nationale, il répondit tristement : « Je comprends ce que vous êtes en train de dire, mais, mon Dieu, cela en dit long sur ce pays. » (Essentiellement, cela disait simplement que les Canadiens n'avaient plus peur de voir le Québec se séparer depuis que Ryan était devenu le chef du parti libéral ; par contre, la perspective d'une débâcle économique les inquiétait infiniment plus.)

Aussi Trudeau décida-t-il de s'en aller. Enfin presque. Il déclara à ses collaborateurs qu'il prendrait sa décision durant les vacances parlementaires de Noël. Tous ceux qui le connaissaient intimement étaient certains qu'il démissionnerait. Pourtant, après son retour de la Jamaïque, au début de janvier, Trudeau prévint les Initiés qu'il resterait jusqu'au bout. S'il lui fallait partir, leur précisa-t-il, il tenterait de le faire en amenant les Canadiens à comprendre le genre de pays qu'ils devaient bâtir. Il convoqua son exécutif national et déclara devant tous les membres rassemblés que s'il y en avait parmi eux qui souhaitaient le voir partir, ils n'avaient qu'à prendre la porte ; personne ne bougea. Il resterait, poursuivit-il, mais à la condition expresse de pouvoir parler de l'unité nationale durant la campagne, peu importe que les sondages révèlent ou non le nombre de votes perdus chaque fois qu'il prononcerait cette phrase. L'exécutif céda puis s'attela à la préparation d'une campagne que la plupart des membres savaient avoir déjà perdue.

*

*   *

Au début de 1979, la situation s'améliora légèrement. Le dollar cessa de dégringoler. Clark fit le tour du monde et perdit ses valises. Trudeau progressait pouce par pouce dans les sondages. Davey, de même que d'autres stratèges, le pressa de s'accrocher jusqu'à la toute fin, soit jusqu'au 8 juillet qui marquerait le cinquième anniversaire de sa dernière élection. (En fait, comme l'apprirent les journalistes après avoir consulté l'oracle constitutionnel, le sénateur Eugene Forsey, Trudeau aurait pu, techniquement, retarder l'élection jusqu'en 1980 ; toutefois, s'il l'avait fait, les Canadiens auraient marché sur Ottawa qu'ils auraient démantelée pierre par pierre.)

Au lieu de ça, Trudeau prit tout le monde par surprise quand, le 26 mars, il annonça que les élections auraient lieu le 22 mai. Le Gouverneur général Schreyer, qui avait annulé un rendez-vous à l'extérieur de la ville pour pouvoir le recevoir à Rideau Hall, était aussi abasourdi que la population. Trudeau avait décidé de la date beaucoup plus sous le coup d'une impulsion qu'à la suite d'une analyse. L'autobiographie de Margaret, *À Cœur ouvert*, serait en librairie en avril; dès ce moment, elle serait la coqueluche des «talk shows» et ne manquerait pas de commettre de nouvelles indiscrétions comme au moment de ses relations avec Ted Kennedy*. Selon l'un des bras droits de Trudeau, celui-ci aurait choisi la date du 22 mai «uniquement pour faire voir à Margaret». Et il en terminerait une bonne fois pour toutes avec tous ses *Gotterdammerungs* en même temps. On peut également penser, à bon droit, que Trudeau avait compris comment se bâtissent les légendes.

*

*   *

L'élection de 1979 se déroula comme une tragédie, dans la plus pure tradition aristotélique: Trudeau était le roi Lear, un héros tiré à bas de son piédestal par son propre *hubris* et qui, pourtant, tombait avec élégance.

Quand on le lit avec du recul, le scénario de l'élection ressemble davantage à un mélodrame où la population tiendrait le rôle d'un propriétaire qui, après avoir chassé un locataire qui aurait abîmé son logement, regretterait son geste. Les Canadiens, comme les événements le confirmèrent, ne voulaient pas vraiment écarter Trudeau; ils voulaient seulement lui dire de cesser d'agir à la façon du Trudeau qu'il était devenu. En outre, ils avaient cédé à leur besoin décennal de «punir» les libéraux pour leur arrogance. Bien entendu, le résultat de l'élection ne donna pas lieu, comme on l'avait tellement craint, à des scènes dignes du jugement dernier où les Québécois, voyant leur propre sang battu et remplacé par un gouvernement conservateur «anglais», auraient réagi en faisant mordre

---

* *À ce moment-là, en fait, Margaret avait perdu ses dons de magicienne. Pour les Canadiens, elle était devenue une «petite idiote», une «petite gourde». Or, comme le «cas Margaret» était la seule chose qui avait poussé les équipes de la télévision américaine à se déplacer pour suivre les élections canadiennes, leurs reporters furent profondément mortifiés de constater que plus personne, ou presque, ne s'intéressait suffisamment à elle pour accepter d'en parler devant ou derrière les caméras.*

la poussière aux fédéralistes lors du référendum. Ce fut même le contraire qui se produisit : privé d'une cible à Ottawa, Lévesque se retrouva les mains vides ; il perdit quatre élections partielles de suite et, au début de l'hiver de 1980, les sondages accordèrent aux fédéralistes une confortable avance, pour la première fois depuis le début de la campagne référendaire.

Néanmoins, même si les craintes de Trudeau ne s'étaient pas concrétisées, cela ne voulait pas dire qu'il n'était pas profondément convaincu de tout ce qu'il avançait. Chez lui, à cause de son caractère, la raison s'était toujours transposée en des déclarations extrêmes, passionnées, manichéennes, comme lorsqu'il affirmait que le séparatisme était « mort » ou que la Confédération vivait « sa dernière chance ». De fait, durant la campagne de 1979, il généralisa ses problèmes personnels, comme le font presque tous les leaders politiques quand ils ont de sérieux ennuis. Cependant, en exagérant le danger que courait l'unité nationale, il obligea les Canadiens, sinon à voter pour lui, du moins à penser de nouveau à « Un Canada uni » et à oublier les querelles de clocher et les tensions qui déchiraient le pays.

Mais rien de tout ceci ne transparut durant la campagne. Délibérément, Clark parla le moins possible. Une seule fois, alors qu'il prononçait un discours dans sa ville natale de High River, il présenta avec beaucoup d'éloquence sa vision du Canada, « une communauté de communautés », et expliqua que la seule façon, à son avis, de donner « un nouveau visage au fédéralisme » consistait à mettre fin aux interminables querelles entre Ottawa et les provinces.

Trudeau, se servant comme d'habitude de l'arme qu'il manie le mieux, passa une bonne partie de son temps à attaquer ses adversaires. À cause de ses promesses, Clark devint « l'homme de sept millions de dollars » et sa tendance à donner satisfaction aux provinces lui valut de se faire traiter de « marionnette des Premiers ministres ». Trudeau consacra presque tout le reste de son temps à s'en prendre aux Canadiens, mais de façon beaucoup moins efficace. Un Torontois qui téléphona à une émission de « lignes ouvertes » se fit taxer de « presque traître » parce qu'il ne prenait pas suffisamment au sérieux le problème de l'unité nationale ; un fermier de Sainte-Anne-de-la-Pocatière qui lui posait des questions embarrassantes apprit qu'il n'était qu'un « rouspéteur professionnel » ; parce qu'ils étaient en train d'« affaiblir le gouvernement fédéral »,

Lougheed et Blakeney devinrent, eux, des « ennemis de la Confédération ».

Ce fut seulement durant la dernière quinzaine de la campagne que Trudeau trouva enfin son style. Il y parvint en refusant tous les discours qu'on lui soumettait et en coupant les ponts avec son personnel ; même Coutts dut se contenter de le voir en vitesse à la fin de la journée pour des réunions de stratégie d'à peine cinq minutes ou pour de brèves discussions moroses pendant le petit déjeuner. Trudeau sentait qu'il était en train de couler à pic. Et avant, remarque un collaborateur, il voulait « faire des déclarations qui lui survivraient ».

Très peu, toutefois, passèrent à l'histoire. Semblable à un magicien sur le retour, Trudeau recourait de plus en plus souvent — et trop visiblement — à des accessoires ; il se tenait debout, devant un unifolié stylisé en guise de toile de fond, héros solitaire et incompris, soucieux de plaire, mais qui en faisait tout de même un peu trop. Certaines de ses phrases, malgré tout, étaient de celles qui restent longtemps dans les mémoires. Par exemple, lors de sa désignation comme candidat dans sa circonscription de Ville Mont-Royal, le 2 avril : « Même si j'ai perdu quelques illusions, je n'ai perdu aucun de mes idéaux pour le Canada. » Et devant des militants du parti, en Colombie britannique, le 24 : « Il existe une tendance marquée à l'égoïsme qui risque de détruire notre pays. »

Durant la dernière quinzaine, sauf pendant le « combat des chefs » où il envoya Clark dans les câbles mais sans le mettre K.O., Trudeau, ne faisant aucun cas de ses conseillers atterrés, parla uniquement du sujet grâce auquel il voulait passer à la postérité. Avant de prononcer son seul discours véritablement important de toute la campagne devant une assemblée monstre de vingt mille personnes réunies au Maple Leaf Gardens, à Toronto, Trudeau refusa de montrer à ses collaborateurs le texte qu'il avait lui-même rédigé. Debout sur l'estrade — avec comme toile de fond, cette fois, le plus grand unifolié de tout le pays, qui mesurait quarante pieds sur vingt —, Trudeau expliqua à la nation comment il avait l'intention de la sauver : convocation immédiate du Parlement afin d'adopter une résolution sur le rapatriement de la constitution ; rencontres échelonnées sur un an avec les Premiers ministres provinciaux pour mettre au point une nouvelle constitution, et, en cas d'échec, « nous consulterons la population du Canada par le biais d'un référendum national. Nous aurons une constitution canadienne, faite par les Canadiens et pour les Canadiens, et nous la ferons ensemble». Les applaudissements au Maple Leaf Gardens furent moins nourris quand il eut terminé de parler qu'au moment où il avait bondi sur l'estrade.

Rien ne pouvait l'arrêter. Le lendemain, il répéta la même chose à Montréal, et de nouveau à Hamilton, le 19 mai. «Ou nous aurons un pays fort et uni, ou nous aurons un pays fait de dix principautés indépendantes. Mettons-nous à la tâche, tous ensemble, en un seul et immense acte de volonté nationale. »

Son dernier discours fut le meilleur. Le 20 mai, il parla calmement et sans notes devant mille personnes rassemblées dans une école secondaire, à Guelph. Le sermon qu'il avait entendu à la messe, le matin même, portait sur le texte tiré de saint Jean, « Aimez-vous les uns les autres». Et «c'est justement ça qui compte» si l'on veut que le Canada survive, déclara-t-il à son auditoire.

Aucun des discours de Trudeau ne modifia une seule intention de vote, ainsi que le révélèrent les sondages. Mais *ce* qui changea, et de façon subliminale, ce fut la nature des sentiments qui poussaient les électeurs à voter contre lui. Peu de temps après l'élection, ceux-ci commencèrent à éprouver des remords et, dès que l'occasion s'en présenta, ils projetèrent leur sentiment de culpabilité sur celui-là même qu'ils avaient choisi pour abattre Trudeau: Clark. Semblables à des spectateurs restés indifférents devant un magicien dont ils connaissent trop bien les tours, ce fut seulement après la chute du rideau qu'ils se rendirent compte de ce qu'ils avaient fait: si le spectacle avait été mauvais, c'était parce qu'eux-mêmes l'avaient gâché*.

*
*   *

Comme d'habitude, ce fut l'Ontario qui décida du nouveau Premier ministre. Tous les ministres de Trudeau, sauf cinq, furent battus. Au 24 Sussex, pourtant, Trudeau suivit les résultats jusqu'à minuit en compagnie de quelques collaborateurs et amis, pendant que Coutts et Kenny, plus faucons que jamais,

---

* *Ce fut un adversaire, le péquiste Pierre de Bellefeuille, qui exprima le plus éloquemment ce sentiment de regret collectif devant la chute de Trudeau. Dans une lettre ouverte au journal* The Gazette, *de Montréal, il écrivit: «On lui a dit de rentrer chez lui, le voyage est terminé. S'il pouvait m'entendre, j'aimerais lui dire: revenez à la maison, au Québec. »*

le pressaient d'attendre le tout dernier bulletin avant de concéder la victoire. Ils espéraient, comme Trudeau l'avait si malencontreusement laissé échapper devant les reporters, que même si Clark menait, leur chef pourrait se maintenir au pouvoir avec l'appui du N.P.D. Puis les bureaux de scrutin de la Colombie britannique fermèrent leurs portes et, presque aussitôt, les jeux furent faits. Clark remporta dix-neuf des vingt-huit sièges de cette province, ce qui lui en donna cent trente-six en tout, presque deux douzaines de plus que ceux obtenus par Trudeau ; même les conseillers politiques les plus opportunistes ne pouvaient que s'incliner devant une telle différence.

Dans la salle de bal du Château Laurier, les libéraux étaient en larmes. « Ne lâchez pas, ne partez pas », crièrent-ils à Trudeau quand celui-ci monta sur l'estrade, un sourire aux lèvres et une rose à la boutonnière. « Malgré ses artifices, ses tâches rebutantes et ses rêves déçus, c'est quand même un monde merveilleux », déclara-t-il, empruntant au *Desiderata*, en 1979 comme en 1972, les mots qu'il voulait dire. Il se rendrait immédiatement chez Schreyer et le prierait d'inviter Clark à devenir le seizième Premier ministre du Canada.

Trudeau avait été battu, mais il n'avait pas été écrasé. Il s'en était relativement mieux sorti (40 pour cent du suffrage populaire comparativement à 36 pour cent pour Clark) qu'en 1972 et avait obtenu plus de sièges qu'à l'époque (114 contre 109)*. Il avait privé Clark de la majorité qui aurait normalement dû lui revenir ainsi que du titre de dirigeant national puisque seulement deux conservateurs avaient été élus au Québec.

*
*   *

Les historiens sont friands de statistiques. À trente-neuf ans, Clark serait bientôt le plus jeune Premier ministre de toute l'histoire du Canada. À cinquante-neuf ans, Trudeau était fini. Il était également coincé à la fois par les événements — même s'il était devenu un boulet pour son parti, il lui faudrait en demeurer le chef jusqu'après le référendum — et par Margaret qui passa la soirée des élections à danser au Studio 54, vêtue d'un pantalon blanc et collant à la mode disco, et qui, main-

---

* Bien entendu, Trudeau s'en était bien tiré au Québec, ainsi qu'auprès des femmes qui avaient voté pour lui en aussi grand nombre qu'en 1974 (43 pour cent, selon Gallup). Les électeurs qui l'avaient rejeté étaient des Anglo-Saxons et avaient plus de trente ans.

tenant qu'elle avait perdu son statut de vedette, ne tarderait pas à revenir à Ottawa, sinon pour lui du moins pour les enfants.

Le lundi 4 juin 1979, par une magnifique journée du début de l'été, Trudeau se rendit à Rideau Hall dans sa Mercedes 300SL 1959 couleur argent, pour déjeuner avec le Gouverneur général, lui remettre le Grand Sceau du Canada qui pèse huit livres et demie et lui faire ses adieux. «Je n'ai ni regrets ni remords», dit-il à Schreyer. Quand il sortit, les journalistes et les curieux se pressaient devant la porte. Il traversa la foule sans mot dire, mais en souriant et d'un pas alerte. Il sauta dans sa Mercedes, mit le moteur en marche sans un seul raté, se retourna pour crier: «Je me sens libre», et, dirigeant la voiture vers la sortie en un geste large, accéléra à fond. En chemin, il croisa les nouveaux parlementaires conservateurs qui allaient se faire assermenter comme membres du nouveau cabinet.

En réalité, cependant, le règne de Trudeau avait pris fin une semaine plus tôt, sous la pluie. Il s'agissait de la dernière grande réception donnée à Ottawa: Alice, la fille de l'ambassadeur américain Thomas Enders et de sa femme Gaetana, épousait Peter Cronyn, rejeton d'une des plus anciennes familles du Canada. L'occasion se prêtait parfaitement au départ d'un proconsul. À la cathédrale Notre-Dame d'abord, puis à la résidence de l'ambassadeur, tous ceux qui avaient un nom étaient là: la moitié du cabinet sortant; quelques-uns des nouveaux élus. Trudeau était la grande vedette, au même titre que la mariée. Il leva sa coupe de champagne et porta un toast à ses ministres vaincus; il invita à danser toutes les demoiselles d'honneur. Puis, ayant fait son devoir, affichant la même grâce insolente qu'un jeune homme de vingt ans, il dansa toute la nuit avec une blonde flamboyante qui était arrivée avec quelqu'un d'autre. L'épouse d'un mandarin, qui l'observait, remarqua avec cette perspicacité propre aux épouses de mandarins: «Il nous envoie un message. Il est en train de nous dire: *vous allez le regretter.*»

Chapitre XX

La résurrection

« *La fortune est femme et, pour la soumettre, vous la devez battre et frapper.* »

Niccolo Machiavelli
Le Prince

Au moment où Trudeau enfila l'allée de Rideau Hall au volant de sa Mercedes, il se fondit dans l'histoire. À midi, en ce 4 juin 1979, il était devenu officiellement chef de l'Opposition. En termes de réalité politique, il était désormais un leader déchu.

Le Canada se montre beaucoup plus dur envers ses politiciens que la majorité des pays ; le gouffre qui sépare les élus et les laissés pour compte est presque insondable. Un parti qui perd le pouvoir tombe dans l'oubli. Les faveurs, les privilèges, les recherchistes, les rédacteurs de discours, les conseillers déférents qui se pressent en rangs serrés, tout cela disparaît instantanément. Les ex-ministres subissent un double choc culturel : leurs téléphones ne sonnent plus ; et quand ce sont eux qui appellent, ils n'entendent plus que des réponses de Normand*. Ceux qui n'ont pas eu la chance de se faire battre dans leurs circonscriptions, ce qui les aurait forcés à amorcer une nouvelle carrière, errent autour de la Colline parlementaire comme autant de fantômes de Banquo, dans l'espoir que quelqu'un les remarquera. Les anciens Premiers ministres ne reviennent presque jamais ; aucun ne l'a fait depuis King, en 1935. Ces géants détrônés deviennent plutôt, à la façon de Diefenbaker, des sujets d'attraction pour les touristes ; à la rigueur, si les historiens sont cléments, ils ont droit au titre d'hommes

---

* *Des treize ministres libéraux vaincus, seul Lang trouva un poste équivalent à son ancien statut en devenant vice-président administratif de Pioneer Grain, à Winnipeg.*

d'État. La plupart du temps, ils sont inutiles, oubliés, quoique toujours présents.

Forcé pour la première fois de sa vie de faire un travail qu'il détestait, ce qui est le lot de la plupart des individus, leur vie durant, Trudeau démissionna cinq mois et demi après sa défaite. Moins d'un mois plus tard, la fortune lui sourit de nouveau et il la saisit à bras-le-corps. Jamais il ne s'était montré plus audacieux; même le grand Houdini n'aurait pu se sortir d'une situation aussi inextricable que celle dont Trudeau s'échappa pour surgir de nouveau au centre de la scène. Et jamais il n'avait eu autant de chance; c'était comme si Napoléon était arrivé à Waterloo, directement de l'île d'Elbe, pour s'apercevoir que Wellington avait aligné ses Habits rouges dans la mauvaise direction.

*
*   *

À cause de tout ce qui s'est passé depuis, il est difficile, aujourd'hui, de recréer l'ambiance de l'été et des premiers jours de l'automne de 1979, alors que le retour de Trudeau semblait non seulement improbable, mais inconcevable. Même Coutts, cet optimiste professionnel, ne put faire plus que de mentionner à Trudeau la faible possibilité que le gouvernement Clark se fasse renverser au printemps de 1980. La simple sagesse voulait que Trudeau restât encore un an ou jusqu'après la tenue du référendum; de cette façon, les séparatistes ne pourraient pas prendre prétexte de son départ pour démontrer que les Québécois n'avaient vraiment droit de cité que chez eux. Ensuite, il serait libre de partir, juste avant d'être invité à le faire. Le seul ennui, c'était que les dissidents libéraux pourraient l'obliger à s'en aller plus tôt que prévu en réclamant, comme le voulait la constitution du parti, un congrès de direction où son leadership risquerait d'être «reconsidéré» lors d'un vote secret.

Peu après sa mise à l'écart, Trudeau sombra dans une profonde dépression. Même s'il faisait semblant de rester en politique à son corps défendant, ses symptômes n'étaient pas très différents de ceux de Mackenzie King ou de Diefenbaker qui avaient tous deux consacré leur vie à la chose publique. Il avait besoin de se sentir envahi par l'activité rassurante du pouvoir: présider des comités, prendre des décisions, se plonger dans le contenu de ses « maudites boîtes brunes ». Privé de sa drogue, il ne savait plus quoi faire de ses journées.

Son nouveau contexte quotidien n'était pas fait pour l'aider. Sa résidence officielle, Stornoway, était sombre et délabrée. Il avait perdu le lac Harrington où il avait si souvent pu refaire ses forces mentales en se promenant dans les bois ou en faisant du canoë. Il avait dû renvoyer la moitié de son personnel, ce qui avait entraîné des choix déchirants comme dans le cas de Colin Kenny, l'un de ses collaborateurs les plus dévoués et les plus enthousiastes. Il voyageait maintenant sur des lignes commerciales, portait ses bagages, levait lui-même le bras pour appeler un taxi. (À Toronto, après une course de six dollars, il donna vingt-cinq sous comme pourboire au chauffeur et lui demanda : « Est-ce que ça suffit ? » L'ayant reconnu, celui-ci ne fit aucune remarque.)

Tous ces changements ne lui avaient cependant pas rendu les avantages de l'anonymat. La presse et la population le considéraient encore comme leur propriété. Quand, au lieu de participer à un congrès des libéraux de la Colombie britannique, à Vancouver, il se fit photographier dans une discothèque new-yorkaise en train de danser avec une hôtesse de l'air prénommée Linda, les militants des Rocheuses sentirent se décupler leur colère à son endroit.

Mais le pire, c'était cette impression de ne plus avoir d'avenir. « Je ne veux tout simplement plus redevenir Premier ministre », avoua-t-il à ses intimes qui déduisirent de cette confession, non pas que le plaisir d'être Premier ministre relevait d'un passé aboli, mais plutôt qu'il avait la certitude qu'il ne serait plus jamais réélu.

Trudeau était aussi déprimé par sa défaite que par ce qui lui apparaissait comme de l'indifférence de la part des Canadiens devant la situation de leur pays : sa fragmentation progressive en diverses régions égocentriques, sans parler de l'éventuelle séparation du Québec. La polarisation politique entre la gauche et la droite était un autre sujet d'amertume parce que cela signifiait, à ses yeux, que bien des années s'écouleraient avant que la population ne fasse de nouveau confiance au type de gouvernement énergique et centriste qu'il prônait. Il se sentait également frustré de ne pouvoir jouer aucun rôle précis pendant la campagne référendaire à cause de son statut de chef de l'Opposition. Et, pour couronner le tout, il était à la fois blessé et irrité par les commentaires qui commençaient à lui parvenir du camp libéral québécois (Claude Forget, un ancien ministre provincial avait même exprimé ses doutes en public) où l'on se demandait s'il ne valait pas beaucoup mieux qu'il ne prît aucune part à la bataille référendaire.

*

*   *

Malgré l'ennui et le déplaisir engendrés par sa situation, malgré le fait qu'il s'ennuyait tout simplement, Trudeau entreprit de se conduire en chef de l'Opposition. Il fit tout ce qu'il se devait de faire comme, par exemple, de nommer un «cabinet fantôme» dont le membre le plus intéressant était Herb Gray qui, après être resté à l'écart pendant six ans, reçut le titre convoité de critique financier; cette nomination indiquait clairement que Trudeau s'était rangé à l'avis de l'exécutif national et avait décidé d'orienter le parti vers la gauche, attitude qu'il adoptait invariablement chaque fois qu'il se retrouvait dans l'opposition.

La majeure partie du temps, cependant, il disparaissait de la circulation. Au sortir d'un congrès que les parlementaires et les candidats défaits tinrent à la mi-juin, ce fut MacEachen, et non lui, qui déclara que Clark méritait qu'on lui laissât «une chance raisonnable et équitable de gouverner». Trudeau attendit jusqu'au 19 juillet pour donner sa première conférence de presse consécutive à sa défaite; il ne dit presque rien, sauf sur Clark: «On devrait lui donner honnêtement sa chance», et sur lui-même: «Je reste. À mon avis, je suis le meilleur.»

Au mois d'août, Trudeau partit en vacances avec ses fils au Québec et en Nouvelle-Écosse. Ensuite, il se joignit à une expédition en canoë et descendit les rivières Hanbury et Thelon, dans les Territoires du Nord-Ouest*. En septembre, il partit pour la Chine et le Tibet avec Arthur Erickson et un autre architecte. Il décida, par bravade, de laisser pousser sa barbe, mais ne tarda pas à la raser autant parce qu'elle était poivre et sel que parce qu'elle était mal plantée.

Ce changement de décor permit à Trudeau de reprendre le dessus. Un compagnon d'expédition qualifia son attitude, devant la nature sauvage, de «presque religieuse». Il s'aperçut qu'il aimait encore le parfum des fleurs. De retour à Ottawa, à la mi-septembre. l'enthousiasme qu'il montra pendant des dis-

---

* C'était sa première grande expédition du genre depuis 1966, alors qu'il avait pagayé pendant quatre cents milles sur la rivière Coppermine.

cussions sur de nouvelles théories politiques, comme le nationalisme économique, enchanta ses collègues. Lors de sa première apparition en public depuis les élections, à Chatham, au Nouveau-Brunswick, il s'en prit à Clark qui avait « abandonné tout ce qui faisait la force du Canada ». (Clark avait cédé aux provinces la juridiction fédérale sur Loto-Canada et sur les ressources au large des côtes.) Le 10 octobre, Trudeau prononça son premier discours en Chambre et montra qu'il avait repris du poil de la bête en ridiculisant le nouveau système de cabinets internes et externes mis sur pied par Clark et en s'apitoyant sur le sort de celui-ci : « Nous ferons de notre mieux pour voir à ce qu'il soit rapidement débarrassé et du fardeau et de la charge. »

Ce nouvel enthousiasme ne dura pas longtemps. Au bout d'un moment, les parlementaires libéraux se rendirent compte que Trudeau faisait preuve de vivacité en Chambre seulement lorsqu'il lui fallait défendre ses anciennes politiques. Durant la Période de questions, ses remarques sur les affaires en cours étaient fades et banales. Il cessa d'épingler une rose à sa boutonnière. Tout au long de l'automne, les libéraux furent de plus en plus nombreux à s'alarmer. Les pontifes commençaient à penser que si le N.P.D., rajeuni et renforcé, continuait de faire les manchettes, il pourrait fort bien évincer le parti libéral, ce qui aurait pour effet de restructurer la politique canadienne en fonction des tendances idéologiques naturelles : lui-même à gauche, les conservateurs à droite, et les libéraux, tout comme leurs cousins britanniques, nulle part.

Au début de novembre, un groupe de jeunes libéraux idéalistes, frustrés par le manque de leadership de Trudeau, organisa à Vancouver une « conférence de penseurs ». Celleci se déroula sans qu'on y entendît une seule remarque incongrue à propos du leadership — le mot d'ordre tacite et suivi à contrecœur était : pas de nouveau chef, pas de nouvelles politiques —, sauf lorsqu'un délégué s'exclama : « Mais, enfin, qui va attacher le grelot ? » Malgré les efforts acharnés des fidèles de Trudeau, l'exécutif national avait refusé de changer ses plans et continuait de préparer, pour la mi-mars, un congrès où tout le ban et l'arrière-ban des libéraux pourraient, dans le secret de l'isoloir, se prononcer sur le leadership de leur chef. Indubitablement, la discipline libérale était suffisamment ancrée pour lui conserver leur appui, surtout devant l'imminence du référendum québécois ; mais l'importance du vote dissident risquait, tout de même, de provoquer une sérieuse gêne.

Le 30 octobre, lors de la réunion annuelle de l'Association libérale de Ottawa-Ouest, Trudeau, qui prononçait le discours traditionnel, laissa percer sa frustration: «Nous devons mettre le gouvernement dehors le plus tôt possible et reprendre le pouvoir.» Le caucus libéral fut d'autant plus sidéré qu'il n'avait pas pensé une seconde à cette stratégie et encore moins pris de décision. Le mot courut que le chef n'était pas dans son assiette et qu'il ne pensait pas ce qu'il avait dit.

*
*   *

De fait, le chef ne le pensait pas. En privé, Trudeau disait à ses intimes: «Je ne veux tout simplement plus redevenir Premier ministre.» Deux des personnes à qui il déclara cela, en octobre, étaient Coutts et Davey qui venaient tout juste de charger Goldfarb d'effectuer un mini-sondage dans quatre circonscriptions dynamiques où, constata-t-on, les libéraux jouissaient d'une bonne avance. Cela signifiait, répliquèrent-ils à Trudeau, qu'il pouvait remporter des élections. «Même si vous avez raison, répondit ce dernier, cela ne fait que rendre mon départ encore plus facile.»

Ce fut Trudeau lui-même qui, avec sa candeur habituelle bien qu'imprévisible, fournit la meilleure explication quant aux motifs de son départ. Le lendemain de sa démission, il déclara dans le cadre de l'émission *Canada A.M.*, au réseau CTV, qu'il était certain de pouvoir gagner une élection prématurée, «mais, d'un point de vue réaliste, même si nous pouvions renverser le gouvernement, le N.P.D. et le Crédit social ne nous appuieraient pas dans cette entreprise. Aussi nous serait-il impossible de garantir une élection.» Autrement dit, sans élection en vue, rien ne l'obligeait à demeurer plus longtemps le chef de son parti.

Vers la fin d'octobre 1979, Trudeau décida de démissionner. Il décida également d'annoncer la nouvelle peu après Noël, à un moment où son départ retiendrait le moins l'attention.

En attendant, il lui fallait sauver les apparences. Durant le week-end du 17 au 19 novembre, Trudeau participa à un congrès libéral à Toronto et y fit trois discours dont l'un d'eux fut à la fois bizarre et émouvant; il s'adressait alors aux Jeunesses libérales et les entretint longuement, de façon plus ou moins cohérente, de questions depuis longtemps révolues comme les contrôles des prix et des salaires, qu'il justifia en disant : « Les circonstances changent, les temps changent et, par conséquent, les politiques doivent changer. » Il termina son discours d'un ton presque suppliant : « Si les médias ne comprennent pas, cela m'est complètement indifférent ; mais je tiens énormément à ce que vous, vous compreniez. » Profitant d'un battement, Trudeau quitta discrètement le congrès et alla voir Macdonald qui avait quitté Ottawa depuis, maintenant, plus de deux ans ; il lui fit part de son intention de partir en décembre et lui demanda de « reconsidérer » sa décision prise de longue date de ne pas se porter candidat à la direction du parti. Deux jours plus tard, le téléphone de Macdonald se mit à sonner interminablement, alors que les reporters voulaient savoir s'il serait au nombre des candidats, puisque Trudeau venait de démissionner. Macdonald répondit qu'il était en train d'y réfléchir. (En réalité, Trudeau avait déjà abordé la question avec Macdonald au mois d'août précédent, au moment où il lui avait appris qu'il ne resterait peut-être pas jusqu'à une élection suivante.)

*

*   *

La raison qui poussa Trudeau à prendre sa retraite cinq semaines plus tôt que prévu est toujours demeurée un mystère. Il n'existe pas le plus petit élément de preuve qui viendrait étayer la théorie du « complot » selon laquelle il aurait agi ainsi afin de berner le gouvernement et de l'amener à faire exactement ce qu'il fit : déposer un budget comportant des mesures d'austérité telles que les libéraux n'auraient pas plus de difficulté que la population à se convaincre de la nécessité de le rejeter.

Il est beaucoup plus probable que Trudeau prit sa décision sur un coup de tête, simplement parce qu'il était mal en point et souffrait d'un terrible mal de dents à la suite d'un traitement de canal. (Toute sa vie, Trudeau a eu un seuil de la douleur particulièrement bas, ce qui rend d'autant plus remarquable sa discipline physique.) Il téléphona à un collègue avec qui il était très lié et lui dit : « Je n'en peux plus. Il m'est impossible, après avoir décidé de partir, de continuer plus longtemps à faire semblant d'être toujours le chef. » *

---

* *L'une des personnes que Trudeau ne mit pas dans le secret fut Margaret. Quand les reporters frappèrent à sa porte, elle lâcha, complètement abasourdie : « Pas de com-*

De toute manière, quelle qu'ait été sa raison, la façon dont il s'en alla fit que tous les Canadiens se sentirent subitement un peuple diminué.

*
*   *

« C'est fini. » déclara Trudeau devant le caucus, dans la matinée du mercredi 21 novembre. Puis, la voix légèrement brisée et en s'arrêtant souvent pour respirer profondément, il lut sa déclaration officielle. « Vous savez bien que j'ai toujours été un grand sensible », dit-il pour expliquer les larmes qui lui montaient aux yeux. Les députés et les sénateurs se levèrent tous comme un seul homme pour l'applaudir, plusieurs pleurant sans retenue. Durant la conférence de presse qui eut lieu une heure plus tard, Trudeau, très calme, relut la même déclaration et expliqua qu'il démissionnait « pour pouvoir consacrer plus de temps à ma famille », mais qu'il prendrait une part active à la bataille référendaire « comme simple citoyen ». Il termina avec un message à l'intention des journalistes : « Pour reprendre un vieux cliché, je suis désolé à l'idée que je n'aurai plus l'occasion de vous malmener. » Les journalistes, dont beaucoup étaient de vieux ennemis, rompirent avec la tradition et applaudirent.

Trudeau redevint complètement, bien qu'à titre temporaire, un simple citoyen. Il profita de sa liberté pour lancer de nouvelles idées comme, lors d'un discours d'adieu devant l'association de sa circonscription, la possibilité d'adopter la représentation proportionnelle. Il parcourut Montréal en quête d'une maison et fixa son choix sur un monument Art-Déco, avenue des Pins, qui avait été construit une cinquantaine d'années auparavant par l'architecte québécois Ernest Cormier à qui on doit également la Cour suprême d'Ottawa ; ses amis se demandèrent comment il pouvait croire que trois enfants turbulents pourraient grandir dans ce mausolée rébarbatif*. Margaret annonça à ses amis qu'elle déménagerait à Montréal et achèterait une maison dans la même rue. Ses amis se demandèrent comme elle pourrait y survivre sans parler français.

---

mentaire. » Ensuite, elle téléphona au secrétaire de Trudeau pour lui demander ce qu'elle devrait faire. Gentiment, celui-ci lui proposa de venir déjeuner à Stornoway. Ensuite, comme s'il voulait marquer un point, Trudeau raccompagna ses enfants à pied jusqu'à la Rockcliffe Public School.

* Trudeau complèta l'achat de la maison en décembre, puis la loua pour trois ans.

```
      *
  *       *
```

Exception faite de son allure de magicien, le talent politique le plus remarquable de Trudeau tient au fait qu'il vit totalement dans le présent. C'est pourquoi il a su faire exception à la règle qui veut que les intellectuels soient des politiciens minables. À l'instar de tous les administrateurs qui font leur chemin, il ne gaspille ni temps ni énergie en rêveries sentimentales sur ce qu'aurait pu être le passé ou sur ce que pourrait être l'avenir. Il est un politicien existentiel. Après sa retraite, il s'adonna un moment à l'introspection. Peut-être fût-ce uniquement parce qu'il avait du temps devant lui, mais il se paya le luxe d'examiner de nouveau une décision qu'il avait déjà prise. «C'est donc là ce qu'ils pensent de moi», laissa-t-il tomber d'un ton maussade devant l'un de ses collaborateurs, après avoir passé toute une matinée à lire un dossier d'un pouce d'épaisseur, remplis d'éditoriaux et d'articles sur son départ et qu'il appelait «mes nécrologies».

Dans l'ensemble, les commentateurs québécois lui étaient assez favorables. Mais, comme une ébauche de ce qu'on pourrait lire plus tard dans les livres d'histoire, les éditorialistes et autres pontifes du reste du pays donnaient à Trudeau plus de mauvaises notes que de bonnes. «L'Histoire ne sera pas clémente pour monsieur Trudeau», disait le *Ottawa Citizen*. «Toute empreinte permanente de Trudeau sur son parti ou sur le pays demeure étrangement obscure», lisait-on dans le *Ottawa Journal*. «Il avait la haute main sur tout le système politique, constatait Geoffrey Stevens, du *Globe and Mail*, mais il ne pouvait le faire fonctionner.» Douglas Fisher, du *Toronto Sun*, était d'avis, pour sa part, qu'il «nous a dépossédés d'un sentiment naissant de confiance nationale et nous a laissés en plein désarroi économique et constitutionnel». Presque tous disaient que le pays était en bien pire état au moment de son départ que lorsqu'il avait pris le pouvoir.

Le Canadien moyen pensait tout autrement. Chaque jour, le bureau de Trudeau était inondé de centaines de lettres, de télégrammes et de coups de téléphone. Au cours de ses déplacements, des groupes se mettaient spontanément à applaudir en le reconnaissant. Un certain Robin Carlsen écrivit au *Victoria Times*: «Pierre Trudeau a accompli quelque chose de magnifique. Il a fait naître la passion là où il n'y avait que l'ennui, l'élégance là où tout était terne, la spontanéité au lieu de l'arti-

413

fice, la mystique à la place de la banalité. » De toute évidence, la mystique de Trudeau avait, dès le tout début, exercé un effet magique : un sondage Gallup effectué en juillet, soit un mois après qu'il eut cessé d'être le chef du pays mais qui n'avait pas été publié pour des raisons techniques, lui donnait une avance de 10 points de pourcentage, tout comme en 1972, alors que sa popularité était montée en flèche après sa quasi-défaite.

Les Canadiens étaient loin de se montrer aussi pessimistes que les pontifes à propos de ce que Trudeau avait fait au pays. Pendant l'été, des sondages furent réalisés en même temps au Canada et aux États-Unis. Ils révélèrent, chez nos voisins du Sud, un profond pessimisme quant à la capacité du gouvernement de régler quoi que ce soit et, au Canada, la conviction largement répandue que le gouvernement n'avait pas su se montrer à la hauteur des espérances que la population entretenait pour elle-même.

Contrairement à la sombre analyse de Trudeau, le pays était déjà prêt à avoir un gouvernement qui agirait pour son bien. En novembre, un sondage Gallup démontra que deux Canadiens sur trois ne trouvaient rien à redire aux moyens dont disposait le gouvernement ou voulaient les voir accrus, même si cela devait se traduire par des augmentations de taxes. Bien que Clark ne s'en fût pas rendu compte, l'idylle des Canadiens avec le néo-conservatisme et son séduisant cousin, le monétarisme, était bel et bien terminée. En disant à ses concitoyens que, pour soulager l'inflation, il réduirait les dépenses gouvernementales, Clark leur parlait de quelque chose dont ils ne voulaient plus entendre parler. La classe moyenne, en particulier, commençait à s'inquiéter moins de l'inflation que des perspectives d'emplois pour ses enfants qu'elle avait envoyés à l'université.

Enfin, autre stimulant pour cette confiance renaissante, les nouvelles en provenance du Québec n'auraient pu être meilleures. Quand, en décembre, Lévesque eut enfin rendu publique la question référendaire, les sondages accordèrent au camp fédéraliste du non une substantielle avance de 47 contre 37. (Trudeau se trouva alors placé devant l'humiliante perspective de voir le non gagner au référendum, pendant que lui-même restait sur la touche.)

Compte tenu de toutes ces circonstances, les Canadiens comprenaient de moins en moins pourquoi Clark paraissait tellement déterminé à créer un vacuum à Ottawa. Peu d'entre eux mettaient encore en doute le fait que le Canada était la nation la plus décentralisée de toutes. Le refus de Terre-Neuve de laisser travailler des non-résidents sur ses plates-formes de forage et la volonté de l'Alberta d'en arriver à un accord qui doublerait la quantité de pétrodollars sortis des goussets des Canadiens de l'Est renforçaient l'opinion publique dans la conviction que, sans un centre énergique, le pays se désagrégerait.

Tout ça donnait amplement matière à réflexion, mais c'était tout de même à côté de la question. Une fois Trudeau parti, le gouvernement minoritaire de Clark n'aurait plus rien à craindre, du moins jusqu'à la fin de 1980 probablement, pendant que les libéraux éliraient un nouveau chef et que le Québec procéderait à son référendum.

*
*   *

Le soir de l'élection, le 18 février 1980, Trudeau loua « le courage (de Clark) devant l'adversité ». Mais ce dernier valait beaucoup mieux que ça.

Comparativement à celle de Trudeau, la façon dont Clark dirigeait le pays était plutôt rafraîchissante. L'atmosphère de stabilité au sein de l'administration dont Trudeau se retrouva finalement le bénéficiaire date du temps de Clark. Celui-ci dota la fonction de Premier ministre des qualités, oubliées depuis plus d'une décennie, de courtoisie et de gentillesse. Des hauts fonctionnaires étonnés racontaient qu'il y avait maintenant un homme au sommet qui pensait à adresser un mot de remerciement pour un travail bien fait et à demander des nouvelles d'une épouse malade ou d'un enfant vagabond. Avec Clark, le Parlement retrouva sa faculté de discernement et le gouvernement, une largeur d'esprit anti-bureaucratique. Contre toute attente, et peut-être uniquement parce qu'il était nouveau, Clark réussit à faire d'Ottawa une ville bouillonnante d'idées originales, qu'il s'agisse de politique sociale ou de gestion financière, ce qui ne s'était pas vu depuis des années. Enfin, contrairement à ce que laissait croire son image publique, Clark se montra, à certains égards, beaucoup plus audacieux que Trudeau. Le budget qui causa sa chute était le premier qui, depuis une décennie, imposait une augmentation de taxes ; il s'agissait là d'une des premières mesures d'importance visant à remettre de l'ordre dans les finances d'Ottawa.

Des nombreuses erreurs de calcul qui vaudront probablement à Clark une simple mention avec astérisque dans les livres d'histoire, il en est deux qu'il convient de relever ici. Ayant passé toute sa vie dans les coulisses de la politique, il eut un réflexe de surcompensation qui le poussa à vouloir agir en homme d'État — «Nous gouvernerons comme si nous étions majoritaires» — et lui fit oublier que le premier devoir d'un politicien consiste à se faire réélire. Il était beaucoup trop tard quand il se rendit compte — son entourage n'avait pas osé lui en parler — que la maladresse dont il faisait preuve à la télévision équivalait, politiquement parlant, à une corde pour se pendre. En second lieu, il commit l'erreur incompréhensible de sous-estimer Trudeau et les libéraux. Il était convaincu que, même si l'occasion s'en présentait, les libéraux feraient n'importe quoi, sauf de jouer leur va-tout à seule fin de reprendre le pouvoir.

Mais Trudeau est «Pierre le chanceux» et Clark était beaucoup trop poli pour traiter la fortune comme une femme.

*

*　　*

Dans le titre de son article sur la démission de Trudeau, paru le jeudi 22 novembre, le *Toronto Star* exprima ce que tout le monde croyait: «LES TORIES SONT TIRÉS D'AFFAIRE». Mais, moins de trois semaines plus tard, ceux-ci furent battus en Chambre et plongés dans une élection qu'ils avaient perdue avant même que la campagne n'eût commencé. Jamais encore, dans toute l'histoire de la politique canadienne et probablement de n'importe quelle démocratie moderne, on n'avait vu une telle chose se produire.

Il existe deux versions sur la façon dont les événements se déroulèrent: une version «sentimentale», lancée, à l'époque, par les adjoints de Trudeau et selon laquelle celui-ci, surpris par la défaite du gouvernement, aurait alors décidé, à contre-cœur, de céder à la requête «impérieuse» de ses parlementaires; la seconde version dite du «complot» voudrait qu'il ait machiné chacune des étapes de son retour. Ni l'une ni l'autre des deux interprétations n'est vraie. En fait, ce sont les deux qui, ensemble, le deviennent. Voici toute l'histoire, bizarre, absurde, faite de coups de dés, telle qu'elle s'est passée, jour après jour.

*

*　　*

Lundi, 3 décembre : Gallup publie son sondage mensuel : libéraux 47, conservateurs 28. Les journalistes passent l'information, sans plus. Les chiffres sont si absurdes qu'ils ne peuvent être vrais. De toute façon, il n'y a pas d'élection en vue.

Mardi 4 décembre : Martin Goldfarb, le sondeur attitré des libéraux, reçoit à son bureau de Toronto un coup de téléphone inhabituel. D'aussi loin qu'il se souvienne, c'est la première fois qu'il a Allan MacEachen au bout du fil. MacEachen est au Parlement ce que Goldfarb est aux sondages. Il en comprend, mieux que quiconque à Ottawa, les humeurs et les rythmes qui ont infiniment plus d'importance que les règles. En outre, à cause de son esprit de parti implacable, le caucus libéral lui voue une fidélité aveugle.

Que signifient les chiffres de Gallup? demande MacEachen. Ils signifient que s'il y avait une élection maintenant, les libéraux gagneraient dans un fauteuil, répond Goldfarb. Vraiment? insiste MacEachen. Incontestablement, affirme Goldfarb. MacEachen le remercie.

Comme tous ceux qui prépareront le coup, MacEachen est animé par des sentiments partagés. Selon la tradition, le successeur de Trudeau à la tête des libéraux devra être un anglophone, ce qui signifie que MacEachen, étant lui-même anglophone, pourrait perdre son titre de numéro deux du parti. Mais si le gouvernement est renversé et si Trudeau ne revient pas, le parti pourra se tourner vers MacEachen et le nommer chef intérimaire. Quelque temps plus tard, vers le milieu de la crise, un ami dira à MacEachen: « Dis-moi, Allan J., j'ai bien l'impression que tu es en train de vouloir te couronner toi-même. » Et il aura droit, pour toute réponse, à un sourire énigmatique.

Lundi 10 décembre : Turner prend tout le monde par surprise en annonçant, à Toronto, qu'il ne sera pas candidat lors du congrès de direction qui doit avoir lieu à Winnipeg, le 28 mars. En public, il ne donne aucune raison. Mais il est parfaitement conscient que, avec encore trois mois à attendre d'ici le congrès, ses concurrents auront plus de temps qu'il n'en faut pour l'attaquer impitoyablement à cause de ses infidélités passées; il sait aussi qu'il est l'une des rares personnes en lice pour prendre la direction d'une des plus importantes sociétés du pays.

Du coup, MacEachen devient le grand favori. Il déclare qu'il fera connaître sa décision d'ici peu. En fait, il a déjà décidé de se présenter et a même entrepris de coucher sur papier ses positions politiques.

Mardi 11 décembre: À huit heures, le ministre des Finances John Crosbie dépose devant la Chambre le premier budget conservateur depuis dix-sept ans. Pour que, d'ici quatre ans, le déficit budgétaire ait diminué de moitié, les impôts sont augmentés de trois milliards sept, ce qui inclut une hausse de dix-huit cents par gallon de la taxe d'accise sur l'essence. Un peu plus tard, Trudeau déclare aux journalistes : « Nous allons devoir voter contre le budget. » La presse qualifie sa remarque de rituelle, l'Opposition jubile.

Mercredi 12 décembre: Les libéraux se retrouvent dans la matinée pour leur réunion hebdomadaire. MacEachen en est la vedette. Il déclare que le moment est venu de monter à l'assaut des barricades. Le gouvernement ne domine plus les Communes, ajoute-t-il ; si les libéraux ne votent pas contre le budget, ils lui donneront alors le temps de retomber sur ses pieds et, par le fait même, deviendront politiquement impuissants.

Trudeau se contente simplement de qualifier le budget de « socialement régressif », ce que les autres approuvent d'un hochement de tête. Quant à la possibilité qu'il redevienne chef du parti au cas où le gouvernement tomberait, « le souverain devra me le demander à genoux et par trois fois ». Les parlementaires, qui sont majoritairement soit d'éventuels candidats à la direction (ils sont près d'une douzaine), soit des partisans de l'un ou l'autre aspirant, n'ont pas la moindre idée de ce qu'il veut dire par là. Ils en concluent donc que son départ est définitif. Rassuré, le caucus accepte de voter contre le budget quand, le lendemain soir, le N.P.D. déposera l'habituelle motion de censure. En sortant de la réunion, MacEachen dit au député libéral Ed Lumley : « Les jeux sont faits. Le gouvernement est battu. Ce que vous allez voir maintenant appartient à l'histoire. »

Mais le vendredi précédent, désireux de donner un petit coup de pouce à l'histoire, MacEachen avait été trouver Charlie Turner, whip de la députation libérale, pour lui dire de s'assurer que tous les parlementaires seraient présents au moment du vote. Et d'annuler toutes les abstentions simultanées. Comme la presse ne sait évidemment rien de tout cela, elle se contente de rapporter fidèlement la décision du caucus, mais reste sceptique. Dans les coulisses, le rythme continue de s'accélérer. Après la réunion du caucus, Coutts charge Goldfarb de procéder en toute vitesse à un sondage dans dix circonscriptions afin de vérifier les tendances des électeurs et, ce qui est tout aussi important, leurs préférences entre Trudeau et un autre leader éventuel. De son côté, Lalonde téléphone à deux députés du Québec qui sont hospitalisés: malades ou non, ils devront se trouver en Chambre le jeudi soir.

Trudeau (contrairement à la version «sentimentale» que nous verrons plus tard) commence à s'interroger sur son avenir. Pendant la Période des questions, aux Communes, MacEachen qui est assis à son côté lui dit: «Je crois que le gouvernement sera renversé demain. Dans ce cas, il y aura des élections et vous devriez bien penser à ce que vous allez faire.»

Avec un sourire énigmatique, Trudeau lui répond: «Ce qu'il faut faire? Son devoir, naturellement.» Dès cet instant, MacEachen est convaincu que Trudeau a déjà décidé de revenir. Le lendemain, celui-ci lui donne raison. Pendant le vote, alors que la chute du gouvernement se confirme, Trudeau se tourne vers son voisin et lui dit: «Je sais quel est mon devoir.»

Plus tard, au cours de la traditionnelle fête de Noël qui a lieu dans la salle de la Confédération du Bâtiment Ouest, les députés et les militants libéraux offrent à Trudeau une tronçonneuse à chaîne «pour abattre les tories». L'alcool coule à flots et la fête finit par ressembler à un enterrement de vie de garçon. Des députés partent à la recherche des journalistes pour leur dire: «Vous ne nous croyez pas, mais attendez demain soir, vous verrez bien.» Bryce Mackasey, délogé de sa planque à Air Canada, se promène dans tous les coins en répétant: «Il faut renverser le gouvernement. Il faut renverser le gouvernement.»

Jeudi 13 décembre: Durant les premiers bulletins de nouvelles de la matinée, la presse commence à penser que, effectivement, le gouvernement pourrait bien tomber dans la soirée. Les cinq députés créditistes, sur qui le gouvernement Clark s'était tellement appuyé jusque-là, viennent d'émettre un communiqué; à cause de l'effet répressif qu'aura sur leurs mandats la taxe d'accise sur l'essence, ils pensent s'abstenir de participer au vote.

À neuf heures, dans le camp conservateur, les principaux conseillers de Clark se retrouvent pour leur réunion quotidienne. Les deux grands points à l'ordre du jour sont: a) la Conférence économique des Premiers ministres, prévue pour la semaine suivante; b) l'attitude exaspérante d'un jeune tory impatient, Paul Yewchuck, qui s'est déjà abstenu lors d'une précédente motion de censure et menace d'en faire autant lors du vote sur le budget s'il n'est pas nommé ministre.

Nancy Jamieson, la conseillère législative de Clark, interrompt la discussion : « Je crois que nous allons nous faire battre, dit-elle au groupe. Je ne pense pas que nous soyons suffisamment nombreux. » L'ennui, pour Jamieson, c'est que, comme elle est jeune et jolie, elle a du mal à se faire écouter des autres. Le groupe lui prête une oreille polie pendant qu'elle leur rappelle la position des partis en Chambre. Si personne ne fait faux-bond, les conservateurs seront 136. Avec les 5 créditistes, cela donne 141, tandis que le camp libéral-N.P.D. compte 140 membres. Trois conservateurs sont toutefois absents : Lloyd Crouse qui est en vacances dans le sud du Pacifique ; Alvin Hamilton qui est hospitalisé, mais dont l'absence est compensée par celle du libéral Serge Joyal ; le ministre des Affaires extérieures, Flora MacDonald, qui se trouve en Europe pour son premier voyage solo à l'étranger.

C'est sur MacDonald que repose toute la situation. Avec elle et les créditistes, le gouvernement disposera de 139 voix, donc du même nombre que les libéraux et les néo-démocrates, moins Joyal. Si le vote est égal, l'Orateur James Jérome a décidé, même s'il est un ancien libéral, d'appuyer le gouvernement ; il se fonde sur des précédents qui confirment que l'Orateur de la Chambre vote automatiquement avec le gouvernement dans le cas de motions qui, comme le budget, pourront être discutées ultérieurement par les parlementaires.

Le groupe accepte que Jamieson téléphone à MacDonald pour lui dire de revenir immédiatement. Puis il retourne à l'étude des affaires sérieuses. (Déjà à ce moment-là, et encore plus avec du recul, l'assurance du groupe ne laisse pas d'intriguer, d'autant plus que les conservateurs n'ont pas fait faire de sondages depuis le mois d'août. Seul le ministre des Transports, Don Mazankowski, se sentira suffisamment inquiet devant les conséquences d'une élection pour son parti pour passer la journée à presser Clark de tout mettre en œuvre afin d'éviter la défaite.)

MacDonald aurait pu être de retour à temps, mais, la veille au soir, elle a reçu le télex suivant, envoyé par le bureau de Clark : « N'AVONS PAS INTENTION/RÉPÉTONS PAS INTENTION DEMANDER FM DE REVENIR/STOP/MALGRÉ RUMEURS COUP D'AUDACE PENSONS GRIPPE DIPLOMATIQUE FRAPPERA RANGS LIBÉRAUX. » Quand Jamieson rejoint finalement MacDonald, tous les avions en partance pour l'Amérique ont déjà décollé.

Sans MacDonald, c'en est fait du gouvernement, peu importe ce que pourraient décider les créditistes — du moins si aucun libéral ne souffre de « grippe diplomatique ». Quelques-uns se laissent presque tenter.

Depuis Montréal où il se trouve pour affaires, Donald Macdonald a passé la matinée à téléphoner à ses partisans au sein du caucus pour les conjurer de stopper cette marche collective du parti vers le suicide. Ses alliés se mettent aussitôt à l'œuvre pour tenter de renverser une décision à laquelle ils avaient participé. Andras, l'un des plus importants parmi les anciens ministres, tente vainement, durant toute la matinée, de rejoindre Trudeau par téléphone ; pas une seule fois celui-ci ne le rappelle. Dans l'après-midi, il discute avec Buchanan et Pépin, deux autres ex-ministres, de la possibilité de ne pas participer au vote ; finalement, ils décident qu'il leur est impossible de diviser le parti. En fin de journée, Andras obtient d'un adjoint de Trudeau la promesse que l'ancien leader le recevra à vingt et une heures, soit une heure avant le vote, pour écouter ses arguments.

Si le vote est retardé d'une journée pour que Flora Mac-Donald puisse y participer, le gouvernement peut encore se tirer de ce mauvais pas. Mais la seule personne qui a autorité pour ce faire — le leader du gouvernement à la Chambre, Walter Baker — n'en comprend pas la nécessité et consacre donc sa matinée à préparer les activités de la semaine suivante. Baker est un avocat aux cheveux toujours en bataille, aimé de tous dans la vallée de l'Outaouais, et qui, avec ses réformes des comités et son projet de loi sur l'accès à l'information, en a plus fait pour le Parlement en six mois que MacEachen en six ans. Quand, après la Période des questions, ce dernier l'interroge, mine de rien, sur le programme de la journée, Baker lui répond que, bien entendu, le débat sur le budget ainsi que le vote auront lieu, tels que prévus. Un peu plus tard, cependant, lorsque les journalistes l'entourent pour lui apprendre que les créditistes ont finalement décidé de ne pas voter avec le gouvernement, son visage prend une teinte cendrée. « Eh bien, messieurs, dans ce cas je vous convie à une soirée qui ne manquera pas d'intérêt. » *

---

* *Après l'élection, alors qu'il se faisait mettre en boîte sans pitié pour son ignorance du calcul, Baker a toujours soutenu avoir mentionné à Clark la possibilité de reporter*

421

À vingt et une heures, Andras se présente à son rendez-vous avec Trudeau. Il l'attend vingt minutes, puis s'en va. Trudeau arrive cinq minutes plus tard, mais n'envoie personne chercher Andras.

En route pour les Communes où le vote ne va pas tarder, l'ancien ministre Jeanne Sauvé confie à un reporter : « Je ne sais pas pourquoi nous faisons ça. » Lloyd Axworthy, vedette montante des libéraux, qualifie le vote de « jeu pour poules mouillées parlementaires ». Comme l'avait dit Winston Churchill, dans cette même Chambre, près de quarante ans plus tôt : « Quel poulet ! et quel cou ! »* À vingt-deux heures vingt et une minutes, par un vote de 139 à 133, le gouvernement Clark vient de se faire tordre le cou. Trudeau quitte précipitamment les Communes sans dire un seul mot aux journalistes. À quatre heures et demie, heure de Bruxelles, apprenant la nouvelle de la bouche d'un collaborateur, Flora MacDonald s'effondre et se met à pleurer. « C'est fini », dit-elle.

*
*   *

Vendredi 14 décembre : À dix heures et demie, les parlementaires et les sénateurs libéraux se réunissent en séance spéciale. L'ordre du jour comporte un seul et unique point : maintenant que Clark a fixé les élections au 18 février, que diable vont-ils bien pouvoir faire ? Ils n'ont pas de chef, pas de programme politique, pas de candidats. Rapidement, le caucus se divise en sous-groupes régionaux. À midi, le caucus national se reforme et les présidents régionaux font rapport.

L'Ontario se dit en faveur, par une très faible majorité, d'un congrès à la direction où, pense-t-on, MacEachen devrait l'emporter. Les gens de l'Ouest partagent la même opinion à quelques voix près et précisent que, pour eux, ça veut dire n'importe quel leader sauf Trudeau. Mais le plus étonnant, ce sont les Québécois qui déclarent que, tout en appuyant Trudeau sans restriction, ils se rallieront en bloc à son successeur,

---

le vote. Il le lui en avait effectivement parlé durant une réunion en début d'après-midi, mais sans insister et avait même dit à Clark que, à son avis, les libéraux et les créditistes étaient en train de bluffer.

* *Jeu de mots avec la déclaration de Churchill, faite aux Communes en décembre 1941 : « Quand je les ai prévenus (le gouvernement français) que l'Angleterre se battrait seule, quoi qu'ils fassent, leurs généraux ont dit à leur Premier ministre : « Dans trois semaines, l'Angleterre se fera tordre le cou comme un poulet. » Quel poulet ! et quel cou ! » (N.D.L.T.)*

quel qu'il soit. Seules les Maritimes, ayant MacEachen à leur tête, soutiennent que Trudeau doit revenir.

Trudeau vient de se faire dire implicitement par ses propres députés qu'ils ne veulent pas le revoir à leur tête ; toutefois, ce rejet est tempéré par le fait qu'il n'a pas encore précisé ses intentions.

Il est difficile de savoir ce qui se passe dans sa tête. Il parle aux membres d'une voix basse, presque inaudible. Il énumère toutes les raisons pour lesquelles on ne devrait *pas* lui demander de revenir comme chef, depuis sa défaite électorale jusqu'à l'accusation d'opportunisme qu'on ne manquera pas de porter contre lui s'il change d'avis. Puis il modifie sa tactique et amorce ce que Jeanne Sauvé taxera plus tard de « viol du caucus », mais qu'il serait peut-être plus juste de décrire comme l'habile séduction d'une victime consentante. Si jamais le caucus lui demandait de revenir par « un vote écrasant », il se comporterait en homme de devoir et se consacrerait corps et âme à la campagne. Après quoi, sans jeter un seul regard derrière lui, Trudeau quitte la salle à grands pas, monte dans sa voiture et prend la route de Montréal.

Allan MacEachen rentre en scène. Plus tard, un député comparera son discours à la fameuse prière d'Eugene Mc-Carthy, au nom d'Adlai Stevenson, lors du congrès des démocrates, en 1960 — « N'abandonnez pas cet homme qui nous a tous rendus fiers d'être démocrates. » La différence primordiale qui existe entre ces deux envolées oratoires, c'est que MacEachen, contrairement à McCarthy, connaît son auditoire. Il commence par la traditionnelle dénonciation du « budget socialement régressif ». Continue en cassant du sucre sur le dos des tories. Puis, maintenant que la colère des membres est excitée, passe aux choses sérieuses. « Quand, conformément à la décision du caucus, j'ai voté contre le budget, il ne m'est jamais venu à l'idée que quiconque, ici, pourrait penser qu'advenant la défaite du gouvernement nous nous laisserions diriger durant la campagne par un autre que celui-là même qui était notre chef contre le gouvernement. » Dès cet instant, les dissidents ont du mal à s'expliquer comment ils auraient seulement pu penser autre chose. La solution d'un congrès au leadership en plein milieu de la campagne électorale est inacceptable, poursuit MacEachen, parce que les candidats s'entredéchireraient au vu et au su des électeurs abasourdis. Les dissidents se demandent comment ils ont jamais pu envisager une telle chose. Quand MacEachen se tait, les jeux sont faits. Presque par osmose, le causus en arrive à la conclusion qu'il faut demander à Trudeau de revenir. Malgré ça, certains candidats à la direction de même que les partisans de Macdonald s'opposent pendant encore quatre heures à la décision de rappeler Trudeau, et la requête n'est pas exactement ce qu'on pourrait qualifier d'«impérieuse»: on ne votera pas.

Samedi 15 décembre: Trudeau se trouve, incommunicado, chez sa sœur à Montréal. Les trente-six membres de l'exécutif national des libéraux se réunissent à Ottawa. Ils sont loin d'être enchantés des événements de la semaine. Les représentants du caucus qui assistent à la réunion apprennent qu'ils ont agi de façon «imprudente» et «irresponsable» en provoquant une élection inutile, alors que le parti n'a pas de chef et n'est pas prêt. Les membres de l'exécutif exigent que Coutts soit relevé de ses fonctions. (Trudeau, plus tard, s'y refusera mais, en guise de concession à l'endroit des dissidents, réduira le rôle de Davey durant la campagne.) Néanmoins, piégé par la décision du caucus, l'exécutif n'a d'autre choix que d'aller de l'avant et il ajoute ses voix à la requête «impérieuse».

Dimanche 16 décembre: Trudeau rentre à Stornoway en début de soirée. Un cortège de têtes d'affiche libérales, mené par MacEachen, Coutts et le président national, Al Graham, brave le blizzard pour l'informer officiellement qu'on le prie de revenir. Trudeau insiste pour qu'on lui fournisse un rapport détaillé et précis. Mais le groupe a autre chose à lui dire, qui est tout aussi important. Goldfarb a terminé son enquête. Il a décelé un sentiment anti-Clark, profond et très répandu. Les libéraux ont plusieurs longueurs d'avance. Avec Trudeau à leur tête, ils domineraient encore plus.

On explique également à Trudeau à quel point, s'il refusait, les libéraux auraient du mal, au beau milieu de la campagne, à organiser un congrès afin de lui choisir un successeur. Ceux qui prennent la parole — en particulier Coutts et MacEachen — ont tout intérêt à le convaincre du bien-fondé de leurs allégations. Rapidement, sans s'y attarder, on le met au courant d'un plan de rechange concocté par Graham: on organiserait d'un bout à l'autre du pays une série de congrès «régionaux», les candidats se déplaceraient en avion d'une ville à l'autre pour y faire leurs discours, après quoi, les délégués déposeraient leurs bulletins dans des urnes scellées qui seraient ouvertes à Ottawa le 18 juin, lors d'un congrès au sommet.

Mais Trudeau reçoit aussi bon nombre d'avis contraires. Le dimanche et le lundi, une succession d'anciens ministres lui téléphonent ou le rencontrent personnellement pour le conjurer de ne pas revenir : Andras, Buchanan, Reid, Ouellet, Chrétien et, le plus inattendu de tous, Lalonde. Quelques-uns sont convaincus que Trudeau ne peut remporter l'élection (mais qu'eux le peuvent) ; d'autres (Lalonde, par exemple, ainsi que Jean Marchand) craignent qu'en perdant Trudeau ne cause un tort irréparable au camp fédéraliste au moment du référendum. La seule personne, faisant autorité, qui le presse de revenir est Pelletier que Trudeau a rejoint à Paris par téléphone.

Lundi 17 décembre : Trudeau passe la journée dans son bureau de chef de l'Opposition, de l'autre côté de la rue Wellington, en face de la Colline parlementaire. Il interroge tout son personnel, y compris les secrétaires, sur ce qu'il devrait faire. Il déjeune au Château Laurier Grill avec son ancien bras droit, un haut fonctionnaire particulièrement influent, Gordon Robertson ; un peu plus tard, il rejoint à leur table, de l'autre côté de la salle, Coutts, Davey et MacEachen. Il leur demande, à eux aussi, ce qu'il devrait faire. Il enchaîne en leur racontant qu'il commence à savourer sa nouvelle vie de simple citoyen, qu'il veut passer plus de temps avec ses enfants. Il réfléchit à haute voix sur le caractère équivoque de la requête « impérieuse ». « Pensez à l'effet que cela aurait sur le référendum si vous gagniez », lui dit l'un des membres du trio. « Mais pensez à l'éventualité contraire », répond Trudeau. Il retourne à son bureau et continue à se promener un peu partout en interrogeant les gens sur la décision qu'il devrait prendre.

On peut, ici, formuler une interprétation : c'est là que la version « sentimentale » et celle dite « du complot » fusionnent en une symbiose surréaliste. Il ne fait à peu près aucun doute que Trudeau avait déjà décidé de revenir comme chef du parti avant même que le gouvernement ne fût renversé, et qu'il a joué la comédie devant son caucus lors des réunions du mercredi et du vendredi, à seule fin de susciter une requête « spontanée » qui lui aurait permis un retour sans ambiguïté. Il ne fait guère de doute non plus que, ce lundi-là, Trudeau ne savait plus ce qu'il voulait exactement. Les avis de tant d'anciens ministres avaient ébranlé sa détermination ; n'étant plus trop certain si on voulait vraiment qu'il revînt, il parla de plus en plus des plaisirs de la vie privée. Et quand il quitta son bureau ce soir-là, même des adjoints aussi proches que Coutts n'avaient pas la moindre idée de ce qu'il allait faire.

Ici se situe un entretien qui aura une importance cruciale. À dix-sept heures, deux députés viennent voir Trudeau à Stornoway : il s'agit de Don Johnston, l'un de ses amis, et de Ed Lumley qui est loin d'être un de ses intimes et, même, est un partisan de Turner. Pendant près d'une heure, ils lui expliquent pourquoi, pour le bien du parti et du pays, il doit revenir. Johnston et Lumley se montrent à la fois séduisants et convaincants. D'un ton on ne peut plus persuasif, probablement, ils disent à Trudeau que l'élection lui fournit l'occasion de « prendre sa revanche ». Trudeau les remercie, mais ne laisse rien deviner de ses intentions.

Néanmoins, le duo a contribué à convaincre Trudeau qu'on veut réellement qu'il revienne. Ce qu'il y a d'ironique dans tout ça, c'est que Johnston et Lumley avaient décidé, au cas où il aurait choisi de s'abstenir, de prendre la tête d'un mouvement en faveur de Turner ; celui-ci réunissait déjà quelque vingt-cinq députés québécois ayant Sauvé et Ouellet à leur tête, et deux parlementaires de l'Ouest, Axworthy et Art Phillips, étaient prêts à s'y joindre. Il est tout aussi ironique de penser que Turner — qui a déclaré, par la suite : « J'aurais très sérieusement étudié la question », ce qui est une façon politicienne de dire qu'il se serait présenté — aurait sûrement été le grand vainqueur du congrès à la direction (selon les sondages, il était trois fois plus populaire que Macdonald dans tout le pays). Qui plus est, il aurait remporté l'élection plus facilement que Trudeau ne l'a fait. Et parce qu'il aurait obtenu des sièges dans l'Ouest, Turner serait devenu le premier leader canadien authentiquement national, depuis Trudeau lui-même en 1968. Le dernier facteur aussi empreint d'ironie que les précédents, c'est que l'éventualité de la candidature de Turner n'a nullement influencé la décision de Trudeau. Quand cette possibilité a été soulevée devant lui pour l'inciter à rester, il n'en a tenu aucun compte. Comme d'habitude, il avait déjà pris sa décision en ne se préoccupant que de lui-même.

Resté seul à Stornoway, Trudeau donne plusieurs coups de téléphone lourds de conséquence. À Macdonald : s'il ne reprenait pas la direction du parti, est-ce que lui, Macdonald, se présenterait comme candidat ? Oui, répond Macdonald et, concluant que Trudeau n'est plus dans la course, il se prépare à annoncer sa participation le lendemain après-midi. À Pitfield, en exil à Harvard : s'il reprenait la direction du parti, est-ce que lui, Pitfield, reviendrait comme greffier du Conseil privé ? Oui, répond Pitfield, il reviendrait. Trudeau sait maintenant qu'il n'est pas obligé de se présenter parce que Macdonald le remplacera, mais que s'il le fait, Pitfield reprendra sa place à ses côtés.

À un moment donné, tard dans la soirée, Trudeau a fait son choix. Il n'en dit rien à personne et sort plutôt faire une longue promenade dans la neige. Quelques-uns de ses collaborateurs les plus influents, comme MacEachen et Graham sont certains qu'il va revenir. Pour sa part, Coutts n'en est pas aussi convaincu. Il prépare deux déclarations qui justifient, l'une, le retour de Trudeau à la tête du parti, l'autre, son abdication.

Mardi 18 décembre: Peu avant neuf heures, Coutts quitte l'appartement qu'il vient d'acheter en copropriété, en face de l'Auberge des Provinces, et se rend en taxi à Stornoway. Trudeau le reçoit et lui déclare: «Je ne reviendrai pas.» Il est détendu, presque désinvolte.

Pendant deux heures, sans témoins, Coutts et Trudeau passent en revue les faits qu'ils connaissent bien tous les deux: le sondage concluant de Goldfarb, la difficulté de tenir un congrès de direction au milieu de la campagne électorale, les conséquences de sa victoire pour le référendum. Plus tard, Coutts dira: «Pas un instant il n'y a eu de quoi s'écrier: Eurêka.» Mais les deux amis se rendent compte qu'il est presque onze heures et que la conférence de presse pendant laquelle Trudeau doit annoncer sa décision va avoir lieu dans quelques minutes. Coutts le lui rappelle et il répond: «Bon, on y va.»

Avant de quitter Stornoway, il téléphone à Pelletier, puis à Macdonald*. La première personne, en dehors des intimes, à apprendre sa décision est une Italo-Canadienne qui passe devant l'Édifice de la Presse nationale juste au moment où Trudeau range sa voiture le long du trottoir. «Monsieur Trudeau, demande-t-elle, dites-moi que vous allez vous présenter.» «Si, signora», répond-il et il entre aussitôt dans l'édifice.

Pendant la conférence, Trudeau dit aux journalistes: «Il est de mon devoir de répondre à l'appel du parti.» Il ajoute que ce sera sa dernière campagne et qu'il démissionnera «bien avant» l'élection suivante.

*
*   *

---

* *Quoique Macdonald dise, aujourd'hui, s'être senti «immensément soulagé» en apprenant la décision de Trudeau, il continue, en participant de façon assidue à toutes les réunions du parti, à se comporter comme un candidat qui attend son heure.*

On ne saura probablement jamais avec certitude ce qui a poussé Trudeau à faire ce choix après avoir, tout comme en 1968, presque résolu de faire le contraire. Un authentique sens du devoir à l'endroit de son parti; l'amour de la lutte; le besoin de prendre sa revanche. Un libéral qui était dans le secret des dieux a fourni une autre explication tout aussi valable : « Ce que Clark avait oublié, c'est que Trudeau, MacEachen et Coutts sont tous trois des joueurs qui n'hésitent pas à miser gros; ou, pour employer une autre métaphore, chacun préférerait risquer de tout faire rater avec un touché plutôt que de se contenter d'un gain de six verges, sûr et certain. » Ce qui est une autre façon de dire que, chaque fois que la fortune a tourné son regard vers Trudeau, jamais celui-ci n'a pensé qu'il pourrait la traiter autrement que comme une femme.

*

* *

La campagne s'était terminée avant même d'avoir commencé. En décembre, les propres sondages entrepris par les conservateurs, de même que ceux de l'Université Carleton et de Gallup, confirmaient les résultats antérieurs de l'agence qui avait accordé aux libéraux une avance de 20 points de pourcentage*. Clark se battit sans relâche et, finalement, réduisit la marge de moitié. Mais il n'avait pas la moindre chance. Il y avait beaucoup de choses contre lui: les blagues, ce surnom « The Wimp » que Coutts avait inventé et, surtout, l'impression de maladresse qu'il donnait à la télévision, avec ses mains trop longues et trop minces, et son menton effacé. Peut-être aussi, de façon plus obscure, Clark était-il devenu un miroir pour les électeurs. Il leur renvoyait l'image de tout ce qui leur déplaisait le plus chez eux-mêmes.

Comme magicien, Trudeau avait rarement eu si peu de choses à faire. La plupart du temps, il ne disait rien. Autrement, il employait son habituelle rhétorique outrancière, qualifiant la taxe d'accise de « malhonnête » et de « répressive », et donnant ainsi l'impression que l'une des priorités de son gouvernement, après les élections, serait de trouver d'autres moyens d'arriver au même résultat.

---

* *Compte tenu du sondage Gallup réalisé durant la première semaine de décembre, alors que les libéraux n'avaient pas de chef, et qui donnait au parti une avance aussi forte qu'à l'époque de Trudeau, on peut en déduire que n'importe quel libéral aurait pu battre Clark.*

L'ennui qu'il ressentait durant sa propre campagne était presque l'unique problème auquel Trudeau avait à faire face. Une ou deux fois, il échappa à ses entraîneurs pour donner des conférences de presse impromptues, «échevelées», non pas parce qu'il avait quelque chose à dire, mais pour le simple plaisir de la chose. Il esquiva un débat télévisé avec Clark parce que Coutts avait insisté, mais si le réseau avait lu dans son jeu et avait retiré les journalistes de l'émission (le prétexte invoqué par Trudeau pour ne pas participer), il aurait probablement accepté le face-à-face.

Pour éviter de perdre l'élection en faisant la seule chose qui aurait pu lui nuire — rappeler aux électeurs pourquoi ils l'avaient chassé, neuf mois plus tôt —, il en fit le moins possible. «Nous l'avons mis en veilleuse», dira plus tard le sénateur Keith Davey. Pas d'émissions de «lignes ouvertes». Juste une seule conférence de presse très protocolaire, durant laquelle ses réponses furent volontairement longues et alambiquées. Le «pistolero» céda la place au «gars de l'équipe», les têtes d'affiche du parti se serrant autour de lui, aussi nombreuses que possible, sur chaque estrade où il prenait la parole. Comme si la mémoire la plus prodigieuse du pays avait subitement été affectée par un durcissement des artères, il lisait à haute voix les discours qu'on lui avait préparés, laborieusement, mot à mot, à peu près aussi vite que l'aurait fait Sacha, son fils de six ans.

Vers la mi-janvier, certains indices révélèrent que les électeurs commençaient à s'interroger sur ce qui était en train de se manigancer. Les libéraux (qui faisaient effectuer des sondages quotidiennement) décelèrent un certain relâchement. À ce moment-là, Clark avait entrepris de contre-attaquer en envoyant des flèches à Trudeau, dont la meilleure était: «Le slogan électoral de Trudeau est: Élisez-moi et je démissionnerait.»; de son côté, la presse tournait en ridicule sa campagne du genre «cache-cache». Les stratèges libéraux commencèrent à craindre que les électeurs ne changent d'avis, non en votant pour Clark après avoir voulu voter contre lui, mais en votant bel et bien contre Trudeau.

Avant qu'on pût savoir si ces difficultés étaient fondées, les Russes vinrent à la rescousse de Trudeau en entrant à bord de leurs tanks en Afghanistan. Le fanatisme anti-Russes déborda la frontière et gagna tout le Nord. Saisissant l'occasion de projeter l'image d'un leader inflexible, Clark cessa de ridiculiser Trudeau pour taper sur les Rouges. Quand, le 29 janvier, grâce à « l'audacieux coup des Canadiens », six diplomates américains s'évadèrent de Téhéran, Clark donna l'impression, pendant un instant, d'avoir damé le pion à Trudeau. Mais on se rendit rapidement compte qu'il faisait seulement du sur place. Les sondages des libéraux montrèrent que les Canadiens ne mettaient pas en doute, une seule seconde, la supériorité de Trudeau au niveau des affaires internationales. Tout ce que Clark réussit à faire par son incursion dans ce domaine fut de détourner l'attention de Trudeau. Et quand il recommença à l'attaquer, au début de février, il était déjà trop tard. Trudeau passa les quinze derniers jours de la campagne à s'amuser. Maintenant, il pouvait dire ce qu'il voulait à ses auditoires, parler d'unité nationale et de « partage » ; il se livra à une « joute poétique » avec les journalistes qui l'accompagnaient : ceux-ci lui posaient des colles en citant des vers appris sur les bancs de l'école, et lui, naturellement, retrouvait aussitôt l'auteur et le contexte.

Tout ce qui est resté dans les mémoires à propos de la campagne de 1980, ce sont les annonces télévisées. Elles furent les plus mesquines et les plus virulentes de toute l'histoire de la politique canadienne. Le style en était « négatif », en ce sens qu'il s'agissait surtout d'assommer l'adversaire à coups de gourdin qu lieu de faire mousser son candidat. Les conservateurs avaient été les premiers, en 1979, à importer cette méthode des États-Unis*. En 1980, tant les libéraux que les conservateurs diffusèrent des annonces « négatives » : la seule différence fut que, devant les protestations de la population, des militants du parti et de la presse, les conservateurs renoncèrent à leurs messages durant les dix derniers jours et les remplacèrent par d'autres plus « positifs », du genre Clark-et-son-équipe, tandis que les libéraux demeuraient « négatifs » jusqu'à la dernière minute. (Leurs annonces étaient axées essentiellement sur le menton de Clark et ses longues mains maladroites.) Une autre différence, c'est que Trudeau insista pour visionner toutes les annonces de son parti et les approuver une par une.

*
* *

---

* *Étant donné que les messages politiques télédiffusés s'adressent, d'abord et avant tout, aux électeurs «indifférents» plutôt qu'aux «indécis», ceux qui sont négatifs sont infiniment plus efficaces que les positifs parce qu'il est beaucoup plus facile de persuader les électeurs de cette catégorie de voter* contre *quelque chose ou quelqu'un, plutôt qu'en faveur d'une idée ou d'un homme.*

La soirée du 18 février se termina dès que les résultats de l'Ontario commencèrent à entrer. Trudeau obtint 147 sièges, son plus haut gain depuis 1968. Au Québec où il remporta soixante-quatorze des soixante-quinze circonscriptions, il fit mieux que tous ses prédécesseurs, sauf Mackenzie King qui les avait toutes gagnées en 1921. Il balaya l'Ontario. Seul l'Ouest, comme toujours, demeura inflexible : il ne lui donna que deux députés, un de moins que l'année précédente.

D'un côté, le triomphe de Trudeau était beaucoup moins spectaculaire qu'il ne le semblait à première vue. Car pour qu'un chef libéral perde une élection, il faut faire preuve, comme Trudeau en 1979, d'une maladresse exceptionnelle. En politique canadienne, les libéraux sont General Motors ; le N.P.D. est American Motors ; et les conservateurs sont Chrysler. La politique canadienne a évolué vers un système à « un parti et demi » qui est unique au monde. Contrairement à ce qui se passe dans les pays ayant un système bipartite comme les États-Unis et la Grande-Bretagne ou un parti unique comme le Mexique, les libéraux se maintiennent au pouvoir de façon presque permanente (ils y ont passé trente-huit des quarante-cinq dernières années), ce qui leur a permis de se doter d'un atout irremplaçable, celui de la crédibilité gestionnaire ; mais, périodiquement, les électeurs les « punissent » pour leur arrogance en ne leur accordant qu'un gouvernement minoritaire ou encore, de temps en temps et par inadvertance puisqu'un électeur ne sait pas ce que vont faire ses voisins, en les renversant. Chaque fois que l'impensable se produit et que les libéraux perdent le pouvoir, l'électorat se repent de son imprudence.

De l'autre côté, le triomphe de Trudeau était bien plus superbe qu'on n'aurait pu le penser. Il était revenu au pouvoir, ce que seuls Macdonald et King avaient réussi avant lui, et ce, à des époques moins fébriles, alors que la télévision n'existait pas encore. Et qui plus est, il était revenu de la même façon qu'il était arrivé la première fois. Avec 44 pour cent des suffrages, sa part du vote équivalait pratiquement à celle de 45 pour cent qu'il avait obtenue en 1968, durant sa phase de prince philosophe. Même parmi les jeunes, ses gains étaient restés identiques. En fait, s'il n'y avait pas eu un léger fléchissement au Québec où, assurés de la victoire libérale, les électeurs s'étaient montrés paresseux, sa part du vote aurait été aussi élevée que douze ans plus tôt. Avec une victoire aussi éclatante et si peu d'efforts, Trudeau se révéla le plus habile de tous les politiciens élus des démocraties d'après-guerre.

*
*   *

Dans la salle de bal du Château Laurier où, neuf mois plus tôt, les libéraux pleuraient et se lamentaient sur leurs pertes, tous étaient de retour, sautant de joie, criant, s'embrassant, se félicitant. Même l'avant-goût du pouvoir a quelque chose d'aphrodisiaque. Trudeau aurait pu opter pour une arrivée solennelle, en homme d'État d'un âge avancé, semblable à l'Éternel, trônant en pleine gloire. Au lieu de ça, il bondit sur l'estrade, ayant de nouveau une rose rouge à la boutonnière et portant ses soixante années aussi légèrement qu'une cape de magicien. Il étendit les bras et sourit à la foule. « Bienvenue aux années 80 », dit-il.

Chapitre XXI

Un destin manifeste

«Père, est-ce vrai que vous n'êtes pas un vrai roi,
mais seulement un magicien?»
Le roi sourit et retroussa sa manche: «C'est vrai,
mon fils, je ne suis qu'un magicien.
— Je dois connaître la vérité, celle qui se cache
derrière la magie.
— Il n'y a pas de vérité derrière la magie», répondit
le roi.

John Fowles
The Magus

Trudeau continue d'écrire l'histoire, la sienne et la nôtre. Grâce à lui, les libéraux conserveront le pouvoir pendant encore une dizaine d'années. Il a gagné le référendum. Il est sur le point de connaître l'apothéose qu'il s'est lui-même fixée: une nouvelle constitution. Mais, en même temps, jamais la ligne de faille entre l'Est et l'Ouest n'a été aussi marquée. Et les factures que nous a values une décennie de dilettantisme économique ne cessent de s'accumuler, toutes rédigées avec une encre d'un rouge vif.

*
* *

Plusieurs croient que Trudeau prendra sa retraite en 1981 ou «très peu de temps» après son exploit constitutionnel, ainsi qu'il l'a lui-même annoncé. D'autres, qui connaissent bien Trudeau, sont convaincus qu'il se sent suffisamment comblé, ces derniers temps, pour prolonger son mandat jusqu'en 1983. Quelques libéraux envisagent déjà de le convaincre de rester pour une autre élection. Quoi qu'il en soit, il faudrait être fou pour tenter de deviner ce qu'il fera. Si, dans l'intimité, il parle plus souvent de son départ, les circonstances en sont toujours vagues et romanesques, comme s'il avait simplement l'intention de s'asseoir au bord d'un lac et de regarder les arbres onduler sous la brise. (La rédaction de ses mémoires ne fait pas partie de ses projets; à dire vrai, il songe plutôt à ne *pas* les écrire.) Ce qu'il importe de se rappeler, c'est que le seul Trudeau qui ait jamais renoncé a toujours été un Trudeau-privé-du-pouvoir; en fait, même avant la victoire du P.Q. en 1976 qui le força à rester pour « sauver » le pays, il caressait l'idée de participer à une autre campagne électorale, ce qui, selon le cours normal des événements, l'aurait maintenu en fonction jusqu'au milieu des années 80. La seule chose dont on puisse être sûr, en fin de compte, c'est qu'il arrêtera sa décision uniquement lorsqu'il sera tenu de le faire : il vit dans l'heure présente, il partira à son heure.

Tout ceci explique pourquoi il s'avère impossible d'étudier le dernier mandat de Trudeau selon une perspective historique, les événements étant trop récents et les points d'interrogation trop nombreux. (Ramènera-t-il l'Ouest, si peu que ce soit, dans le droit chemin ? Obtiendra-t-il le rapatriement de la constitution en tenant un référendum national ou en cajolant les Premiers ministres provinciaux jusqu'à ce qu'ils signent sur la ligne pointillée ?) Néanmoins, quelques éléments de son quatrième mandat sont suffisamment précis pour se prêter à une description : le style de l'homme, aujourd'hui; la façon dont il a remporté le référendum du Québec ou semble l'avoir remporté, ce qui, en politique, est une distinction et non une différence.

*
*   *

L'ampleur du pouvoir que les Canadiens remirent à Trudeau le 18 février 1980 a peu d'équivalents dans l'histoire politique d'après-guerre des démocraties occidentales. Celui-ci pouvait faire à peu près tout ce dont il avait envie. Tout comme il était libre de ne rien faire du tout. Dans les deux cas, il demeurait intouchable parce que l'opinion publique ne pouvait plus lui demander de comptes.

À Ottawa, l'Opposition s'était effondrée. En se faisant évincer aussi rapidement, les conservateurs avaient ajouté un côté clownesque à leur réputation de parti factieux. Leur humeur oscillait entre l'accablement et l'amertume: ils se demandaient s'ils devaient se débarrasser de Clark ou le conserver comme une sorte de chef sacrifié puisque le successeur de Trudeau, ils ne le savaient que trop bien, pourrait difficilement perdre les prochaines élections; en effet, il n'aurait qu'à faire comme Trudeau en 1968 et passer directement du congrès de direction aux élections.

Les néo-démocrates étaient logés à la même enseigne; en perdant la balance du pouvoir, le parti avait perdu sa puissance de négociation ainsi que — et ce, peut-être définitivement — la chance de remplacer un jour les libéraux en se faisant reconnaître comme une formation de premier plan. Lors d'une conversation en tête à tête qu'il eut avec Trudeau après les élections, Broadbent souleva l'hypothèse d'une coalition libéraux-néo-démocrates; son caucus rejeta l'idée immédiatement, mais le simple fait de l'avoir mise de l'avant révéla combien Broadbent était conscient de son impuissance politique.

Quant à la presse, les résultats de l'élection avaient démoli le mythe de son pouvoir. Tout au long de la campagne, de nombreux journalistes et presque tous les chroniqueurs avaient tiré à boulets rouges sur Trudeau. Seule leur crédibilité avait été mise à mal. Après les élections, les commentaires sur lui se changèrent en boutades, en blagues inconsistantes, avec un léger soupçon d'admiration lugubre.

Bien sûr, il y avait encore Lévesque à l'est et Lougheed à l'ouest; l'un et l'autre étaient des adversaires de taille. Mais dans les faits, plus personne, sauf lui-même, ne pouvait infliger à Trudeau le moindre blâme. Il pouvait démissionner quand bon lui semblerait et partir quand même la tête haute. Il n'avait plus besoin de prouver quoi que ce soit. Seuls son propre sens de l'histoire ainsi que son sens du devoir allaient déterminer comment il utiliserait sa seconde vie de magicien.

*
* *

Bien souvent, les gens qui commencent une seconde vie après avoir survécu à l'écrasement d'un avion, à une maladie considérée en phase terminale où à un combat meurtrier durant une guerre adoptent un comportement qu'on ne leur connaissait pas auparavant. Ils se montrent plus détachés, plus philosophes, moins accablés quand les choses vont mal.

Quand Trudeau revint au pouvoir après un exil qui avait duré tout juste deux cent soixante-douze jours, ce qui n'est rien à côté des neuf ans de Charles II, son caractère n'avait pas subi de changements aussi dramatiques. En fait, il n'a jamais cédé à l'introspection: «Je ne consacre pas beaucoup d'énergie à m'interroger sur les « si » de l'histoire. » Un ami a déjà dit de lui : « Il se jouait la comédie », exprimant par là qu'il réagit devant la comédie humaine en jouant lui aussi, dissimulé derrière son masque.

Le véritable changement survenu en 1980 mettait moins en cause Trudeau que les Canadiens eux-mêmes. Il devint vite évident que sa défaite de 1979 avait cautérisé une blessure nationale comme si le fait de voir un dirigeant aussi extraordinaire mordre la poussière nous avait bouleversés au point de nous amener à nous demander ce que nous étions en train de nous faire à nous-mêmes. Toute la mesquinerie, tout l'égocentrisme et toute la malveillance foncière qui avaient couvé dans la psyché nationale pendant cinq ans s'effacèrent. Ce fut, tout d'abord, un sentiment d'uniformité qui leur succéda ; le « gouvernement » cessa d'être un mot malsonnant ; plus personne ne parla en mal du bilinguisme ; et, sauf dans le cas des multinationales du pétrole, nous arrêtâmes de chercher des boucs émissaires. Ensuite, après le 20 mai, nous fûmes gagnés par un sentiment de ténacité nationale : semblables à un écho de l'Expo, les résultats du référendum avaient incité les Canadiens à se sentir, une fois encore, réunis au sein d'une entreprise collective ; quand, le 1er juillet, le *Ô Canada* devint officiellement notre hymne national, nous nous mîmes à le beugler avec une fierté toute neuve. Loin de s'endormir sur la victoire du référendum comme beaucoup l'avaient craint, les Canadiens anglais se dressèrent pour exiger que le contrat implicite signé par les Québécois lorsqu'ils votèrent non prenne la forme d'une nouvelle constitution (toujours en se préoccupant aussi peu qu'avant de ce que cette nouvelle constitution pourrait effectivement contenir.)

Ce nouvel état d'esprit reposait tout de même sur un soupçon de *schadenfreude*. Chez notre gigantesque voisin, les choses allaient de mal en pis avec une inflation galopante, l'humiliation engendrée par la prise des otages et, plus humiliant encore, le fait d'avoir à choisir un président entre un planteur de cacahuètes et une vedette septuagénaire qu'on voyait encore dans les tout derniers films de fin de soirée. Nous, au contraire, nous avions une *vraie* vedette, notre fringant héros du combat singulier qui nous était revenu. Il nous divertirait, nous défierait et nous ferait sortir de nos gonds, ce qui était simplement une autre forme de divertissement ; il conserverait toute sa vigueur au centre, de telle sorte que le pays continuerait de former un tout.

Fort heureusement pour Trudeau, la nature de ses rapports avec les Canadiens s'était modifiée. À l'instar d'autres supervedettes dont la carrière avait connu une éclipse avant de reprendre avec éclat — Judy Garland, Frank Sinatra, Richard Burton, Mohammed Ali —, Trudeau Resurrectus faisait désormais partie de son propre public. Nous étions émerveillés par sa souplesse, tout comme nous l'étions par notre propre prescience et par ce pouvoir que nous avions de le laisser rebondir comme bon lui semblait. Ainsi donc, pas plus que pour Sinatra avec son toupet postiche, Ali avec sa panse rebondie, Burton qui faisait revivre Camelot sans autre atout que la splendeur délabrée de sa voix, nous ne voulions plus juger l'homme pour ce qu'il avait fait, mais uniquement le glorifier pour ce qu'il était, pour le style qu'il avait osé afficher avec tant d'intransigeance et qui était l'homme lui-même. C'est pourquoi si Trudeau se montrait inutilement agressif avec les Premiers ministres provinciaux, s'il ignorait des questions aussi futiles que l'inflation, le chômage ou le déficit budgétaire (toutes choses qui, nous le savions parfaitement, l'avaient toujours ennuyé), eh bien, cela n'avait aucune importance puisqu'il était toujours aussi impudent, aussi sexy et aussi élégant qu'avant, puisqu'il nous avait emplis de fierté lors du Sommet de Venise et, un peu plus tard, en jouant au yo-yo devant les caméras. Cette fois, si nous renoncions de bon gré à nous montrer incrédules, c'était tout de même avec un certain côté élégiaque : ce n'était plus de la Trudeaumanie comme en 1968, mais de la Trudeau-nostalgie.

Néanmoins, la phrase « Bienvenue aux années 80 » qu'il lança le soir des élections était plus qu'une simple figure de style. Trudeau, en 1980, n'était plus le dirigeant qu'il avait été jusqu'en 1979. Tout d'abord, son gouvernement n'était plus le même. Maintenant, il prédominait au lieu de dominer. Après tout, il avait perdu en 1979 et sa victoire ne lui avait pas rendu son auréole d'invincibilité, tant il était évident que n'importe quel libéral aurait pu remporter les élections de février. Bien plus, de nouveaux ministres ténors se pressaient autour de la table du cabinet, des ministres comme Herb Gray, à l'Industrie et au Commerce, et Mark MacGuigan, aux Affaires extérieures ; comme il leur avait systématiquement refusé toute promotion dans le passé, ceux-ci ne lui devaient absolument rien. D'autres, comme Lloyd Axworthy, de Winnipeg, avaient reculé malgré et non à cause de Trudeau. Quant à MacEachen, maintenant ministre des Finances, tout le monde savait que c'était à lui, comme à un chirurgien particulièrement habile, que Trudeau devait sa seconde vie politique.

En outre, du seul fait qu'ils s'étaient retrouvés brièvement à l'écart du pouvoir, les libéraux avaient pu se détacher de leur propre passé. Ils n'avaient plus besoin de consacrer temps et énergies à défendre tout ce qu'ils avaient ou n'avaient pas fait. Désormais, Trudeau pouvait écrire tout ce qu'il voulait sur cette *tabula rasa* : une loi sur l'accès à l'information à laquelle il s'était opposé pendant si longtemps ; une banque nationale de l'énergie qu'il avait ignorée tout aussi longtemps ; une hausse des impôts afin de réduire le déficit, ce qu'il n'avait jamais osé faire jusque-là. (En réalité, toutes ces initiatives étaient l'œuvre de Clark, ce qui donnait à Trudeau un double avantage : la population était déjà prévenue ; l'Opposition ne pouvait que se cantonner dans la plus lamentable de toutes les protestations politiques : « Voleur ! »)

Trudeau lui-même avait changé, mais à des degrés subtils et difficilement évaluables. En un sens, il en avait appris autant sur les mécanismes de la politique durant les neufs mois passés en dehors du pouvoir que pendant les onze années où il en avait été le détenteur. En tout premier lieu, il avait appris à dépendre des autres. Cela s'était fait surtout pas osmose. Comme chef de l'Opposition, il ne s'était pas montré très efficace. Néanmoins, grâce à un noyau de députés, de militants et d'adjoints, la barque des libéraux était restée à flot tant bien que mal. Conçu par un comité de quarante membres, le programme électoral libéral ne rappelait pas exactement le style d'un Camelot, mais il avait permis de gagner des votes aussi efficacement que tous les programmes concoctés par Trudeau, au gré de sa fantaisie, lors des campagnes précédentes.

Pour la première fois de sa carrière, Trudeau entreprit de déléguer son autorité. Il se réserva uniquement les domaines qui l'intéressaient : la constitution, les relations fédérales-provinciales, les rapports Nord-Sud, les négociations avec l'Alberta à propos du pétrole. Il modifia également le style des réunions du cabinet. Pendant dix ans, celles-ci avaient ressemblé à des cours tutoriaux où Trudeau posait des colles à chacun de ses ministres sur leurs projets politiques, exactement comme un professeur relève les points faibles d'une dissertation. Maintenant, la plupart des décisions du cabinet étaient adoptées en comités ministériels, souvent en l'absence de Trudeau. Les Conseils des ministres étaient plus détendus, beaucoup plus politiques, sans le plus léger soupçon de « rationalisme » ; ils commençaient et se terminaient par des périodes durant lesquelles chaque ministre pouvait, sans formalité, aborder le sujet de son choix même s'il n'était pas inscrit à l'ordre du jour. La montagne de paperasses diminua à tel point que, au lieu de trois valises comme c'était presque toujours la règle autrefois, Trudeau n'en rapportait généralement plus qu'une seule chez lui. Son personnel demeura aussi restreint que durant son séjour dans l'Opposition. Quant à Pitfield, redevenu greffier du Conseil privé, il s'était forgé un nouveau credo durant son exil à Harvard, à moins qu'on ne le lui eût inspiré ; quoi qu'il en soit, des oreilles incrédules l'entendaient se demander à haute voix si, dans le passé, le processus décisionnel n'avait pas été *trop* centralisé et son bien-aimé Conseil privé trop importun. Fait encore plus incroyable mais révélateur de la nouvelle attitude décontractée qui caractérisait désormais les Initiés, Pitfield bavardait plus volontiers et donnait à entendre que, maintenant qu'il avait retrouvé le pouvoir, peut-être n'en voulait-il plus vraiment.

Autre changement tout aussi considérable, Trudeau avait même appris à faire confiance à Margaret. Durant la campagne électorale, elle s'était occupée des enfants et, modeste et effacée, s'était conduite comme l'épouse-modèle du politicien en vue. Peu après, tandis que le pays retenait son souffle, elle s'envola pour Tokyo où elle inaugura un club de nuit (et toucha vingt mille dollars) ; durant son séjour, elle ne fit ou ne dit rien de répréhensible, ce qui lui valut de monter d'un cran dans l'échelle de la respectabilité, au-dessus de Paul McCartney qui avait trouvé le moyen de se faire coincer au Japon avec une valise remplie de mari.

Bientôt, profitant d'une nouvelle mode sociale et y apposant leurs noms, Trudeau et Margaret conclurent un nouvel accord qui aboutit à la garde conjointe des enfants, chacun les gardant une semaine sur deux. L'entente leur convenait parfaitement, compte tenu de leurs styles de vie. Elle était libre de faire un saut à New York ou même à Montréal pour assister, à côté de Norman Mailer, au combat Leonard-Duran, ou tenter de récupérer ce qu'elle avait perdu au moment de la faillite de son éditeur en participant comme membre du panel à un jeu télévisé *(The Price is Right)* et comme conférencière néophyte lors de dîners-causeries ; pour ses débuts à Athabasca, en Alberta, à la fin de juin, elle eut droit à une ovation, preuve qu'elle avait retrouvé ses dons de magicienne. Et Trudeau, quand Justin, Sacha et Michel n'étaient pas dans les parages, était libre de jouer les Peter Pan sexagénaires. Fidèle à lui-même, il invita, un soir de mai, une journaliste de vingt-trois ans à dîner au 24 Sussex et celle-ci — ce dont il n'avait pas douté un seul instant, étant donné que les reporters n'ont pas leur langue dans leur poche — raconta ensuite qu'il lui avait dit bonsoir en l'embrassant sur la joue après qu'elle eut passé la première partie de la soirée à le regarder rebondir sur sa trampoline et la seconde à danser avec lui en écoutant les premiers disques des Beatles.

Dire qu'il avait mûri serait peut-être une façon de décrire le style et la mentalité de Trudeau après les élections. Mais le terme « libéré » serait probablement plus juste. À certains égards, il était revenu au style de ses premières années, disant et faisant tout ce qui lui passait par la tête en se fichant complètement des conséquences. Il bouda les Premiers ministres provinciaux à qui il reprochait de se faire tirer l'oreille à propos de la constitution et dont il qualifia le comportement de « pénible et déprimant », avant même le début des rencontres prévues pour l'été. À Stockholm, il cajola Justin, alors âgé de huit ans, pour qu'il dise un mot devant les caméras de la télévision suédoise et fit ensuite un discours aux reporters, comme quoi ils ne devaient pas « faire de mon fils une célébrité internationale ». Il consentit de mauvaise grâce à tenir plus ou moins compte de son âge en réduisant son horaire et en s'accordant un ou deux jours de repos après une activité importante où il avait dû donner le meilleur de lui-même, comme après un discours pendant la campagne référendaire*. Alors qu'il accordait une entrevue, au début de juillet, il fit une déclaration qui aurait presque pu tenir lieu d'excuses pour la loi des Mesures de guerre : « Les législateurs ne saisissent pas toujours toutes les implications de leurs lois. Et quand ils les voient, ils ne résistent pas toujours à la tentation, au nom même de la raison d'État, de grignoter un petit peu de liberté par-ci et un petit peu de liberté par-là. C'est une tentation, et je devrais le savoir, qu'éprouve tout gouvernement. »

---

* C'est un incident survenu durant l'été de 1979 qui illustre le plus éloquemment le refus catégorique de Trudeau de se conduire comme un homme de soixante ans, ainsi que son courage presque téméraire. Alors qu'il passait des vacances en Nouvelle-Écosse, il emmena ses enfants et ceux de ses amis se baigner dans un coin isolé. Trois fiers-à-bras en vestes de cuir noir qui buvaient de la bière et du sherry au goulot le reconnurent et commencèrent à se moquer de lui. L'un d'eux, pour épater ses amis, lança à Trudeau : « Qu'est-ce qu'y f'raient si j't'e cognais dessus ? » Trudeau marcha sur le voyou, lui enfonça son doigt dans la poitrine et dit : « Si tu me touches, je te tue. » Le voyou déguerpit sans attendre son reste.

La population ne commença à découvrir ce côté du nouveau Trudeau qu'au début de juin lorsque, après une rencontre avec les Premiers ministres provinciaux où ceux-ci avaient rejeté son ébauche des principes constitutionnels, il s'exclama que sa propre déclaration constituait un simple « projet embryonnaire » et que tout « projet embryonnaire », peu importe l'auteur, donnerait évidemment le même résultat. Une semaine à peine s'était écoulée depuis les élections que Trudeau, cependant, révélait un peu de son état d'esprit du genre *qué sera sera* à un ami qui lui téléphonait pour le féliciter. « Ce doit être le destin », lui répondit-il en ajoutant quelque chose qui aurait pu tenir lieu d'équivalent téléphonique pour un haussement d'épaules, de telle sorte que l'ami n'aurait pu dire si Trudeau se croyait vraiment chéri des dieux ou s'il considérait sa seconde vie politique comme une plaisanterie cosmique.

*
*   *

La passation des pouvoirs se fit rapidement, sans cérémonies et, à une exception près, avec élégance. Avant de se réinstaller au 24 Sussex, Trudeau visita les lieux en compagnie de Maureen McTeer. Chaque fois qu'il remarquait un changement qui ne lui plaisait pas, il levait les yeux au ciel en murmurant : « Oh ! Seigneur ! » (Après avoir emménagé de nouveau, Trudeau ne modifia presque rien et finit même par apprécier l'une des innovations des Clark : un parquet en damier noir et blanc, dans le grand salon, qui servait de piste de danse pour les invités.)

Quand, en début d'après-midi, le 3 mars 1980, Trudeau prêta serment, en compagnie des trente-deux membres de son cabinet, devant le Gouverneur général Schreyer à Rideau Hall, il devint, succédant au seizième, le quinzième Premier ministre du Canada*.

Pendant que les collaborateurs de Trudeau récupéraient leurs anciens bureaux dans l'Édifice Langevin, un mot d'ordre courut : « Plus jamais 74. » À l'époque, comme ils ne s'en rappelaient que trop bien, Trudeau avait interprété une victoire majoritaire comme un mandat lui permettant de s'endormir sur ses lauriers et il ne s'était jamais complètement remis de sa lassi-

---

* *Tout comme les quart-arrières au football, les Premiers ministres conservent le numéro qui leur a été assigné la première fois.*

tude. Comme pour marquer le fait que, cette fois, il en irait tout autrement, Trudeau arriva à son bureau avant huit heures, le lendemain de la prestation de serment, et dut se faire ouvrir la porte par un planton. Dès la première réunion du cabinet, il mit cartes sur table : pour prévenir la réapparition du cynisme qui, après 1974, avait contaminé la politique canadienne, toutes les promesses électorales devraient être remplies, et vite. Du coup, le Discours du Trône qui marqua l'inauguration du Parlement, le 14 avril, sembla la reprise d'un de ses discours électoraux : « Une nouvelle politique de développement national (...) (pour) accroître la propriété et le contrôle canadiens » ; « un dégrèvement immédiat pour les personnes âgées à faible revenu » ; et un « prix canadien (du pétrole) ».

Durant les premières semaines, rien de tout cela ne put effacer le cynisme qui persistait quant aux intentions de Trudeau. On relevait certains parallèles étranges entre le contexte politique de l'heure et celui de 1974. Une fois de plus, il s'intéressait à la constitution tandis que la population était préoccupée — et même très sérieusement — par la situation économique. Une fois de plus, avec sa promesse d'un pétrole à bon marché qui semblait faire écho, en 1980, à l'engagement pris en 1974 de ne pas imposer un contrôle des prix et des salaires, il se retrouvait coincé par une promesse électorale qu'il ne pouvait tenir. Sans parler du fait — certaines choses ne changent jamais — que l'Ouest était de nouveau furieux contre lui.

À dire vrai, l'Ouest était beaucoup plus en colère qu'en 1974. Tout comme Diefenbaker avait remporté les élections de 1957 en ignorant le Québec, Trudeau avait gagné celles de 1980 en ne faisant aucun cas de l'Ouest ; d'ailleurs, il l'avait implicitement provoqué (au nom des consommateurs ontariens). Néanmoins, s'il voulait tenter de respecter sa promesse d'un pétrole à bon marché, il devrait arriver à convaincre l'Ouest de payer la facture à sa place. Cela voulait dire qu'il ne suffirait pas d'arracher à l'Alberta un accord sur le partage des revenus supérieur à celui conclu entre Lougheed et Clark au mois de décembre précédent, il lui faudrait surtout en venir à une entente qui serait *infiniment* plus satisfaisante. Comme il devait à tout prix trouver des revenus supplémentaires pour remplacer ceux qu'il avait perdu en abolissant la taxe d'accise de dix-huit sous par gallon prévue par Clark, Trudeau n'avait d'autre choix que d'imposer une taxe à l'exportation sur l'essence, ce qui porterait directement atteinte aux droits des provinces sur leurs ressources. Quant à la réduction du déficit fédéral qui, conséquence directe de la politique d'un pétrole à bas prix, atteignait maintenant quatorze milliards de dollars, c'était là une perspective qui s'amenuisait de plus en plus.

Lougheed ne fut pas long à répliquer que s'il était prêt à accepter quelques changements anodins, il ne consentirait à «aucune réduction des bénéfices nets» par rapport à l'entente conclue avec Clark. Et pour bien mettre toutes les chances de son côté, il donna carte blanche à la Alberta Petroleum Marketing Commission pour réduire la production «au nom de l'intérêt public». Il mit également Ottawa et les provinces de l'Est en garde contre le danger qu'il y aurait à sous-estimer les «sentiments profonds» qui animaient l'Ouest; agir ainsi serait commettre une «tragique erreur de calcul». Une réunion qui se tint les 24 et 25 juillet se termina par la déclaration suivante de Trudeau: «Nos positions sont tellement éloignées l'une de l'autre (...) (que) il n'y a pas lieu d'envisager d'autres rencontres», tandis que Lougheed parlait, lui, de «conséquences graves pour tout le pays».

Malgré tout, on peut formuler deux observations sur la nature du différend. Tout d'abord, au même titre que la langue pour le Québec, les ressources naturelles permettent à l'Ouest de définir son identité. Et s'imaginer que, s'ils croyaient leurs ressources en péril, les gens de l'Ouest réagiraient moins que les Québécois quand leur langue est menacée serait vraiment une tragique erreur de calcul. Les deux députés provinciaux de la Saskatchewan qui, après les élections, démissionnèrent du parti conservateur pour former un parti unioniste (avec les États-Unis) ne méritaient pas d'être pris au sérieux. Par contre, il était impossible de ne pas prendre Allan Blakeney au sérieux quand, lors de la Conférence des Premiers ministres de l'Ouest tenue en avril, il lança l'avertissement suivant: «Une proportion importante de la population (...) pourrait favoriser une certaine forme de séparatisme pour les Prairies.» Trudeau lui-même remarqua que l'entente pétrolière qu'il espérait bien faire avaler de force à l'Alberta pourrait provoquer des «remous».

En second lieu, on ne doit pas perdre de vue le fait qu'au cours des vingt-cinq dernières années les Canadiens n'ont donné un mandat véritablement national à un Premier ministre qu'à seulement deux reprises: en 1958 à Diefenbaker et en 1968 à Trudeau. Ni l'un ni l'autre ne surent voir qu'ils disposaient là d'une chance en or; au contraire, tous deux la laissèrent passer. Il va de soi que les comparaisons entre l'Ouest et le

Québec ne coulent pas de source : l'Ouest n'est pas homogène ; l'isolement régional est au nationalisme culturel ce qu'est l'influenza à la pneumonie. Mais, contrairement au Québec actuel, l'Ouest représente l'avenir du Canada. Aucune méthode, aucun tour de magie ne permettra à Trudeau de récupérer le mandat dont il n'a pas su profiter. Tout ce qu'il peut espérer faire de mieux, que ce soit cette année ou durant les prochaines qu'il passera au pouvoir, c'est créer les conditions idéales pour que l'un de ses successeurs obtienne à nouveau un tel mandat.

Durant les premières semaines qui suivirent son retour à la tête du gouvernement, Trudeau parut ne pas très bien savoir ce qui lui arrivait. Quelques-uns de ses collaborateurs immédiats le trouvaient préoccupé, presque passif. Au début, il participa très peu au processus décisionnel. Bien que les nominations des sous-ministres relèvent directement du Premier ministre, Trudeau chargea Pitfield de prévenir Grant Reuber, le sous-ministre des Finances appointé par Clark, qu'il était limogé ; et quand Reuber demanda à le rencontrer, il refusa.

Le problème de Trudeau, qui s'était présenté si souvent par le passé, tenait au fait qu'il avait besoin de se sentir pressé par les événements pour agir efficacement. Le 15 avril, comme si la fortune lui souriait une seconde fois, la pression revint. Lévesque, bronzé et reposé après une semaine aux Bermudes, annonça que le 20 mai serait le «jour historique» où les Québécois pourraient enfin déclarer « s'ils sont satisfaits de leur situation de minorité permanente dans le présent régime, ou s'ils veulent une nouvelle entente ».

Il existe un dicton selon lequel lorsque le destin accorde à une personne à l'article de la mort la chance de vivre une seconde fois, c'est parce qu'il lui reste quelque chose à faire. Dès le 15 avril 1980, la tâche inachevée de Trudeau était clairement définie. Il ne lui restait plus qu'à décider du moment où il se mettrait à l'œuvre.

*

*   *

On ne dispose d'aucun moyen qui permettrait en fouillant les enquêtes, et encore moins en sondant le cœur et l'esprit des Québécois, d'évaluer avec certitude l'influence qu'a eue Trudeau sur le résultat du référendum. Indubitablement, la marge en faveur du fédéralisme — 60 contre 40 pour cent — est trop importante pour qu'on puisse l'attribuer à un seul individu, qu'il s'agisse de Trudeau, de Ryan ou même d'«Yvette»*. Tous les sondages, y compris ceux qu'effectua Goldfarb pour le compte de Trudeau, avaient sous-estimé l'ampleur du nombre d'indécis qui allaient voter non: les organisateurs libéraux s'en rendirent compte seulement quand, après avoir fait du porte à porte dans divers quartiers, ils commencèrent à recevoir au local du parti des coups de téléphone de résidants qui révélaient leur intention de voter non, même si, pour ne pas blesser leurs voisins, ils s'étaient fait inscrire comme indécis par les enquêteurs.

Les chiffres sont une chose; l'ardeur qu'ils dissimulent en est une autre. Ici, ce fut l'intervention de Trudeau qui modifia la situation du tout au tout. Il réussit ce que personne d'autre n'aurait pu faire: changer la signification du vote des Québécois — qui, presque à coup sûr, aurait été le même, de toute façon — pour, d'un non à la souveraineté-association, en faire un oui en faveur de la Confédération. Il s'empara d'une décision prise essentiellement pour des raisons de gros sous et l'enveloppa de fierté et de dignité et, plus encore, lui donna le caractère de la finalité.

Quand, à la mi-mars, Trudeau commença à s'interroger sur l'attitude qu'il devrait adopter, la situation tout entière avait pris l'allure d'un rêve impossible. Lévesque avait triomphé de Ryan pendant les débats télévisés qui avaient précédé l'adoption, par l'Assemblée nationale, de la question de cent neuf mots par laquelle le gouvernement demandait aux Québécois de lui accorder uniquement le «mandat» de négocier la souveraineté-association, le coiffant même de la promesse de ne procéder à «aucun changement politique» sans la tenue d'un second référendum. Tandis que, aride et dialectique, Ryan s'en prenait au libellé de la question, Lévesque élaborait sur sa signification, faisant appel à la fierté des Québécois, parlant de la «continuité de l'histoire» et d'«égalité».

Subitement, l'opinion publique bascula. À la mi-février, un sondage de Radio-Canada avait révélé que le non menait confortablement par 52 à 41 pour cent. Le 16 mars, *Dimanche-Matin* en publia un autre qui donnait le oui en tête par une

---

* *Yvette est le prototype de la femme soumise présenté dans les manuels scolaires québécois. Lise Payette, ministre dans le gouvernement péquiste, avait publiquement traité d'«Yvette» l'épouse de Claude Ryan, ce qui poussa les militantes fédéralistes à organiser des rassemblements d'«Yvettes» qui eurent un succès retentissant.*

marge de 47 à 44 pour cent. Ce à quoi s'ajouta l'avance prise par Lévesque durant les débats législatifs.

Plus avril approchait, plus l'inquiétude augmentait dans l'entourage de Trudeau. Certains de ses collaborateurs, tenant la défaite pour certaine, le pressaient d'agir comme l'aurait fait Clark: se tenir complètement à l'écart de la bataille afin de garder son autorité intacte en prévision du lendemain du jour «R». L'un d'eux, très haut placé, suggéra même à Trudeau d'annoncer qu'il voterait oui à cause du caractère ambigu de la question, ce qui réduirait le référendum à une simple plaisanterie. D'autres, pourtant tout aussi pessimistes, en étaient arrivés à une conclusion diamétralement opposée. Plusieurs ministres du Québec, Monique Bégin et Pierre de Bané entre autres, supplièrent Trudeau de plonger carrément dans la mêlée et d'apparaître aux côtés de Ryan à tous les rassemblements.

Pour mieux prendre sa décision, Trudeau recourut à l'un de ses atouts politiques les plus considérables, quoique le plus méconnu: il connaissait toutes les ficelles du métier. Il était en politique depuis une bonne quinzaine d'années. Il avait livré cinq batailles électorales. Il avait connu aussi bien la chaleur approbatrice de l'opinion publique que sa froideur glaciale et il savait combien elle est versatile. Pareille combinaison où le bon sens politique s'allie à la ruse du magicien est pratiquement imbattable. Il n'en fallait pas tant pour vaincre Lévesque.

*
*   *

C'est probablement au comédien Yvon Deschamps qu'on doit le commentaire le plus perspicace jamais fait sur les véritables aspirations des Québécois: «Un Québec indépendant dans un Canada uni», formule qui faisait se tordre de rire ses auditoires. Lévesque et Trudeau entreprirent, chacun à sa façon, de convaincre les Québécois que cette symbiose schizophrénique pourrait très bien se réaliser.

Un vote majoritaire pour le oui, affirma Lévesque devant ses sympathisants, «nous donnera du poids à la table des négociations». Tandis que la réaction du Canada anglais à un vote favorisant le non serait de dire aux Québécois: «Prenez votre trou.» Bien avant le référendum, Lévesque avait expurgé son vocabulaire de toutes les expressions menaçantes comme «séparation» et «indépendance». Maintenant, même la «souveraineté-association» avait rejoint la liste des «innommables ». Elle avait été remplacée par une nouvelle formule, « l'égalité en tant que peuple », le seul élément d'ordre émotif dont Lévesque osait se servir depuis que ses conseillers l'avaient prévenu que près de la moitié des partisans du oui voteraient favorablement, non pas en prévision de la souveraineté, mais plutôt pour renforcer le pouvoir de négociation du Québec face au reste du pays. Finalement, la thèse de Lévesque s'effondra sous le poids de ses propres contradictions. Malgré ça, elle demeurait, politiquement parlant, une thèse brillante : en effet, Lévesque persuada 40 pour cent des Québécois de lui faire confiance, même s'ils n'étaient qu'entre 25 et 30 pour cent à vouloir ce que *lui* voulait pour eux. Le malheur, pour Lévesque, c'est que les Québécois firent davantage confiance à Trudeau.

La première grande découverte de la campagne fut la constatation que, rue par rue, village par village, les fédéralistes étaient aussi bien organisés que les péquistes. Les deux années que Ryan y avait consacrées sans ménager sa peine portaient enfin des fruits. La campagne-éclair menée par Jean Chrétien, « le p'tit gars de Shawinigan », au nom de Trudeau s'avéra tout aussi fructueuse. Chrétien fournit aux partisans du non le nerf de la guerre (quelque trois millions de dollars en publicité payée par le fédéral) et les fantassins (la fantastique machine politique des libéraux fédéraux). Et, ce qui eut encore plus de poids, il lança dans la bataille l'arme imparable de la passion. Depuis quatre ans, les péquistes s'étaient appropriés tous les symboles québécois sans exception, depuis le fleurdelysé bleu et blanc adopté par Duplessis jusqu'à la chanson de Gilles Vigneault, presque élevée au rang d'un hymne, *Les Gens de mon pays*. On vit donc les fédéralistes, menés par Chrétien, contre-attaquer sur le même plan émotif, marchant en rangs derrière l'unifolié rouge et blanc, entonnant le *Ô Canada* devenu leur chant de guerre.

La seconde surprise fut Trudeau lui-même. Retrouvant un style que les Canadiens ne lui avaient plus vu depuis 1974, il se battit comme un guerrier béni par les dieux : tout à la fois cérébral et passionné, drôle et sérieux, magicien et politicien.

La première fois qu'il aborda le sujet, ce fut le 15 avril durant le débat sur le Discours inaugural, aux Communes, quelques heures à peine après que Lévesque eut annoncé la date du référendum. Il parla en praticien et, calmement, avec une logique implacable, expliqua pourquoi Lévesque ne pourrait donner aux Québécois ce qu'il leur avait promis : la satisfaction de la souveraineté alliée à la sécurité de l'association. Ces deux buts, précisa Trudeau, étaient jumelés. Lévesque lui-même avait affirmé qu'on ne pouvait les « dissocier ». Néanmoins, l'association ne dépendait pas de Lévesque puisque les neuf Premiers ministres des provinces anglophones avaient déclaré qu'ils ne l'accepteraient jamais. Sans association, donc, pas de souveraineté-association. Si, d'autre part, Lévesque se présentait à Ottawa pour négocier uniquement la souveraineté, lui, Trudeau, ne pourrait pas l'accorder parce que les Québécois venaient tout juste de donner aux parlementaires libéraux et à lui-même « un mandat massif pour exercer la souveraineté sur le Québec et le reste du pays ». Par conséquent, un vote en faveur du oui ne mènerait nulle part, sinon à une « impasse ». Pour bon nombre de Canadiens anglais, cette dialectique était abstraite. Mais, chez les Québécois, elle touchait au fond même du problème. Après le discours de Trudeau, les porte-parole péquistes durent, pour la première fois, expliquer à ceux qui téléphonaient aux émissions de « lignes ouvertes » comment un vote pour le oui pourrait aboutir à autre chose qu'à un cul-de-sac.

Puis Trudeau passa à l'offensive. Sa première cible fut l'honneur de ses adversaires. Les séparatistes de la première heure, comme Marcel Chaput et Pierre Bourgault, « méritaient le respect, affirma-t-il le 2 mai devant la Chambre de commerce de Montréal, parce qu'ils avaient le courage de proclamer leur foi en l'indépendance ». Par contre, leurs successeurs du Parti québécois osaient à peine présenter à leurs concitoyens « une question conditionnelle et ambiguë ». Ce faisant, ils prenaient le risque d'humilier tout le Québec de la même façon que les patriotes irlandais de 1916 auraient humilié l'Irlande tout entière s'ils avaient dit aux Britanniques : « Nous serons indépendants à la condition que vous formiez une association économique avec nous. »

Une semaine plus tard, il s'en prit à la fierté des péquistes : « Il faut plus de courage pour rester au sein du Canada et lutter jusqu'au bout que pour se retirer derrière nos murs, soutint-il devant six mille personnes réunies à Québec, le 9 mai. Ce n'est pas de leur côté, avec leur ambiguïté et leurs faux-fuyants, que se trouvent la fierté et l'honneur. Non, ils sont de notre côté, chez nous. »

Toutes ces sorties faisaient mouche, atteignant aussi bien les Québécois que Lévesque. Depuis le début de mai, celui-ci avait perdu son assurance désinvolte. Il continuait de se battre, non plus pour gagner, mais uniquement pour perdre correctement en obtenant au moins l'appui majoritaire des francophones, ce qui lui permettrait plus tard de revenir à la charge. « C'est le Québec francophone qui doit décider, personne d'autre ne peut le faire pour nous », lança-t-il à Montmagny, le 11 mai, en traçant ainsi autour de la province une ligne de démarcation raciale. Le lendemain, semblable à un boxeur devenu imprudent parce qu'il sait qu'il tire de l'arrière, il contre-attaqua : Trudeau « est naturellement pour le non, releva-t-il devant un auditoire qui, fait exceptionnel, ne l'applaudit pas une seule fois, parce que son second nom est anglais ».

*
*   *

Le jeudi 15 mai, Trudeau transporta le combat au cœur du territoire ennemi, au Centre Paul-Sauvé, dans l'est de Montréal. C'était là que, le 15 novembre 1976, Lévesque était apparu, transporté de joie.

Pendant cinq, six, sept minutes incroyables, Trudeau ne put parler. Au-dessus de lui, une douzaine d'immenses unifoliés pendaient des chevrons ; devant lui, autour de lui, derrière lui, une foule de plus de dix mille personnes refusaient de le laisser commencer son discours. Chaque fois qu'il prononçait : « Monsieur le président, mesdames et messieurs... », un hurlement rythmé s'élevait de la salle. En guise de coda à cet affrontement culturel qui avait atteint son apogée, la foule ne criait plus « Tru-deau, Tru-deau, Tru-deau », comme lors de tous les autres rassemblements politiques, mais lançait un nouveau cri de guerre : « Ell-i-ott, Ell-i-ott, Ell-i-ott ».

Tandis que les cris s'apaisaient, l'histoire était à un tournant. Pour chacun des discours qu'il avait prononcés dans le cadre du référendum, y compris celui-là, Trudeau s'était soigneusement préparé pendant des heures dans sa chambre d'hôtel et même, une fois, dans l'avion qui le menait de Vancouver à Québec, puis il parlait sans notes et sans sauter une seule virgule. Mais ce soir-là, comme s'il se rendait compte que ce moment lui avait été spécialement réservé par le destin, il modifia son texte en plein milieu de son allocution.

Tout d'abord, tel que prévu, il s'en prit directement à Lévesque. « Bien sûr, mon nom est Pierre Elliott Trudeau. Oui, Elliott était le nom de ma mère. Il était porté par des Elliott qui arrivèrent au Canada, il y a deux cents ans. (...)

Mon nom est québécois, mais il est également canadien.» Tout comme sont canadiens, poursuivit-il, les noms des ministres péquistes Pierre-Marc Johnson, Louis O'Neil, Robert Burns. «C'est là le genre de division à laquelle nous disons non.»

Puis il se mit à improviser et s'adressa au Canada anglais. Un vote pour le non «sera interprété comme le mandat de changer la constitution, de renouveler le fédéralisme». Lui-même et les parlementaires québécois «sommes prêts à mettre nos sièges en jeu aux Communes pour obtenir ce changement». Il en faisait la «déclaration solennelle à tous les Canadiens des autres provinces (...) que nous ne vous laisserons pas interpréter un vote en faveur du non comme la preuve que tout est parfait et doit demeurer tel quel».

Avec ces quelques phrases, Trudeau changea du tout au tout la signification du résultat du référendum. Plus qu'un simple non à la souveraineté-association, il devenait un oui pour une Confédération dont, grâce à une nouvelle constitution, les Québécois se sentiraient des membres à part entière. Déjà, lors du débat sur le Discours du Trône, il avait promis de procéder à des changements constitutionnels. Maintenant, il venait de transformer la recherche d'un accord sur la constitution en un contrat qui liait, et c'était là l'effet voulu, autant les Canadiens anglais que les Québécois.

*
*　　*

«Je ne me suis jamais senti aussi fier d'être un Québécois et un Canadien», déclara Trudeau le soir du 20 mai, après que le vote en faveur du non eut atteint presque 60 pour cent et que Lévesque, les traits bouleversés et subitement vieilli, accompagné seulement de sa femme Corinne, eut concédé la défaite sur cette même estrade du Centre Paul-Sauvé où Trudeau s'était tenu cinq jours plus tôt.

Il fallut un moment avant de voir se dessiner les conséquences de ce qui venait d'avoir lieu. Lévesque qualifia le résultat de «sursis» pour le fédéralisme. Les observateurs du Québec soutenaient que, puisqu'un Québécois francophone sur deux ainsi que presque tous les jeunes avaient voté oui, Lévesque pourrait obtenir au moins une majorité francophone lors d'un référendum subséquent.

Peu à peu, toutefois, on commença à comprendre que les résultats du référendum étaient définitifs. Ainsi que le releva un politicologue britannique, Anthony King, on avait vu une seule fois le résultat d'un référendum être renversé par la suite, et ce, dans toute l'histoire des cent soixante référendums de toutes sortes qui avaient eu lieu à travers le monde*. En juin, Daniel Latouche, ancien conseiller constitutionnel du P.Q., taxa le résultat de «déroute». Le rédacteur en chef du *Soleil*, Marcel Pépin, qui participait à un séminaire sur les médias à Toronto, déclara: «C'est terminé.» Ainsi que cela se produit toujours quand les gens ont compris qu'un sujet douloureux est enfin clos, les divisions au sein des familles québécoises s'effacèrent avec une rapidité surprenante — le frère de Lévesque avait voté non, la sœur de Monique Bégin avait voté oui —, et l'amertume engendrée par la campagne référendaire disparut. Délaissant la politique qui les avait obsédés nuit et jour pendant une vingtaine d'années, les Québécois se tournèrent vers des questions concrètes comme l'emploi ou, plus simplement, leur vie quotidienne.

Il est presque certain que la campagne référendaire aurait été remportée sans l'intervention de Trudeau. Mais il ne fait aucun doute, cependant, qu'elle fut gagnée à cause de tout ce que Trudeau avait accompli bien avant la tenue du référendum lui-même, soit à partir d'octobre 1968 lorsqu'il déposa aux Communes la loi sur les Langues officielles. Ce fut Clark qui lui en reconnut tout le mérite lorsqu'il déclara à Shawinigan où il prononçait un discours préréférendaire: «Le Canada dont monsieur Lévesque veut se séparer n'existe plus.» Et, suprême ironie, Lévesque pouvait lui aussi s'en attribuer le mérite. Le Québec au sein duquel la séparation était une option plausible avait cessé d'exister en 1977, lorsque Lévesque avait fait adopter sa propre législation linguistique. Jamais, dans toute l'histoire du Canada, on n'avait vu deux adversaires être aussi redevables l'un envers l'autre: en vérité, si Lévesque a remporté ses élections en 1981, c'est, en partie du moins, parce que les Québécois, sachant Trudeau à Ottawa, ont voulu retrouver leur propre champion du combat singulier.

*
*　*

---

* *En 1913, les Suisses rejetèrent une proposition qui visait à donner le droit de vote aux femmes, puis, en 1917, ils répondirent affirmativement à la même question.*

Le résultat du référendum, déclara Trudeau le soir du 20 mai, donnait aux Canadiens la chance de renouveler la Confédération «avec audace et perspicacité». À cette fin, il comptait sur «notre longue tradition de partage (...) et sur notre sens du compromis honorable».

Le lendemain, Trudeau annonça aux Communes qu'il allait amorcer sur-le-champ le processus révisionnel de la constitution. Exception faite du principe même du fédéralisme et de l'insertion d'une Charte des droits, «tout sera négociable». Cette promesse, qui venait se greffer sur l'euphorie nationale post-référendaire, fut suffisante pour que les Premiers ministres provinciaux, y compris Lévesque, acceptent de participer à Ottawa, le 9 juin, à une conférence sur la constitution. À la fin de la journée, les onze Premiers ministres s'étaient mis d'accord pour essayer de s'entendre: ils se rencontreraient de nouveau du 8 au 12 septembre. Entre-temps, ministres et spécialistes travailleraient sur une «courte liste» de douze sujets litigieux, allant du droit de propriété sur les ressources au large des côtes jusqu'à une formule d'amendement de la constitution, une fois qu'elle aurait été rapatriée de Londres.

Un échec de la conférence serait, selon l'avertissement de Trudeau, «catastrophique». C'est ce qui arriva, la conférence avorta. Mais, à bien y penser, un tel échec ne fait guère plus que retarder l'inévitable. De par leur nature même, la liste initiale des exigences constitutionnelles non négociables de Trudeau, le rapatriement et une Charte des droits, incluant les droits linguistiques, ne risquent pas de susciter l'adhésion passionnée d'un grand nombre de citoyens. Depuis, toutefois, Trudeau a élargi son électorat en réclamant devant ses libéraux réunis en congrès à Winnipeg en juillet, une charte des «libertés économiques» afin d'éviter la fragmentation du marché commun canadien en de «petits États autonomes» provinciaux. Les Premiers ministres provinciaux ont compris trop tard que quand Trudeau disait que tout serait négociable, il entendait par là autant leurs pouvoirs que les siens. Là encore, il s'agit de questions qui intéresseront les experts constitutionnels, ces héritiers modernes des théologiens médiévaux.

Si les Canadiens moyens sont peu nombreux à se préoccuper du sort de la constitution, estimant plutôt que les éventuels amendements ne changeront pas grand-chose pour eux, par contre ils tiennent à ce que tout soit mis en œuvre, et vite, pour respecter le contrat signé avec les Québécois le 20 mai.

À peine un an plus tôt, en réponse à l'appel que Trudeau leur avait lancé pour qu'ils appuient une nouvelle constitution, les Canadiens l'avaient défait. Maintenant, ils sont impatients de lui voir une constitution entre les mains. Plus rien ne l'empêche de passer à l'histoire en se faufilant jusqu'à ce petit coin constitutionnel qu'il a toujours revendiqué comme sien. Dès lors, il pourra se retirer, «très bientôt», comme il l'a dit. Mais on ne devra cependant pas s'étonner si on le voit rentrer par la fenêtre de la chambre à coucher, un demi-sourire énigmatique aux lèvres et une rose à la boutonnière.

*

*   *

Dans ce livre, j'ai essayé de décrire et d'analyser Pierre Elliott Trudeau, ainsi que de cataloguer et d'évaluer ses réalisations.

Aucune des deux tâches ne s'est avérée simple. Comme le disait l'un de ses amis, «sa créativité se trouve tout entière dans sa personnalité». Il a fait de lui-même l'œuvre de toute sa vie, de telle sorte que, contrairement à la plupart des personnages publics, il est progressivement devenu plus intéressant et plus complexe durant les années qu'il a passées au pouvoir qu'au début de sa vie adulte alors que sa personnalité n'avait pas encore pris un tour définitif.

En ce qui a trait à ses réalisations, Trudeau est le plus difficile à évaluer de nos seize Premiers ministres parce que les avant-dernières de ses œuvres — le référendum, la constitution, sa réputation d'invincibilité sur le plan électoral — sont à la merci d'un coup du destin. Si, en décembre 1979, il avait maintenu sa démission ainsi qu'il l'avait presque fait, c'est quand même un libéral, n'importe quel libéral, qui aurait recueilli les lauriers qu'il a si facilement remportés en 1980. Les historiens qui étudieraient son cas jusqu'au moment de sa défaite en 1979 ne lui reconnaîtraient probablement que le statut, plutôt douteux, de héros déchu: un chef politique exceptionnel, mais un Premier ministre décevant.

Trudeau a presque toujours joui d'une chance surnaturelle. Il est revenu grâce à un coup de veine; en 1972, il s'était maintenu au pouvoir de justesse; entre les deux, soit en 1976 et 1977, ce fut son éternel adversaire, Lévesque, qui lui sauva la mise au moment où il risquait de sombrer dans l'oubli. Néanmoins, et c'est là la première grande vérité à son sujet, il a toujours eu, depuis le tout début, suffisamment de flair, d'audace et de finesse pour créer sa propre chance. La chance peut être un don; elle est aussi un talent.

La seconde grande vérité concerne la nature de ses relations avec les Canadiens. Son style et son intelligence sont à l'origine même de sa séduction; l'origine de son charme est d'ordre sexuel.

D'une part, notre relation avec Trudeau ressemblait à celle de partenaires mal assortis, engagés dans une aventure longue et orageuse: des moments de sérénité précédaient des périodes marquées par la maussaderie et la morosité qui débouchaient sur une colère haineuse, laquelle, une fois de plus, cédait la place à une réconciliation fébrile. De l'autre, elle constituait un *modus vivendi* difficile entre un général arrogant et obstiné et ses troupes qui doutaient d'elles-mêmes. Chaque fois que les choses allaient mal, nous blâmions notre chef et exigions son départ, mais dès qu'il le faisait, nous nous sentions perdus et réclamions à grands cris le retour de notre champion du combat singulier.

Au fond, la relation est ce qui unit le magicien à son public. Le personnage solitaire au milieu de la scène qui nous met au défi de ne pas le croire et les Canadiens qui veulent que sa sorcellerie réussisse.

Fait assez remarquable pour un pays si souvent montré du doigt pour son caractère timoré et son manque d'imagination, nous avons élu trois magiciens au cours de notre brève histoire: Macdonald, Laurier, Trudeau, et nous nous sommes cramponnés à chacun aussi longtemps que nous l'avons pu. Chacun, de même que Diefenbaker avec son obstination, était plus grand que nature; chacun, par sa seule présence, nous a fait nous sentir différents.

Deux de ces magiciens septentrionaux ont réellement changé le cours des événements. Macdonald, avec la Confédération et son chemin de fer, a posé les fondations de notre Rêve national. Un siècle plus tard, Trudeau y a ajouté le bilinguisme en guise de clef de voûte. Seuls de tous les seize, ces deux-là ont recréé l'histoire à leur image.

Mais Trudeau n'a pas les mêmes talents talismaniques que Macdonald et Laurier dont on pourrait résumer le genre de magie en une seule phrase: «le style rayonnant» de Laurier, «la laideur séduisante» de Macdonald. Trudeau, lui, c'est le vif-argent. Une succession d'éléments contradictoires. Un timide égocentrique. « Un type assez solitaire », selon ses propres mots, qui recherche l'éclat des projecteurs. Un aristocrate populiste. Un Roi philosophe qui, en 1974 et en 1980, a dirigé deux des campagnes les plus intellectuellement stériles de ces dernières années. Un apôtre de « l'éthique globale du partage » qui thésaurise sa propre fortune et « n'aime pas se charger des fardeaux des autres », au dire d'un ami. Un intellectuel qui adore la compagnie des artistes et qui, comme Premier ministre, n'a joué pour ainsi dire aucun rôle dans la vie culturelle du pays. Trudeau est aimé de ses amis et de la foule, pourtant, il est loin d'être quelqu'un d'attachant. Il est un Peter Pan qui se trouve « sur la même longueur d'onde que chaque nouvelle génération », ce qui ne l'empêche pas de se conduire en victorien avec les femmes. Un homme d'esprit qui n'a pas le moindre sens de l'humour. Il est le plus audacieux, pour ne pas dire le plus téméraire, de tous nos dirigeants, mais face à des questions particulièrement épineuses comme celles qui touchent l'économie et l'énergie, il se bat sans conviction et de façon conventionnelle. Il est ce libertaire qui a l'intention de nous doter d'une charte des droits, presque dix ans après avoir, avec la loi des Mesures de guerre, suspendu le plus fondamental de tous les droits, l'*habeas corpus*. À l'instar de son caractère, ses réalisations sont insaisissables.

Quand on essaye de déchiffrer toutes ces énigmes et qu'on tente en même temps de situer Trudeau dans une perspective historique, l'image du passé qui, depuis le début, ne cesse de s'imposer est celle de George Nathaniel Curzon, ce proconsul britannique *fin de siècle*. À cette différence près que, jamais, au grand jamais, Trudeau n'aurait laissé une femme aussi brillante que Elinor Glyn lui casser les pieds. Outre les voyages dont ils ont fait une religion, outre le fédéralisme qui est leur principe directeur, ce que les deux hommes ont en commun, c'est le don d'être à la fois des romantiques et des pragmatistes impitoyables, dualité qui n'a cessé de confondre leurs adversaires, lesquels auraient préférés les voir se fondre dans l'un ou l'autre moule. Tous deux ont été des hommes qui méprisaient la flagornerie tout en la provoquant, presque par jeu ; des égocentriques qui ont sculpté leur personnalité comme une œuvre d'art. Chacun donnait l'impression de vivre complètement en marge de son époque et de son milieu tout en souhaitant se trouver ailleurs. De même que Curzon, comme l'écrivait James Morris, « était moins à l'aise parmi la bourgeoisie britannique qu'en compagnie d'un maharadjah aux manières délicates, d'un Kurde amusant ou des chefs de tribus à la frontière du Nord-Ouest»,Trudeau se sent moins à l'aise parmi les Canadiens qu'avec John Lennon, Fidel Castro ou des moines tibétains. «Il donne l'impression de ne pas supporter le fait d'être Canadien», remarquait finement un journaliste européen après le Sommet de Venise, en juin 1980. Il est possible que la principale différence entre Curzon et Trudeau soit celle-ci—celle qui distingue la canadianitude de la britannicitude. Même quand il nous arrive d'en vouloir à Trudeau pour ça, nous lui savons gré de ne pas ressembler à un Canadien; les Britanniques, eux, ne pardonnèrent jamais à Curzon d'être différent et lui refusèrent le droit de devenir Premier ministre.

Parce qu'il est le moins canadien de tous nos Premiers ministres, le pire reproche qu'on puisse faire à Trudeau, c'est incontestablement de ne pas avoir compris la nature du pays qu'il dirigeait. Il ne s'est jamais rendu compte que la véritable nature du Canada ne se fonde pas sur la «diversité», le «fédéralisme pluraliste» ou n'importe quelle autre expression grandiloquente, mais sur la *courtoisie*. Si notre dossier des libertés civiles est plus positif que ceux de la plupart des autres pays et si notre politique en matière d'immigration est respectablement libérale, c'est à cause d'un sens profondément ancré, bien qu'inarticulé, de la courtoisie; un sens des convenances, une tradition socialisée de l'amabilité et une attitude, sinon d'acceptation, du moins de tolérance. Trudeau s'est révélé le moins courtois de tous nos leaders. Avec un Premier ministre qui aurait eu les mêmes manières que nous, on aurait pu éviter une bonne partie de la réaction contre le bilinguisme, la plupart des tensions entre le Québec et le reste du pays, l'isolement de l'Ouest semblable à une plaie suppurante, les querelles fédérales-provinciales, le malaise qui altéra la politique canadienne de 1975 à 1979. Au contraire, Trudeau adorait provoquer des affrontements parce qu'il savait qu'il en sortirait presque toujours vainqueur. Il changeait ses adversaires en «ennemis». Son principal mode de communication était l'emploi d'une rhétorique outrancière. Pas plus que l'élève de Brébeuf, il n'a jamais joué franc-jeu.

Il ne fait aucun doute que sa plus grande réussite consiste à avoir poussé les Canadiens à se dépasser, à tendre vers l'excellence. Dans un pays où tout le monde est assuré sur la vie, il est un risque-tout. Il nous a défiés, intimidés, tourmentés, en partie parce que nous savons qu'il a «vécu son rêve» comme nous aurions tous voulu le faire, en partie parce que nous savons qu'il personnifie la moins canadienne de toutes les attitudes: la poursuite de l'excellence comme une fin en soi. Il joue pour jouer, avec son esprit, avec son corps, avec son pouvoir politique, avec nous. C'est là, en fin de compte, la constante chez l'homme. C'est là, en fin de compte, la magie.

Index

Achevé d'imprimer à Montmagny
par les travailleurs des Éditions Marquis Ltée
en novembre 1981